IN SEARCH OF
エクセレント・カンパニー
EXCELLENCE

トム・ピーターズ
Thomas J. Peters
ロバート・ウォータマン
Robert H. Waterman, Jr.
●著
大前研一
Kenichi Ohmae
●訳

Eijipress Business Classics
英治出版

エクセレント・カンパニー

IN SEARCH OF EXCELLENCE

by

T. J. Peters and R. H. Waterman

●未来の読者に向けて——復刊のごあいさつ

社会やビジネス環境は、めまぐるしく変化しています。その変化に少しでも適応しようと、膨大な数のビジネス書が生まれ、絶版になっていきます。しかし、絶版になって眠っている本の中には、時代がいかに変化しても、つねにかわらない重要な基本・理念をもった本が数多く存在しています。優れた知恵は、いつの時代にも私たちの足元を照らし、未来への道筋を示してくれます。

私ども英治出版は、絶版を出さない出版社になることを目指しています。読者は、その本が出版された時代だけでなく、現在にも、そして永遠につづいていく未来にも存在していると考えるからです。〈英治出版 ビジネス・クラシック〉は、二一世紀を担うビジネスマンの方々に、必読の名著を復刊し、お届けします。

英治出版　原田英治

日本の読者のみなさまへ

日本ではゴルフの解説書が山のように出版されていると聞きます。ゴルフにおいては、まず達人になるためのさまざまな手法を学ばなくてはならないのですが、同時に、達人がどんなプレーをするのかのイメージを、頭の中にいくつかいれておくことがかなり大切だと思います。もちろん、自分でも練習につぐ練習を欠かすことはできません。

従来アメリカで発行されていた経営書は、このゴルフにたとえれば、手法解説書が多く、あとは自分で精一杯の練習をしなさい、というだけでした。私たちがこの本で試みたのは、ゴルフにたとえれば達人の研究です。どうやって達人になるのかも大切ですが、一方達人はなにを考え、どのような特長をもっているのかを研究することによって、われわれの平素の努力に一定の方向性をもたらしてくれるのではないか、と考えたのです。

案の定、私たちの予想どおり、企業社会における達人すなわち超優良企業には、かなり一貫した共通項があることがわかりました。これらの共通項の中には、日本の優秀な企業との共通項も数多く見出されています。これも、自由主義社会における大組織の運営について考えてみたときに、ある程度当然のことと思われます。われわれアメリカの経営人は、日本企業の成功を、ともすると、〝日本的〟独特の理由として理解し、また、だからこそアメリカがそういうことをできなくても当然、というようにひとつの言い訳を一生懸命見出そうとしていました。私たちの研究によれば、これほど虫のいい問題のすりかえはありません。

アメリカの超優良企業でやっている小集団活動、管理階層の短縮、分析とカンを組み合わせた戦略立案、トップの関心、顧客の重視、品質のあくなき追求などは、見かけの違いをとってしまえば、優れた日本の企業の考え方となんら変わるものではありません。とは言っても、アメリカにはまさに巨大になったあとも、何十年にもわたって良い業績を残してきている企業がたくさんあります。急成長を遂げた日本企業の活躍が今後何十年もつづくためには、これらの先達アメリカ企業でやっていることが、なんらかのヒントになるのではないかと私たちは思います。

日本企業は他から学ぶことが上手で、またいくらよくなっても、その学ぶ態度を捨てていないことは、私たちにとってはなによりも心強いのです。こうすることによって、今後、日米の優れた企業同士が、本当の意味での経営について、お互いに啓発できれば、企業人にとってこれほど良い刺激になることはありません。

本書がそのような観点から日本でも読まれ、読者諸氏のキタンのない批判をあおぐことができれば、私たち自身もまた、いっそう超優良企業の特質についての理解を深めていくことができる、と楽しみにしております。なお、翻訳の労をとってくれた同僚の大前研一は、マッキンゼー社内でももっとも多忙なコンサルタントの一人で、短期間にこの作業をやってくれたことに頭が下がる思いです。私たちの言わんとしたことの大部分は、ニュアンスの領域に属するだけに、平素からいっしょに仕事をやっている彼の手によってこの日本語版ができたことを、私たちは幸運であったと思っております。

昭和五八年五月

著者　トム・ピーターズ
ロバート・ウォータマン

エクセレント・カンパニー——目次

目次

未来の読者に向けて——復刊のごあいさつ　3
日本の読者のみなさまへ　5
序　15
第一部　超優良企業の条件　31
第一章　成功しているアメリカ企業　33
第二部　新しい理論の構築を求めて　69
第二章　「合理主義」的な考え方　71
第三章　人々は動機づけを望んでいる　113
第三部　基本にもどる　165
第四章　曖昧さと矛盾を扱う　167

第五章　行動の重視　213
第六章　顧客に密着する　273
第七章　自主性と企業家精神　343
第八章　〝ひと〟を通じての生産性向上　401
第九章　価値観に基づく実践　475
第一〇章　基軸から離れない　495
第一一章　単純な組織、小さな本社　517
第一二章　厳しさと緩やかさの両面を同時に持つ　535
超優良企業に国境はない　大前研一　547

エクセレント・カンパニー

序

夕食を終えたあと、ワシントンにもう一泊することに決めた。仕事が長びいてしまって、ちょうどいい便に乗れなくなったのだ。ホテルの予約はとってなかったが、ワシントンでは比較的新しい、フォー・シーズン・ホテルが近かった。私たちはフォー・シーズンには以前に泊まったことがあり、気にいっていた。

ロビーに入りながら、部屋をとるにはどうやって話をつければいいかと気をめぐらし、それでも、遅い時間に行ったフリの客が普通されるように肩をすぼめての冷い返事を聞く覚悟でいた。ところが意外なことに、フロント係は眼を上げてこちらを見ると、にっこり微笑み、私たちの名前さえ呼んで、「お久し振りです」と言ったのである。彼女は私たち二人の名前を覚えていた！　オープンしてわずか一年のあいだにフォー・シーズンがワシントン随一の人気ホテルとなり、一年目で四つ星のランキングを与えられる、というまれにみる認知を受けたわけを、私たちはそのとき一瞬のうちに了解したのである。

まあ、君らにとっては結構なことだったね、という程度にお考えかもしれない。なぜそれがここで引き合いに出されるほどのエピソードなのか、といぶかられるであろう。そもそもこの出来事が、私たちにかなり強い印象を与えたというのも、過去数年間にわたって私たち二人は、「企業がほかよりも卓越する」とはどういうことかを研究していたからである。

一見どうということのない普通の従業員が、ほかでは絶対に見られないようなひたむきな努力をしている姿の中に、私たちは超優良企業の謎を解くひとつの大きな鍵を見出すようになっていた。そして、こういう出来事がひとつだけでなく、いくつも積み重ねられていくうちに、ひとつのきわだった特徴がはっきりと浮かびあがってきた。そればかりでなく、こうした企業では、従業員のたえまない努力にまさるとも劣らず、企業業績の方も長年にわたってきわめて優秀な結果を出している、という一種の相関を見出したのである。

もうひとつ思い出されることがある。このときもやはり私たちはワシントン（といってもこんどはワシントン州だが）におり、ボーイング社の幹部を相手に、私たちの調査について話していた。話の内容は、どうやら超優良企業は、会社の中にある官僚的なものを、ものともせずに自分の信念に基づき突っ走っていくいわば「プロダクト・チャンピオン」を、あらゆる手段で育成、奨励しているのではないか、ということを述べた。

「そう、われわれのところにはそのチャンピオンたちがいすぎて困ってるくらいなんだ」と、誰かが甲高い声を上げげた。すると、その場にいたボブ・ウィジントンが話しはじめ、ボーイング社がいかにして例の後退翼型B‐47——のちに707型旅客機として民間航空機では最初の大成功をおさめる——の契約をとったかという裏話と、B‐52——当初はターボプロップ型だったが、ボーイング社が

B-52のジェット機としての利点を証明したため変更された――の契約の際の裏話を語ってくれた。

B-47の話でとくに印象深かったのは、ナチスの研究室が連合軍に占拠された日、ボーイングの技術者の一群が、ドイツ軍のファイルを必死になってあさっている光景である。こうして彼らは、ナチドイツも後退翼型航空機にたいへん多くの利点があることを認めていた事実をたちまちのうちにつかみ、勇躍地を半周して、シアトルでさっそく風洞を使った実験にうつった。意欲的につづけられた後退翼の実験を通じて、もしエンジンを機体《ボディ》に直接くっつけることができないのなら、主翼の前にそり出るようにぶら下げるのがいちばんだ、という驚くべき発見をしているのである。

B-52に関しては、オハイオ州デイトンのホテルの一室でかんづめになって、少数の技術者が集まって不眠不休で過ごした長い週末の話が語られた。ここで彼らはB-52の設計を最初から完全にやり直し、三三ページにわたる提案書をまとめて、わずか七二時間後にあたる翌週の月曜日、空軍に提出したのである（念のいったことに、提案書にはバルサ材等で作った縮尺模型が添えられていた。材料は、この週末、近所の模型屋から一五ドルで買ってきたという）。

ふたつの話はどちらも、真に非凡なこの会社を代表して少数の飛行機野郎たちが異常な執念を燃やして努力をしたあげく、成果をあげたエピソードである。だがボーイングででくわした話は、スリーエムとＩＢＭのように極端に性格の異なる企業でも、当然のこととして重視されているのに私たちはつきあたった。少数の有能な反・官僚主義的でプラグマティックなグループから革新的なアイデアが生まれてくる、というパターンである。

さらにもうひとつ例をあげよう。先日私たちは、プログラミング機能つきの電卓を買いたいと思い、小さな電気器具店に立ち寄ったのだが、店員の商品知識と熱心さ、私たちに対する関心の寄せ方があまりにもきわだっていたため、つい私たちもあれこれと質問をしたのである。ところがあとでわかったのだが、二八歳だという彼は、じつはそこの店員ではなく、ヒューレット・パッカード社開発部の技術者だったのである。

ユーザーの反応を直接に知って、その経験を設計の仕事に活かすのだという。たしかにヒューレット・パッカード社が顧客との密接な関係を自慢にしており、また、ビジネス・スクールで修士号をとったばかりとか電気工学部を卒業したての新入社員が、商品導入などの第一線に立たされるのが普通であることはかねてから聞いていた。それにしても、私たちの前でどんなセールスマンでも顔負けなくらい熱心に説明してくれたこの男が、ヒューレット・パッカードのエンジニアだったとは。

オーストラリアからヨーロッパ、日本にいたるまで、世界中私たちが行ったあらゆるところで、マクドナルド・ハンバーガーの店で例外なく見ることができる、あの清潔さと間違いのないサービスぶりには感銘を覚えざるをえない。

誰もがあの製品を好きだというわけではないし、アメリカ物質文明を世界中に鼓舞しているかの印象を与えるマクドナルド自体に異論のある人もいるだろう。が、サービス業という業界において、マクドナルドが世界中に確立した（どこの店に行ってもかならず同じものが得られるという）あの品質保証ぶりは、たしかにただごとではない（サービス業での品質管理というのは、ことにむずかしい問題である。工場の組み立てラインから生み出される製品の中から抽出テストして不合格なロットを排除できる製造業と違って、サービス業の場合、提供者と受益者が時と場所を同じくしているから、個別検査が困難なのである。これを達成しようと思えば、会社に働く何万という人々におよそ同一の高水準を守らせ、また、会社が品質に対しどういう考えを持ち、どれほど真剣に品質のことを思っているかを平素から徹底して理解させねばならないのだ）。

よく晴れたある静かな春の日に、鏡のように波ひとつないレマン湖の上にカヌーを浮かべて交わしたある会話が思い出される。この本の調査に着手する何年もまえのことである。

筆者の一人（ウォータマン）は、当時ローザンヌ市にあるビジネス・スクールＩＭＥＤＥで教えており、この日はかつての同僚を訪ねたのだった。彼はもとマッキンゼー社にいたころ、出張ばかりしていたのだが、細君がそれをいやがったため、突然スイスにマクドナルドのチェーン店を開くことにした。こうして彼は、いつも家へ帰ってくることができるようになったのだが、ジュネーブ生まれの細君は、一種の外国アレルギー（こともあろうに、うちのダンナがアメリカのひき肉屋を開業するとは！）を起こしてしまった（このアレルギーは、何年かたってスイス人がすっかりマクドナルドの上得意になるにつれて治ったけれど）。

彼ははじめのころマクドナルドとつきあって受けた印象を語ってこう言った。

「マクドナルドでいちばん感心したことのひとつは、あの、従業員指向だなあ。ぼくがマッキンゼーにいた七年のあいだ、あれほど自分のところの従業員を気にかけているお客さんには、ついぞお目にかからなかったね」

また別の友人は、最近病院用に大規模なコンピュータ・システムを購入したのだが、なぜ自分がＩＢＭを選んだか、説明してくれた。「技術的な点だけを比較すれば、ほかにＩＢＭよりすすんだ会社はいくらもあるのだよ」と彼は言う。

「正直言って、ソフトウェアにしてもそちらの方が使いやすいというのも確かなんだ。しかし、ＩＢＭだけがわざわざ向こうからこちらのこみいった事情を知ろうとした。業務の上から下まで大勢の人に会って、どのような仕事のすすめ方をしているのか話を聞いた。こうして彼らは、コンピュータ屋特有のむずかしい術語ではなく、われわれの言葉を使って説明してくれた。ＩＢＭの値段はゆうに二五パーセントは高い。しかし、あとの保証と信頼性ということではずば抜けている。うちに納入したシステムが万一故障したときのために、と言ってわざわざ近くの製鋼会社のシステムが使えるようコネもつけておいてくれた。説明は要領を得ていた。彼らのすることなすことすべてが、安心と成功を感じさせたよ。予算のしめつけはきびしかったが、われわれは迷わなかったね」

ほとんど二日に一度ぐらいの割合で、私たちは日本の企業について、日本企業の有するユニークな体質について、その会議好きと社歌・社訓の斉唱とについての話を耳にする。だが、そうした話はアメリカには関係のないもの、〝文化の違い〟として片づけられてしまうのが常である。アメリカの企業では、そのような〝部族的な集団行動〟は思いもよらないというわけだ。

しかし、アメリカにもこういった例はちゃんとあるのだ。たとえば、これは目撃したことのない者には想像できないことだが、たかが樹脂製のボウルを売るために、人々が毎週月曜の晩にくりひろげる熱狂的な集会――タッパーウェアの週例会――などはたいした熱狂だ。モーリー・セイファーのテレビ番組『60ミニッツ』でも紹介されたメアリー・ケイ化粧品の熱狂的決起集会も同様の例である。

こうした例は、ある種の製品販売に限られた特殊例として片づけられてしまうかもしれない。しかし、ヒューレット・パッカードでも、部門全員参加のビールパーティが、部内のコミュニケーションを強める手段として恒常化している。筆者の一人（ウォータマン）は、社会に出てまもないころＩＢＭの販売研修を受けたことがあるが、毎朝歌を唄い、日本の企業とまったく変わらぬ（と言って言い過ぎなら、ほとんど変わらぬほどの）昂揚を感じたものだった。

管理者や大学院生を相手にした講義の中で、私たちはよくデルタ航空のユニークな経営の例を引き合いに出して話をすすめていくことがある。私たちは二人とも頻繁に旅行をするから、ぎりぎりの時間であわてて乗りかえをしなければならないというときに、デルタの空港職員がどれほど大きな助けとなってくれたか、という体験談をひとつふたつ披露することになる。このあいだもそういう例を話していると、一人の会社重役が手を上げて言った。

「デルタ航空の実態について、私にもちょっと言わせて下さい」

これはきっと反論がくるに違いないと思って待ちかまえていると、その人はデルタのサービスがいかに群を抜いたものであるかについて、私たちの話が色あせてしまうような話を紹介してくれたのである。彼の家族が引っ越した際、細君がうっかり特別割引チケットを紛失してしまったのだが、再発行の手続きのあいだに、割引値段が無効になってしまった。細君が苦情の電話をかけていると、途中からデルタの社長が電話をひきつぎ、ちょうどそこへ来ているからというので、空港のゲートで彼女を待ち、新しい切符をみずから手渡してくれた、というのである。

プロクター&ギャンブルのブランド別製品部門にいた者は誰でも、P&Gの成功はすでに伝説的となったマーケティング手腕による、というよりむしろ、製品の品質に対する並はずれた熱心さによるものだということを身にしみて感じている。私たちが気に入っている情景のひとつというのは、スタンフォード大学の経営学サマー・セミナーで、出席者を前に顔を真っ赤にしてムキになったように大声で喋っているP&Gのあの役員の姿である。

「P&Gは市場に出ているどれにも負けないトイレット・ペーパーだって作っているんです。そして、製品がただのトイレット・ペーパーであるという――あるいは石ケンでもよいのですが――たかが石ケンであるというそれだけの理由で、他社のものより優れていなくてもよいということにはならんのです」（優良企業の大部分がそうであるように、こういう考えは深く根づいており、また長続きするものである。かつてP&Gは、石ケンの原料の一部を低品質のものに落とすことを拒んでいる。戦争中のことで、それは陸軍の強い要請であったにもかかわらず、である。しかもこの話は、なんと南北戦争中のエピソードだ）。

もうひとつ、フリト・レイ社の話をあげよう。噂であって疑わしい話かもしれないが、おそらく本当と思われる。まあ、それはどちらでもいいのだが、みぞれ、あられ、雪、雨の降る中、泥の中を黙々と進む人々の話である。べつに彼らは郵便を配達しているわけではない。彼らはポテトチップのルート・セールスマンで、いわゆる「九九・五パーセントサービス水準」★を保ちつづけているのである。このサービスは、フリトの全社員の誇りであり、同社のたぐいまれな成功の原因でもある。

このような話はまだいくらもある。超優良企業とはなにかという研究を始めてとくに印象的だったのは、調べれば調べるほど超優良企業にはこの手のエピソードが豊富だとわかったことである。これらの会社は、日本の企業にまさるとも劣らないような強烈な文化を有していることに気づきはじめ、どのような業種であれ、その企業体質の中にすでに他をしのぐプラス・アルファを持っているらしいこともわかってきた。

★フリトでは、モンタナ州ミズーラといった山奥にある家族経営の小店であろうと、カリフォルニア州オークランドの大スーパーマーケット、セイフウェイであろうと、平等に、一日一回、フリトのルート担当セールスマンの訪問を受ける確率が「九九・五パーセント」ある、という体制をしいている。

業種を問わず、こうした企業はほぼいちように、やぼくさく見えることもあるにせよ、なにか並はずれたことを徹底して繰り返すことによって、全従業員が自社の企業文化に同化する——あるいは、それに同化できない者は逆にいたたまれなくなって出ていく――ようにしているのである。

　また、はじめのうちは私たちにとっても意外だったのだが、そうした企業文化なるものの中身は、例外なくほんの数種のテーマに要約される。ブリキを曲げる商売でも、ハンバーガーを焼く商売でも、はたまた部屋を貸すホテルのような商売でも、ほとんどすべてのこうした会社は、自分たちの商売を、事実上サービス業であると定義しているのだ。お客様は絶対である。こうした会社は、未実証の〝最先端技術〟や不必要な金メッキで顧客をもてなすことをしない。彼らが提供するのは、長持ちのする信頼のおける製品であり、必要なとき迅速に飛んでくるサービスなのである。

　つまり、品質とサービスとがいつでも最重点となっている。これを確実に達成するためには、会社のトップ二〇〇人が猛然たる働きをするばかりではダメである。社員全体の協力が必要となることは言うまでもない。超優良企業と言われる会社は、並の人間に並はずれた仕事ぶりを要求し、また、それを大前提としているのである（ダナ社の元会長レニ・マクファーソンは、「鍵となるのは、小数のどうしようもないのろまでもなければ、ひとにぎりのやり手でもない。むしろ、ごく普通の人々に気を配り、彼らをのびのびと働かせることだ」と言っている）。

　私たちはこの考え方を「ひとを通じた生産性向上」と呼ぶことにした。あらゆる企業が、生産性の前提は人であると気やすく言うが、本当に実行している会社は数少ない。

　最終的に私たちは、アメリカの会社をまるで万力のような力で抑えつけているこの企業病を退治するためのモデルを探すなら、なにもわざわざ日本ばかり見ていることはないということに思いいたった。アメリカにだって経営基盤を支えるあらゆる要素――顧客、従業員、株主、および一般大衆――から見て、きわめて立派にやっている大企業はいくらもあるのだ。そうした会社は、もう何年、何十年にもわたって、ずっと正しくやってきているのである。ところが、私たちはそうした事例に十分な注意を払ってこなかったし、また、そうした会社がほとんど〝本能的〟にしていることが、どれほどしっかりした理論にかなっていることなのかを正しく把握してみようとも思わなかったのである。

いままでずっと、経営心理学で問題になることといえば、X理論でありY理論であった。かつては「仕事を豊かにする自己啓発運動」であり、最近では「品質管理（QC）サークル」だ。これでは、日本の企業、あるいはアメリカの超優良企業に見られる、燃えるような仕事への情熱を示す従業員の秘密を解くことはできない。しかし、有効な理論がないわけではない。

たとえば、心理学者アーネスト・ベッカーは、ひとつの重要な理論的拠り所をわれわれに提供してくれている。ただ、彼の理論は、大部分の経営分析家からは黙殺されたが……。彼は「人間は本質的に『二元論』で動いている」と言う。つまり、人間はある集団の一部でありたいと願うと同時に、一人めだちたいとも思うのである、というのが彼の主張だ。人は勝ち組の忠実なチームプレーヤーでありたいと願うと同時に、自分自身もまた、なんらかの形でスタープレーヤーとして認知されたいという願いを持つのである。

勝つチームについて、ベッカーはこう述べている。

「社会は英雄主義に世俗的機会を与える。……人間はおのれの生に意義を見出すことによって死を超越する。……人間にとって、価値あるものでありたいというのはあくなき願いである。……人間がほんとうに怖れるのは、生体として消滅していくことではなく、むしろ、無価値なものとして、他人に忘れ去られる形で社会から消滅していくことである。……儀式は生を与えるためのテクニックである。人の矜持は象徴的なものによって形成される。人が心に抱く自己愛《ナルシズム》は、シンボルによって、自己の価値に関する抽象的な概念によって、はぐくまれる。人間生来の欲望は、シンボルの領域でなら無制限にはぐくまれうるのである」

そして、さらにこうつけ加えている。

「人は集団による規制（大幅な順応）を、自己を（認知してもらうがゆえに）不滅化させるための必要悪と考えている」。別の言い方をすれば、人が九時〜五時勤務という単純な生活にすすんでみずからを縛りつける場合には、なんらかの意味で、自分なりの大義名分を見出しているからである。会員制クラブや名誉協会と同様のある種の共鳴に基づく一体感を、企業体もまた与えることができるのである。が、それと同時に、われわれは自分の所属する組織体がまさに勝とうとしているときでさえ――あるいはそういうときにこそと言った方がいいかもしれないが――一人だけめだとうとする。従業員にわずかとはいえある仕事を任せたときに、頼んでもいないような広範なことをありとあらゆる努力をしてやりとげる、といった光景を何回となく見てきている。この重要な研究分野に関しては、ひとつの心理学の実験がなされていて、その結果はやはり前述の仮説を立証したものとなっている。

大人の被験者にいくつかの複雑なパズルと退屈な校正をやらせ、バックには不規則に生ずるうるさい雑音を流す。もっと正確に説明すれば、雑音というのは「二人がスペイン語を、一人がアルメニア語を喋る声と、謄写版印刷機の運転音、電卓、タイプライターの音、街の騒音が判別しがたく混じり合った」音なのである。そして被験者をふたつのグループに分け、ひとつのグループにはただすわって仕事をするように言い、もうひとつのグループには一人一人に騒音を消すスイッチ（オフ・スイッチは現代における管理可能性を表わすシンボルである）を与える。するとオフ・スイッチを渡されたグループの方が、もう一方のグループの五倍もの量のパズルを解き、校正の間違いもほんのわずかだったという。

さて、そこでおもしろい点だが、「オフ・スイッチを渡されたグループの中に、実際にこのスイッチを使って騒音を断った被験者はいなかった。自分は必要なときには管理可能性を行使できる、という意識を持っているだけで、この差が生じた」のである。

もっとも、経営のうまくいっている企業はこうした理論に基づいてすでに動いている。そして、そうでない企業は、ほとんどがこれを実行していない。たとえば、一〇〇人を擁するある会社の営業部長が、メドウランズ球場（ニュージャージー州）をひと晩借りきったことがある。仕事のあとスタジアムに集まったセールスマンたちは、選手用入口からフィールドに駆け出していく。そして、一人二人と出てくるたびに、電光スコアボードはそのセールスマンの名前を表示して、集まった観衆に知らせるのだった。スタンドにいる本社の幹部連中や、他の部門の社員、当該セールスマンの家族や友人たちが熱烈な声援を送るのだった。

そのある会社というのは、なにを隠そうＩＢＭである。このひとつの催し（非・優良企業の大部分は、これをあまりにもわざとらしい、あるいは金の浪費だ、として一顧だに与えないだろうが）によって、ＩＢＭはヒロイックな盛り上がり（大きなものの一部に属したいという個人の欲求を満たすこと）と個人の自己実現（めだちたいという欲求）の両方を同時に満足させている。一見矛盾するふたつの希求に、ＩＢＭはみごとに橋渡しをしているのである。

超優良企業にもしひとつの顕著な特徴があるとすれば、それはこの、曖昧さと矛盾とをうまく包括し、管理していく能力である。私たちのまわりの、合理的経済学者たちが絶対に無理だと一蹴するようなことを、超優良企業は日常的に行なっているのである。

フリトのポテトチップにせよ、メイタグの洗濯機にしても、日常必需品ではないか。だが、フリトのマージンと市場占有率をひと目でも見たことのある人なら、これはただごとではない、と思うに違いない。アメリカでいちばん問題なのは、経営管理用の小道具に眼を奪われるあまり、より高い次元の芸術とも言える技法に考えが及ばなくなってしまうことである。

小道具はともすれば数字と分析とに偏りがちだ。コストは数字ではかることができる。だが、こうした数値だけでは、心をひとつにして高品質の製品を営々と世に送りつづけるメイタグやキャタピラーの労働者とか、ごく普通の得意先のために毎日何マイルもさきに足をのばすフリト・レイのルート・セールスマンの価値を正しくはかることはできない。

さらに悪いことは、数値を見ていると、どうしても超優良企業のもっとも根元的で革新的なところを、疑いのまなざしで見てしまうようになることである。スリーエムにおける「非合理」な「プロダクト・チャンピオン」たち、デジタル・エクイップメントにおける製品系列の重複、Ｐ＆Ｇブランド・マネージャーに見られる社内の競争などは、数字では説明できないものなのだ。

アルフレッド・スローンは、一九二〇年代、すでにゼネラル・モーターズ内に製品系列の重複を組織的に導入して成功している。ＩＢＭの各課間でも、古くから意図的にこの重複という概念を広く実践し、古くから社内競争を盛り上げることに成功してきている。

だが、今日でも合理主義的な人々は、ほとんどがこれを評価していない。彼らは重複を好まず、画然と整理することを好む。彼らは誤りを嫌い、細心の注意をもって計画を立てるのが好きだ。みながつねになにをやっているのかを正確に把握していないと気がすまず、したがって何事も管理することが好きだ。彼らは多人数のスタッフをかかえるようになる。こうしてもたもたしているあいだに、ワング、スリーエム、ブルーミングデールなどの企業では、新製品を一〇種も出し、競合の数カ月先を走っている、ということになるのである。

そこで私たちは、伝統的な経営理論に対して、いくつかの挑戦を試みたいと思っている。というのは、主として人間が——個人としておよび集団として——どのように機能するかに関する事実を観察していくあいだに、企業の大きさに関する問題（規模の経済）、正確さの問題（分析的手法の限界）、ごく普通の人々を使って並はずれた成績（ことに品質の高さ）を達成する能力の問題などに関して、従来信じられてきた理論とまさに反対の現象をつぎつぎと目撃してきたからである。

超優良企業における発見をまとめてみると、ひとつの明るいメッセージが読みとれる。アメリカより福音あり、だ。今日、上手な経営手法が見られるのは、なにも日本に限ったことではないのである。だが、もっと重要なのは、この福音が、人々を人間らしく扱いのびのびと働かせるところから、そして実用価値のある高品質の製品を作り出すことから生じてきている、ということだ。

「全体の能率」を求める流派の人は、心をひとつにして働く人々からなる小集団に敗れる。R＆D（研究開発）部門で立てた鳴物入り製品に関する綿密なプロジェクトは、全身全霊をうちこんだチャンピオンたちの小グループにとってかわられる。コスト低減の数字をつめるのにいつまでも延々と焦点をあてる人は、品質向上に焦点をあてて前向きに考える人に敗れる。ヒエラルキー（管理階層）と三つ揃いの背広を愛用する官僚主義者は、ファースト・ネームで親しく呼び合い、上着を脱いで威勢よくプロジェクトを基としながら柔軟にやっていく人に敗れる。分厚い規則書《ルールブック》に基づいて動くのではなく、みなが自発的に力をつくすのがいい。

経営管理という仕事でさえ、より楽しいものとなる。無菌状態の象牙の塔の中で空論をもてあそぶのでなく、現場で——労働者とともに、愛着をもったみずからの製品を与えながら——指導し、「福音」を伝えつつ価値観を形成し、補強していくのだから。

この本では、いま要約したことをさらにくわしく述べていこうと思う。「超優良《エクセレンス》」という言葉がなにを表わすのか、私たちはそれをはっきりさせるつもりである。他の会社ではやっていないが超優良企業ではやっていると思われることがなんなのかを一般化し、また超優良企業についての私たちの観察を、しっかりとした社会・経済理論で裏づけしてもいきたいと考えている。

もうひとつ、この本ではいままでの経営書でかならずと言ってよいほど見逃されてきた実地調査のデータを頻繁に使うつもりである。それはつまり、その会社そのものを端的に、具体的に示してくれるものだからだ。

第一部

超優良企業の条件

第一章

成功しているアメリカ企業

ベルギーのシュールレアリスト、ルネ・マグリットは、パイプを描いた一連の作品に「これはパイ《ス・ネ・パ・》プではない《ユン・ピプ》」というタイトルをつけた。ある物の絵は物そのものではない。同様に組織図は会社ではない。また、新しい企業戦略がそのまま企業の苦境に対する解答になるわけでもない。それは誰でも知っていることだ。にもかかわらず、実際に苦境にたちいたったとき、私たちは新しい戦略を求め、また、おそらく組織の改変をするのではないだろうか。そして、組織を改変しようというときにも、組織図の四角い枠をただ並べかえるだけに終わってしまうのが常だ。

たいした変化は望めないのである。たしかにそれは混乱を誘発するだろうし、一定期間その混乱はむしろ有効に作用するかも知れない。しかし、こんな組織変更では、結局は古いやり方が力を盛り返す。古い習慣は一朝一夕に変えられるものではない。

大組織の活性を保ち、順応性を失わないようにしておくためには、たんに方針演説、戦略、計画、予算、組織図などを機械的に連発してみても、とうてい及ぶものではないということは、誰でもホンネの部分では感じていることなのである。ところが、いざ行動という段になると、まるでこうしたことを知らないかのような立居振舞を示すことがあまりにも多い。変化が欲しくなると戦略をもてあそぶ。あるいは、機構をいじくるのである。しかし、そろそろ従来のやり方自身を変えるべき時に来ているのではないだろうか。

一九七七年のはじめごろ、ひろく経営効率の問題と、そしてとくに戦略や機構と経営効率との相関関係を探ろうということで、私たちはマッキンゼー社内にふたつの特別研究チームを結成した。ひとつは戦略に関する私たちの考え方を整理してみようというもの、もうひとつは組織問題の根本のところにまで立ち戻り、組織の経営に与える影響を考えようというものであった。いわば、マッキンゼー版「応用研究」の発足といったところだ。大前とグラックが戦略のチームを、筆者たち二人は組織の効率を扱うチームのリーダー役をつとめた。

当然考えられる第一のステップは、経営手腕、経験の豊富さ、組織づくりの知恵で名を知られた世界中の経営者と会って、組織設計の技法について話を聞くことだった。そこでわかったのは、こういう人たちもやはり、私たち同様、旧来のやり方に少なからぬ不満を抱いているということだった。

誰もが通常の機構面での解決策、とくにこの分野でのいちばん新しい案である高度なマトリックス組織については、限界を感じていた。高度なマトリックス以外の従来の方法論にも、総じてその有用性に疑問を抱き、どんな手法を用いても、年商何千億円という巨大企業を再活性化し、針路変更をしていくうえであまりあてにはならないのではないか、と感じていたのである。

じつはもっと頼りになる考え方が、ちょっと思いもよらないようなところから出てきていた。だいぶ昔の話になるが、一九六二年、企業史家アルフレッド・チャンドラーは、『戦略と組織』と題する有名な本を書いたが、その中で「組織は戦略に従う」というたいへん強力な概念を打ち出している。私たちがこの仕事にとりかかった一九七七年、チャンドラーのこの断定には普遍的なにかがあるというのが、一般的に通説となっていた。

戦略計画を紙に書けば、適切な組織はすんなりとたやすく美しい形で生まれてくるというのである。たしかにチャンドラーの考え方は、ひと昔まえにはおそらく正しくかつ重要な意味を持っていたと思われる。だから、彼の歴史的寄与については疑う余地はない。だが、チャンドラーがこれを考えついた時代には、あたかもすべての企業が多角化を目指している時で、チャンドラーがもっともはっきりと概念として捉えたのは、広汎な多角化戦略に伴って分権化を大きな特徴とする機構が絶対に必要となるということだった。チャンドラーの言ったことを現代流に解釈すれば、形態は機能に従う、のである。

第二次大戦後からおよそ一九七〇年ごろまでの時期、チャンドラーの助言は、基本的に多角化という方向を目指していた経営者にとっては（製品事業部制などの採用により）、経営改新を促し、活性化をしていくうえでは、ひじょうに役立ったのである。

しかしこのテーマを研究していくにつれ私たちは、今日では戦略そのものから独自の機構上の結論が導き出されるということはどうやらまれであるらしいことを発見した。さらに、戦略に関して言えば、その方向性が問題になることは総じて、少なくともアメリカでは、実践と同化の問題、つまり、いかにして計画を遂行し、いかにして組織的に柔軟でいつづけられるか、ということである。言いかえれば、組織の問題をやろうと思えば思うほど、戦略の問題をはるかに越えて、組織の諸問題——

機構や人間などといった——にまでさかのぼらなければならないのだ。そうなると経営効率の研究は結局のところどうどうめぐりとなる恐れがある。

旧来の考え方にプラスすべき具体的アイデアの欠如は、誰の目にも痛いくらい明らかだった。これがかつてなかったほど明白になったのが、一九八〇年、不況《スタグネーション》の中でにっちもさっちもいかなくなったアメリカの経営者たちがこぞって、太平洋の広大なひろがり以上に大きな歴史や文化の差を無視して、日本式経営方法にとびついた年である。

一九七七年、私たちがつぎにしたことは、第一線のビジネスマン以外のところにも手がかりを求めることだった。私たちはアメリカとヨーロッパで一〇校あまりの経営学専門大学院《ビジネス・スクール》を訪ねた（皮肉なことに日本にはビジネス・スクールはないので）。

そしてわかったのは、アカデミズムにいる理論家たちもまた、同じ問題に頭を悩ませていることだった。私たちにとってタイミングはよかった。理論について現在はまた新しい風が吹き荒れているが、ひとつのあらたなコンセンサスに向かって収斂していこうとしている。ごく一部の研究者たちは、いまだに機構について、ことに最新流行の、しかし同工異曲と言えるようなあのマトリックス組織論について書いている。しかし、これに異論を唱える人々の中に、主として新しい潮流の発酵を見た。

その新しい潮流というのは、意思決定者が情報を処理してわれわれが通常「合理的」決断であるとみなすものに到達する際の能力の限界を問題にする、という従来まったく見られなかったひとつの論点なのである。これらの人々は、たとえば、大きな集合体である組織などが、合理主義者の考え出した複雑な戦略計画などというものを忠実に実行するなどということはほとんどありえない、と主張する。

今日の研究家たちがこの潮流の源流と考えているのは、ハーバード大学のエルトン・メイヨーとチェスター・バーナードが、一九三〇年代末に行なった研究である。さまざまな面からこの二人は、組織の官僚体制を形態的に定義したマックス・ウェーバーと、経営も厳密な科学たりうることを示唆したフレデリック・テイラーの考え方に挑戦している。

ウェーバーはカリスマ的指導者を一笑に付して、官僚的統制を偏愛した。規則一点張りの非人間的な体制だけが、組織の長期的生存のための唯一の方法だというのである。テイラーは、言うまでもなく能率を時間と動作の観点から捉えようとした元祖である。もし作業を全体の流れに基づいて一度バラバラに分割し、のちにその各部分を部分ごとにほんとうに理想的な形に修正し、ふたたびひとつの流れに統合することができさえすれば、その作業グループは、真に最高の遂行能力を持つことになる。これが、テイラーの基本的主張である。

メイヨーははじめ律儀に合理派の主流に沿っていたのだが、しまいには合理派の考え方に事実上かなり挑戦するようになった。ウェスタン・エレクトリックのホーソン工場で、彼は職場の衛生が従業員の生産性に直接プラスの影響を与えることを実地に示そうとしたことがある。彼が照明を明るくすると、やはり彼の言ったとおり生産性は上がった。さて、それで満足気に別の要素の影響を測定しようとして、つぎの実験のために型どおり照明をもとの明るさまで落とすと、ふたたび生産性は上がったのである！

私たちにとって、こうした行為に関する研究から得られるひじょうに大切な教訓は、そして、この本の中でたびたび繰り返されることになるテーマは、生産性に対して主要な意味を持つのは労働条件それ自体ではなく、労働者に対する経営者の配慮なのだということである（私たちが選んだ超優良企業の多くが、経営とは、数限りない「ホ・ー・ソ・ン・効果を際限なく持続させること」に帰着すると考えているようだ、と私たちのある同僚が解釈してくれた。こういう考えは、合理主義者たちの見解とは一致しない）。

チェスター・バーナードは、経営責任者としての見地から（彼は以前、ニュージャージー・ベル社の社長をつとめたことがある）、リーダーの主要な役割は、組織の中におけるさまざまな社会的、世俗的な力をうまく利用して、会社にとって有効な価値観を形づくり、指導していくことにあると主張する。バーナードは、優秀な経営者は、組織の持つインフォーマルな社会的属性に留意して有効な価値観を形成していける者だとし、たんに形式的な報酬制度や経営システムを操作し、短期的な（狭義の）能率向上のことしか考えない経営者と対比している。

バーナードの考え方は、ハーバート・サイモンがすぐに飛びついた（サイモンはのちにその研究が認められ、ノーベル賞を得ている）ことを除けば、三〇年間ほとんど顧みられることもなく、その間、経営学論議の焦点は、当時緊急焦眉の争点となっていた戦後の成長に伴う機構の改革へと移ってしまった。

しかしその後、分権構造への移行の波がひとまず落ち着くや、これがかならずしも万能でないということがわかった。その後継者として登場した〝マトリックス組織〟が、その複雑さからしじゅう生ずるトラブルに行きづまったとき、バーナードとサイモンの考え方に人々は立ち戻り、これを契機として新しい考え方の波が起こった。理論面での代表格がコーネル大学のカール・ワイクとスタンフォード大学のジェームズ・マーチで、この二人は積年の恨みをこめて合理主義的なモデルを攻撃した。

ワイクは、組織が習得し、適応するには、あきれるほど な・が・い 時間が必要だという意味のことを言っている。組織内の慣行について、それがとっくに実際的な意味をまったく失ったあとでも、組織は強迫観念にとりつかれたようにそれに関心を持ちつづけるという。まず考えなければならない経営の戦略的前提条件（たとえば、管理第一主義でいくか、あるいは危険を覚悟して重点主義でいくか、といったこと）は、経営システムの些事の中に、時がたつにつれて当初の意図が不明瞭になってしまったような慣行の中に、埋没しながらもしかし脈々と生きつづけているのである。

こうしたことのいい例として、社会に出てまもなく銀行で出納係の訓練を受けたという友人からおもしろい話を聞いた。仕事のひとつに、八〇カラムのパンチカードを手で区分けする作業があった。このやり方を教えてくれた中年女性は、まるで稲妻のような速さでそれを行なうというのである。「ザーッ」と音を立てて手の中をカードが走ると思うと、すべてがしかるべきところにきれいに積まれているのを見ながら、その友人は親指がマヒするぐらいくたびれて悪戦苦闘していた。

「もうどのくらいやってるんですか？」と、友人はこの女性に尋ねた。

「一〇年ぐらいね」

「で、この分類はなんのためにやるのですか？」友人は熱心に聞いた。

「ほんとうのこと言うとね」――ザーッと新しいカードの束が音を立てて区分けされる――「私はよく知らないのよ」

硬直化のもとは、私たちの頭の中にある機械的な組織の持つイメージが長年のあいだにこびりついた結果起こるのではないか、とワイクは言う。

たとえば、「経営組織の原形として軍隊の組織（ライン・スタッフ）を使いつづけていると、人はしばしば違った種類の組織形態があることを忘れてしまう。正確に、たとえば将来を予測することよりも、臨機応変な対応力に価値をおき、制約条件を心配する好機に飛びつくことを大切にし、過去の行動を守るのでなく新しい行動を見つけ出し、静けさよりも議論を好み、信ずるよりも疑い、矛盾をさらけ出すことを奨励するような、そういった組織もありうるのだということを忘れてしまうのである」と言う。

マーチはワイクよりさらに一歩つっこんで（とくに悪ふざけをする気などなく）、組織をゴミバケツになぞらえている。組織が学習し決定していく過程を彼は、問題と解決、人と人との協力、絶好の機会などがほとんど無原則にからみあってえも言えぬ力で組織を将来へ向けて押しやっていく過程の連続体、として捉える。大きな組織についてマーチが述べていることを見ていると、トルーマン大統領が自分の後継者を待ち構えている厄介事について述べた、あの皮肉な予言が思い出される。リチャード・E・ニュースタットの伝えるところでは、トルーマンはこう言ったという。

「彼はここにすわって（と自分のテーブルをトントンと叩きながら）、『あれをしろ！　これをしろ！』と言うだろう。そしてなにひとつ言ったとおりにはならんだろう。アイク（アイゼンハワー）も気の毒なもんだ。（彼の長年いた）軍隊とはぜんぜん違うのだから、さぞ苛立つだろうよ」

最近になって、ワイクやマーチ以外の、こうした通説とは異なる見解を支持するデータを真剣に集めたカナダ、マギル大学の研究家ヘンリー・ミンツバーグは、有能な経営者がどのように時間を使っているかという、まだあまり研究されていない分野にかなり厳密な方法をもって取り組んだ。

こうした経営者たちは（たとえば、ドラッカーのような啓蒙的）専門家の大部分が報告するように、計画、組織づくり、動機づけ、管理、といった〝重要事項〟に多くの時間を優先的にあてることをしていない。逆に時間は分断され、ひとつの案件に費やされる時間の平均は九分間だという。

イギリスの研究家アンドリュー・ペティグルーは、戦略的決定における（社内的）政治力学を研究しながら、組織が持つ〝慣性〟とでも呼んだらいいようなものにたいへん興味を抱くようになった。

ときとして企業は、もうすでに世の中は変わったのだから自分たちも変わらなければならないということを示す圧倒的な証拠を目の前にしながらなお、誰が見ても誤った前提に一〇年ものあいだしがみついていることがある、と言う（ペティグルーが考えていたことを具体的に示す例は、航空、トラック、運送、銀行、貸付信託、電信電話などの政府規制が最近はずされた各種業界で、枚挙にいとまがないほどだ）。

私たちがはじめのころ話をうかがった人々の中に、IBM、スリーエム、プロクター&ギャンブル、デルタ航空といった、長期にわたって最高の業績をあげている会社の経営者たちがいた。理論的な考え方の新しい流れについてあれこれと考えをめぐらすうちに私たちが不意に気づいたのは、こうした経営者たちが語る〝目に見えないなにか〟〝よく説明できないある種の力〟なるものが、じつはテイラーやチャンドラーよりもむしろワイクとマーチの言っていることにずっとよく合致する、ということだった。

彼らは組織の持つ文化とか、〝家族的感覚〟について、「小さいことはいいことだ（スモール・イズ・ビューティフル）」について「複雑さ《コンプレクシティ》ではなく単純さ《シンプリシティ》を！」について、高品質製品とお祭り騒ぎとの結びつきについて、語ってくれた。要するに、組織を構成する一人一人の人間がいまでも重要なのだ、といういわばあたりまえのことを私たちは見出したのである。一人一人の男女社員の限界（情報処理能力の）と力（献身度《コミットメント》と熱意から湧き出る）をとことんきわめた組織を作り上げること、これが超優良企業と言われる組織の強さの根源なのだ。

成功の尺度

はじめの二年間、私たちは主としてビジネス上の問題解決のための伝統的な道具に焦点をあて、——当時それは戦略および機構面からのアプローチに集中していた——拡大する方途を、私たちなりに診断と解決の方法論を模索していた。

しかし実際、私たちの研究グループ外の友人の多くは、組織づくりにおける構造の問題を新しく見直すだけで事足りるのではないかと感じていた。分権化が五〇年代、六〇年代の波であり、いわゆる「マトリックス組織が七〇年代の流行——ただし明らかに効果のあがらない——だったとすれば、八〇年代の機構とはいったいどんなスタイルか?」と彼らは問うのである。だが私たちは、別の角度から考えることを選んだ。

機構の問題が重要であることは言うまでもない。が、それに劣らずわれわれが認識しなくてはならないのは、機構は経営効率向上という経営全般にわたる問題のうちの、ごくわずかな部分にすぎないという事実だ。たとえば「組織づくり」という言葉をよく用いるが、もっと大切な質問は「いったいなんのための(組織づくりか)?」という問である。

私たちが主として調査の対象としていた大企業の場合には、その問に対する答はほぼ一様に、なにか従来になかった新しい企業の能力を大がかりに作り上げるために——つまり、より革新的になる、顧客指向を根本的に強める、労使関係を抜本的に改善する、あるいは、いまその企業が持ち合わせていない技術を身につける、ために——というものだった。

格好の例がマクドナルドである。この会社はアメリカではあのように成功したけれど、国外でもうまくやっていくということは、たんに国際課を新しく設置すればいいというような単純な組織上の問題ではないのだ。マクドナルドの場合、国際化ということはとりもなおさず、たとえば、ドイツの消費者にハンバーガーとはいかなるものかを（マクドナルド流のやり方で、しかもドイツ人に受け入れられるような方法で）教えなければならない、という挑戦に答えることなのである。

政府の注文ばかりに頼る状態から少しでも脱却しようと考えたボーイングは、商業市場で製品を売る技術を確立しなければならなかった。ボーイングの競争相手の誰もが成功していない事実を見ても、これがいかに難事業であるかわかろうというものだ。こうした技術の確立、つまり、新しい筋肉を鍛え、古い癖をかなぐり捨て、いままでの習慣になかった新しいものに習熟していくことはむずかしい。こうした新しい企業文化の形成を試みようとしたときに、これが機構の範囲内で解決できないことは明らかだ。

そこで、「機構についての新しい考え方」以上のなにかが必要となってくる。私たちが直面していたことに対する良い手がかりは、コッパーズ社の会長で総帥でもあるフレッチャー・バイロムの言葉の中に見出された。

「ある地位におかれた者が誰でも前任者とまったく同じように働くだろう、というようなことを前提とした柔軟性のない組織図は、愚の骨頂だと思う。そのようにいくわけがないのだ。だから、その椅子にすわる新しい人間にあわせて、組織を順応させ、移し変えていく必要がある」

ひとに対する配慮なくして良い機構などというものは考えられないし、逆もまた真なのである。私たちはさらに研究をつづけた。その結果わかったこと、それは、組織づくりを知的に考えようとすれば、互いに切り離せない関係にある少なくとも七つの変数を同時に包含して扱っていかざるをえないことである。

その七項目とは、機構（structure）、戦略（strategy）、ひと（people）、経営の型（management style）、体系と手順（systems & procedures）、指標となる理念（guiding principles）、および企業文化とも言うべき共通の価値観（shared values）、最後に現有する（または望ましい）企業の強さ、あるいは技術（present and hoped for corporate strengths or skills）の七つである。

このアイデアをより正確に規定し磨き上げたものがのちに「マッキンゼーの七つのS」のフレームワークとなったもの（次ページの図1参照）である。若干の無理はあったが、これを切り貼りして形を整えることによって、七つの項目のすべてが英語のSの頭文字で始まるようにし、また七つが相互依存しているという点を強調して、これをデザイン化した。

ハーバード・ビジネス・スクールのアンソニー・エイソスが、こうしたやり方をすべきだと私たちに勧めてくれた。頭文字のゴロ合わせにより記憶を鮮烈にしなければ、私たちの言わんとしていることはむずかしすぎ、すぐ忘れられてしまう、というのが彼の強い意見だった。

最初は、頭文字のゴロ合わせなど趣味が悪い、と私たち自身も思っていたのだが、マッキンゼー社のネットワークを通じて世界中でこの概念を使った経験からしても、やはり組織とは、ハードウェア——戦略（strategy）と機構（structure）——ばかりでなく、ソフトウェア——経営スタイル（style）、制度（system）、ひと（staff）、共通の価値観（shared values）——も同様に大切であるという考え方をはっきりと打ち出していくうえで、こうしたフレームワークが大きな助けになったことは疑う余地がな

図1　マッキンゼーの7つのS

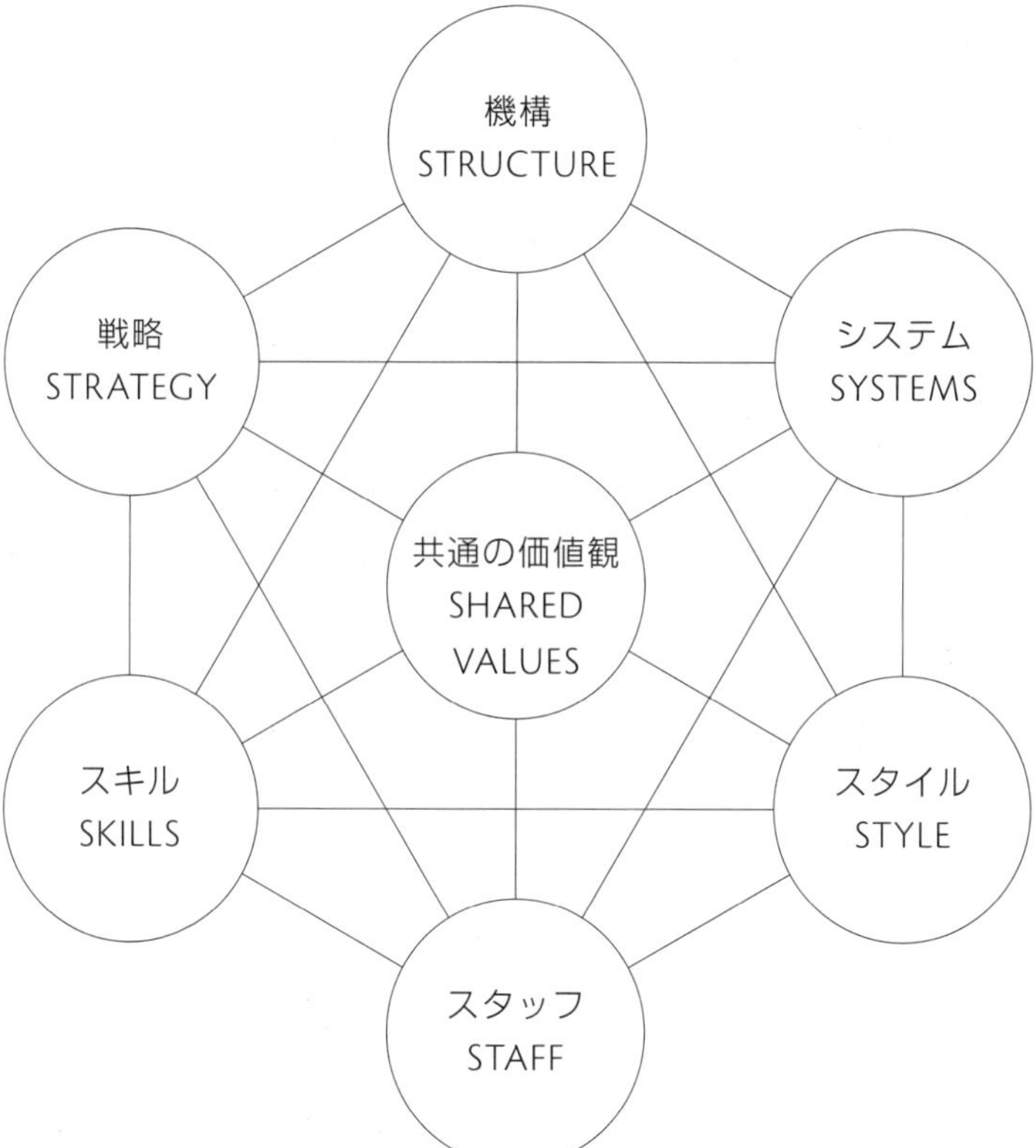

い。

この七つの要素を私たちの同僚は、ふざけ半分に「七福神」と呼ぶようになったが、どうやら、組織づくりについて考える際役に立つものとして、今日では世界中で広くかつ好意的に受け入れられたようである。★

★複数の独立変数を出発点として考えるというのは、私たちの発明とは言いがたい。たとえば、ハロルド・リーヴィットによる「リーヴィットのダイヤモンド」（課題、機構、ひと、情報、管理、環境）は、いままで何十年にもわたって経営者たちに影響を与えてきた。私たちは、まことにタイミングに恵まれていた。一見対処不能の問題に頭を悩ませ、戦略や機構の変更というだけのやり方に不満を感じつづけてきた経営者たちが、一九八〇年には、ようやく新しい物の見方を受け入れられる状態になっていたからだ。また、新しい考え方のモデルが、経営問題を現実的に解決することで、長年にわたって世界中に定評のあるマッキンゼーの名で裏打ちされたこともたいへんプラスになった。

概念形成の段階で私たちの共同作業者であったリチャード・パスカルとアンソニー・エイソスは、これをその著『ジャパニーズ・マネジメント』の中で、考え方の支柱としている。ノース・カロライナ大学で教鞭をとっており、「意思決定」を実際的な科学として研究していることで知られるマッキンゼー社友ハーヴェイ・ワグナーも、経営ポリシーのコースを教える際にこのモデルを使っている。「君たちのおかげで、ぼくの授業から神秘というものがなくなってしまったよ。生徒たちがこの七福神を使うと、問題点が系統的にどんどん表面化してくるのだから」と、最近彼が言っていた。

あとから思えば、私たちの「七つのSの概念」のほんとうの意義は、世界中のプロの経営者に「ソフトこそむずかしい《ハード》」ということを思い起こさせた点にあるのだと思う。このおかげで私たちは、

「いままで非合理で、直観的かつ反・公式的で御《ぎょ》しがたいと思われて組織から除外されていたものが、なんとかやりくり算段をして仲間入りを果たせるようになったのだ。会社のあちこちで物事がうまく機能するか否かという面で、明らかにこうしたソフトSに対する考察は、公式的な機構や戦略に劣らず重要なのだ。それを無視するのは愚かだ。いや、それだけではない。どのように考えるべきかを提示しよう。それをなしとげるための手段がここにいくつかある。新しいやり方を開発する手法がほんとうにあるのだ」

とまで言えるようになったのである。

だが、まだ欠けているところもあった。たしかに私たちは組織診断の道具を飛躍的に増やしてきたし、たった二つのSではなく七つのSに注意を向けることができるという理由で、はっきりと業績をあげてきた経営者たちもでてきた。大きな組織がほんとうに変わるためには、少なくとも七つの複雑にからみあった大切な要素が同時に機能せねばならぬことに気づくことによって、大組織をいかなる形にせよ根本的に変えていくことのむずかしさについて、従来よりずっと謙虚に考えられるようになったのも確かである。だが、同時に私たちには、実践的な設計手順、ことに「ソフトなS」に対する具体案が不足していた。

企業の新しい能力を作り上げるということは、たんになにがうまくいっていないかをほじくり出して、そのさかさまをやればいい、といった単純なことではなかった。それはちょうど、良い橋を架けるのに、橋はなぜ落ちるかを理解するだけでは足りないのと同様である。私たちはすでに組織の病理がどこに起因するかをつきとめるための、はるかに優れた道具を身につけており、それはそれで結構なことであった。機構は明らかにまずくても、現実にはよく機能しているがゆえにいじってはならない部分をつきとめる要領も高めていたのは、なおさら良いことだった。だが私たちは、組織設計の型とアイデア創出について、まだ決定的な「言語」不足であった。

そこで私たちは、卓越した経営体そのものを観察してみることにしたのである。この項目は、じつは研究を始めてまもない時点で作業予定表の中に加えられていたのだが、ほんとうに動き出すきっかけとなったのは、ロイヤル・ダッチ・シェルの経営陣から依頼された「新機軸《イノヴェーション》」に関するトップセミナーだった。

私たちが話すべきこととシェル社の要望とをあわせるため、私たちは「新機軸」という言葉に二重の意味を持たせることにした。普通この言葉から考えられる「創造的な人々が市場価値のある新しい製品ないしサービスを開発すること」という意味に新しい意味合いをつけ加えたのである。それは、大組織がいかに新機軸を求めて変化していくのかという問題で、こうすることによって、私たちの関心の中心を占めるテーマとなった。

私たちが主張したのは、新機軸を打ち出せるような、つまり革新的な企業とは、新製品を出して大きく売上を伸ばしていく能力にことに優れているばかりでなく、周囲のあらゆる変化に器用に対応していく能力にとくに秀でた企業なのである、ということだった。アンドリュー・ペティグルーの言う「慣性的組織」と違って、環境が変わればみずからも変わるという企業である。顧客のニーズが変わり、競争会社の技術が向上するに応じて、大衆の好みが移り、対外貿易におけるさまざまな力関係が変化し法律が変わるのに応じて、こうした企業は進路を変更し、改善し、調整し、変容し、適応する。つまり企業体質そのものが、〝変革的〟なのである。

新機軸の展開能力、すなわち変革性ということをこのように捉えれば、真に卓越した経営者あるいは経営チームのすべき仕事を定義できる、と私たちは考えた。この種の革新をなしとげていると思われる企業が、すなわち、私たちが「超優良企業」と定義したものであった。

私たちはロイヤル・ダッチ・シェルでの発表を、一九七九年七月四日に、大前、グラックらとともに行なったのである。もしこの研究に誕生日があるとするなら、それはこの日であったろう。しかしながら、オランダにおける仕事よりも、むしろもっと私たちを夢中にさせたのは、シェルとのディスカッションに入るまえの準備段階に私たちが接触していたヒューレット・パッカードやスリーエムといったいくつかの会社から得られたその直接の反応だった。私たちが一心に追究していたテーマに、こうした会社もやはり多大な関心を抱き、私たちに調査の続行を推奨したのである。

主としてこのことがきっかけとなって、数カ月後、私たちは本格的なチームを作り、私たちが定義した形での超優良企業《エクセレント・カンパニー》――つねに革新的な大企業――というテーマに本格的に取り組みはじめたのである。もちろん社内プロジェクトであるので、マッキンゼーが主たる資金源であったが、関心を持ったクライアント企業にもいくらかの支援をいただいた。

この時点で私たちは、各方面からその業績について折紙つきの七五社を選び、そして一九七九年から八〇年にかけての冬のあいだ、質問の骨組をしっかり立てたうえで、このうちおよそ半数について徹底的な面談調査を行なった。残りの企業については、はじめ公表された情報源から――主として過去二五年間の新聞・雑誌記事および有価証券報告書――情報を得、その後このうち二〇余社について徹底的に面談調査をした（比較のために業績不振企業も何社か調べたのだが、これについてはあまり集中的な研究はしなかった。二人あわせて二五年間にわたる経営コンサルティングの経験を通じて、業績不振の原因については、もう十分すぎるぐらいわかっているつもりであったので）。

調査の結果は私たちも驚くほどめざましいものであった。超優良企業は、なによりもまず基本的なところでとくに優れているということが、予想したよりはるかにはっきりと示されたのである。手法や道具を思考の代用にしない。知能を知恵より優先させない。分析に行動の邪魔をさせない。逆にこうした企業は、この複雑な世の中で必死に物事を単純にする努力をし、またその努力をあきらめない。最高の品質にこだわる。徹底して顧客にあわせる。従業員の声に耳を傾け、大人として彼らを扱う。革新的才知のある製品開発やサービスのチャンピオンに自由にやらせる。すばやい行動と実験精神に付随して起こる多少の混乱はいとわない。

革新的な超優良企業をもっともよく特徴づける八つの基本的特質は以下のようである。

1　行動の重視　どんどんやれ、というのである。たしかに意思決定の際には分析を大切にしてはいるのだが、そのことによって企業がマヒする（そのような会社は多いのだ）ことがない。こうした企業の多くでは、行動指針が「やってみよ！　だめなら直せ！　試してみよ！」なのである。たとえば、デジタル・エクイップメント社のある幹部はこう言っている。

「なにか大きな問題が起きたら、そのへんのエラいのを一〇人ばかりつかまえて、一週間かんづめにする。すると、解答を持って出てきてちゃんと実行しているよ」

それに加え、超優良企業は、基本的に実験精神が旺盛である。たとえば新製品を出すとするとき、技術者と市場調査員二五〇人を象牙の塔に一五カ月もこもらせるという大々的なことをせずに、もっぱら五人から二五人くらいのチームを作って、実際に消費者にアイデアをぶつけて試行するのである。こうしたときに使う試作品は、金をかけずにわずか数週間で作り上げたものであることも多い。

とくに印象的なのは、超優良企業がまことにさまざまな具体的工夫をこらしてフットワークの軽さを保ち、巨大さにどうしても伴いがちな鈍さにかたくなに対抗しようとしていることである。

2 顧客に密着する　超優良企業は、お得意様から学ぶ。最上の品質とサービスと信頼——いつまでも価値のある物——を提供する。もっとも平凡な商品——たとえば、フリト・レイのポテト・チップ、メイタグの電気洗濯機、タッパーウェアであっても、他と違うなにかをつけ加え差別化する。

ＩＢＭのマーケティング担当副社長フランシス・Ｇ（バック）・ロジャーズは、「あまりにも多くの場合、良いサービスを得られるのがむしろ例外的である、というのは残念なことだ」と言う。だが、超優良企業ではこれが例外ではない。全員が参加して行動するからだ。革新的企業の多くが製品アイデアの最良のものを顧客から得ている。つねに、熱心に耳を傾けていることによって、はじめて可能になることである。

3 自主性と企業家精神　革新的な企業は、社内に大勢のリーダーと創意ある社員をかかえており、それは、私たちが「チャンピオン」と呼ぶ人々の巣箱である。

スリーエムは「ひじょうに創意にあふれ、会社の雰囲気は大企業というよりはむしろ実験室と書斎がなんとなく集まったようなところで、そこに熱にうかされた発明家や空想の世界を四方に広げる恐れ知らずの企業家が集まっている」と描写されたことがある。超優良企業は、全員の首に短い鎖をつけて創造力を矯《た》めてしまうことをしない。実践的なリスクを冒すことを奨励し、〝惜しい〟失敗を支援する。フレッチャー・バイロムの第九戒「しかるべき数の誤ちを犯すべし」に従っているのである。

4 ひとを通じての生産性向上　超優良企業は、ごく末端にいる一般社員を、品質および生産性向上の源泉のように扱っている。資本家と労働者（おれたち対奴ら）的な空気を作らず、資本投下が能率向上の根本策であるとは考えない。トーマス・J・ワトソン・ジュニアは、自社についてこう語っている。

「IBM哲学は主として三つの単純な信念でできあがっているのです。まず、いちばん私が重要と思っているものから申しますと、『個人の尊重』ということでしょう。考え方としては単純なものですが、IBMではこれの実現に経営はいちばん時間をかけています」

テキサス・インスツルメントの会長マーク・シェパードは、これを「すべての労働者をたんなる労働力としてでなくアイデア源としてみなす」という言い方で述べている。同社のPIPと呼ばれる九〇〇〇人「全員参加プログラム」においては、各チーム（TI版QCサークル）が力をつくして同社のみごとな業績に、少なからぬ貢献をしている。

5　価値観に基づく実践　トーマス・ワトソン・ジュニアは、「組織体の持つべき基本的考え方（フィロソフィー）は、技術力、資金力、組織構造、新製品の導入、タイミングといったことより、はるかに強く企業業績とつながっている」と言う。

ワトソンも、そしてヒューレット・パッカードのウィリアム・ヒューレットも、工場の現場を歩きまわることでは伝説的とも言えるくらいよく知られていた。マクドナルドのレイ・クロックは定期的にお店を訪れ、同社が金科玉条としている「品質・サービス・清潔・価値（Q・S・C&V）」に照らして各店舗の評価をしている。

6　基軸から離れない　ジョンソン&ジョンソンの前会長ロバート・W・ジョンソンは、これを「自分でどうやったら良いかわからない業種を絶対に買収するな」という言い方で表現した。また、プロクター&ギャンブルの元会長エドワード・ハーネスも「当社は自分の基地から遠く離れたことはない。私たちが目指すものは、けっしてコングロマリットなどではないのだ」と言っている。多少の例外はあるものの、自分たちが熟知している業種にある程度固執する企業の方が、卓越した業績をあげていることが多い。

7　単純な組織・小さな本社　私たちの見てきた会社の大部分が大企業であるけれども、そのうちでマトリックス組織形態を公式に採用しているものはゼロだったし、一部それを試みたことのある企業も、この時点ではすでに廃止していた。超優良企業の支柱となっている機構と体制は、まことにすっきりと単純なものである。管理階層が薄く、本社管理部門が小さいのである。一〇〇人に満たぬ数の管理部門で、何千億円もの企業を動かしていることもけっして珍しくない。

8　厳しさと緩やかさの両面を同時に持つ　超優良企業は中央集権と権力分散（分権）の両面をかね備えている。ほとんどの企業が、工場の現場や製品開発チームにいたるまで、自主性ということを強調していることはさきほども述べた。だが反面、企業精神の中核となるいくつかの価値観については、まさに狂信的とも言えるほど中央管制がきついのである。

スリーエムは、プロダクト・チャンピオン（製品開発の闘士）たちを中心にほとんど混沌といってもよい自由さが渦巻いていることで知られるが、それでもなお「彼らがいちばん大切だと思っている基本精神についての信念の強さは、過激な宗派の洗脳されきった信者でさえ顔負けだ」と、ある分析家は言う。デジタル・エクイップメント（DEC）もやはり、ある重役の言葉を借りれば、「みんな自分の上役が誰かさえ知らないんじゃないかな」とさえいわれるほどゆるい組織だが、それでもなお、自分の提供する製品の信頼性に関するこだわりの精神は、外部の者にはうかがい知れぬほど強い。

これら八つの基本的特質は、ほとんどがさほど目新しいものではない。一部は――大部分ではないにせよ――「なにをいまさら」という感じのものである。だが、レニ・マクファーソンも言っているように、「誰でも『ひとがいちばん大切な会社の財産だ』とはいちおう言うけれど、それをほんとうの生きざまにしている人は少ない」のである。

ところが超優良企業は、ひとととの密接なかかわりあいを実践する。こうした会社は、数えきれぬほどの会議を開き、五〇〇ページもの報告書を延々と書いたり、品質・サービス基準を（最適モデルなど使って）いじくりまわしたりするよりも、人に非現実的だと言われようがどうしようが、〝まずなにより実行だ〟という態度をとる。年俸七万五〇〇〇ドル（一八〇〇万円）の少数のエリート高給取りだけが考えるのではなく、何万の人々がつねに自主性を持って考えるべきだと主張し、それを実践するのである。

そしてなににもましてこういう企業を他と区別しているのは、強い信念から生まれる熱意の程度が並はずれているということである。最初の面談調査でこうした各社をまわったとき、私たちはそれを肌で感じた。ひとを語るときの言葉つきが違う。つねに全員参加を期待する気持が違う。製品と顧客に対する愛情がはっきりと見てとれる。そして、ヒューレット・パッカードやスリーエムのような工場施設を見学し、作業グループが仕事をしたり遊んだりしているのを見ていると、いままで私たちが見てきたより官僚主義的な組織の大部分とは、明らかに違うことを私たち自身、実感したのである。

寒い二月のセントポール市（スリーエムの本社がある）で、技術者、セールスマン、製造課員が会議室に集まって――顧客さえ一人混じっていた――忙しく、しかし気楽な調子で問題解決に知恵を出し合っているのを見た。ヒューレット・パッカードの部長室（年商二五〇億円を稼ぎ出す部である）は、工場の隅に仕切りをしただけの小部屋で、秘書と同居だった。ダナ社のトレドにある本社では、新会長ジェラルド・ミッチェルが、昼食後、親しげに同僚の肩をたたいているのを見た。

しんとした役員会議室に管理部門の人間が側壁に何列も補助イスを出してすわり、電卓のみ鈍く光る薄暗闇の中に、分析につぐ分析をスクリーンに映し出すスライド・プロジェクターをまわすカシャッ、カシャッという音だけが響くあの沈鬱な光景とは、いずれもかけはなれたものである。

私たちが調査した超優良企業のすべてにおいて、八つの基本的特質の全部が同じように、また同じ程度に見られた――あるいは現出していた――というわけではない。しかし（成果として出ていなくても）、いずれの会社でも、この八つの特質が、少なくとも経営陣によってきわめて重視されていることは明らかだった。そして、私たちの見ているところでは、この八つの基本的特質が、今日ほとんどの大企業で欠落しているのである。

たとえ完全に欠落していないにせよ、とても他の事項と紛らわしいため、きわだった特徴として抽出指摘することは無理で、ほとんどの場合にはなかにいても気づきさえしない状態なのである。あまりにも多くの経営者が基本を忘れている、というのが私たちの意見だ。基本というのは、迅速な行動、顧客サービス、実用的な新しいアイデア、そしてほぼ全員が一丸とならなければこれらをひとつでも達成することは不可能、という事実なのである。

というように、こうした特質は一面から言えばあたりまえのものなのである。実務の経験がない学生にこうした結論を提示しても、あくびが返ってくるだけだろう。「一にも二にも三にも顧客です」と私たちが言えば、「そんなことは誰でも知っているんではないんですか?」という反応が（口には出さぬにせよ）返ってくる。しかし反面、アメリカビジネスにどっぷりつかった経験に富む人にこれを語れば、とても熱心に、強い関心と反応を寄せてくれる。

彼らは、私たちの言っている一見あたりまえのことこそ重要なのだ、「良いサービスは例外的」と言ったIBMのバック・ロジャースは正しいのだ、ということを知っている。そして、プロクター&ギャンブルやIBMの「秘密」が社員一人あたりの知能指数（IQ）が二〇ほど他社より高い、などということではなく、たんに基本をしっかりと実践していることにあると知って、逆にホッと安心するのである（ところが、私たちはこういう人たちに、あまり安心しないで下さいよ、と言うのである。基本を身につけ、超優良企業たりうるレベルにまで基本を徹底させ、磨き上げていくのは、たんに頭の中で「画期的戦略」など組み立てあげるよりは、はるかにむずかしいのだから）。

アメリカの企業にとって大きな障害となっているのは、本社管理部門ばかりではない。機構と経営システムもまた、企業の活動を縛っているのだ。私たちがよく使う例のひとつが、相当高度な科学技術を使う業種において、新製品開発プロジェクトマネージャーによって描かれた図である（次ページ図2参照）。

図中の丸はそれぞれ組織中の各部門を示し――たとえば、MSDとあるのは経営科学課《マネジメント・サイエンス・ディヴィジョン》――実線でつながっているところは、新製品開発の際正式の連絡系統がある（常任委員会が設置される）ことを示す。この図では正式の連絡系統が二二三にのぼっている。この会社が他社にさきがけて新製品を市場に送り出すことができないのは言うまでもないだろう。皮肉なのは――そして悲劇的なのは――この二二三の連絡系統をひとつひとつ見れば、文句のつけようもないほどうまくいっていることだ。

生真面目な人々が合理的に考えて、そのときには十分意味のあるつながりを作っているのである。たとえば、前回の新製品上市の際に販売部門とマーケティング部門の間に生じた食い違いをもう繰り

図2　新製品開発連絡網

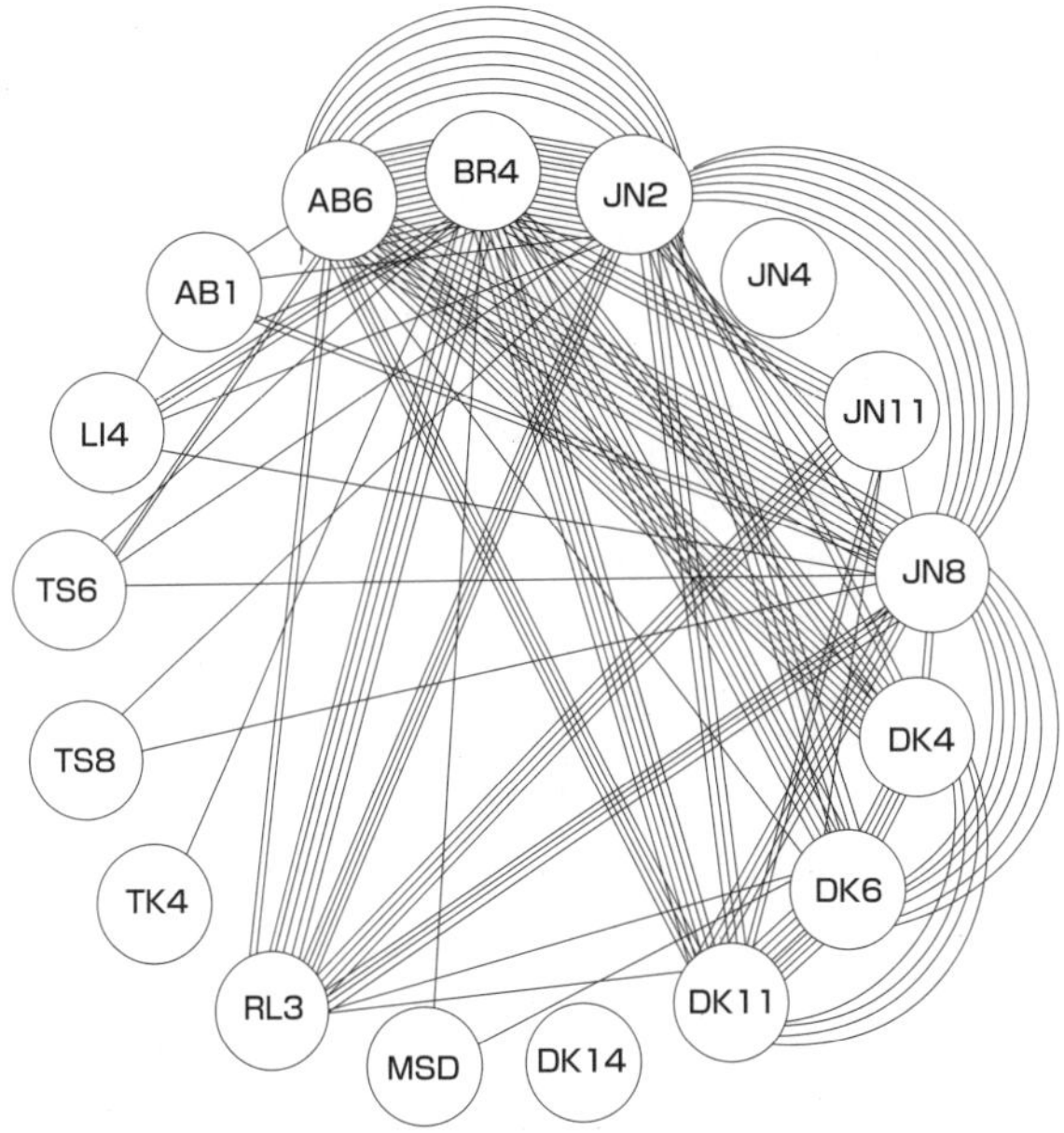

返さないようにと、新しい委員会をひとつ設けたという具合いだ。問題は、こうして必然的にできあがる組織――パーキンソンなら手を打って笑うだろう――は、クモの巣がハエを捕えるように、行動の自由を奪い、生命力を弱めてしまうということだ。

　もうひとつの悲しい事実は、この図が提示されたとき、誰も「まさか！」と叫んで一笑に付してしまうということがないのである。かわりに深いため息とか、あるいは皮肉そうな笑い声が聞こえ、ときには「ほんとうにもっとすごいヤツを入手したいなら、わが社のプロセスを描いてみたらどうかね！」という意見が飛び出たりさえするのだ。

私たちの調査について

私たちは六二社をサンプルとして挙げたが、★これでアメリカの全産業を代表できるとはもとより考えていない。が、かなり広い幅をカバーできたとは思っている。また、「超優良」とか「革新的」という言葉を私たちが具体的にどういう意味で使っているか、はじめから正確にしようと試みたわけでもない。この時点では、あまり正確さを追い求めると、肝心のテーマの本質が失われてしまうのではないかという恐れがあった。

★はじめの予定では七五社を挙げていた。そのうち一三社はヨーロッパの企業だった。しかし、一三社だけでは欧州企業の断面を知ることすらおぼつかないだろうという理由で、これは除外することにした。

F・B・ホワイトがユーモアについて述べているように、それは「カエルと同じで（その本質をつかもうとして）腑分《ふわ》けすることはできるが、その途中で死んでしまう。純粋に生物学的興味を持っているのでなければ、個々の中身を見てもうんざりするだけ」なのである。

最初の段階で選んだ企業をもとにして私たちが望んだのは、たとえば、管理者、コンサルタント、経済ジャーナリスト、経営学者といった、いわゆるビジネス通が、「優良」であり「革新的」であるとみなす企業のリストを作ることだった。私たちが関心を寄せている産業の各分野からそれぞれ十分なサンプルをとれるように、企業をいくつかのジャンルに分類してみた（五四〜五五ページの図3参照）。

それぞれのジャンルには、以下の企業（だけ、というわけではないが）が含まれる。

（1）先端技術産業。デジタル・エクイップメント・コーポレーション（DEC）、ヒューレット・パッカード（HP）、インテル、テキサス・インスツルメント（TI）など。

（2）消費財産業。プロクター&ギャンブル（PG）、チーズブロー・ポンズ、ジョンソン&ジョンソン（JJ）など。

（3）一般工業製品産業（残りすべての製造業）。キャタピラー、ダナ、スリーエム（ミネソタ・マイニング&マニュファクチャリング）。

（4）サービス業。デルタ航空、マリオット、マクドナルド、ディズニー・プロダクションなど。

（5）エンジニアリング会社、すなわちゼネコンとよばれるプロジェクト請負業。ベクテル、フルオアなど。

（6）資源関連企業。アトランティク・リッチフィールド（ARCO）、ダウ・ケミカル、エクソン（エッソ）。

いくつかの業種が抜けていることにすぐ気づかれると思うが、これについてはのちに研究のテーマとしたい。大規模な金融機関、ことに銀行や保険に関しては、マッキンゼー社としては世界中で豊かな経験があるのだが、（当時）かなりの（政府）規制と保護をこうむっていたので、考慮の対象からはずした。化学・薬品会社の大部分を除外したのは、たんに手がまわりかねたからである。また、中小企業についてはあまり考えなかった。私たちが主として関心を持っていたのは（いまも同様に関心を持っているが）、大企業がいかにして活力を保ち、革新的でありつづけているか、ということだったから

を実施した企業。下段は、一部面談調査と25年分の文献調査を実施した企業）

サービス業	プロジェクト請負業（ゼネコン）	資源関連企業
デルタ航空★ マリオット★ マクドナルド★	ベクテル★★ フルオア★	エクソン（エッソ）
アメリカン航空 ディズニー・プロダクション★ Kマート★ ウォル・マート★		アーコ（ARCO） ダウ・ケミカル★ デュポン★ スタンダード・オイル（インディアナ）／アモコ★〔アメリカ、石油会社〕

★★＝個人会社および小会社。データは公開されていない「超優良」の全規準を満たすと推定されるもの。

図3　調査対象となった超優良企業（上段は、完全面談調査と25年分の文献調査

先端技術産業	消費財産業	一般工業製品産業
アレン-ブラドリー★★ アムダール★ デジタル・エクイップメント★ エマーソン・エレクトリック★ グールド ヒューレット・パッカード★ IBM★ NCR ボーイング★ ロックウェル シュランバーガー★ テキサス・インスツルメント★ ユナイテッド・テクノロジーズ ウェスタン・エレクトリック ウェスティングハウス ゼロックス	ブルーベル イーストマン・コダック★ フリト・レイ（ペプシコーラ）★★ ゼネラル・フーヅ ジョンソン&ジョンソン★ プロクター&ギャンブル★	キャタピラー・トラクター★ ダナ・コーポレーション★ インガソル=ランド マクダーモット スリーエム（ミネソタ・マイニング・&マニュファリチャリング）★★
データ・ゼネラル★ ゼネラル・エレクトリック ヒューズ・エアクラフト★★ インテル★ ロッキード ナショナル・セミコンダクター★ レイケム★ TRW ワング・ラブズ★	エイボン★ ブリストル・マイヤーズ★ チーズブロー・ポンズ★ リーヴァイ・ストラウス★ マーズ メイタグ★ メルク ポラロイド レブロン★ タッパーウェア（ダート&クラフト）★★	ゼネラル・モーターズ

★＝1960年から1980年まで「超優良」の全規準を満たすもの。

である。だから年商一〇億ドル（二四〇〇億円）以下、あるいは創業から二〇年経っていないという会社は、例としてはほとんど扱わなかった。

ある程度の深さで研究しようという企業を選ぶ際にもうひとつ考えたことは、ビジネス界の眼から見て、どれほど知名度の高い会社だろうと、その名声が財務上の実績に裏づけられているものでなければ、ほんとうに優良な企業とはいえないだろうということだった。したがって、私たちは長期にわたる優良さの判定基準を六つ選び、これを適用することにした。このうち三つは過去二〇年間にわたる成長と長期的資産形成の実績、富の創造、あとの三つは収益率の諸尺度である。これら六つの基準を以下に挙げる。

（1）一九六一年から一九八〇年までの年平均資産成長率（すなわち、年間成長率の幾何平均、以下同様）。
（2）一九六一年から一九八〇年までの年平均資本金増加率。
（3）市場価格対帳簿価格の比率。「市場対帳簿」価格の比は、経済学者が企業の「富の創造能力」をはかるときによく用いる指標である。（市場価格＝株の引け値×発行済普通株式数÷一九八〇年一二月三一日時点における発行済株式総数の簿価）
（4）一九六一年から一九八〇年までの使用総資本利益率の平均。（総収益÷総投下資本。総投下資本は長期借入金、非償還優先株、普通株からなる）
（5）一九六一年から一九八〇年までの資本金収益率。
（6）一九六一年から一九八〇年までの売上げ高収益率。

業績トップクラスと判定する企業は、右の六項目中最低四項目で業界中の上位半分に過去二〇年間ずっと入っていること、とした（実際には、この判定をパスした三六社のうち、一七社が六項目すべてに関して上位半分以上、また六社が五項目でこの条件を満たしていた）[★]。このように、トップクラスの業績をあげているとして選ばれた企業は、どれをとっても成長率および財務諸表の健全さという絶対基準の両面で、長期にわたって優秀な成績をあげているものばかりである。

★ここで言う「業界」は前述した「先端技術産業」以下の六つのジャンルである。各々の業界の比較の土台とした競争相手は、すべて『フォーチュン』誌の選ぶ上位五〇〇社のリストに載る企業である。

そして最後の選別基準として、ずばり「革新性」を設けた。業界の専門家（たとえば、その業界部内者）を何人か選んで、その業界内の企業の過去二〇年にわたる革新性について、その業界にたえまなく登場してきて業界を引っ張っていくような製品・サービスを提供し、市場の変化および外的な流動に対する全般的な対応の早さで着目されている企業、という基準で判定してもらった。

こうした基準にあてはめてみると、最初の六二社のうち一九社が脱落した。残った四三社のうち二一社については、ずいぶんとつっこんだ面談調査をした[★★]。残りの二二社についてはそれほど深い調査ではない。また「?」という分類に入れた一二社については、広汎な調査を行なった。これらはすべての基準をパスしたわけではないが、惜しいところで落選したものである。また、六二社全部について、調査、研究に入るまえに、過去二五年分のデータを詳細に調査した。

★★この四三社のうちには、右の三六社のほかに、非上場企業（たとえばマーズ社）や子会社（フリト・レイなど）のように、私たちの設けた基準をパスするに違いないと思われるが、データが公表されていないため完全な証明は不可能という企業七社も含まれている。

最後に私たちは、別のやり方でもう一度ふるいにかけた。ほんとうは私たちは、それぞれの企業の確固たるデータを使って結論の裏づけをする方をより好むのだが、それでもよく「あそこではこれこれのやり方をしている」という言い方をするのも確かだ。ここで「あそこ」というのは、ことさらに定量的な選別の基準を適用しなくても、健全な経営と、さきほど挙げた〝八つの基本〟の両方を明らかに満たしていると思われる模範的な企業である。

すなわち、ベクテル、ボーイング、キャタピラー、ダナ、デルタ航空、DEC、エマーソン電機、フルオア、HP、IBM、ジョンソン&ジョンソン、マクドナルド、プロクター&ギャンブル、スリーエムである。このうちの大半は、前述の定量的基準でもやはり選ばれている。

表面的にはこれらの各社にはほとんど共通点がない。製品系統もまちまちだ。先端技術が三社、日用雑貨一社、医薬品製造を主とする会社一社、サービス業二社、プロジェクト請負業二社、生産財五社となっている。だが、どれも持株会社でもコングロマリットでもない、かなり〝泥臭い〟会社であるという点では共通している。また、これらの会社のやることのすべてが成功しているわけではないけれども、平素の事業探究は熱心で、どの会社も失敗をカバーしてあまりある成功をおさめている。

面談調査と研究を終えたあと、私たちはその結果の取捨選択と体系化にとりかかった。この本の骨格をなすいくつかの結論にたどりついたのがこのとき――調査を始めてから約六カ月後――である。とはいえ、まだいくつか厄介な問題が残っていた。面談調査は大筋として〝七つの〟Sのワク組みをもとに行ない、したがって結論を引き出す際にも同じ七項目を用いたのだが、その結果、優良さの特質として二二項目も出てきてしまった。問題全体がそもそもあまりにも複雑なのに、これではややこしさに輪をかけることになってしまう。

私たちの調査結果をいちはやく利用した当社コンサルタントから、このことを強く指摘された。私たちは、これをもっと単純な形で要点だけを表わせないものかとふたたび検討を始めた。その結果、言いたいことの本質を損うことなく、優良さを八つの基本的特質にまとめあげることができた。

調査結果について話をしていると、かならず出てくる質問がいくつかある。まず第一に、自分が個人的に知っていることに基づいて、私たちに〈各論で〉反論してくる人がしばしばいる。あらゆる大企業にはそれぞれの欠点があるものだ。私たちがこれらの企業を超優良だと言ったからといって、すなわち欠点がない、ということにはならない。またこれらの企業にも、世間的に広く知れわたった誤ちだっていくらもあるのだ。それに、ある企業を優良だという人もいれば、かならず株式市場で最悪の結果を見ると言う人もいる。

私たちはあてにならぬ株式市場や気まぐれな投資家のことまでしたり顔に説明する気はない。事実として、これらの企業は長いあいだ、立派な業績をあげてきた……私たちにはそれで十分なのである。

第二に、革新的な体質を持っていると私たちが判定した企業が、このさきもそうであるだろうとなぜわかる？　と尋ねられる。じつは私たちにもわからないのである。たとえば、GMやキャタピラーは当時（わずか数年まえ）は超優良企業だったのに、その後深刻な問題をかかえこんでいる。だがおそらくGMは、アメリカの自動車業界の他社よりはるかにうまくこの問題を切り抜けていくと思われるのだ。それに、同社の過去長いあいだにおよぶ高い業績には、やはり感服せざるをえない。このことは多くの超優良企業に言えることである。

第三に、はじめの予定になかった企業、および当初の「超優良」の定義にあわない例を追加したのはなぜか（読者はまもなくおわかりになるはずだが）ということを聞かれる。その理由は、私たちは企業の革新性と優良さについて、ずっと研究をつづけており、一九七九年以後にも多くの成果を得たから、ということである。

たとえば、マッキンゼー社の私たちと別のチームはアメリカの消費財業界だけに的《まと》を絞って「優良さ」について研究し、また別のグループはカナダの超優良企業に関する研究を最近完成した。マッキンゼー社内には、準大手企業の——あるいは新参の——企業における（ジャンルでいえば「現在までのところ優良」）優良さとはなにかを精力的に調査しているグループもいる。そして、いちばん最初のチームもまだ研究をつづけており、それに伴って初期の研究成果の裏づけや新しい事例が続々と現われてきている。

この調査研究の影響力は、はじめ私たちが思ってもみないほどのものだった。一九八〇年六月、『ビジネス・ウィーク』誌にはじめて成果をまとめた記事を発表して以来、私たちは二〇〇余回におよぶ講演会と五〇を超える研究会を開き、多くの時間を飛行機内で過ごした。今日、研究対象となった会社、およびそうした会社の出身者に出くわさない日はほとんどない、と言っても過言ではない。

最近も、何年間もＩＢＭで創立者ワトソンとともに仕事をしてきた人にメモレックスで偶然出会った。プロクター&ギャンブルにおける品質管理研究会やＩＢＭの販売研究会で知り合いになった人々をリストにすると、じつに長大なものになる。スリーエムで面談調査の際に会った人とはまだコンタクトをとっており、革新性ということについて数日間つづけて話し合ったこともある。こうして、私たちが集めた証拠と事例が、日ごとにふくらんで豊富になっていく。

たとえば、私たちはヒューレット・パッカードの形式ばらない体質を高く評価しているが、タンデム（ヒューレット・パッカード出身者たちが創設）の、ひじょうに高い業績を分析しているあるマッキンゼー社の同僚は、「タンデムでは毎週金曜にビールパーティを開いているが、これはヒューレット・パッカード以上の盛会である」と言う。このようにつぎつぎと新しい知識を手に入れ、ごく具体的なレベルで確認と調整を繰り返しながら理論を強く裏づけているわけである。

もうひとつ、進歩と変化についてはどうなのか？　と尋ねられることもある。これらの超優良企業はいったいどのようにしてその地位をかちえたのか？　つねに強力な指導者《リーダー》が音頭とりをしていたからではないのか？　たしかに私たちは、はじめのうち指導者の役割を過小評価していたことは認めざるをえない。「企業の善し悪しは指導者ひとつで決まる」というのが、ほとんどすべての人の暗黙の仮定であることに、私たち自身が、心理的な抵抗を覚えたからである。

超優良企業があのようになったのは、ほかとは違うユニークな基本的特質を持っていたからで、もしこの体質を十分に究明することができれば、たとえば「なぜジョンソン&ジョンソンはあんなにうまくいっている？」といった質問に対して、「良い指導者がいるからさ」とつぶやく以上のことが理解できるはずだ、というのが私たちの固い信念だったのである。が、残念ながら、私たちもまた超優良企業には例外なく一人あるいは二人の強力な指導者がいて、その会社を超優良企業とするそもそもの原動力になっているという結論に達したのである。

こうした会社の多く——たとえば、ＩＢＭ、プロクター&ギャンブル、エマーソン、ジョンソン&ジョンソン、ダナ——は、一人のひじょうに特別な個人を中心として基本的性格を形づくっているようだ。しかもそれは、企業発展の比較的早い段階に行なわれているのである。

ただ、注意しなければならないのは、こうした超優良企業は、偉大な指導者の価値観と実践を具現化する社の体質をさらに発展させ、初代指導者のいなくなったのちも、何十年にもわたって、全社員にそれを徹底させているという特質を持っていることである。もうひとつは、チェスター・バーナードの理論まで戻って考えると、企業のトップの役割は組織の価値観を管理していくことなのではないか、ということである。

とすればこの本は、指導者たる人は、いったいどのような価値観を作り上げて保っていくことが必要なのか、ということを解明している。すなわち、企業の優秀さの背景にある価値観を深く分析することによって、偉大な企業には偉大な指導者がいなくてはならぬというジレンマを、結局のところ解決する助けとなるのではないかと考える次第である。

第二部

新しい理論の構築を求めて

第二章

「合理主義」的な考え方

プロフェッショナルな経営者というと、通常は冷徹な合理主義者と同義語のように思われている。ITT（国際電信電話会社）におけるハロルド・ジェニーン新会長の「ゆるぎない事実の追求」などというのが、この典型例である。冷徹な合理主義の片鱗は、敵の戦死者数で作戦成功の度合いをはかったベトナム戦争でも随所に見られた。フォード自動車会社を翻弄した〝天才少年〟的やり手たちもこの系譜に入るし、またその大将格はまぎれもなくロバート・マクナマラ（前国務長官・世界銀行総裁）である。

経営を計数、計量的、すなわち合理主義的に扱おうという考えは、今日のビジネス・スクールでも主流を占めている。合理主義で十分に訓練されたプロの経営者は、どんな困難でも快刀乱麻乗りきれる、と教える。経営者たる者は、みずからの感情を抑え、客観的・分析的にあらゆる決断の任にあたるべきだと唱える。だが、よく考えてみるがいい。世の中には正解ではあっても誤っていることがあるのである。教科書どおりの正解かつ合理的な道を歩んで、ひどく道を誤った会社は枚挙にいとまがない。

冷徹な合理主義をもって、超優良企業が〝超〟たるゆえんを説明することはできない。顧客を大切にすることの真の意味合いも教えてくれない。なにより重要な任務は、ごく平均的な人間の潜在能力をトコトン使い、負け知らずの英雄にすることだということも教えない。それは、ちょっとした助言をしてやるだけで、労働者がどれほど自分の仕事に一体感を抱くかを示してはくれない。自発的な品質管理の方が監督者に依存した品質管理よりはるかに効果的なのはなぜか、という問にも答えてくれない。

それは、例の「プロダクト・チャンピオン」を春先の蕾《つぼみ》のように大切に育てあげることの重要性をも教えてくれない。それは、私たちに、同一企業内において製品どうしが競合し、重複し、あるいは喰い合うことを許す――または、プロクター&ギャンブルのように、社内競合を助長さえする――ことの深遠な意味合いを教えない。それは、ときとして品質管理に異常なほどの金をかけ、顧客サービスに血道をあげ、必要以上に長持ちする製品を開発しようとする努力が、経営の態度として必要なのだという主張につながらない。

合理主義者には、アンソニー・エイソスの言う「優れた経営者というものは、もちろんお金の持っている意味合いをよく知っているが、それ以上に人そのものに深い意味合いをみつけるものである」ということの意味が理解できないだろう。こうした例からも明らかなように、合理主義的考え方だけでは、経営の真髄をほとんど掌握できないのである。

私たち二人がビジネス・スクール（大学院）に通っているころ、いちばん勢力の強い学科は財政学科だった。(私たちを含めて)学生の大半は、工学部の出身者で占められており、数量的な考え方が幅をきかせていた。私たちの多くが「意味のあるデータ」とみなす〝事実〟は、すべて数字をもって示されるものだけに限られていた。むかしの話である。

が、それ以後、状況はたいして変わってはいない。それでも私たちがビジネス・スクールに行っていた一九六〇年代には、ときとして、数字がまるでダメな反面、長大かつ雄弁な演説をぶって教授を煙にまき、まんまと(かなり良い成績で)卒業していく手合いが何人かはいた。ところが今日では「数字ころがし」[なんらかの——なんでもいいのだが——数量的分析]の学科をとってきた者でなければ、大学院に入学することもできない状態だ。数字を重視するあまり、ビジネス・スクールの学生たちは、期末試験の最中に電卓が電池切れになることを恐れて、予備の電池、あるいは予備の電卓、またはその両方(!)を持っていく始末である。

以前は競争相手をノックアウトするときにのみ用いられていた「戦略」という言葉自身も、いまでは数字によって解決を見出すこととか、分析による突破口の発見方法などを意味するようになってしまった。ここでは、シェア、習熟曲線などが大切にされ、すべての情報は4、9、または24象限のマトリックスにプロットされてしまう。この「行列《マトリックス》」という言葉も、数学から直接借用されている。および、そうしたものすべてはコンピュータにインプットすること、といった意味で使われている。

だが希望がないわけでもない。大学院でビジネス戦略を扱う課程でも、戦略を実施にうつした際の歩留りという問題を見直そうという動きが始まっている。「生産方針」というコースが(まだ数量的傾向が圧倒的に強いとはいえ)カリキュラムの中に徐々に復活しつつあるのだ。しかし、私たちの同僚で元製造現場の責任者だった男に言わせれば、「数字屋」と呼ぶところのテクノクラートが、いまでもアメリカビジネス界の主流を占めていることに変わりない。ビジネス・スクールで財政学科の勢力はいっこうに衰えていない。ほとんどの業種で中核をなすはずの販売や製造分野においては、優秀な教師や才能ある学生は（砂漠に雨を求めるごとく）まだまだきわめて数少ない。

誤解しないでいただきたい。私たちは数量分析そのものに反対しているわけではない。プロクター&ギャンブル、チーズブロー・ポンズ、オレ・アイダといった消費者向市場の最優秀企業は、競争会社の羨望の的《まと》・癪《しゃく》の種となっているほどのまことに簡明適確な分析を行なうのである。じつは私たちが超優良と呼んできた会社はいずれも、数字を集め、分析し、それを使って問題を解決することにきわめて習熟しているのである。もしもしっかりとした事実――顧客、市場競争会社に関するしっかりした数値に基づいた客観的全体像――を土台としない会社があるなら、それはかならず、権謀術数の繁雑さの中でなにを優先したらいいかわからなくなっている会社である。

私たちが異論を唱えたいのは、方向を誤った分析、複雑すぎて実用にならない分析、厳密すぎて扱いにくく柔軟性のない分析、本質的に予知不可能な（とくに時期が不適当な場合）分析――たとえば、新製品の最終用途がまだ曖昧である段階で、市場規模を詳細に予測するというような（ごく初期には、ほとんどの人が、コンピュータの需要は五〇台から一〇〇台と予想していたことを思い起こしていただきたい）――そしてことに、現場から離れた管理者が現場に対して、管理中心の考え方で展開した分析等々である。

テキサス・インスツルメントのパトリック・ハガティは、「プランを実行する者がプランを作らなければ駄目だ」と主張する。彼の有名な戦略プランニング・システムに関与する専任スタッフはわずか三人しかおらず、しかもその三人はすべて現場の責任者出身で、暫時的にのみ計画作成に参画し、もちろんその作業が終われば、現場に戻るのである。

私たちはまた、プラン作成中には行動が停止してしまう状態にも異議を唱えたい。この「分析によるマヒ」は、ひじょうによく見かける。現場の責任者は仕事を続行したいと望んでいるのに、「仕事を中断しても計画を出せ」という本社のプランナーに押しきられてしまうという例を、私たちは、あまりにも多く見てきた。本社管理部門の連中は、いつでもなにとなにがうまくいかないかを「証明」できるのだが、逆に、もしかしたらうまくいくかもしれないということは、数字では示せない。

管理部の連中は、マイナスの面だけ見、かつ指摘している方が自分たちの保身のためには安全なのである。しかしそれが昂じてくると、会社からは行動力、生命観のみなぎり、活気、自主性といったものが失われていくことになる。

そして、私たちがなににもまして反対をするのが、「合理的」という言葉の乱用である。合理的というのは、理にかなった、すなわち論理的・リーズナブルなもので、ある問題を正確に規定するところから自然に帰着できる結論を呼ぶものだ。だが、この言葉はビジネス分析において、きわめて狭義に用いられるようになってしまった。たとえば、優れた戦略だが慣習になじまないとか、実施上の人的障害とか、あるいはたんに人間の気まぐれさとかいったやっかいな人間的問題を切り捨ててしまったうえでの「正しい」答を指すようになってしまったのである。つまり経営につきものの人的側面を排除するところから「合理的」という言葉が成り立っているのである。

例として「規模の経済」を考えてみよう。もしかりに最大限の能率が発揮できて、すべての製品が時間どおりに完璧な形で供給されて、怠業が皆無で、人間関係にひとつの欠点もなければ、大きな工場の方が小さな工場よりも生産性は高いに決まっている。だが、この問題の一部を数量的に扱っている（珍しい研究である）ジョン・チャイルドが指摘するところによると、従業員一〇人から二五人の、組合組織を持つ工場で、労働争議によって削られる労働日数が年間一〇〇〇人あたりに換算して一五日であるのに対し、一〇〇〇人以上の工場では二〇〇〇日、つまり一三三倍のロスにもなるという。

あるいは、新機軸を打ち出す革新性を例にとってみよう。ある研究者が最近まとめた報告では、研究効率はグループの人数に反比例するという。グループが七人を超えると、研究効率は下がるというのである。私たちも、一〇人のグループで、数百人の研究者を有する企業に、創造性の点で「スカンク爆弾《ワーク》」〔小さくても大勢を面喰らわすくさい屁をあたり一面にまき散らすスカンクになぞらえて、英語では「スカンク・ワーク」という〕を喰らわせている例を多々見てきた。

私たちはまた、こうしたこと（小グループの熱意、組織が大きくなれば、それだけでトラブルも多くなる、などの一般則）すべてを経営の中の芸術的領域に分類しようとする立場にも反対である。たしかにこの手の要素は数量化することがむずかしいし、また、したところでさほど有用でもないだろう。だがこうした事例の記録がよく残されているので、これらを理性で冷静に受けとめ、将来のためにかなり正確に経営に反映していくことは、十分に可能なのである。

モトローラの社長で、実際的な考え方をするエンジニアでもあるジョン・ミッチェルをして、自分は工場の従業員数を一〇〇〇人以上にしたくない、なぜなら「ひとつ屋根の下にこれ以上の人間が集まるとなにかうまくいかないようだ」から、と言わせるのは、たんなる「カン」なのか？　あるいは、それは過去の経験をかなり正確にふまえたうえでのまっとうな推論がひとつのはっきりとした形をとったものなのか？　私たちは後者の考え方をとる。

それではなぜ、「人間のように失敗する」ことのない機械を操作するがごとき狭義の合理主義が、これほど長いあいだ俗世間で通用してきたのか？　と疑問に思われるかもしれない。それがとくに第二次大戦後、かつてなかったほど生産性をあげていた時期に、生産性向上と合理主義とがあたかも同義語のように思われていたのはなぜか？　物事がいまより単純だったということもある。つまり、第二次大戦後の需要の増大、不況後で労働者たちが「仕事にありつけただけでもラッキー」と考えていたこと、国際競争が激しくなかったこと、最新流行型自動車に飢えている世界にテイルフィン型をあてがってやれる（世界の中心）アメリカの労働者であることへの誇り、といったことのすべてが、そうした事情の背景にはある。

だが、ほかにも大きな理由はある。過去二五年間の経営テクニックはたしかに必要なものではあった。すでに申し上げたように、私たち二人は本格的な分析の信奉者である。私たちのリストにある最良の企業は、ハンバーガーのパンを作るのにも、製品に対する愛を一リットルたっぷり使い、分析という調味料をスプーン一杯ふりかけているのである。どちらも欠けてはならないのである。

この調味料について言えば、分析的方法が隆盛となるまえには、たんに「カン」を使って舌でチョロッと味見をしながら加減する程度のものだった。しかし、世の中が複雑になればそれでは不十分だ。それ以後、市場のセグメント分析、そのときどきの運用資金の時価、健全なキャッシュ・フローの展望といったことが、企業存続に不可欠な手続きのようになってきたわけだ。問題はこうしたテクニックが圧倒的に幅をきかせるようになり、「調味料一リットル」に対して「製品に対する愛が小さじ一杯」というふうに主客が転倒したところに生じた。分析という道具は役に立ってくれるし、その力はたいしたものだが、といってそれだけで製品を作ったり売ったりすることはできない。

理由はどうであれ、たしかにかつてアメリカは圧倒的に強かったし、ジョージ・ギルダーが『富と貧困』で書いているように、「通俗的合理主義信仰」が横行した。これは否定しようのない事実で、

『ニューヨーク・タイムズ・マガジン』の最近の特集で、東京特派員のスティーブ・ローアは、ほんの一〇年まえまで世界中が、アメリカの研究所や工場あるいはアメリカの規模の大きさそのものばかりでなく、アメリカの経営テクニックにも恐れをなしていた、ということを書いている。

これら〝アメリカからの侵略者たち〟が勝っていた原因は、フランス人編集者ジャン＝ジャック・セルヴァン＝シュライバーの言葉を借りれば、「資金と科学技術だけでなく、組織体としての能力――およびその裏にある経営者の手腕――にある」

だが、セルヴァン＝シュライバーがはじめて『アメリカの挑戦』を世に問うてから一三年のあいだになにかが起きた。アメリカの実業界は、経済と政治のぬかるみに足をとられた。とくにめだつのがOPECによる石油問題と国内における行政的規制の強化である。とはいえ、じつはこうした問題は他の諸国も同様にかかえこんでいる。にもかかわらず、そうした国の一部はたいへんうまくいっているのだ。

日本と西ドイツの多くの企業は、どんな状況でも「やればできる」という例としてずいぶん引き合いに出されてきた。言うまでもなく石油資源に乏しい両国は、アメリカ以上にOPECに痛めつけられている。また、両国の経済的規制は、アメリカ以上なのである。ドイツの経営者はアメリカの経営者以上に労働組合の経営参加問題に頭を悩ませているし、個々の企業人が与えられる経済的インセンティブ（すなわち管理者の給与）は、日本、ドイツの場合、アメリカより相対的に低い。経済学者レスター・サロウはこう書いている。

また［アメリカの］競争相手は、収入格差を拡大することで労働意欲をかきたてたり富の蓄積を伸ばしたというのでもない。それどころか、まったく正反対のことをしているのである。収入の上位一割と下位一割の格差を比較してみると、ドイツ人は一生懸命働いてもアメリカよりその報酬格差は三六パーセント小さいし、日本などはさらによく働くけれどアメリカよりも五〇パーセントも報酬の上下格差が小さいのである。もしも収入格差が個人のインセンティブとなるのなら、アメリカにはもっとやる気が充満していていいはずだ。先進工業国のうちアメリカより給与の上下格差の程度がはなはだしい国はフランスしかないのだから……。

『アメリカの挑戦』の中でセルヴァン＝シュライバーは、かつて──といっても一〇年まえというごく最近のことだが──われわれアメリカ人は、技術革新よりも経営手腕の方を高く評価している、という意味のことを言っている。だが興味深いのは、スティーヴ・ローアがセルヴァン＝シュライバーを引用しているのはどういう文脈《コンテクスト》でか？　ということである。それは「アメリカの経営をオーバーホール（解体修理）する」と題した、アメリカの経営テクニックを真っ向から攻撃した記事においてである。ローアはつぎのようにはげしい非難を展開している。

「世の中はたちまち変わる。今日外国の経営者がアメリカの経営者を語るとき、彼らは恐れどころか嘲笑をあらわにしがちだ。まるでアメリカ中に経営の失敗例がまんべんなくばらまかれているかのように」

一九八〇年末のわずか数週間のあいだに『ニューズウィーク』『タイム』『アトランティク・マンスリー』『ダンズ・レヴュー』［ダン＆ブラッドストリートが発行する企業情報誌］（二度も）、そして『エスクワイヤ』までが、大きく括《くく》ればアメリカ実業界の悲しむべき状態を招いたのは経営者たちのせいである、というテーマの特集を組んでいる。OPECのせいでも、政府規制のせいでも、金銭的インセンティブのせいでもない、投資に力を入れなかったからというせいですらない、というのである。『フォーチュン』誌は本田技研のある副社長の言葉としてつぎのように報じている。

〔アメリカの自動車会社が〕使っている投資額は、べつになんとも思っていないのです。誤解のないように願いたいのですが、もちろんアメリカは、技術的にもっとも進んだ、もっとも豊かな国です。しかし、資本投下だけで差をつけることはできない。どこの国でもそうですが、製品の品質と従業員の生産性は、経営によって決まるのです。もしデトロイトがいまの経営システムを変えれば、アメリカはもっと手強い競争相手になるでしょう。★

★最初にアメリカ経営を非難するジャーナリズムの狙いうちにあったのは、さまざまな問題をかかえていた自動車産業だったが、一九八一年夏ごろには、すでに確立した業種だけが脅かされているのでないことが明らかになってきた。先端工業のまた最先端と言ってよい64K-RAMの記憶用超LSIの市場で、日本が七〇パーセントの市場占有率を達成したのである。業界の人のほとんどが（口には出さぬにせよ）、原因は投下資本量の差などという生やさしいものではなく、ずばり品質の問題だと認めたのである。

ホンダの記事からわずか数週間後、『フォーチュン』誌は追いうちをかけるように、「アメリカの経営スタイルを乗り越えるヨーロッパ」と題した記事の中で、安定した体制を作り上げるのでなく、やたらに経営陣の首をすげかえようとする傾向、製品に対する配慮のなさ、などのアメリカ経営の近視眼的態度を攻撃している。

アメリカの経営に対する不満は、つぎの五項目に大別される。

（1）ビジネス・スクールが元凶だ。
（2）いわゆるプロの経営者に大きな展望がない。
（3）経営者自身が企業の業務に一体感《なじみ》を持っていない。
（4）経営者が部下に対して（あるいは一般に人間に対して）十分な関心を寄せていない。
（5）トップとそのスタッフが分析の「象牙の塔」にとじこもっている。

ことにビジネス・スクールに非難が集中したのは、それが他の四項目の根元的元凶にもなっていると思われていること、および、批判を展開しやすい対象であったのが原因だと思う。シカゴ大学教授で経営学を教えて名高いH・エドワード・ラップはこう言う。
「われわれは（ビジネス・スクールという）怪物を創ってしまった。アメリカのビジネス・スクールは、他のなににもまして、（ビジネス・スクールのない）日独のアメリカ侵略を助長したと私の同僚は言うが、私も同意見だ」

そしてさらにラップは、ビジネス・スクールがあまりにも数量的な方法を強調しすぎると批判する。私たち自身の調査の中でも繰り返し繰り返し聞こえてきたせりふである。スティーヴ・ローアは『ニューヨーク・タイムズ』の例の記事の中で、やはり「経営学修士（MBA）が現在の問題の一部なのではないか、という見解が広く支持されるようになった」と結論づけている。

もと証券引受業者《インベストメント・バンカー》として成功をおさめ、いまは自由闊達な文筆活動をしているマイケル・トーマスは、つぎのように極言している。

「〔彼らＭＢＡは〕文字どおり一般教養に欠けている……もっと広い視野、歴史的観点、文学や美術からの見地が必要だ……じゃ答はなにかだって？　私ならビジネス・スクールなどすべて閉校にしてしまう！」

ＭＢＡを持つ私たち著者自身も、残念ながらこの意見に正面から反対することができない。現場にいる評者たちも同じことを指摘する。ナショナル・セミコンダクターのある役員から私たちはつぎのような話を聞いた。

「ハーバードやスタンフォードでビジネスの学位をとった人たちは、まあ、一七カ月ぐらいしかつづかないんです。われわれのように生き馬の目を抜く半導体業界は日進月歩ですが、彼らＭＢＡは、機構がしっかりしていなくて物事が流動的だと対処できないんですね」

私たちは最近、ごく内輪なビジネス・スクール批判を聞いた。組合が強く、変化の遅い成熟した、市場生産性をあげるのがもっとも困難な業界で、すばらしい実績をあげたダナ社のレニ・マクファーソンがスタンフォードのビジネス・スクールの学部長に就任したとき、そのちょっとまえに副部長になっていた私たちの同僚が私たちをわきへ引っ張っていって、こうささやいたものである。

「是非、言っておきたいんだがな。さっきはじめてレニと長い時間話したんだ。ダナ社での経験をいろいろ話してくれた。ところがだ、彼がダナでやってきたことに対応する講座は、いまのＭＢＡのカリキュラムにどれひとつとしてないんだぜ」

しかし、国を動かしているのは、ビジネス・スクールではない。経営者たち自身が産業を通じて国を動かしているのだ。あらゆる問題を同列に重要視するというのでは展望もありえないし、いわゆるプロの経営者たちにはあまり意味のないことになってしまうだろう。ここでも、エド・ラップはこう主張する。

展望の欠如

ビジネス・スクールはあふれるほどの才能を持った管理者を大勢作り出すが、この才能は企業内の主流とはならない。こうして作り出された〝プロ〟の経営者たちは、意欲的に問題を研究し、分析し、その本質を解明しようとする。彼らは専門化、規格化、能率化、生産性、定量化といった考えの中にどっぷりとつかっている。客観的な目標の設定がどうしても必要と考える。……役員会で上手に報告ができるとか、戦略計画の作成にたけているというだけで、うまく昇進できるような会社さえある。だがこわいのは、こうしたつけ焼刃の才覚のかげに隠れて、総合的な経営能力の欠陥が見えなくなってしまうということである。こうした人々は、手を汚さなければならないときに逃げ場を求めたり、収益をあげ問題を処理し組織を前進させる責任を任せられると、つまり、本当に経営を任せられると、みじめに失敗するのである。

同じことを書いている人はまだほかにもいる。『ビジネス・ウィーク』誌の記者は、アメリカ産業の再生を扱った有名な特集記事の中で、この問題を明快に解説している。「(トップ経営者の大部分は)自分の事業の形態《ゲシュタルト》について勘がはたらくほどよくは知らない……」。ハーバード大学のロバート・ヘイズとウィリアム・アバナシー両教授は、最近の『ハーバード・ビジネス・レヴュー』誌に寄稿した有名な「経済混迷への道をみずから操縦するアメリカの経営者」という論文の中で、この事情を解明する鍵を与えてくれている。

「もう型どおりのキャリアパスでは……未来のトップ経営者は自分の会社の技術、顧客、製造現場についてみずから手を汚し、しっかり把握することは不可能になる。……一九五〇年代中ごろから、財務と法律の分野に主として関心を示し、得意ともする経営者の割合が増え、生産現場の経験者は激減している」とヘイズは言う。「トップの中には、なにか製品をひと目見ただけで『ほう、これはいい製品だ。もうかるかどうかはわからんがやってみようじゃないか』と言うような元気のある者はいない」とつけ加えている。

やはりこれもアメリカの経営を四〇年以上も見つづけてきているベテランの論客フレデリック・ハーツバーグは、「経営者は製品を愛さなくなった。むしろ失敗してくれなければいいが、とつねに被害者意識でモノを見るようになった」と手きびしい。

これと対照的なのが、小型車市場を席巻した日本の場合だ。それでは日本の成功の秘密は、具体的にはどういうことなのか？　たんに燃費だけの問題ではない、と『フォーチュン』誌は言う。

日本が偉いのは、なにもちょうどアメリカが欲しがっていた燃費の良い車を供給できたという状況面のことだけではない。日本車は仕上げのていねいさ、狂いのない鋳造、ガタのこないドア、丈夫で長持ちする材質、塗装のきれいさ、といったところで優れているのだ。とりわけ重要なのは、苦情の出る割合をつねに低く抑える地道な努力をして、ユーザーの高い信頼をかちえたことである。技術的には、日本車の大部分はさしてとび抜けた点はないのだ。

『フォーチュン』の記事と同工異曲だがおもしろい話がある。あるホンダの従業員は、毎日会社から帰る道すがら、駐車中のホンダの車を見かけると、かならずワイパーのゴムのまがったのをきれいに直していくというのである。この社員には、少しでも不備のあるホンダの車が街中を走っているのが耐えられないわけだ。

さてそれでは、なぜこういったささいなことが経営上重要になるのか？　業績の良さと従業員に単純な——しかもすばらしい——価値観を植えつけて動機づけをすることとは、密接に関係しているからである。ロバート・パーシグは『禅とオートバイ整備の秘術』の中でつぎのように嘆いてみせる。

私はバイクの整備をしながら、いま私が校正の仕事をやっているデジタル・コンピュータの取扱説明書について考えていた。なんと他人《ユーザー》に対する配慮が欠けているのだろう。……それは間違いや曖昧な表現だらけだ。抜けているところも多い。情報も混乱していて、最低六回は読み返さなければさっぱり意味がわからない。

だがこのときはじめて気がついたのは、このコンピュータのマニュアルと整備工場で見かける点検作業員の傍観者的態度との間に、いかに共通点が多いかということである。いわゆる点検作業用のマニュアルだ。マニュアルの形式自体がそういう傍観的な姿勢なのだ。一行一行がまるで「この機械《マシン》は宇宙のありとあらゆるものから時間的・空間的に切り離されています。これはあなたとなんの直接的関係はないし、あなたもこれにはなんら関係がない。ただ、いくつかのスイッチをひねり、電圧を一定に保ち、エラーの出る原因をチェックしてくれさえすればそれでいいのです。あなたの役割はそれまでです。……」とでも言っているような調子なのだ。

そうなのだ。オートバイに対する整備工たちの姿勢は、彼らの使っているマニュアルのマシンに対する冷たい態度となんら変わるものではない。また、このマニュアルの姿勢と、私自身が故障車をここに持ちこんだときにマシンに対して持っていた姿勢ともなんら変わりはないのだ。私たちはみな、機械に対して傍観者なのである。

そしてそのとき私は、ほんとうにオートバイの整備を真剣に心をこめて扱ったマニュアルが皆無であるというもっと重要なことに気がついた。自分の仕事に人間的注意を払うことなど、罪悪とでも思っているのか。あるいはあまりにもあたりまえのことなので、書く方もとばしてしまっているのか？

動機づけさえ正しくすれば、アメリカの従業員だって、自分たちの作る製品に愛着を持つかもしれないということを考えない経営者に、攻撃の火の手が集中している。ここに米国経営者のすべての問題が凝縮している、と言う人もいる。アバナシー教授は、日本が自動車でなぜ成功したかという理由を発見したときの驚きをこう回想している。

「日本はコスト面でたいへん有利と思われていた。……が、大きな驚きはそれが自動化のためだけでないことを発見したときだった。……自動車製造をきわめて『人間的に』やる方法を開発していたのである。……日本には、自動車製造に胸をときめかせながら打ちこんでいる労働者がいる。……アメリカでは、生産性のもととなる考え方が間違っているのだ。それは小さな過ちの積み重ねによるもので、投資の大方針を変えてみたところで是正されるような生やさしいことではない」

スティーヴ・ローアも同じ点を論じている。彼はソニー会長、盛田昭夫の「アメリカの経営者は労働者に関心を払わなすぎる」という発言を引用している。盛田はさらに、自分はいかにソニー・アメリカ工場の改革に細心の注意を払ったかを述べている。ローアによれば「サンディエゴとドーサンのソニー工場では生産性が着実に伸び、同じものを作っている日本の工場に迫るほどになった」という。

ソニーのアメリカでの業績は話題になったが、これをさらにしのぐのが松下によるモトローラのテレビ工場買収、およびその再建である。中西部アメリカ人から構成される従業員をほとんど入れ替えることなく、ごく少数の日本人幹部は、わずか五年のうちに負債を二二〇〇万ドル（五二億八〇〇〇万）から三五〇万ドル（八億四〇〇〇万円）に減らし、一〇〇台あたりの製品の不良個所を一四〇カ所から六カ所に落とし、販売後九〇日以内のクレーム率をかつての七〇パーセントから七パーセントに減らし、労働者の離職率を年間三〇パーセントから一パーセントに減らした。

アメリカ国内におけるソニーと松下の成功は、驚くべき日本の生産性を「東洋の魔術」などと言って、彼岸のことのように説明することがおそらくできないという事実をまざまざと見せつけた。

「生産性の問題は日本人の神秘などということでなく、普通の人間の問題……つまり経営の根幹にあるのは、忠誠心、効果的な訓練から生ずるやる気、会社の成功を自分のものとする一体感、そしてもっと単純に、労働者対管理者の人間関係——なのだ」とある批評家は言う。とはいえ、ひとつ決定的な文化の相違もあり、これが日本でひとを通じて生産性をあげる原動力となっているように見える。ある日本人のベテラン経営者はこう説明してくれた。「日本は他の国々とひじょうに違っています。日本の唯一の資源は国民の勤勉さなのです」

資金でもなく、機械でも頭脳でもなく、資源はひとだ、という考え方がすべての鍵となるのかもしれない。マッキンゼー社の日本支社長、大前研一は、日本では「組織」と「ひと」は同義語で、「事業は人なり」と言うことわざさえある、と私どもに教えてくれた。そして、ひとを重視するところから、製品への愛情や、平均的労働者にある程度のリスクを冒して新機軸を打ち出すように求める姿勢も生じてくる。

大前はその著書の中でこう説明する。

日本の経営者たちは社員に、「現場にいる者が現場をいちばんよく知っている」と言いつづけることによって、個々の構成員の創意工夫を促そうとしている。……日本においても順調な企業は、革新性と創造的エネルギーの面で個々の社員あるいはグループに負うところがきわめて大きい。個人の創造性と生産性を最大限活用しようというのである。……優れた企業は組織全体――提案箱や品質管理サークルなどを含めて――が「機械的」「官僚的」でなく「有機的」で企業家精神が旺盛である。

世界第二の衣料品メーカー、ブルー・ベル社の代表取締役キムジー・マンは、この本の基となった優良経営の八つの特質に触れて、「どれもすべてひとに関するものではないか」と言っている。ことほどさように、アメリカの企業経営からひとに対する関心がいつのまにか薄れてしまっていたのである。

分析という「象牙の塔」にこもる

ひじょうに多くのアメリカ企業で、自社製品と社員への配慮が忘れ去られてしまった原因は、どうやらまことに単純なところにあり、それは経営者が他のことに眼を奪われてしまったから、ということのように思われる。その「他のこと」というのは、企業内の「象牙の塔」で分析にうちこむことへの過信、財政的操作への過信である。いずれも一見リスクを削減してくれそうに見えるが、残念なことに行動力をも削減してしまうものだ。

「分析にこりすぎる会社が多い」とエド・ラップは言う。

「売れる製品を作ることより計画を立てるほうがおもしろいのだ。計画を立てるというのは、問題に対処するのを避けたいとき、格好の言いわけになる。その方が知的な満足も得られ、実行にかならず伴う精神的苦痛を受けることもない。……形式ばった長期計画を立てると、ほとんどかならず、テクニックを過度に重視する結果になる」

コッパーズ社のフレッチャー・バイロムはこう提案する。

「ひとつのグループをまとめ、秩序づけるうえで、計画立案作業はひじょうに役に立つ。私は、どんどん計画を立てればいいと思う。だが、いったん計画ができあがったら、それは棚の上にしまっておいて、それによって拘束されないようにすべきだ。意思決定を行なう過程で、計画を唯一無二の情報源としないことだ。主として、変化が生じたとき、『あー、これだな、計画にあったのは！』と、その事象をみずからの眼で確認するために使うべきだ」

『ビジネス・ウィーク』誌も同様の趣旨のことを最近報告している。

「前向きの会社としてよく知られるジョンソン＆ジョンソンでもＴＲＷでもスリーエムでも、重役の中に経営計画立案を主業とする人のいないことは興味深い」

広告会社オーグルヴィ＆マザーの設立者デービッド・オーグルヴィは、「ビジネスマンの大多数が独創的な考えをもちえないのは、理性の束縛から逃れられないからだ」と言い切る。ハーバード大学の有名なマーケティングの教授セオドア・レヴィットは最近、「意思決定などの経営計画のモデルづくりをやるテクノクラートは、その複雑に入り組んだ図を提示することによって、いかにも有用性がありそうに見せることができる。うなずいている現場の責任者たちは、内容がわからないので、その複雑さに感銘を受けているにすぎないのだ」と言っている。

もうひとつ、最近ひどい失敗に終わったスタンダード・ブランズの新製品導入戦略に関するコメントを紹介しよう。『ビジネス・ウィーク』特集によれば、失敗の原因は、スタンダード・ブランズがＧＥのプランナーを大勢雇い、実践上の権限に近いものを与えてしまったことだという。プランナーたちを解雇したあと会長の言った言葉は、「連中は頭は良かったが、計画を実行していけるタイプではなかった」というものだった。

数字いじりを一生の仕事としようとする多くの人々にとっては、おもしろくない話ばかりだ。だが、企業は経営計画を立てるべきでない、などと言っているわけではない。いや、むしろ、しっかりとプランを立てるべきなのである。問題は、計画を立てること自身が最終目的となってしまう安易さである。いざ変化が起こったときに、心の準備ができているようにするために計画すべきだ、という先述のバイロムの理にかなった指摘よりはるかに多くを求めてしまうことにあるのだ。

そして、計画自身が厳然たる「真実」となり、あらかじめ考えたプランに合致しない現実のデータ（たとえば正規のテストマーケッティングまえに現われたほんとうの消費者の反応など）は平気で切り捨ててしまう。プラグマティックに行動するのでなく、机上で駒を動かすことに熱中してしまう（「この需要見積りについて本社部門の意見を聞いてみたか?」というのが、私たちが何年も見つづけてきたある会社の会議でいつも聞かれる言葉だった。市場を見通すのに、なぜ本社スタッフの意見をサンプリングしなくてはならないのか?）

アメリカのビジネスの業績は、少なくとも日本と較べて、ときにはその他の国と較べても悪化の一途をたどっている。そして多くの場合、生産性や品質という絶対比較においても劣っている。アメリカの製品は、もはや最良のものでも、もっとも信頼のおけるものでもなく、ことに国際競争の激しい業種（自動車、半導体など）では、価格でもほとんど負けている。

この問題の原因として最初に非難が集中したのは、政府の規制だった。だが、誰の眼にも明らかなように、それだけでは十分な説明にはなっていない。そして、一九八〇年夏ごろから、ほんとうの原因を究明しようとする経営者、経済記者、経済学者は、いっせいに経営の殿堂のいちばん奥深いところに眼を向け、そこに原因を探ろうとしはじめたのである。アメリカでは最近、分析に頼りすぎ、合理主義というのがあまりにも狭義に捉えられているというところに批判が集中したのも、しごく当然の成り行きだった。分析と合理主義。労働者と品質に対する日本の考え方とことに違う——文化の違いを考慮してもなお——点がこのふたつだった。

だが、この主張はふたつの大きな障害に突きあたった。第一は経営者の自己防衛本能による反発である。ついにビジネスマン自身の知性と精神構造に攻撃のほこ先が向けられることになったわけだ。それまでは、アメリカの経営者は、ただ政府のような第三者を悪者にし、ジャーナリズムをたきつけていればよかったのに、いまや刃《やいば》がみずからに向かっていることを知ったのである。

第二は言葉の定義問題である。つまり私たちが「合理主義」的な考え方の節で論じた「狭義の合理主義」を批判するはずのところが、より広い意味で受けとめられてしまったのである。ことは合理主義および論理的思考そのものに対する攻撃と見られてしまったために、非合理ないし神秘主義への逃避を暗に助長する結果を引き起こした。かくして、フォード社の重役会を近くの禅センターで行なうようにならなければ経営は良くならない、なんてことを本気で言い出す人まで出てきてしまった。こんなことでは解決にならないことは言うまでもない。

ここでちょっと立ち止まって考えてみたい。合理主義的モデルの崩壊というのは、いったい正確にはなんのことなのか？　じつは私たちは画期的な本『科学革命の構造』の中でトマス・クーンが「パラダイムの遷移」と呼んでいるもののことを言っているのである。クーンは、いかなる分野の科学者もつねにその分野でいくつかの信念の集合を共有しており、そのときその集合が支配的な規範《パラダイム》を形成する、と言う。彼の言う「通常の科学」は、共通の信念の集合の中で、順調に進んでいく。実験はこの枠を少しもはみ出すことなく、小さな〝進歩〟が繰り返される。古いけれどもひじょうにわかりやすい例が、天動説による宇宙観である。

地球を中心に、月と太陽、惑星、恒星はそれぞれ半径の違う球の球面に固定されているとする考えは、一六世紀までつづいた。この天動説というプトレマイオスのパラダイム〔共有された信念の集合〕に基づいて、天体の動きを予測する複雑な公式やモデル理論が、なんの矛盾もなく一生懸命に作られていたわけである。すべての中心に地球ではなく太陽をもってくれば公式はもっと簡単になることにコペルニクスやケプラーが気づいたとき、はじめてここにパラダイム的遷移の例が生じるわけである。

パラダイム遷移が始まったあと、進歩は早い。緊張がいつも伴い、怒れる人々が多発する。新しい信念の体系を支持する新しい発見が続々となされ（たとえば、ケプラーやガリレオの実験など）、一大科学革命が起こる。科学の領域でパラダイムが移り、革命的な発明がそれに引きずられて続々と起こったよく知られている例には、ほかにも物理学における相対性理論への移行や地学におけるプレート構造論への移行などがある。重要なのは、どの場合にも、古い「合理」が新しいより有用な「合理」にとってかわられている点だ。

私たちはビジネスの分野でもこれに似たことが必要だと言っているのである。古い「合理」とは、私たちの意見ではフレデリック・テイラーの「科学的経営」主義から直接派生してきたもので、少なくとも今日の経営を論ずるには有用な原理ではなくなってしまったものである。テイラーの作り出したパラダイムに基づいて動いている経営者の行動を見ていると、共通の信念とはどうやらつぎのようなものであるらしい。

●大きなことは良いことだ――つねに「規模の経済」を享受できるからである。いくつかのものがバラバラにあったら、迷わずにまとめてしまえ。重複、二度手間、無駄などを避けよ。また、体系が大きくなるにつれて、各々の構成要素が相互に注意深く、また正規の手続きを踏んできちんと整理されているよう、心がけなければならない。

●確実に成功するためには、生産コストを低く抑えるしかない。顧客の真の利益をトコトン考えれば、行きつくところはコストである。生き残った会社は、例外なくほかより安くやっている。

●あらゆることを分析せよ。市場調査をたんねんにやり、キャッシュ・フロー（ＤＣＦ）を分析し、適正な予算を立てていれば、判断を誤ることはない。少しの分析でも役に立つのだから、たくさんやるにこしたことはない。研究・開発のように不確実性のつねに伴う分野でも、投資利益を厳密なＤＣＦ法で算出すべきだ。長期計画の基本系として、予算制度を使え。重要予測を怠るな。そして、その予測に基づいて具体的な数字を用いて目標を達成せよ。客観性を期すため、数字をふんだんにもりこんだ分厚い経営計画を作成せよ（ついでに、長期計画の大部分は作成したその日にすでに間違いが始まっている、などというタワ言など聞かなかったことにしろ。発明の過程など、発明という言葉の意味からして計画不可能なものだ、ということも忘れてしまえ）。

●平穏を破る者たち――つまりクレイジーなチャンピオン――を組織から排除せよ。ともかくプランはあるのだ。突破口を開くためには、新製品開発の正式な計画がひとつあればいい。必要とあればその計画に技術者を五〇〇人でも注ぎこもう。最終承認された計画は間違いなく良いアイデアなのだから。

●経営者の仕事とは意思決定をすることだ。適切な指示を与え、じゃんじゃん困難に立ちむかえ。ポートフォリオのバランスに注意しろ。魅力的な業種があれば、買収してでも進出せよ。実行・実践は二の次だ。実践段階でうまくいかなければ、言うことを聞く管理者に総入れ替えすればよい。

●あらゆることを管理下におけ。経営者の仕事は物事をきちんと管理することだ。組織機構を細部にわたって規定し、職務分掌をなるべくくわしく書け。あらゆる偶発的な出来事《コンティンジェンシー》に対応できるよう複雑なマトリックス組織を作り上げよ。決断は白か黒かはっきり行なえ。従業員を生産体系の機械的一部と考えよ。

●適切な報酬制度を設定すれば、生産性は自然にあがる。仕事を正確にそつなくこなすことに対して、直接金銭的に十分報いれば、生産性の問題は解消する。とくに成績の良い者には、これ見よがしに報酬を与え、仕事をしたがらない三〇〜四〇パーセントの雑草みたいな奴は摘み取れ。

●品質管理には監督を強化せよ。品質についても他の業務と同じく、命令してやらせるのだ。それでもダメなら、品質管理部門を三倍に増員せよ（日本の自動車会社における品質管理者の数が、同規模のアメリカの製造部門の三分の一であることなど、この際気にするな）。品質管理部長は、直接社長に報告せよ。奴ら（失敬、従業員）にこちらが本気であることをよくわからせるのだ。

●ビジネスは、あくまでビジネスである。（経営上のすべてが表記されているはずの）財務諸表を読むことができれば、あらゆることは管理できる。従業員も製品もサービスも、収益をあげるための手段であり、利用すべき資源にすぎないのだ。

●トップ経営者たる者は、（株式）市場よりも頭が良くなければならない。誰が見てもうまくいっているように見せるために、損益計算書と貸借対照表の化粧を怠らないことがコツである。なかんずく、四半期ごとの収益の伸びがとまったように見せてはならない。

●成長がとまったらすべておしまいだ。自分の業績でもうこれ以上のことを望めないのなら、よくわからない業種の会社でも買収しろ。こうすれば、少なくとも成長だけはつづけることができる。

こうしてみてくると、今日のアメリカ経済は、少なくとも「合理主義」者によって駆動されていることは間違いなさそうである。しかしこのような考え方では、なにが超優良企業を駆動しているのかという問には説明がつかない。それはなぜか？　冷徹な合理主義の本質的欠陥はどこにあるのだろう？

ひとつには、数値的・分析的なやり方は本来保守的な傾きを持っている、ということである。たとえば、定量化しやすいコスト削減がなににもまして優先され、不確実さを伴う売上げ高増大はあとまわしにされる。その結果、品質や商品価値で顧客をひきつけるという勝負には出ずに、原価低減しかないという強迫観念《オブセッション》にとりつかれる。海のものとも山のものとも知れぬ新製品、新事業を創出するより、むしろ古い製品の手直しに走る。

従業員の向上活性化という面倒な方法はあきらめ、金で解決のつく設備投資によって生産性のてこ入れをはかろうとする。経営における意思決定を分析的にやろうという考え方に内在している本質的弱点は、どうしても分析しやすいところから分析し、それにばかり時間をかけて、他を軽視しがちだということである。

ハーバード大学のジョン・スタインバーガーはこの間の事情をつぎのように皮肉っている。

「現在の科学技術を前提としたとき、もし数量的な正確さを求めるのであれば、分析の対象を限定し、重要な問題の大部分を対象外にするのがいちばん手っとり早い。こうすれば、答はいくらでも正確になる」

こうして、収益方程式★の一変数にすぎないコストに気が集中してしまうのである。数字を用いた改善はもっとも〝固い〟ものである。そのうえ改善案は、機械的で想像力もあまり要求されない。——

★収益方程式：収益＝（売上げ−コスト）×量

新しい機械を入れれば、一九人の作業員が不用になる。書類作業も二五パーセント減る。組み立てラインをふたつ閉鎖して、そのぶん残るひとつのラインスピードを上昇せよ――という具合いにすべて〝計算〟できる。

数量的分析が収入面を軽視すると私たちが言ったときには、じつはもうひとつの（たぶん）意図せざる弊害のことにも言及しているのである。分析的方法では、例のＩＢＭやフリト・レイの販売力に見られるあの圧倒的なオーバーキルからくるプラス・アルファの効用、言ってみれば「やりすぎの効用」といったものを評価できないのである。

実際、最近ある人が書いていることだが、通常フリトの経営診断を頼むと、たいていの分析家は、この「九九・五パーセントサービス体制」――たしかに、差別化のできにくい日常消費財の業界では「不合理きわまるやり方である――でひっかかり、鬼の首でもとったように喜んで、申し合わせたように、フリトがサービスレベルをＸＸにまで下げれば、売上げを失うことなくＹＹもの節約ができる、ということをとうとうと論じたてるという。たしかにそうした分析家たちは「正しい」。フリトはすぐに収益を増すことができるだろう。しかし、サービスの質をほんの少しでも落とす指令を出すことが、張りつめた一万人のルート販売員――小売店はいうまでもなく――に対してどれほどの心理的影響を与えるか、そしてその結果、マーケット・シェアと収入が長期的にどれほど低下するか、ということについて分析家ははたして答を用意できるのだろうか？

分析的に見れば、キャタピラー社の信頼性の打ちこみよう（「世界中どこでも四八時間以内に部品サービスをします……できなければ損金は当社が負担します」）や、メイタグの「一〇年間完全保証」は、ナンセンスということになる。分析的に言えば、ＩＢＭやスリーエムで意図的に行なっている、新製品開発における（二本立て）作業という重複や、プロクター＆ギャンブル社の製品《ブランド》どうしの意識的淘汰は、無駄な「ダブリ」と言うほかはない。デルタの家族意識、ＩＢＭにおける個人の尊重、マクドナルドやディズニーにおける潔癖症なども、数値的に正当化することはほとんど不可能だ。

分析的方法ばかりを無制限に追究すれば、人間味のない抽象的な考え方に行きつく。私たちはベトナムで死体勘定に熱中し、東洋に一貫して流れる心情を理解できなかったために、最終的には、アメリカ史上類を見ないほどの資源の浪費——人命・物資、そして道徳さえも——を余儀なくされた。だが、マクナマラの数字信仰はたんに時代を反映しているにすぎなかった。フォード社にいたころの部下で、やはり「切れ者」をもって任じていたマクナマラの弟子ロイ・アッシュも同じ落とし穴にはまった犠牲者にすぎない。『フォーチュン』誌は彼のリットンにおける不運をコメントしてこう書いている。

「ビジネス観においてまったく抽象的なアッシュは、その切れる頭を最大限に使ってもっとも高度な会計テクニックをもてあそんだ。聡明さが原因となって、彼は帝王のように大所高所から物を見おろすようになった……新しい都市を造ろう！　デトロイトが自動車を生産するがごとく、技術的に最先端を行く船を（大量に）生み出す造船所を建設しよう！」

不幸なことにアッシュの失敗はリットンで終わらず、一〇年後にもアドレスグラフ・マルティグラフ社（ＡＭインターナショナル）でも同じ失敗を繰り返していることが『フォーチュン』誌の分析で述べられている。

合理主義はなによりもまず、本来生身《なまみ》であるところのものから活きた要素を取り除いてしまう。編集者ルイス・ラプハムは雑誌『ハーパーズ』の「安楽椅子」欄に載せた「賢者の贈り物」という読み物で、数字偏向の陥る過ちについて述べている。

「賢者はどうしても数字と重量について――石油何バーレルとか通貨の供給量とか――について、つまり物質的資源について語り、人的資源についてはめったに語らない。こうした偏向が高まっていくと、国全体が、個人よりも組織体を重視するようになる」

作家のジョン・スタインベックも、生命の感じられない合理主義について、同じようなことを指摘している。

メキシカン・シエラ（サワラ属の魚）は、背びれにそれぞれ一七、一五、九個のとげがある。数えてみればすぐわかる。が、糸をたぐる手が焼けるかと思うほど激しく、これが身をくねらせるとき、水音を立て、もう少しで逃げられそうになり、そして、ようやく舟ばたから内へ引き入れられるとき、波動するその色と空を打つその尾は、ひとつとなって眼を射る。言ってみれば二匹の生物、魚と釣師がいるという、それ以上のものがパアーッとその空間に突然生ずる。

こうした二次的な実存の感慨などに縁のない手合いが、シエラのとげの数だけを知りたいと言うのなら、実験室に腰を下ろし、いやな臭いのビンを開け、ホルマリン溶液から、色のない、硬直した魚を取り出してとげを数え、事実を記せばよいだろう。……こうして記録できたものは、誰にも文句のつけようがない事実である。が、それは魚にとっても自分にとっても、もっとも意味のない事実だろう。……自分のしていることを知るがよい。

ホルマリン漬けとなった魚を前にした男は、必死にひとつの事実を記録してはいるが、自分の経験、記憶の中には自分がほんとうに見たとおりのものを記さないで、たくさんの嘘を刻みこんでいるのだ。この魚はこんな色ではない。こんな肌ざわりではない。このような臭いを放ちながら、あんな具合に死んでいるはずもない。

狭義の合理主義というものは、しばしば否定的であることにつながる。経営陣が分析に偏向しているとどれほど有害であるか、ピーター・ドラッカーは巧みに説明している。

「今日のプロ経営者は、自分の役割を、出てきたアイデアに対して『イエス』『ノー』を言いわたすこと、としてとらえるきらいがある。……自分の仕事は椅子にすわって決断することだと信じているような経営トップは、新しいアイデアに対して、かならず拒否権を行使する。なぜなら、新しいアイデアというものは、通常『非実用的』であることが多いからである」

ジョン・スタインブルナーも本社管理部門の役割について、似たようなことを言っている。

「元来、否定の主張を展開する方が肯定の主張よりやりやすい」

MLF（NATO諸国が合同参加する多角的核戦力）を決定した際、保守派の学者と現実的政治家の間に交わされた応酬を、スタインブルナーは例に出す。国務長官ディーン・アチソンは、ハーバード出の大統領顧問官リチャード・ノイスタットに「大統領に警告する必要があるとあなたは言うが、それは違う。大統領には自信を与えてあげることが必要なのだ」と言ったという。そして、これを心がけても、合理的分析のモデルを使うかぎり、どうしても結論は「激励」よりも「警告」に傾いてしまうことは否定しようがない、としている。

モービルの会長ローリー・ウォーナーは、アラスカのプルドー湾の沖合いにある油田の競合入札に参加しないと決定したときのことを述懐する中で、やはり同じ趣旨のことを述べている。

「当社の財務の連中が開発の連中の足を引っ張ったのですよ。……開発の連中は、石油やガスについてなにひとつ知らん財務の連中に頭を抑えつけられたのです」

例によってヘイズとアバナシーは、このテーマに関しては雄弁だ。「過去二〇年間、アメリカの経営者は、経験に基づく『直感』よりも『分析的客観性と優美な方法論』へとしだいに傾いてきている。直接的体験のない者が、分析的・公式的なポートフォリオ理論に走れば、資源配分はさらに臆病なものになっていく」

もうひとつ、ジョージ・ギルダーは、『富と貧困』の中で、「発明とは、創造的アイデアに一種の狂信が加わってはじめて日の目を見たものを言う」と言い、この仮説を立証する例をつぎつぎとあげて説明している。鉄道敷設の例についても「(今日はもとより)鉄道が作られた時点でさえ、経済的にはとても成り立つとは考えられていなかった」と指摘している(それでも敷設を続行したのは、国土全体の陸上輸送網確立というひとつの確信があったからにほかならない)。

今日のいわゆる「合理主義」は実験精神を評価せず、誤りを犯すことを極端に恐れる。保守主義的になれば、活動は停滞し、「検討委員会」がダラダラと何年もつづけられるようになる。こうして、結局は自分たちが避けようとしていたまさにそのもの――いよいよ抜き差しならなくなって逆にもっと大きな賭けを迫られること――に直面するはめになる。巨大化した製品開発グループが分析にばかり熱中しているあいだに月日が経ってしまい、しまいにはあらゆるセグメントのあらゆる要求を満たすような起死回生のホームランを狙わざるをえなくなるわけである。

これに対しデジタル・エクイップメント、スリーエム、ワングといった実験精神にあふれた会社は、「不合理」や混乱をものともせずに突き進み、同じ期間に十いくつもの製品を生み出してしまうのである。じっとしてなにもしないでいれば前進はないのである。プロトタイプができたらすぐに一人、二人の消費者にテストしてもらい、長年の勘を用いて（完璧を求めず）粗くても的《まと》を射た市場調査をし、現存のラインを少しいじって転用し、せいぜい五万人くらいの消費者に限定して広宣を打つ、といったことで前に進んでいくのである。

　ほとんどの大企業では、どれほど小さなミスでも、たとえそれが有用なミスでも、ミスに対しては懲罰を要求するような体質を持っている。今日の経営管理における合理主義の源流となる概念が「科学的」経営と呼ばれるものであったことを考えると、これはまことに皮肉と言わねばならない。

　実験こそ科学の基本となるツール（道具）である。そして、実験というものは、誤りを発生させて、正解に近づいていくために行なうのである。してみると、うまくいった「実験」というものは、とりもなおさず、本番に入るまえにできるだけの誤りを発生させ、「実験した価値があった」と思わせしめるものだ。ところが、合理性を強調しすぎるものは、どうやらビジネスマンだけではないらしい。というのは、科学者といえども〝進歩のための混乱〟を心地よく他人と分かち合おうとはしないらしい。

　科学史学者として高名なロバート・マートンは、科学論文の一般的傾向についてこう述べている。

> 活字の形になった科学の業績と、実際の研究過程とでは、決定的な違いがある。……それは、教科書に出てくる科学的手法と、科学者が実際に考え、感じ、作業を行なっていく場合との違いに似ている。テキストの方法論では理想的な型を示しているけれど、そのようなきちんと整理されたパターンは、実際に科学者が研究を行なうときにふつう見られるような混然とした、なかば行きあた

りばったりのやり方を再現したものではないのだ。科学の論文はじつに完璧にまとめられてすきのないものになっている。が、これを読んで研究の際の直感的飛躍、着手当初の誤った仮説、失敗した実験のこと、未解決の問題、たなぼた的発見などといった混乱をうかがい知ることはまず不可能だ。

免疫学でノーベル賞を受けたピーター・メダウォー卿は「科学論文など見てもなんの役にも立たない。（書かないことによって）研究の推論の過程をたんに隠してしまっているだけならまだしも、（この過程を）積極的に婉曲して記述しているからである」と、にべもない言い方をしている。

非実験主義は、必然的に過度に複雑で柔軟性のない化け物を作り出す。「逆転満塁ホームラン商品」を希求するという考え方がもっともはっきりした形で表われるのは、防衛産業における「スーパー兵器」の発想だろう。『ヴィレッジ・ヴォイス』誌につぎのようなコメントが載っている。

> 国防総省プログラム分析評価担当上級分析官スピニーの発言が、ペンタゴン内部で引き起こしたパニックの背景を理解するには、その発言の結論とも言える部分をそのまま引用するのがいちばんだろう。「技術的に高度に洗練された複雑なものをつぎつぎに開発するという戦略を追究してきた結果、迅速な戦闘能力と先端性とがお互いに相容れないものになってしまった」。つまり、いまアメリカが防衛に金を使えば使うほど、戦闘能力は落ちるということになる。
>
> ……金に糸目をつけずに最先端の技術をもりこめば、生産される飛行機は数少なくなる。また、その複雑さのゆえにふだんは使われない。配備すべき機数が減れば、相互通信のためのシステムは

より精緻にならざるをえず、戦時にそんなデリケートなものが破壊されずに残ってうまく機能するということは考えにくい。

臆病さと「分析により引き起こされたマヒ」のために、実験を排する傾向は強まる。皮肉なことに、それが今度は、最終的にのるかそるかの「大ばくち」を打つとか、「スーパー兵器」といったものを求める精神構造へとつながっていく。悪循環はもう一度まわって、「すべてを満たす商品」の開発、生産、販売をするために、複雑精緻な組織運営体制が必要となる。こうした傾向が最後に到達したのが、例の機械的なマトリックス組織だった。興味深いことに、一九七〇年代なかばにマトリックス組織が全盛となるより約二〇年も前に、経営研究家クリス・アージリスは、マトリックス組織の最大の病理をすでに見抜いていた。

こうした新しい管理機構と戦略は、なぜ問題をかかえているか？ ……このマトリックス組織理論の裏にある前提条件というのは、もしも目標とその目標に達するための道がはっきりと定められれば、人々は考えうる最上のスケジュールに従って、目標を達成すべくお互いに協力するはずだ、という考え方である。しかし、現実にはこの理論を適用するのは困難だった。

……まもなく、資料作成そのものが仕事の目的であるかのごとき錯覚が生じてきた。中間管理者は、じつに七一パーセントもの製品計画や計画の見直し作業、関係書類作成が、本来のライン業務と同等に仕事の大半を占めるようになったと報告している。

……もうひとつマトリックス組織をとった場合の典型的なパターンとして、中間管理職に無力感が拡がり、結局しがらみを解決できるのは一段上にいる人だけだ、という消極的な態度が表われることである。「上の連中が考え出したことだ。彼らに解決してもらえばいい」というわけである。……しばしば報告されたのは、マトリックスに関与するすべての構成員間で無数の小さな要決定事項が発生するため、結局各グループが独自には動けない、という膠着化の問題である。

複雑化に伴うさまざまな現象は克服不可能ではないにしても、相当な難事である。IBM360はアメリカのビジネス史に残る成功物語のひとつだが、開発にはずいぶん不手際な紆余曲折があった。その途中で会長のトーマス・ワトソン・シニアは、副社長のフランク・ケアリーに「こうした問題を繰り返すことのないようしっかりした製品開発のシステムを作る」よう命じた。ケアリーは言われるとおりにしたのだが、何年かたって自分が会長になったとき、最初にやったことのひとつが、かつて自分が入念に作成した開発システムを撤廃することだった。

「ワトソン氏の言うことはたしかに正しかった。あれ〔製品開発システム〕があれば、360を作る際の混乱を繰り返すことはなくなるだろう。だが残念ながらこれがあるかぎり、また360のような製品を生み出すこともけっしてできない」

優良企業は複雑さに組織人事の流動性で対処している。経営管理の分野における実験精神と呼んでもよい。組織の改変は日常茶飯のことだ。「もしも問題が生じたら、そこに資源をまわして解決すればいい、単純なことだ」とデジタル・エクイップメントのある役員は言う。コッパーズのフレッチャー・バイロムも同じ意見だ。「私が見てきた経営問題のうちでいちばん気に入らないのが、過度の《オーバー・》組織化《オーガニゼーション》だ。これによって硬直化が生じるが、この硬直化こそ、加速度的に変化していくこの時代には、絶対避けなければならぬものだ」

ヒューレット・パッカードの創設者の一人デビッド・パッカードは、「あまり固定化した組織はいけない。組織が有効に動くためには、組織図とはたとえ関係なくてももっとも自然で効率の良いチャンネルで情報伝達が行なわれる必要がある。うちではだいたいそうなっている。いったん組織ができあがったら、組織図などは捨ててしまうべきだ、と私はよく言うんですよ」と言う。

日本における私たちの同僚である大前研一は、アメリカの組織に見られる合理主義について語っているくだりで、つぎのように言っている。

「日本の企業の大半は（アメリカ流に言うと）まともな組織図さえ持っていない。ホンダの組織がどうなっているのか誰も知らない。わかっているのは、問題ごとにプロジェクト・チームがあって、たいへん柔軟である、ということだけだ。……普通『革新』と言われるものは、機能や組織の境界で起こるものだから、複数の分野にまたがる視野や共同作業が必要となる。というわけで、変転きわまりない今日にいたって、日本企業の組織の柔軟さはことに大きな財産となっているのである」

合理主義的アプローチは形式ばらない自由を好まない。分析、計画立案、指示命令、特定化、チェックなどは、合理主義的プロセスで頻繁に使われる用語である。話し合い、試験、試行、失敗、継続検討、習熟、方向転換、調整、修正、観察、目視などは、非形式的経営のプロセス用語だ。私たちは、超優良企業の人々と面談しているときに、こうした言葉を幾度となく聞いた。

インテル社では、違った分野どうしの者が非公式《インフォーマル》に会って、問題解決の討議ができるよう、特別な会議室をいくつか余分に設けている。スリーエムでは、あらゆる種類のクラブ活動を後援しているが、これもとくに社員相互の意思疎通をよくするためだ。ヒューレット・パッカードや、デジタル・

エクイップメントでは、人の頻繁な往来を通じて、コミュニケーションをよくしようと、過大なまでの経費をかけて、飛行機や自動車を自前で運行している。テキサス・インスツルメントでは、パトリック・ハガティ氏の操業経営理念を反映した「緊密な結合」体制のもとで、新製品が続々と生み出されている。

これはいずれも、もっともらしく気取って討議し、無為に時間を費やすのではなく、人々が自由に話し合い、問題を解決し、ひとつひとつを片づけていくという例になっている。

しかし残念ながら、アメリカの経営者の大半は、命令、管理による経営の方により親しみを感じている。スリーエムやデジタル・エクイップメント、ヒューレット・パッカード、ブルーミングデールあるいはＩＢＭまで含めて、もっとも中枢となる経営プロセスにおいて、一見統制がとれていないように見える企業に対して、不信のまなざしを送るのである。

ヒューレット・パッカードのように「右往左往」を経営哲学の柱とするなどは、とてもまともな感覚ではない、というわけである。だがしかし、日常的非公式的なパイプを通じての自発的な管理は、数字による管理よりもじつは厳しいものであるということを銘記すべきだ。数字による支配なら、逆に避けることもごまかすことも可能なのである。超優良企業ではあたりまえのこのような考え方も、それ以外の企業では、なかなか受け入れられないのだ。

合理主義的な考え方は、〝価値観〟というものがいかに重要かを忘れさせる。目標の正確な設定あるいは合理的分析から、大胆な新しい会社の方向が打ち出されたという例を、私たちはほとんど知らない。優れた会社は分析の技術にもきわめて長じているというのは事実だが、こうした会社でも、大きな決断をする際の決め手となっているのは、数字のテクニックよりもやはり価値観である、と私たちは考えている。

トップ企業はいずれもひとつの包括的な企業文化とも言えるものを作り上げており、それを従業員が共有している。これによって活性化された人々が、その価値観を拠り所として、個々の活動を展開しているのである。これらの会社では、ひじょうに多数の社員から並はずれた貢献を引き出すことができ、これが企業の目的意識が、製品に対する愛情、最高のサービスの提供、革新的アイデアの尊重、多くの社員の自発的貢献意欲、へとつながっていくのである。

こういったやり方と、たとえば「ＭＢＯ（目標管理体制）による四半期の課題三〇テーマ」とか、「コスト削減二五カ条」「現場労働者の一〇〇心得」などといった管理主義的スローガン経営や、今年はコスト、来年は新技術、再来年はなりゆきまかせ……と、管理指標を状況分析に応じてくるくると変えていくようなやり方とは、本質的に相容れないのである。

合理主義は内部競争をほとんど許容しない。企業はみずからと競争するものではない、ということになっている。だが、超優良企業の研究をつづけているあいだに私たちは、繰り返しこの社内競争という現象を見てきた。それどころか、上司からの命令よりも同僚《ピア》とのライバル意識の方が、モーレツにがんばる際の主要な動機となるという例もずいぶん見た。

内部競争の先駆者は（シボレー、ポンティアックなど社内分社を作った）六〇年まえのゼネラル・モーターズである。今日の代表格は、スリーエム、プロクター＆ギャンブル、ＩＢＭ、ヒューレット・パッカード、ブルーミングデール、タッパーウェアである。

スローガンは「各部門の重複《オーバーラップ》」「自社製品系列間のダブリ」「新製品開発チームの複数化」「社内チームどうしの生産性比較——および向上——を奨励するための大量の情報交換を許容」等々だ。

こうした一見自明とも思われることに、多くの会社が注意を払わないのは、いったいどういうわけだろう？

「分析できることしか分析しない」傾向こそが究極のところ致命傷なのだ、ということをもう一度繰り返そう。たしかに、製品系列を二本にしたり生産工程が画一化されていないことによるロスは、正確に数字で示せるかもしれない。だが「チャンピオン」たちのモーレツな働きによってとぎれることなく生み出されてくる新製品の流れから得られるプラス、生産現場のチーム間の絶えざる競争から生ずる数々の革新的アイデアにより生産性がしだいにあがっていくこと等々を正確に把握するのは（不可能とは言わないまでも）、はるかに困難な作業なのである。

重点の置き違い

合理主義というものを狭い観点から捉えることによる最大の欠点は、理論そのものが誤りだということより、むしろこれを信奉することによって生じる経営上のゆがみ、アンバランスの方ではないだろうか。スタンフォード大学のハロルド・リーヴィットは、この点をみごとに説明している。

彼は経営プロセスをつぎの三つの要素間の相互作用として捉える。三つというのは「（未開の土地に道筋をつける）開拓」「意思決定」「実践」である。合理主義的考え方では、この真ん中の「意思決定」の問題しか対象にしていない。

この三つの行動の違いを学生に教える際、リーヴィットは有名な政治家の中からそれぞれの類型を抽出させる演習を行なう。たとえば、「開拓」者の典型としていちばんよく引き合いに出されるのはジョン・ケネディだし、「決定」者としては国防長官時代のロバート・マクナマラや大統領時代のジミー・カーターといったところである。「実践」重視型の人としては誰もがリンドン・ジョンソンのイメージを答える（「とにかくいっしょに理由を考えようじゃないか」とか、「（あの馬鹿者に院外に去られて）テントの外から小便を入れられるより、（仲間に入れておいて）中から外へ放尿してもらった方がはるかにいい」といった彼の有名な文句が思い出される）。

さらに理解を深めさせるために、リーヴィットはつぎにさまざまな職業をこの三つのカテゴリーに分類させている。たとえば、「決定」者、すなわち物事を決めていかねばならぬ人のイメージとしては、システム・アナリスト、エンジニア、ＭＢＡ（経営学修士）、統計専門家、〝プロ〟の経営者などが入る。とっつきにくい連中である。が、いずれも合理主義的な考え方に傾いている点では共通している。「実践」型の職業としては、他人といっしょに働くことに興味を示す人種が多い。心理学者、セールスマン、教師、ソーシャル・ワーカー、そして日本の経営者の大半。もうひとつみずから道を切り開かなくてはならない「開拓」者型の職業としては、詩人、画家、企業家、個性の強い指導者などが数えられる。

もちろんこれら三つの行為は相互に関連しているから、このうちひとつを取り出して強調し、残りのふたつをなおざりにすることは危険だ。従業員の中には、あらゆる階層に「開拓」者★として貢献しうる人がいくらでもいるだろう。しかしこれらの人は、いざ実践ということになると、まことに不得手で、いわば〝芸術家〟たちである。同様に、臨機応変ながら、みずからのビジョンを持たないセールスマンのような「実践」派も多い。そして、「意思決定」という要素を過度に重視する人々が陥るワナについて、この章では述べてきたわけである。

★訳注——開拓者の原語はPath-finderすなわち、道なきところに突破口としての道をみつけられる人の意味なので、冒険者としてのパイオニアよりも、もっと求道的色彩が強い。

要するに結論をひと言で言えば、企業経営においては、「意思決定」にまさるとも劣らぬほど「開拓」や「実践」ということが重要だということである。これらの行為は、本質的に異なる思考過程を要求するものではあるが、その気になれば、相互に補完し、強化しあう一連のプロセスとして位置づけることも可能なのである。

「開拓」は本来、感性的・直感的なプロセスであり、デザインのプロセスと呼んでもよい。建築のデザインでも、あるいは経営の指針となる価値観の構築でもいいのだが、あるものを造形していくとき、選択肢は無限にある。そして、この無限の選択肢の中には、使い物にならぬアイデアもたくさんあるのだが、ここでそうしたものをふるい分けるのには、合理主義的な考え方が有用なのである。しかし、どう取捨選択しても基準にあう良いアイデアは多数残ってしまう。ここまできたら、どれほど分析をしてみても決定的な選択はできない。最終決定は感覚的なものであり、趣味の領域に属するものだからである。

「実践」もまた、ひじょうに個別的な、特異体質的な側面を持つ。リーヴィットも指摘するように、「自分の子供はかわいいが、ひとの赤ん坊にはそれほど愛情がわかない」のである。コンサルタントとして私たちがたびたび思い知らされたことは、選択肢Aが最良だといくら「分析的に証明」してみても——そしてそこでこちらの努力をやめてしまえば——クライアントのためにはなんにもならぬということだ。コンサルティングのこの段階では、A案というのはまだ私たちの子《ベイビー》であって、クライアントの子ではないのだ。だからいくらみごとな分析をやってのけても、これといった思い入れのない人々をひきずりこむことはできないのである。彼らもその問題に深くかかわって理解し納得しなければ――そして、ついに自分のものとして〝所有〟しなければ――だめなのである。

さきほども述べたように私たちは開拓・実践の方へ大きく傾くべきだ、と言っているのではない。合理主義が重要なのは確かなのである。優れた分析を行なえば、アイデア創出を刺激し、「開拓」にもよいヒントを与えてくれる。ダメな選択肢を冷厳に削除する手助けともなってくれる。だが、もしアメリカがかつての競争力を取り戻そう――あるいは少なくともいまの力を保とう――とするのならば、過度の合理主義は、ここでやめにしなくてはならない。

第三章

人々は動機《モーティベーション》づけを望んでいる

人間を組織するということを合理主義的に考えるとき、いちばん問題となるのは、人間はあまり合理的なものではない、ということである。人間はできが悪いから、かつてのテイラーのような機械的な考え方、あるいは今日の高度な組織図にあわせることができない（いや、もちろん私たちの考えではちょうどあべこべなのだが）のである。実際、今日の心理学というものを少しでもかじってみれば、「対立」や「逆説《パラドックス》」という不可解な問題領域で、最終的に研究課題となるのは人間だということがわかる。超優良企業がなぜこれほど巧みに、何万、何十万という人々の参加意欲をかきたて、つねに革新的アイデアを出させているかを理解するには、そうした企業が、人間そのものに本来内在するつぎのような矛盾した点にいかにして対処しているかを考えてみるのがよい。

（1）人間はみな自己中心的に考えており、少しのほめ言葉で有頂天になり、自分を成功者と考えたがるのが普通だ。しかるに、われわれの才能は当然正規分布をしており、すべての人が自分で望むほど優れているわけではない。だからといって、毎日その現実を正視させられたら、何人もまいってしまう。

（2）空想と映像をつかさどるわれわれの右脳は、合理的・演繹的思考をつかさどる左脳にけっして劣らぬほど重要である。また直観は、正確なデータをもとに展開される物語に負けず劣らず重要である。「どうやらこれで正解だな」という勘の方が、「合計に間違いない」とか、「立証できる」というより大切な場合も多い。

（3）情報処理機としての人間は、欠陥とすばらしい力とを合わせ持つ。意識的に頭の中に入れておける正確な情報の量はごく限られていて、一度には数個の事実だけ。だから、とくに複雑な組織になればなるほど、物事を単純にしておかなければならないわけだが、一方われわれの無意識の力というのはたいしたもので、その気になれば、膨大な量のパターンを蓄積しておくこともできる。経験は最上の師なのである。しかし、ほとんどのビジネスマンはこれを過小評価している。それがどういう意味かは後述しよう。

（4）人間は環境によって作られる。人間は外的な「ほうび」と「罰」に対してひじょうに敏感に反応する。と同時に、内的なモティベーションに強く動かされもする。

（5）人間は言語化された信念が重要であるかのようにふるまうが、言葉よりも行為の方がより鮮明に真実を語る、ということを知っている。結局、人を欺きとおすことはどんな状況下でも絶対に不可能なのだ。人はほんのちょっとした行為の中にあるパターンをみつけ、表出された言葉にちょっとでもあわない行為があれば、それをすぐに見抜き、そのぶん〝割り引いて〟しまう。

（6）人間は人生の意義を見出さねば生きていられない。だから、その意味を与えてくれる体制のためには大きな自己犠牲をもいとわない。ところが同時に、人間は自分の運命を決めるのは自分だという感覚、人より傑出する能力を持ちたいという独立心をも合わせ持っている。

さて、それでは企業の多くはこうした人間の二面性にどう対処しているのだろう？　多くの企業は、ひじょうに高い目標を与えることによって、人間の潜在能力を引き出そうとしている（総本部長といった大げさなタイトルを与えて）、と胸を張る。それはまことに合理的ではある。が、そんなことで究極的にうまくいくのだろうか？　これと正反対にテキサス・インスツルメントやタッパーウェアで、各部門に自己管理目標を設定するよう求めているのはなぜか？　ＩＢＭで、ほぼすべてのセールスマンが達成できるような低いノルマを設定しているのはなぜか？

もちろんテキサス・インスツルメントにも怠け者はいるだろう。ＩＢＭにおけるセールスマンの雇用、ふるい分け、訓練がどれほど優れたものであっても、これほどの大会社のセールスマン全員がスーパースターになれるわけでもあるまい。では、いったいなぜこんなことをしているのか？

答は、拍子抜けするほど単純だ。ただ、ほとんどの管理者はそれに気づいていないのである。最近、心理学の研究で、無作為抽出した成人男性を相手に「他人との協調性」についての自己診断をしたという。その結果、すべての被験者が、自分を上位半分以内にランクづけしている。しかも、じつに六〇パーセントの被験者が自分を上位一〇パーセントに、二五パーセントもがみずからを上位一パーセントに入れているというからたいした協調性である。また、同じ調査では、七〇パーセントの人々が指導力においてみずからを上位四分の一に入れ、標準以下であると感じている人はわずか二パーセントだった。そして、大多数の、少なくとも男性にとっていちばん自己欺瞞のむずかしい分野であると思われる「運動能力」においても、六〇パーセントが自分を上位四分の一以内と判断し、平均以下とした人は、わずか六パーセントに過ぎなかった。

　私たちはみな自分がなんらかの形でトップだと思っている。自分のこととなれば「合理」などそっちのけで自信満々なのである。このことは組織にとって大きな意味を持つ。ところが私たちの見るところ、ほとんどの企業が自社の従業員について、性悪説的な見方をしているようだ。社員のできが悪いと口に出して批判する（実際にはそんな大きな罰を与えるケースはまれなので、口ばかりが先走っていることが多いのだが、それでもやはり、きつい言葉は人を萎縮させてしまう）。

　こうした会社はリスクを冒せとたきつけておいて、小さな失敗でも許さない。イノヴェーションを望みながら、チャンピオンを圧し殺す。合理主義の看板をかかげて、まるで従業員の自己実現の夢を打ちくだくために作ったような経営管理制度を導入する。そのつもりはおそらくないのだろう。が、現実にはまさにそれが彼らのやっていることなのだ。

　私たちが研究の中でひじょうに強く感じとったメッセージというのは、「人間は自分を成功者と考えたいのだ」ということだった。超優良企業から得るべき最大の教訓は、こうした考えを助長するような組織運営制度を作ることになんの不都合もないということである。そして、こうした超優良企業では、大部分の従業員が、なんの矛盾もなく自分を成功者と思うようにしむけられているのである。

　人が大勢集まればかならずそうであるように、こうした企業でもやはり人間の能力は正規分布している。しかし違う点は、これらの企業のシステムでは、失敗の度合いよりも成功の度合いを高めるようになっている点だ。従業員がおおむね自分の目標なりノルマなりを達成しているのは、その目標やノルマが達成されるように設定されている（当人が自分で設定していることも多いが）からである。

それほど優良でない企業は、ここのところが正反対になっている。ＩＢＭでは、セールスマンの七〇パーセントから八〇パーセントがノルマを達成できるよう意識的に目標線を決めているのに対し、一部の製品でＩＢＭと競合しているある会社では、普通、販売員の四〇パーセントしか年間目標を達成できないようにしている。このやり方では、少なくとも六〇パーセントの人々がみずから落伍者と考えてしまう。そのことに対する反撥から、彼らは常軌を逸したやけくそな行動に走るのである。失敗者のレッテルを貼れば、その男はかならず失敗者として行動しはじめる。ＧＭ幹部の一人はこう述べている。

「当社では、従業員の九〇パーセントは、すきあらばごまかし、嘘をつき、盗み、ふんだくろうと考えている怠け者のろくでなしだ、とはっきり前提するところから管理システムを作っている。ほんとうにどうしようもない不良分子である五パーセントに対処するためのシステムを作ることによって、残りの九五パーセントにあたる立派な社会人としての行動をとりうる人々の士気を低下させているのだ」

超優良企業のシステムは、たくさんの成功者を作り出すばかりではない。成功者が出た場合、それを認め祝福するように作られてもいるのである。このシステムには、金銭面以外の〝お祭り的〟報酬制度がふんだんにもりこまれている。

そのほかにも士気を高める方策はいくつか用意されている。なかでももっとも興味深いのが——

これは心理学的研究の分野では「寄与者報酬主義（attribution theory）」と呼ばれているが――スタンフォード大学のリー・ロスが仮説として提示した。いわゆる「基本的な責任所在指摘の誤り」だろう。

このアトリビューション・セオリーは、人間が成功と失敗の原因をどのようにして捜し、帰着させるかを解明しようとするものである。成功や失敗の原因は、運が良かったのか？　腕が良かったのか？　どじを踏んだのか？　体制やしくみに足をすくわれたのか？　といった問題である。心理学者の興味をひく責任所在の誤りというのは、私たちが、とかく成功は自分のものとし、失敗は組織や制度のせいにしがちであるということを指摘する。

なにかがうまくいけば、かならず「おれがやったのだ」「自分には才能がある」などと考え、まずくいった場合には、「あいつらのせいだ」「制度が悪い」となるわけだ。ここでもまた、こうした人間の深層心理が組織にとってなにを意味するのかは明らかである。人は自分が失敗しそうになると、「システムのせいだ」となげやりになり、そっぽを向きはじめる。

人が仕事に打ちこむのは、自分は成功していると組織や制度が思わせているときである。人は腕がよければ物事は解決できるということを学び、そしてこれがもっとも重要な点だが、もう一度やってみようと考えるものである。

「成功のもとは成功」という格言がある。考えてみれば、これはそれなりの科学的根拠を持っている。モティベーションの研究が明らかにしているところでは、動機づけのうちいちばん重要なのはたんに、自分はうまくやっているという自覚なのだという。絶対的な尺度でほんとうにうまくやっているか否かはさほど重要な問題にならないというのである。

成人にパズル一〇問を解かせた実験がある。一〇問は全被験者にまったく同一のものを与えた。そして解かせたあとに提出させ、成績を知らせる。じつは、知らされた成績はニセのものである。このとき、被験者のうち半数には、一〇問中七問正解です、立派です、と言ってやり、残りの半分には、一〇問中七問も間違えた、お粗末です、と言う。そして、もういちど一〇問（全員に同じ質問）を解かせる。

すると、第一回目にうまくいったとほめられた（もちろんうそなのだが）グループは二回目には成績を上げ、けなされたグループは成績を下げたという。過去において自分は成功したということを考えるだけで、持久力とやる気が高まり、なんらかの力を引き出してくれるのである。

ウォーレン・ベニスは『無意識の陰謀＝なぜ指導者は指導できないのか』で「学校教師の研究では、教師が自分の生徒はものになる、ととくに高い期待を寄せた場合、それだけで生徒の平均ＩＱは二五も上がる」と書いているが、これもまた、まことにもっともなことである。

脳機能の研究によると、脳の左半球と右半球では、動きがずいぶん違っているという。左脳が順序よく推論し言語をつかさどる「論理的」で「合理的な」半球であるのに対し、右脳は芸術の分野をつかさどる。ものを見て、パターンを記憶し、メロディを思い出し、詩を紡ぐ。

両半球がはっきり違うことは、たとえばてんかんによって両半球のつながりを切る手術を施された患者の例などによって、いままでにずいぶん立証されてきた。右脳は物を視覚化することにたいへん優れているがそれを言語化することができない、というのも研究によって明らかにされている。左脳は、たとえば人の顔といったパターンを記憶することができない。「私は顔はよく覚えるけれど、名前はまったく駄目」などという人がいるが、これも欠陥があるというのではなくて、ただ若干右脳寄りなのである。

アーサー・ケスラーは、望むと否とにかかわらず、私たちの脳では右半球が主要な役割を果たしていることを指摘する。『機械の中の霊』の中で彼は、人間のもっとも低劣な感情である好戦的心情や破壊の欲望を「未開発な〔右〕半球」に帰因するとし、「〔人間の〕行動は比較的未開発で野蛮なシステムによって支配されつづける」と言っている。

またアーネスト・ベッカーは、「精神分析では、動物性〔人間の基本的特質〕を強調するが、これこそ人間性を見抜く手段でありつづける」とさえ言い、こうした特質のせいで、人間は夢中になって「優越感を求め」「孤立を嫌い」「なによりも無力さを恐れる」のだと言う。

こうした線に沿って組織を捉えていくことは、どうしても必要だろう。ただし、暗い側面（たとえば、優越性を追究するためにはほとんど手段を選ばぬ、とか）の研究も本質的に避けて通れないだろうが……。経営者の実態研究で著名なヘンリー・ミンツバーグは、この点をさらに拡大してつぎのように述べている。

あらゆる研究において、ひとつの事実が繰り返し浮かび上がってくる。経営の軸となるプロセスは、きわめて複雑かつ不可思議（実践にあたる経営者ばかりでなく研究者である私にとっても）なもので、もっとも曖昧な情報や頭脳の働きのもっとも知的でない部分に大きく依存している。それは、順序だった整然たるものでなく、むしろ全体的で大ざっぱ、かつ連想や個人的関連に大きく左右される。また、理性的というより感覚的なものである。右脳の働きの特質をことに強く備えたものである。

左脳対右脳の研究全体が意味するところは、要するに、経営というものはきわめて「不合理」（左脳の基準からすれば）で、感情的な人間ばかりが寄り集まってやっているということだろう。人間は勝つ側につきたいと心から願い（「優越感を求め」）、小さなグループがうまく機能し、友情が得られるときには生き生きとし（「孤立を嫌い」）、少なくとも自分の運命の一部だけでも自分で左右したいと願う（「無力さを恐れる」）存在である。

さて、それでは超優良企業各社が経営を行なっていく際に、右脳的発想を十分に理解し、それを反映させてやっているのかといえば、それははなはだ疑問である。しかし結果を見ると、こうした会社は、ことに競合他社に較べた場合、そのようにやっているかのように見える。人間の感情的・原始的な側面を（善きにつけ悪しきにつけ）許容し、利用しているのである。

こうした会社では、自分を最大限に活かす機会を与え、高い仕事の質と他に対する優越性を追究する場を与える。個々を支援し、あるいは祝福する場さえ作り出す。緊密に結ばれた小グループ（正式の部課からその場限りのものまで含めて）を作る。一定のワク組みの中で傑出する機会——たとえばTI社の品質管理サークル（同社にはこうしたQCが九〇〇〇もあるが）の一員として——を与える。

また、超優良企業では、無意識にせよ右脳の特質を認めていることが、より伝統的な左脳的運営を結果としてそのぶんだけ少なくしているところにも注目したい。目標管理体制によって四半期の目標を三〇項目設定するのと、「戦《いく》さの大義」を示すのとでは大きなへだたりがある。小さくチームをまとめるやり方は、それだけで「規模の経済」の追求を放棄することになる。何千というQCサークルにそれぞれ表現の自由を許すのは、「唯一最上の方法」を押しつける昔ながらの体制とは真っ向から対立する。

人間の右脳には、ふつう従来の経営の知恵には含まれていないけれど、超優良企業では明らかに伸ばそうとされている面がもうひとつある。直感的・創造的な面である。科学や数学は論理的思考の聖地《メッカ》であると多くの人は考えており、たしかに論理的・合理的思考は日進月歩の科学の中できわだった役割を果たしている。しかし、前章で考察したように、科学のパラダイムが大きく変わるときの真の原動力は、論理ではないのだ。

DNAの組成を発見した共同研究者の一人ジェイムズ・ワトソンが、研究を終えた夜に、DNAの二重らせん構造について書いていることをご紹介しよう。「みごとだ。わかるか、この美しさが！」科学においても、美学が、概念の美しさが、重要なのである。ノーベル賞を受けたマレイ・ゲル＝マンは、「それが単純明快で、物理学のあらゆることに合致し、ほんとうにその事象をうまく説明できるように見えるなら、それにあわないデータが二つ三つあろうと、そんなものはまったく反証にならない」と言う。

マクドナルドの前会長レイ・クロックが、ハンバーガーのパンについて詩情を抱いたとき、べつに彼は気が狂ったわけではない。ただ彼は、ビジネスの論理の出発点として、美学が重要であることに気づいていたのである

私たちが「推論」をするときには、論理的側面と同様、あるいはそれ以上に、直観的側面によって行なうことが多い。エイモス・トヴェルスキーとダニエル・カーネマンという二人の実験心理学者がいる。「認識における偏向《コグニティブ・バイアス》」と呼ばれる実験心理学のひとつの分野を推進している代表的な指導者たちで、この研究を一五年ほどまえからつづけている。教養ある――科学的教育を受けたことさえある――被験者を相手にテストをつづけてきて、人間には直観に頼る偏向癖があることがはっきりしてきた、というのである。

たとえば、彼らが「表出性（レプリゼンタティヴネス）」と名づける現象があって、これが私たちの推論能力に影響を及ぼす。単純に言えば、私たちが影響されるのはデータ（本質的に抽象的なものである）よりも、むしろ小ストーリー（それ自体完結し、意味を持っている）によってであるということだ。

たとえば、ひとつの典型的な実験では、被験者にある人物についての小物語を与え、それに関連したデータを与えたうえで職業を当てさせる。「ジャックは四五歳の男です。既婚で子供は四人。おおむね保守的で注意深い性格ですが野心的です。政治・社会問題には関心なく、余暇は日曜大工、ヨット、数学パズルなど多くの趣味に費やしています」とストーリーを与え、つぎに、「ジャックはある母数の中から選ばれており、その母数の構成は、法律家が八〇パーセント、エンジニアが二〇パーセント……」とデータを与える。被験者は自分の抱いている職業のステレオタイプ（偏向したイメージ）に基づいてすでにジャックの職業を考えてしまっている。だからいくら法律家が圧倒的に多いというデータを与えても、ほとんど顧みられることがないのである。このテストでは、大部分がジャックは「エンジニア」と答えている。

グレゴリー・ベイストンも表出性の差による「認知偏向」が大きな影響を持つ、と主張する。

ちょっと聞いてもらいたい小話がある。頭脳について知りたいと思った男の話だ。ただし、人間のでなく、自分が使っている大型コンピュータの頭脳である。彼がコンピュータに「お前が人間のように考える時が来ると思うかね？」と尋ねると、コンピュータはさっそく仕事にとりかかり、自己の計算操作を分析しはじめた。ようやく機械が答を打ち出したので、その男が駆けつけてみると、きれいな字でこう書かれていた。「ちょっと聞いてもらいたい話があるんですが……」

つまり人間というのは、「理路整然」と考えるかわりに、事例、小物語、印象といったことを積み重ねて思考を行なう。なんらかの関係あるものをつなぎあわせたり、組み合わせたりするところからストーリーが生まれる。まったくこの機械の言うとおりで、人間が「考える」というのは、そういうことなのだ。

人間の思考方法や心理について、つぎのようないくつかの点についても、読者の注意を喚起しておきたい。

(1) われわれは先例や過去のことにあまり注意を払わない。歴史よりも現在進行形の小さな出来事（あるいは興味津々たるゴシップ）に強く影響される。たとえそのデータが統計的にはあてにならぬものだとしても、頭に入りやすい情報をもとにして推論をする（カーネマンとトヴェルースキーは、これを「アヴェイラビリティ・ヒューリスティック〔手近なものを使っての発見法〕」と呼んでいる）。

たとえば、もし私たちが一週間のうちに三人の友人に東京のホテルで偶然会ったとすると、私たちは「自分の交友範囲の中にいる人々だから、同じような場所に集まっても不思議はない」とは考えずに「なんたる奇遇」と思いがちである。

(2) ふたつのことが、たとえ漠然とにせよ、同時に発現すると、われわれはとかくこの二例だけでなんらかの因果関係を求めようと思考を飛躍させがちである。たとえば、被験者に何人かの人物の肖像とそれについての客観的データを見せる実験をしたとする。そしてのちに記憶を確かめてみると、被験者はとかく人物の外見から性格などを含めた真の人物像を連想し、両者の相関関係を重んじすぎる傾向がある。疑い深い性質を持った人というと、すぐに他人と少し変わった眼つきをした人物を（誤って）指し示すのである。

（3）われわれは、統計上の母数の大きさに関しては、まったくいい加減な側面を持っている。少量のサンプルだけで（大量の場合と同じほど、あるいはそれ以上に）強引な結論を出し、納得してしまう。たとえば、つぼからボールを二個取り出したとき、両方とも赤だった、つぎの人が三〇個取り出すと赤が一八、白が一二個だったとする。この場合、ほとんどの人は、第一の例の方が証拠としては強力だと思いこんでしまい、ボールの色は赤が圧倒的に多いと思ってしまう。もちろん純粋に統計学的に言えば、三〇の母数に基づく第二の例の方が優れたデータベースであり、赤と白の比は一八：一二、すなわち三：二にすぎない。

人間が直感に基づいて推論してしまうことは、何千という実験データが証明している。人間はごく単純な原則に基づいて推論し、決断する。つまり、ありていに言えば、この複雑な世界の中で、人は自分の「腹《ガット》」とか「勘」と言われるものを頼りにしているのである。われわれは無数のこまごまとした情報の洪水をかきわけて進む方法を身につける必要がある。それが、発見的解決法《ヒューリスティクス》――もっとやさしく言ってしまえば、連想類推、隠喩、そのほか以前役に立ってくれたさまざまな方法《トリック》――なのである。

このことには長所と短所があると思う（長所の方が多いとわれわれは思っているが……）。まず短所から言えば、実験でも明らかなように、いくら摩訶不思議な確率と統計の手法をもってしても、「勘」の統計的処理はできないということである。つまり、何人かの勘を寄せ集めて平均値をとっても、正解には近づかないということである。統計屋がもしがんばりたいなら、この面の技術的改善を私たちとしては是非お願いしたいところだ！　逆に長所というのは、この複雑な世界で問題を解決していくには、おそらく、直感的飛躍しかないだろうという点だ。これこそ、人間がコンピュータを上まわる主な点なのだが、これについてはこのさきで触れたい。

単純さと複雑さ

たいていのゴロ合わせは食わせ物だ。しかし「ＫＩＳＳ（「物事は単純にしておけ、バカヤロー！（Keep it simple, Stupid）」）は違う。

超優良企業の特性のうち、もっとも重要なもののひとつが、放っておけば次第に複雑になっていく自然の傾向に逆らって、あえて物事を単純化しつづけることの大切さを熟知していることだろう。これには十分な理由があるのだが、その答は、ノーベル賞学者ハーバート・サイモンに出してもらおう。サイモンは近年、人工頭脳（ＡＩ）の領域に没頭し、コンピュータが効率の悪い計算を腕ずくでやみくもに計算ばかりして答を出すのではなく、人間なみに「考える」ことをできるようにしようとしてきた。

たとえば、サイモンと彼の同僚たちの重要な発見のひとつに、人間は新しいデータと情報を大量に処理するのがまったく不得手だということがある。短期的に確実に記憶しておけるデータは、最大でも六つから七つ、というのである。

ここでまた大きな経営のジレンマに突きあたる。というのは、大企業の世界はそれこそ複雑そのものだからである。それがどれほど複雑であるかは、企業内に人間が算術級数的に増加していくのに伴い、人と人との連絡の組み合わせは幾何級数的に増えていくという事実を見ても、その一端をうかがい知れる。

たとえば、ある企業に従業員が一〇人いた場合、その一〇人がお互いに連絡を取る――たとえば直接会って打ち合わせをする――ときの組み合わせは四五通りだから、これなら全員が連絡をとることは可能だ。これがもし一〇〇〇人の企業だと、組み合わせの数は約五〇万になってしまう。さらに従業員一万人の会社ならば、組み合わせは五〇〇〇万となるのである。規模という要素だけを考えてみても、発生するコミュニケーションの複雑化に対処するには、それなりの複雑な経営システムが必要になる――あるいは、必要になるかに見える。

最近私たちは、企業内の提案書を大量に読んだ。そのいずれもが五〇ページを超えるものである。その後、年商五億ドル（一二〇〇億円）のある消費財メーカーの管理職の「自己開発プログラム」に眼を通した。各自のプログラムに含まれる「達成目標」なるものが一五項目以下ということはまれで、三〇を超えた目標をリストしたご仁も珍しくはなかった。

「べつに非常識なことではない」と思われるかもしれない。ただ、トップの人々がこうした目標――管理職が五〇〇人いるとすれば、目標の項目数は一万五〇〇〇になるかもしれない――を掌握しようと努めていることを考えれば、そうは言っていられなくなるのではないか？

では、次第に複雑化していく物事に、経営トップはどうすれば理性的に対処できるのだろう？　何千もの目標項目を見せられて、なんとか処理してくれるようにと言われたとき、どうすればいいのだろう？　しかも、こんな莫大な情報が、より重要な情報のごく一部であり、本質を理解するにはさらに多数のパラメータを普通は考慮しなくてはならないというときに？　そう。そこで多くのスタッフを雇い、情報を紋切型に単純化させるのである。

しかし、スタッフは自分たちにとってやりやすいような形で物事を単純化してしまうかもしれない。しかもスタッフを多用すれば、現場の人間に辛い思いをさせる可能性もある。スタッフが――人数は何人だろうと――行動にうつったその瞬間から、資料の要求、指示・方針の伝達、規則の設定、報告書提出命令、しまいには「管理部門のあり方について」などというアンケートまでが出まわるようになるのである。企業が大きくなる途中でかならず行きあたるのが、この情報の氾濫だ。短期的な記憶しかない人間には、すべてを、いやほんの一部だけでも、処理することはとうていできず、大混乱が生ずることになる。

だが、例によって超優良企業は、この問題にもなんとか対処する方法を見出しているように思われる。ひとつには、意図的に本社スタッフを小人数にしている点に注目したい。スタッフの数は、ラインをあまり混乱させない程度に抑えている。たとえば、エマーソン、シュランバーガー〔本社はニューヨークとパリ。仏名、シュルンベルジェ〕、ダナといった会社は、一兆円クラス（年商三〇億から六〇億ドル）の企業だが、どの会社も本社管理部門は一〇〇人未満である。ところがフォードなどは、経営陣のヒエラルキーが一七段階もある。一方トヨタ（それに八億の信者を擁するカトリック教会）のヒエラルキーは五段階である。

超優良企業の対処法でもうひとつめだつのは、営業上の価値観を分散させず、目標も少数に絞っている点だ。価値観を限定することによって、なにが重要かを全員にわからせることができ、毎日の指示項目も少なくてすむ(言いかえれば、日ごとに短期的記憶に能力過負荷《オーバロード》をかけないですむということだ)。

レニ・マクファーソンはダナの最高責任者となった際、二二一・五インチ〔約五七センチ〕の厚さにもおよぶ経営方針マニュアルを一掃し、そのかわり「生産的社員」と彼が呼んだ理想的人物像に焦点をあわせた、たった一ページの「社是」を発表した(監査役たちは度肝を抜かれた。「これでは七四の工場が七四通りの勝手なやり方で動くことになってしまう」という意見を述べたのに対し、マクファーソンは「そう。つまり、みなさんにもついに食いぶちをかせいでいただかなければならんかもしれない、ということですよ」と答えている)。

こうした企業の多くは、臨機応変にタスクフォースを組むことによって書類の数を減らしている。書類撲滅を目指す会社の中でもとくに、プロクター&ギャンブルが「一ページメモ」だけをほとんど唯一の社内公用書類として限定している話などは有名である。

他の多くの会社は「局部的最適化」をはかる。つまり、「規模の経済」を無視して、なにからなにまでをひとつの書類で自己完結的にカバーしようとするものだから、社内の重複、無駄作業、誤りなどをかなり許容してしまう。こんな無理で中途半端な資料に意味があるはずがない。規模の大きな企業では、そうしたことは本来望むべくもないことなのだ。あとの章で研究の結果をいろいろとご紹介するが、そこでも超優良企業が物事を単純化するためにとっている方法がたくさん出てくる。どの例を見ても、現実の複雑な世界を無視しているという印象はまぬがれない。

たとえば、テキサス・インスツルメントの「二つ以上の目標は目標なきに等しい」というスローガンは、かならずしも現実を反映したものとは言えないだろう。心情的にも「目標三〇項目」と掲げる方がより現実の世界に近い。しかし、同社のスローガンは、人間の本性をよくつかんでいる。と言うのは、多少の幸運と、そしてたいへんな持続力を維持して、はじめて一年間で二つのことを片づけられるというのがほんとうの姿ではないだろうか？

サイモンは人工頭脳の研究の中でもうひとつ私たちの力になってくれそうなおもしろい発見をしている。長期的記憶保持の問題を研究するために、サイモンと同僚たちはコンピュータにチェスをやらせられるかどうかを研究した。この研究の中に、人間の合理思考と直感の関係を解き明かす重要なヒントが隠されているのである。

サイモンはまず、チェスのゲームは合理に基づいて純機械的に組み立てうる、と仮定した。つまり、すべての選択肢をプログラムしてやればいいというわけだ。駒を動かすまえに、考えられるすべての手と、それに相手がどう応じるかを想定してやればいい。

理論的には、もちろんそのような操作は可能である。が、現実には無理なのだ。というのは、可能な動きの数は一〇の一二〇乗といった桁になるからだ（ちなみに、一兆といってもまだ一〇の一二乗にすぎない）。現在のコンピュータでは、どんなにはやくとも一〇の二〇乗回の演算をするのに一世紀はかかってしまう。だから、コンピュータに純論理思考でチェスをやるようにプログラムすることは、現実的とはいえないのである。

このことに気づいたサイモンは、実際にチェスの名手《マスター》がどうしているかを調べはじめた。この研究の中で彼は、マスター級（世界でトップクラス）のプレーヤーに、現在進行中で二〇ほど駒が残っている盤面を短時間（一〇秒間）だけ見るように、と依頼した。すると名手たちは、ほとんどの場合、あとで盤面をそっくりそのまま再現できたという。これは「短期間に記憶できるのは一時に六つか七つ」という理論と矛盾する。つぎにA級（マスター級より一ランク下）のプレーヤーに同じことをやらせてみると、だいぶ成績は悪かった。

マスター級の方が短期的記憶力において本来優れているということだけなのかもしれない。だが、それにしては妙なことが観察された。すなわち、試合展開と関係なく、同じ数の駒を盤上にでたらめに配置した場合、マスター級の人もA級の人もまったく記憶できなかったのである。記憶を促進するなにか別の要素があるに違いないということになった。

そのなにか別の要素というのは、マスター級の人の方が、高度に発達した長期的記憶能力を持っているということである。その記憶は、パターンをひとつの単位として潜在意識下に蓄えているに違いないとサイモンは考え、これをチェスの「ボキャブラリー（語彙）」と呼んだ。A級のプレーヤーは二〇〇〇前後のパターンしか蓄えていないが、マスター級の人はじつに五万程度も保っているというわけである。

こうなると、チェス・プレーヤーの思考は、かなり限定された「選択肢」に基づいたパターンどうしの演算という形で行なわれる。まず、与えられたパターンから出発し、このパターンはまえに見たことがあるか？　そのときはどういう展開だったか？　まえの手はなんだったか？　と考えるのである。

サイモンの研究について考えてみると、これがいかに他の分野にも広く応用可能であるかということに驚かされる。どのような分野であっても、ほんとうにプロと呼びうる人は、何年もの教育や実地の経験を通じて、パターンを豊富に蓄えてきた人々なのだ。ベテランの医師、画家、熟練機械工といった人々は、みな豊かな「ボキャブラリー」を持っている。現在サイモンは、この特殊な経験に基づくパターン言語のことを（いつか見た）「旧友（オールド・フレンズ）」と呼んでいる。

この考え方は特筆に値する。これこそ経営において経験を積むことのほんとうの価値だからだ。それは「無駄の効用」を説明してくれるし、まわり道をしながら経営をやっていくことの意義をも教えてくれる。社員に大いなる関心を持つことは、社員にとって利益になるばかりではなく、経営者のためにもなるのだ。経験豊富な管理職は、直感において優れている。（旧友）パターンの蓄積によって、そのとき良い方に向いているか悪い方に向いているかを即座に判断できるのである。

私たちにとっても、この「パターン言語の蓄積」の考え方、企業の優秀さを考える手引きになってくれる。経営上の大きな決断の場で、なぜ勘が必要になるのか、また、顧客や従業員の言うことになぜ耳をかさなくてはならないか、ということの理論的根拠になってくれるからである。また、客観的な研究ばかりでなく、実地の経験の有用性をいっそう強く教えてくれる。

プラスの動機づけを強化する

B・F・スキナー［新行動主義の旗頭・アメリカ心理学界の長老］は、一部では受けが悪い。彼の言うテクニックは、つまるところ人間操作につながる（人間の自発的意思を無視して、ある行動をさせようとする）と見られる。だが、実際には、彼はみずから不用意な表現を用いることによって、好んで各方面からの攻撃を招来しているように思われる。たとえば、よく知られた論文「自由と尊厳を超えて」で彼は、「行動工学」とでも言うべきものを大胆にも提唱する。人間は結局のところ、外界からの刺激が作り出した産物である。だから、環境を完全に規定しさえすれば、人間の行動は正確に予測できる、と彼は主張する。

経済的存在としての人間に関して、合理主義者たちが陥ったのと同じ問題に私たちは直面する。経済人がその効用を極大化することがありえないのと同様、人間の行動を予測できるほど、完全に環境を規定するなどということはできるはずがない。とはいえ、スキナーのきわめて有効かつ実用的な結論のいくつかまでもが無視されがち——彼の主張があまりにも尊大で、またそこにある種のイデオロギー性が感じられるがゆえに——なのは、残念なことである。

くわしく検討してみると、スキナーの理論でいちばん重要なのは、「プラスの強化」の「果たす役割」、つまり、うまくいった仕事に対するほうびが果たす役割を評価している点にあることがわかるはずだ。スキナーらは、プラスの強化とマイナスの強化（罰を加えるぞというおどし）には大きな違いがある点をとくに強調する。簡単に言えば、マイナスの強化がもたらす行動の変化は、思ってもみなかった望ましからぬ方向へ向かうことが多いが、プラスの強化がもたらす行動の変化は、ふつう意図したとおりの方向へ向かうというのである。

なぜ、ここでこんなことをくどくど述べるのかというと、管理という概念の根底には、上司対部下という捉え方があるように私たちには思えるからである。すなわち、マネージャーは「ボス」なのだ、だから彼は命令を下す、部下はそれに従えばいいのだ、という考え方である。この考え方の基底にあるのは、従わなければ罰を加えるぞという姿勢である。こうした考え方をとる限り、人間の誰にも備わっている成功者になりたいという欲求に注意を払っているとはいえないのである。

それに、スキナーも言うように、マイナスの強化を繰り返すことは、戦術としても拙劣で、その効果は薄いのである。混乱を招くのがおちである。さらに、罰によって「へまをやる」傾向が是正されるわけでもない。スキナーは言う。「罰を受けた人は、それによって誤った行動をしなくなるかというと、そんなことはない。どうすれば罰を受けなくてすむかを学ぶのが関の山だ」

これに対しプラスの強化は、人間の行動を形づくり、人間に自分の姿を教え、また、その過程で人間を向上させる。

最初にマイナスの方の例をあげよう。たとえば「客に対する応対が悪い」ことで叱責を受けたとする。そうすると、われわれは応対をよくするのにはどうしたらよいかを具体的に学ばないばかりでなく、客をできるだけ避けることを「学習」する、という反応を見せがちなのである。スキナーの言い方を借りれば、「客への応対の悪さ」より「客そのもの」が罰と結びつけられてしまうわけである。

それに対し、もし「ミセス・ジョーンズからの小さな苦情を処理したときの態度は貴社の最良の伝統にのっとった立派なもの」というほめ言葉を「匿名の買物客」から聞かされたときには、事情はまったく違ってくる。その従業員はもっと多くのミセス・ジョーンズに立派な応対をしてあげようという気持になる。

これはスキナーばかりでなく、私たちの経験からも言えることだ。彼（あるいは彼女）は、ひとつの具体的な（プラスの）行動パターンが賞讃・報奨につながり、同時に自己を高めたいという人間の本質的な欲求を満たしてくれることを知るのである。

ハインツの子会社で、ポテトなどの冷凍食品を作ってすばらしい業績をあげているオレ・アイダ社は、リスクを恐れずにどんどん研究を進めさせ、よりよい研究成果をあげるため、この線に沿ったおもしろい手法を試みている。研究者は、自分のやっている研究の失敗を恐れ、その成功の見こみがなくても、古いテーマにしがみつこうとする。そこで同社では、うまくいかない研究を、むしろ積極的に「完璧なる失敗」と呼んで、これを〝お祭り化〟することに成功した。

湖に面した研究所の中庭に本物の大砲をすえつけ、「完璧なる失敗」がなされるたびに、これでドカーンと一発空砲を撃って、みなで祝い、さらりと水に流すことにしたのである。同社の考え方はこうである。あらゆる研究・開発は、本来リスクを伴うものだ。だから、なんらかの成功を願うなら、試行錯誤を繰り返すしかない。経営陣の第一の役目は、多くの試行錯誤を引き出すことである。それがよい試みで、それからなにか学ぶものが得られるならば、たとえ最後は失敗に終わったとしてもほめてやるべきだ、というのである。

この手法の副産物として同社では、明らかに見こみのない研究はただちに中止するためのプロセスが設けられており、それによって逆に研究意欲も高まっている。見こみのない研究をいつまでもつづけて予算を浪費し、あげくのはてには士気の低下を招く、ということにしたくないためである。

プラスの強化にはまた、禅のような、不思議な特質もある。比喩的に言えば、プラスの強化は、やらなくてはならない項目のリストからなるべくサボろうと削除するかわりに、むしろすすんでリストに項目を書き加えるような効果があるのである。

ビジネスにおける生活時間というのは、他のことと同様、基本的には、どこに注意を向けるかの問題——自分の時間をどのように使うか——である。だから、マネジメントのもっとも大事な仕事は、ほかの人の注意を自分の望む方向へ向けること（たとえば「もっと営業最前線で顧客と接する時間を増やすように」など）である。

そうするにはふたつの方法しかない。まずプラスの強化によって、ある程度時間をかけながら人の注意を望ましい活動の方へ次第に向けていくやり方。すなわち、知らず知らずのうちに行動を形づけていくやり方である。もうひとつは「牛の角をつかんでグイと向きを変える」ような、すなわち、望ましくない方向から力ずくで向きを変えさせる（たとえば「社内で書類ばかり書いているんじゃない！」と大声で注意する、というような）やり方である。

この力ずくのやり方は、たとえごく短期的には効果があるように見えても、長い目で見ると、じつはずっと効果が薄いのだ、というのがスキナーの主張である。リストから強引に項目を削除すれば、人間はあからさまに、あるいはかげに隠れて抵抗する、というのである。「いいですとも、どうしてもというなら外へ出ますよ。どうせそのへんの喫茶店で時間をつぶせばいいんだから」という結果を生むだけなのである。

「リストにそっとみずからすすんで書き加える」やり方は、いつのまにかある行動パターンが身についていく方法なのである。プラスの強化を受けた行動が、次第にその人の時間および注意の多くの部分を占めるようになっていく。当然、一人の持つ時間には限りがあるから、より望ましくないなにか（それがなんであろうと）が、リストから消えていく。だがそれは、いったんふるいにかけられたうえで消去されている。すなわち、消したいと思っている項目が消えていくのである。そしてあとには、プラスの強化を受けた項目を書き加えるスペースが生まれるのである。

このふたつの方法の違いは大きい。もしゆっくり時間をかけて（無理やり消去しようとしないで）、比較的重要でない項目を消去する方法をとるならば、自己を欺いてあまりやりたくもないことをする必要はなくなるだろう。ということは、禅で言うように、プラスの方向への動機づけは、流れに逆らわないで、むしろ自然に人の心の流れのままにいく方法なのである。

私たちの見るところ、プラスの動機づけの重要性を認識している経営者はきわめて少ない。いや、多くの経営者はその価値をまったく認めていない、と言ってもよい。それどころか、そんなことをするのは「権威のなさの象徴」だとか「男らしくない」ことだとさえ考えている経営者が多い。

こういう考え方をしている経営者は、みずからせっかくの機会を逃がして損をしているのである。それは、超優良企業と対比してみれば一目瞭然である。超優良企業は、プラスの強化の重要性を十分認識しているばかりでなく、それをうまく使う方法をも心得ているようだ。

スキナーは、プラスの強化を演出する際に重要なのは、定量化に重点をおくよりも、その方法がなるべく具体的であることが好ましい、と述べている。第一に、それは具体的で、なるべく中味のある多くの情報を含んだものでなければならない。すなわち、超優良企業では、経営数値による目標管理よりも、行動を主体とした目標管理を多く使っている。たとえば「売上げ五億増」といった表現ではなく、「七月一七日までにロックヴィル工場を生産態勢にもっていく」といった具合である。

第二に、プラスの動機づけの強化は、タイミングが重要である。トーマス・ワトソン・シニアは、社内を歩き回りながらなにか優れた行為を発見すると、その場で小切手を切ったと伝えられる。ほかにもその場で「ボーナス」を渡す企業の例は、私たちの調査の中に数多く出てくる。

創業まもないころのフォックスボロ社では、技術進歩に会社の存続がかかっていた。ある夜おそく、一人のエンジニアが製品のプロトタイプを持って社長室に飛びこんできた。プロトタイプがこれまであった問題点をみごとに解決して立派な製品になっているのを見て喜んだ社長は、なんとかこれに報いたいと思った。彼はかがみこんで机の引き出しという引き出しをあさり、ある物を見つけると、エンジニアに「とっておいてくれ」と差し出した。それは一本のバナナだった。そのとき、ほうびがわりに与えられるものは、それしかなかったからである。

こうして、それ以降フォックスボロでは、優れた研究技術の成果を讃える最高の賞として、小さな「金のバナナ」バッジが与えられることになった。馬鹿らしいと思う人もいるかもしれない。だが、ヒューレット・パッカードで私たちが聞いた話によれば、セールスマンが新しい機械を一台売ると、マーケティング部から匿名でピスタシオ・ナッツの袋が幾袋か送り届けられるという。

第三に、「フィードバック」・システムは、達成可能性を考慮したものでなければならない。「金のバナナ」バッジほどの大きな業績はそう多くはないのだから、小さな成功に報いるようなシステムでなければいけない。超優良企業では、小さな成功でもまめに報酬を与えるところが多い。

第四に、フィードバックのかなりの部分は、トップ・マネジメントからのさりげない関心——それだからこそ意義のある——という形をとるべきである。なんといってもトップ・マネジメントの時間は限られて貴重なものであるから、こういう型の強化はもっとも効果的だといえる。

最後に、定期的・定形的な強化は、予想がつくようになるのでインパクトを次第に失う、とスキナーは主張する。つまり、予想外の強化を間欠的に行なう方が効果的だというのである。

古い報酬のやり方にとらわれないで、もう一度新しい気持で工場の現場を見てまわる、といった方法の効果を説くのである。小さなほうびの方が、大きなものよりも効果的であることも多い。大きなほうびには、政治的な意味が伴いがちである。また、自分はそれをもらうにふさわしいと思っているのにもらえなかった人々はやる気を失う。

人間は誰でも、自分のことを成功者と思っている、という例の指摘を思い出していただきたい。ここにひとつの新製品開発チームがあるとしよう。チームの誰もが新製品を作り出せたのは自分の力があったからだ、と思っているはずである。小さな、しるしだけのほうびなら、政治的意味合いを持つこともなく、したがっていらざる争いの原因となることもない。純粋のお祝いの意味合いも強くなるのである。

スキナーの動機づけ強化論をさらに発展させた人は多い。なかでもとくに重要な理論は、レオン・フェスティンガーの、今日一般に広く受け入れられている「社会的比較説」であろう。フェスティンガーが一九五一年に提示した仮説は、人間は絶対的な基準によってでなく、自分を他人と比較することによって自分の業績を評価しようとする傾向がひじょうに強い、というものである（これに近い推論はすでに一八九七年、リーマン・トリプレットによってなされている。彼は自転車競走の実験で、絶対値で測るタイムレースのときより、相手のいるレースのときの方が好タイムが出ることに注目している）。

超優良企業で「社会的比較」を利用している実例は数多い。同僚どうしによる比較検討を定期的に行なっているところ（テキサス・インスツルメント、インテル、ダナでは、これを経営手法の最大の柱としている）、セールス・グループや小さな生産性向上チームなどが互いの成果比較をしやすいように広く情報を公開し、見やすい形で提供しているところ、社内競争を意図的に起こさせているところ（プロクター＆ギャンブルのブランド・マネージャーの間に見られるような）などである。いずれも従来の経営手法とはまったく対照的なものである。

一九五五年、まだ若かったレニ・マクファーソンは、自分の工場の従業員に、工場の業績と利益がいくらか、他工場と比べて成績はどうかを教えた、というのであやうくクビにされかかっている。一九七二年、ダナ社の会長となっていた彼は、トレド工場（一九二九年以来操業をつづけている）を訪ねて驚いた。この工場の管理職者・従業員は、一度も自分たちの工場の業績に関する情報を与えられていなかったのである。残念ながらこの話は、特別な例外ではない。なにもない真空状態の中で、私たちは人々を動機づけようとしているのである。

ここで問題をいちおう整理するに際して私たちは、別に動機づけ強化説を出発点にせよと言っているのではない。それを出発点とした理論が超優良企業を動かしていると言いたいのではないことを強調しておきたい。スキナーの研究は重要なものであるにもかかわらず、経営理論としても、その実践においても、ほとんど活用されていない、と言っているのである。

人間がすばらしい成果をあげるのは、なんといっても自覚に基づく動機づけ、人間に本来的に備わっている内的動機づけ、によるところが大きいと私たちは確信している。表面的に見れば、この「内的動機づけ」と「動機づけ強化」説とは、多くの面で相反するものと思われるだろう。だが、私たちの考えでは、このふたつは、じつにみごとに合致するものなのである。

ロチェスター大学のエドワード・ディーサイの数多くの実験は、人間がある仕事に打ちこみ、熱中し、そしてそれが長つづきするためには、内的な動機づけが生まれる条件をまず作り出さねばならない、ということをよく証明している。簡単に言えば、人間がある仕事に本気で取り組むためには、それが本質的にやる価値のあるものだとその人間が思いこむことが必要である、というのである。付言すれば、仕事に対するほうびをあまりにも人為的に与えすぎると、コミットメントの度合いは落ちる、ということも彼は発見している。

経営者たちが「プラスの強化」を活用することにあまり熱心でないのは、驚くにあたらない。それをあまりにもはげしく、厳しく適用すると、『みごとな新世界』〔オルダス・ハクスリーのユートピア小説。人間管理の行きすぎを警告、揶揄している〕を作ることになる。あまりに温情的な適用をすれば、やたらに「ニコポン」を頻発することに終わってしまう。しかしながら、ほとんどの会社では、この「内的動機づけ」という考え方があまり活用されていない。それとは対照的に、超優良企業は、その仕事に内在する価値を引き出し、そこに従業員が「内的動機づけ」を見出すようにしむけている。テキサス・インスツルメントとダナでは、各チーム・各部門が目標をみずから設定するように求めている。

超優良企業はほとんどすべて、二、三の基本となる価値観を原動力にして動いている。そして、従業員の自発性を尊重する。従業員がこれらの価値観に基づいた自発的なイニシアチブをとることを奨励する。従業員は自分で道を選ぶことができる。だからこそ、彼らは仕事とその成果を自分自身のものと考えるようになるのである。

行為、意味づけ、自己コントロール

行為は言葉を上まわる表現だということに異論を唱える人はいないだろう。ところが実際の人間の行動は、そうした考えを裏切るものであることが多い。方針を発表することは、すなわちその方針が実行されることであるとわれわれは考えがちである。「品質がいちばん大事な目標だと何年かまえに言ったではないか」という泣き言になるのである。経営者は、物流の大切さをみずから示すためにフォークリフトを運転することはできないかもしれない。なんでも身をもって示すということはできないのである。しかし、それでも彼らは、身体を動かしてなにかをしている。つまり、あるところには注意を向けるが他のところへは注意を向けない、というように、見る人によっては解釈されかねない行為をしている。その行為は「なにを優先させるべきか」を表わし、そしてそれは、言葉よりも強い表現なのである。

右に引いた「品質」の例では、この社長の部下の一人がこう説明してくれた。

「社長が品質を大切にしているのは確かですよ。『品質はどうでもかまわん』とは言ったことがない、という意味ではね。要するに、彼にとってはなんでもがみな大切なんですよ。社長は口では『品質が大切』と年に二度言い、行為では『製品の搬出が第一』と日に二度言うのです」

もうひとつの例をあげよう。ある先端技術企業の社長は、新製品の開発に社運を賭けると言い、すでにそれに着手していると（つまり、証券アナリストたちに向けて）公表した。ところが彼の予定表と電話記録を見ると、彼は自分の時間のわずか三パーセントしかその新製品開発問題に割いていないことがわかった。それでもなお、彼は私たちに向かって、大真面目に尋ねるのである。もっとも身近にいる連中でさえ自分の言うことをよくわかってくれないのはなぜだろう、と。

興味深いのは、この曖昧な領域というのが、心理学界でもかねてより激しい論争のタネとなっていることである。ふたつの説があるようだ。ひとつは態度（信念、方針、声明）が行為に先行する――「言ってからする」――という説である。もうひとつの説は――こちらの方が優勢なようだが――その逆、すなわち「してから言う」というものである。

ハーバード大学の心理学者ジェローム・ブルナーの「あることを感じてから動く、というより、動いてみて感じることの方が多いはず」という言葉はこの考え方をうまく捉えている。一九三四年に行なわれたひとつの画期的な実験が論争に拍車をかけた。その実験は、口に出してはっきりと表明された信念と現実の行為との間には、ほとんど関連がないことをはっきりと示している。

白人の大学教授ラ゠ピエールは、一九三四年、若い中国人学生夫妻を連れて合衆国内を旅行しホテル、モーテル六六カ所に投宿、一八四のレストランに立ち寄った。この間、宿泊を断わったホテルは一軒だけ、レストランではいっさいそういうことがなかった。

旅行後しばらくしてからこれらの立ち寄りに対し、中国人を客として受け入れるかという質問状を出すと〔当時、アメリカでは中国人排斥運動がさかんであった〕、九二パーセントが「ノー」と答えたという。

ラ゠ピエールおよび彼につづく多くの研究者たちは、こうした調査結果は、実行動と姿勢の間の大きなギャップを示すものであると捉えている。ホテルやレストランの主人のほとんどは、寛容な行動をとったにもかかわらず、質問状に対しては、非寛容な姿勢を示したのである。

同様の例だが、いわゆる「訪問調査」でも、あることに本気でコミットしてもらうためには、小さな行為を順次積み上げてエスカレートしていくことが重要であることが知られている。たとえば、カリフォルニア州パロアルトで行なわれたある実験では、最初に交通安全に関する標語を書いたごく小さな掲示を玄関に貼らせてもらいたい、と各家庭に頼んで歩いた。しばらくして承諾してくれた家に対して、前庭に看板を立てさせてくれるように――そのためには作業員が芝生に入ってかなり大きな穴を掘らなければならない――頼んだときにも、そのほとんどがこれを承諾したという。ところが、最初の小さな掲示の段階をとばして、いきなり看板を立てさせてくれと頼んだ場合、一〇〇軒のうちじつに九五軒までがこれを断わったという。

これがなにを意味するかは明らかだ。少しでも人々を動かすことで〔そうさせたいと思う方向へなにか行動を起こさせることができたときにのみ）、人々は自分のしていることに確信を持つようになるのである。また、人々の参画意識を高めるためには、「行為後のラベル貼り」を誰にもわかるはっきりした形で行なうこと――その過程における小さな成功をたえまなく、かつ公けに賞讃しつづける――が大切である。

「行動していること」（実験と試行を繰り返す）ことによって、効果的ですばやい学習、適応、拡散が行なわれ、意欲と責任感が生まれる。これが、超優良企業がたえまない動機づけをことほどさように重視する理由なのである。

超優良企業は、自社の独自のやり方を戦略の中に組みこんでいる。その逆ではない。戦略プロセス研究の第一人者ジェームズ・ブライアン・クインは、戦略設定の際のリーダーの役割について述べている。その役割とは、数字を振り回したり分析を行なったりすることではない。リーダーの主たる任務は、と言って彼はつぎのように書き連らねる。

リーダーたる者は、人々の理解を深め、その意識を高め、シンボルを変更し、新しい見方を公式なものにし、戦術的変換を行ない、解決策を部分的に試行し、幅広い支持を得られるようつとめ、反対意見を克服し、柔軟性を引き出し、またそれが生まれやすい機構を作り、必要なときには観測気球を上げ、必要ならば忍耐づよく「待つ」ことを実行し、意欲の高まる場を創り出し、焦点を鮮明にし、意見の異なる者の調整をはかり、意欲創出を制度化（「チャンピオン」に権限を与えるなど）しなければならない、と。

つまり、リーダーの役割とは、オーケストラの指揮者のそれなのであり、行動に勇気を与える「レッテル貼り」の仕事をする人のそれなのである。行為の中から取り出せるものを取り出し、それに形を与える——普通はその行動のあとで。そして、新しい戦略的方向に継続的にコミットさせていく——ひと言で言えば、リーダーは行動に「意味」をみつけだす人、意味づけをする人なのである。
一流の数学者であるロジャー・ペンローズは、「世界とは人間の五感がでっちあげた幻想だ」と言う。しかし人間というものは、生まれたときに与えられた「白い紙」に意味を書きこもうと、ときに敢然と、ときには絶望的な努力をつづける。ブルーノ・ベテルハイムが『魅惑の効用』で述べているように、「もしも、私たちがただ漫然と人生を送るかわりに、真に意味のある人生を送りたいと願うなら、私たちにとってもっとも必要なことは、そしてもっとも手に入れるのがむずかしいことは、みずからの人生に意味を見出すことである」。ベテルハイムは、昔から人生の意味づけに昔話や神話が大きな役割を果たしてきたことを強調する。

超優良企業の調査で私たちが気づいたのは、こうした企業の人々が、自社の特徴を説明するときに、きわめて頻繁に、エピソード、スローガン、伝説のたぐいを持ち出すという点であった。

私たちが面談調査した会社は、ボーイングからマクドナルドに至るまですべて、エピソード、神話、昔話で満ちていた。今日ＩＢＭのＴ・Ｊ・ワトソンの話を持ち出す人の大半は、彼に会ったこともないし、直接その現実の姿を知ってもいない。最近ヒューレット・パッカードの、まだ二〇代半ばの社員二人が、一時間近くも「ビル（ヒューレット）とデイヴ（パッカード）」にまつわる話をたっぷりと聞かせてくれたが、この二人は「ビルとデイヴ」と言葉を交わしたことはおろか、会ったことさえないのだ、とあとで知って私たちは驚いた。

今日では、ワトソンやバンク・オブ・アメリカのＡ・Ｐ・ジアニーニのような人々は、その実像をはるかに越える、神話的役割を担わされてしまっているのである。とはいっても、組織という見地からすれば、こうしたエピソード、神話、伝説のたぐいは、きわめて重要である。なぜならそれは、組織の共通の価値観、ないし文化を伝えるものだからである。

超優良企業では、例外なく、その企業の文化が支配的で一貫している、という特徴がかならず見られる。そしてその文化が強いものであればあるほど、またそれが市場の方を向いていればいるほど、その企業では、方針の手引き書、組織図、詳細な手順や規則といったものが必要でなくなる。こうした企業では、ラインの末端にいる人々でさえ、たいていの状況に対して、どう対処すべきかを知っている。指標となる数少ない価値基準がきわめて明確なものだからである。私たちの同僚の一人は、最近合併を繰り返してできたある大企業に働いているが、彼はこう言っている。

「厄介なのはね、あらゆる決定がどれもはじめてのものばかりだ、ということなんだ。若い会社で、まだ社の企業文化とでもいうべき基準がないものだから、トップの連中はつまらん雑用に追いまわされているのだ」

それに対し超優良企業は、全般的に明快な共通の価値基準を持っている。神話を豊富に持っているからである。ヒューレット・パッカードの全従業員は、つねに革新的であれと求められていることを知っている。プロクター&ギャンブルの全社員は、製品の品質が第一だということをわきまえている。プロクター&ギャンブルについて書いた本、『明日を見つめて』で、オスカー・シスガールはこう述べている。

「彼らは製品の価格などとはあまり関係のないことをいつも話している。……話題になるのは企業倫理についてであり、従業員の正しい処遇についてである。故リチャード・R・デュプリーは、その経営最高責任者の地位にあったとき、こう言っている。『最初からウィリアム・プロクターとジェームズ・ギャンブルには、組織と従業員の関係は切り離して考えられないのだ、ということがわかっていた。このことは当社では忘れられてはいない』」

それほど業績のよくない企業がはっきりとした企業文化を持っていることがよくあるが、それはマイナスの働きをする企業文化であることが多い。その文化は、顧客に対してではなく社内にばかり向けられていることが多い。製品を作り売る人々ではなくて、製品の数にばかり向けられているのである。これに対し超優良企業は、数値目標しか掲げない企業には理解できないものの重要性に、そうした企業では重要と思われないものの重要性に、気づいているようだ。超優良企業はすべての人が(〝特別な報酬を得ている〟トップ五〇人だけでなく)意味づけを求めていることをよく理解している。

「卓越」という言葉をビジネス世界で使うのは大げさに聞こえるかもしれないが、キャタピラーやベクテル、ジョンソン&ジョンソンに見られる製品に対する愛情の深さは、まさに「卓越」の言葉にふさわしいものである。人間はいつも現世的なものを超えて、物事になにか「意味」を見出したいと願っている。このことについては、どの分野のどの思索家も考えが一致しているのは注目に値する。「生きるための理由《ホワイ》を見出した者は、ほとんどいかなる方法《ハウ》にも耐えることができる」と言ったのはニーチェだ。ジョン・ガードナーは『士気』の中で、「人間は意味を追究してやまない」と書いている。

企業行動の中でもとくにリスクの大きいものは、組織機構の変更である。人々の感情は高ぶり、ほとんど全員が恐怖感を抱く。なぜそうなるのか? その答はこうである。企業に、価値観、エピソード、神話、伝説のような形をとって表現されるその企業のはっきりした考え方がない場合、従業員は自分が組織図のどこにいるかを確かめることでしか安心を得られないからである。だから、より大きな企業目的を欠く会社で組織をいじると、従業員のビジネス・ライフのもっとも根元に近いところを脅かしてしまうことになるのである。★

★この逆もまた真だと言えるようである。もう一〇年もまえのことだが、私たちは日本のある企業から依頼を受けて——組織とは関係のない別の問題で——コンサルティングを行なっていた。そのときたまたま、その会社の大きな組織再編に際遇した。その変更のドラスティックなこと、そのすばやい実行に私たちは眼をみはった。一週間のうちに、何百人という上級管理職者のほとんど全部が職務を代わり、多くの人が東京から大阪へあるいはその逆に動いた。ところが、組織再編の土煙りがおさまると、仕事はこれまでとまったく変わらないペースでつづけられたのである。

日本の企業でこのように一見乱暴とも思える組織再編が可能であるのは、つねに保証されているという安心感——地位の保証ではない（なぜなら多くの人々が降格され、子会社にまわされていた）企業の強固な文化と共通の価値観にしっかりと裏づけられた安心感——が失われていなかったからではないか、と私たちは思った。

事実、人々の意味づけに対する欲求はひじょうに強く、大部分の人々は、意味を与えてくれる組織には自分の自由をかなりの程度奪われてもいい、と考えている。超優良企業は、ひじょうに強力な文化を持っている。それは強力であるだけに、人々にそれを受け入れるか、あるいは拒否して出ていくかの二者択一を迫る。超優良企業では、どっちつかずの立場はまずありえない。

あるきわめて有能なマーケティング担当役員（女性）は、私たちにこう語っている。

「プロクター＆ギャンブルはたしかにたいへんな会社だと思います。業界では最高の会社だとも思うけれど、でも私はあそこではとてもつとまらないと思います」

一年ほどまえに、『ウォール・ストリート・ジャーナル』紙のアダム・マイヤーソン記者が、「私たちが超優良企業で働きたくないわけ」というテーマで寄稿を求めてきた。彼も同じようなことを考えていたのだと思う。多くの人にとって意味を与えてくれるような体質とは、他の人たちにとっては、逆にじつに受け入れがたい、けむたいものとなることが多いのである。

私たちの調査を見て、業績の優れた会社の強味である構造と体質そのものにも多少は欠点があるのではないか？　と問う人がいる。たしかにそのとおりだろうと思う。

第一に、それら会社の因習が強力すぎるために、大きな環境の変化があった場合に、盲点が生ずるのではないかという恐れである。もっともな指摘だ。だが、私たちに言わせれば、超優良企業の価値観は、いつもかならず強い顧客指向に基づいている。言いかえれば、外部指向が人一倍強い。したがって、超優良企業は、環境の変化には、並はずれて敏感であり、競争会社よりも適応力において勝る、ということが言える。一般化することは危険だが、こうした傾向が、彼らに何十年にもわたって超一流の地位を保たせしめているのではあるまいか。

強烈な体質に関して、私たちから見てもっと気がかりなことは、その体質を濫用する可能性がいつもあるということだ。超優良企業の持つ強い体質がかなえてくれる欲求のひとつは、われわれの大半が持っている安心感を得たいという欲求である。われわれに意味づけとそれを通じて安心感を与えてくれる組織に対し、われわれはすっかり身を任せてもいいという気になる。ただ残念なのは、ほとんどの人が、安心感を得たいと強く願うあまり、権威にあまりにも容易に屈してしまうことである。このことが、企業文化が知らず知らずのうちに個人の人間性を阻害することにつながるかもしれない、という恐れや批判につながる。

他方、強い信念を通じて意味づけを与えようとする立場の人々が、ともすれば安易に権力を行使しがちだということである。エール大学のスタンリー・ミルグラムとスタンフォード大学のフィリップ・ジンバードによるふたつの恐ろしい実験は、人間性の暗い側面にひそむ危険を見せつけてくれる。

第一は、多くの人によく知られているスタンリー・ミルグラムの「服従性」に関する実験である。ミルグラムは成人被験者を町中で任意に選び、エール大学の実験室へ連れてきて、人間を実験台にした電気ショックの実験に参加してくれと頼む（じつはこの実験はニセもので、実験台になっているのはミルグラムの仲間、電気ショック装置も見せかけのものなのである。また、そのとき、ショックを与える側になるか与えられる側になるかは、無作為に振り分けられたように見せかけてあった）。

はじめミルグラムは、「被害者」と「加害者」を別々の部屋に入れた。白衣を着た責任者（権威を表わす人）から指示を与えられたあと、「加害者」たちは「弱」から「危険」までの目盛りのついた電気ショック装置のダイヤルを回しはじめる。指示に従って彼らは、電気ショックを与えはじめる。

ミルグラムが驚き、落胆したことに、実験は「失敗」だったという。つまり、全員が電気ショックをどこまでも与えてしまったからである。事前に行なった記述式のテストでは、九〇パーセントが、人にショックを与えることは絶対にしないと答えていたのに、現実には、全員が責任者の命令に従って最高のショックまで与えてしまったのだった。

ミルグラムの実験はまだつづく。彼はふたつの部屋の間にあるガラス窓を開き、「加害者」から「被害者」の苦痛が見えるようにし、さらに悲鳴さえ聞こえるようにした。それでもなお、八〇パーセントの人がダイヤルを「強」まで、六五パーセントが「危険」にまで回してしまったのである。

つぎの実験では、「被害者」たちに「ごくありふれた四〇がらみの女事務員」風の格好をさせ、実験の場を大学から街中の陰気なアパートの一室に移した。しかも「加害者」に「被害者」の手を持って電極に押しつけさせた。これらの手段はすべて、被験者たちの白衣の男の権威に対する盲従を打ち破ることをねらいとしたものであった。ところが、こうした手段をとってもまだ、ほとんどの被験者があいかわらず白衣の責任者の言いなりになった、というのである。

ミルグラムは、こうした結果を生む原因をさまざまに仮定した。これは、遺伝因子として人間のすべてに見られることなのだろうか？ つまり、ヒエラルキーや権威というものの中には、「種の保存」的な価値観があるために、それに盲従することになるのだろうか？ あるいは、人間にはサディスティックなところが本来あるからなのか？ 彼の引き出しえた結論を要約すれば、「権威をその発生源とする行為に内的《セルフ》コントロールを与えるという点において、人間の文化は無力でしかない」というものであった。

ジンバードの実験というのは、つぎのようなものである。彼はカリフォルニア州パロアルト（典型的な上流階級の町）の新聞に広告を出し、「拘置所」の実験への協力者を募った。ある土曜日の明け方、ジンバードは応募者に集合してもらうと、彼らを〝逮捕〟し、スタンフォード大学心理学部ビルの地下に設けた仮設の「拘置所」に連れていった。到着からわずか数時間後には、「看守」に振り分けられた人たちは看守らしく、囚人に振り分けられた人たちは囚人らしく行動しはじめたという。

最初の二四時間が経過するころには、看守たちはたいへん粗暴な態度——その行動においても心理においても——をとるようになった。二日目の終わりには、精神に異常をきたす恐れが出てきたため、二人の「囚人」を「釈放」しなければならなかったほどである。「拘置所所長」ジンバードは、こうした人々の行動にも、また、自分の行動にも不安を抱き、一〇日間の予定であった実験を四日で中止してしまった。

同じようなことが超優良企業の文化にもあてはまるのである。ただ企業の場合に救われる点は、注意が内側へ向けられていないことである。超優良企業では、その注意と関心は、広く顧客に向けられている。そして、顧客が、顧客との幅広い接触が、そうでなければ閉鎖的になってしまうかもしれない環境の中に、バランス感覚と均衡をもたらしてくれるのである。★

★企業の体質があまりにも強烈である場合、もうひとつ気がかりなことは、その企業で長年過ごしてきた人が、もしもその企業をやめた場合〔実際にそういうケースもあるわけだが〕、外の世界でどれほどうまくやっていけるか、ということである。私たちの見るところでは〔調査による裏づけはないが〕、トップ企業の中でバリバリとやっていたときほどにはうまくいっていないようである。これは、ヤンキースからトレードで放出された投手の場合とやや似ているのだろう。こういう人たちは、超優良企業にいるとき、自分がどれほど巨大なバックアップ・システムに支えられているかに気づいていなかった。だから、外の世界に出て、それが失われてしまうと、少なくとも当座は、どうしたらいいかわからなくなってしまうのである。

概して言えば、超優良企業が作り上げてきた文化は、やはり驚くべきものである。危険が内在するとはいえ、やはりこうした文化があればこそ、これらの企業はそれぞれユニークな形で社会に貢献してこれたのである。

「マ・ベル」の愛称で呼ばれる古くて巨大なベル電信電話会社は、現在は法の改正〔民間移行で競争激化）によって苦しい立場に立たされているが、とにかく世界最高を誇ることができる電話システムをアメリカに与えてくれたのである。セオドア・ヴェイルが、七五年間説きつづけてきた、ベル社は電話会社ではなく「サービス」を提供する会社であるという主張が、このみごとな成果を生んだのである。

そして最後に、これは逆説的に思われるかもしれないが、超優良企業はもうひとつのきわめて人間的な欲求――自分の運命は自分で決めたいという欲求――をもうまく利用しているようである。意味づけとそれに伴う安心感を与えてくれる組織に、われわれはとかくたやすく身を任せてしまいがちであると述べたが、それと同時にわれわれはまた、自分のことは自分で決定したいという欲求も持っている。同等の熱心さでわれわれは、自己決定と安心の双方を同時に求めようとするのである。

もちろん、これは無理なことなのである。しかし、この相反するふたつのものの葛藤を自分の心の中でうまくコントロールできない人は、厳密に言えば、精神に異常をきたしているともいえよう。『死の否定』の中でアーネスト・ベッカーは、このパラドックスについて述べている。

「かくて人間は、二元性の絶対的拮抗に悩まされる。個性化の意味するところは、人間は自然界のあらゆるものに自己を対置・対立して置こうとする。〔傑出したい〕ということである。ところがそうすることが逆に、耐えることのできない――にもかかわらず他人と違おうと思えばどうしても必要な――孤立感を作り出すことになる。個性化は差異を生み出すが、その差異は重荷となるのである。個性化によって、人は、自分をめだたせるという目的を達成するが、同時に、自分がいかに小さな存在であるかをも知る」

心理学者は、「コントロールの幻想」と呼ばれる分野における自己決定の重要性を研究している。

簡単に言えば、この研究から、人間は自分の運命を少しでもコントロールできると思っているときには、課せられた任務、仕事に忍耐づよく取り組む、ということが明らかになっている。そういうときには、人間はいい仕事をし、仕事に意欲と責任を感ずるようになる。

さて、この実験がもっとも活発に行なわれているのは、「認識《コグニティブ》における偏向《バイアス》」研究の分野においてである。その典型的な実験は、被験者にある仕事を経験させたのち、将来、同様の仕事をどれほどうまくできるか、成功の可能性を予測させるものである。

実験の結果は、被験者が社会人であるか大学二年生であるかに関係なく、いつも同じである。すなわち、やさしい仕事では成功を過大に予想し、むずかしい仕事では失敗を過大に予想する。つまり、被験者はつねに将来の可能性を偏向、歪曲して考えるのである。やさしい仕事でのこれまでの達成率がたとえば六〇パーセントだとすると、将来の予想を九〇パーセントに、むずかしい仕事でこれまでの達成率が三〇パーセントだったとすると、将来の達成率は一〇パーセントだ、と予測する。

人間は誰でも、成功し、傑出したいと願う――それも切実に。したがって、やさしい仕事の達成可能性を過大に予想するのである。逆に、むずかしい仕事では、恥をかきたくない、安全を保ちたいと願うから、その達成可能性をかなり低く予測してしまうのである。

自分の運命は自分で管理できるようにしておきたい、という欲求がよく現われる実験は、「序」のところで述べた「騒音をシャットアウトするスイッチ」に類するものである。たとえそのボタンを使わなくても、その気になればいつでも使えると思うだけで、人ははるかにすばらしい成果をあげるようになる。これに似た実験でも、やはり同様の結果が示されている。

自分の手でくじを引いた方が、他人に引いてもらうよりも当たりの確率はずっと高いと信じこむ、などもその一例である。また、印のついていないカン入りのソフトドリンクを何種類か飲ませて、好きなものを選ばせる実験では（缶の中味はみな同じなのだが）、四缶のうちからひとつ選ばせたときの方が（つまり選択の範囲の広い方が）、二缶のうちから選ばせたときよりも、選んだドリンクの味がよいと感じるのである。やはり人間というものは、ほんの少しでも選択の幅が広がったと思うだけで、はるかに大きく〝その気になる〟ことができるのだ。

ここでもまた、超優良企業は、この逆説的ともいえる重要な人間の欲求を、よく理解しているようだ。事業の経済性という点から言えば、当然組織を大きく括《くく》り統合した方が望ましい場合でも、超優良企業は、事業をどんどん分割し、権限をラインの末端にまでおろしている。こうした企業は、人々に傑出の機会を与えながら、それを同時にひとつの哲学ともいうべき基本的な考え方と数々の信念（たとえばダナ社の最高の信条「生産的な《プロダクティブ》人々」のような）につながるものとしているのである。そうした哲学、信条には、なにものにも勝る意味があるのである。

変容のリーダーシップ

超優良企業が超優良であるのは、平凡な人々から非凡な力を引き出すような組織を作っているからだ、というのが私たちの主張である。年商一〇億ドル（二四〇〇億円）の企業だからといって、そこには国民全体の平均的水準とかけ離れた人々があふれている、とは思われない。だが、超優良企業は、少なくとも非凡なリーダーシップという点で恵まれているということが——とくに創業まもない時期に――ほかとの大きな違いである。

ひと口にリーダーシップと言っても、その中味はさまざまである。それは、社内のまとめ役を忍耐づよくつとめるという退屈な仕事であり、組織という器の中に、いつか発芽することを願ってさまざまなタネをまいていくことでもあり、経営システムをわかりやすく説き聞かせることによって全体の注意を少しずつ変えていくことであり、あるいは「方針」を書きかえて、新しい優先項目に注意が向けられるようにする、ことである。

リーダーシップとは、会社の中で物事が横道にそれたときに姿を現わし、うまくいっているときには姿を隠しているものである。それは、考え方のほぼ一致した献身的な経営チームをトップに作り上げることであり、人の話を注意深く聴き、励ましの言葉を頻繁にかけてやり、その言葉を信頼できる行動で裏づけてやることでもある。

それはまた、必要なときには厳しい態度をとり、ときにはあからさまに実力を行使する――ヘンリー・キッシンジャーが言うように、「微妙なニュアンスを蓄積し、一〇〇のことをほんの少しでもうまくやることの蓄積」――なのである。こうした行為のほとんどは、政治学者ジェームズ・マクレガー・バーンズが、その著書『リーダーシップ』の中で、「対人相互関係型リーダーシップ」と呼んでいるものである。リーダーが一日の大半を費やさなければならない重要な活動である。

しかし、バーンズはもうひとつの、それほど多くは見られないと思われるリーダーシップのタイプを記述している。それは、彼が「変容のリーダーシップ」と呼ぶもので、「意味づけ」を求める人間の欲求に応え、組織の目標を創造するようなリーダーシップの型である。

「不合理な」人間の欲求を満足させている超優良企業の体質をよく見るとき、その歴史の中にはかならず、この「変容のリーダーシップ」を発見することができる。いまでこそこういう企業は堅固な文化を作り上げているので、「変容のリーダーシップ」など必要ないかに見えるが、過去のある時点においては——ほとんどの場合、まだ企業が小さかったころだろうが——こうしたリーダーシップがあったからこそ、今日見られるような文化が生まれ育ってきたのではないか、と私たちは思っている。

変容を目指すリーダーも、やはり細部にこだわる。が、それは少し違った細部である。彼が注意を払うのは、教師・導師および言語学者などと同様、主として言語の持つニュアンスなのだ。それを巧みに使って価値観を形成し、模範を示し、意味づけを行なうためである。

こうしたリーダーへの道は、「対人相互関係型リーダー」になるよりも厳しいものである。なぜなら、彼こそ真の芸術家であり、真の道を切り開く開拓者《パスファインダー》だからである。彼は、人間どうしをしっかりと結びつける変容への欲求を喚起すると同時に、それをみずから例示しなければならないのだ。彼はまた、自分の打ち立てた一、二の価値観を、一貫して、かつかなり長期間にわたって信じつづけるという野暮くさい演技をつづけなければならない。どんな機会でも、どんな集まりでも、どんな聴衆を相手にしたときでも、けっして気を抜けないのである。

リーダーは部下たちに、通常の業務において卓越する機会を与えてやる必要がある、というバーンズの論には、ひじょうに説得力がある。彼はまず、初期のリーダーシップ研究が権力ばかりに注目していたことを批判し、そのために「目的意識の浸透」というはるかに重要な問題が無視されてきていると言う。

「この絶対的な基本価値〔目的意識〕は、大半の理論では十分に認識されていない」と、彼は主張する。「人間を相手にリーダーシップが発揮されるのは、ある動機と目的を持った人が、他の組織的、政治的、心理的な動機や目的に対抗して、あるいは、それらを排除しようとして立ち上がり、彼に従う人々の動機を喚起し、活動させ、満足させるときである」。バーンズは簡潔に言う。「リーダーシップはあからさまな権力の行使とは違って、従う人々の欲求、目標と切り離しては考えられないものである」。こうして彼は、「変容のリーダーシップ」を明確に定義する。

〔変容のリーダーシップが〕生ずるのは、一人、あるいはそれ以上の人々が他の人々をその気にさせ、リーダーとそれに従う人々が互いの動機づけと行動理念をより高いレベルに引き上げるときである。変容型のリーダーの出現によって、対人相互関係型リーダーシップの下で相互に関連してはいても別々のものとして始まった人々の目的意識は、融合してひとつのものとなる。各人・各グループ間の力は拮抗し、「均衡する」形ではなく、共通した目的意識を支えあう形で、一体となって結びつくのである。

こうしたリーダーシップは、高揚、総動員、インスピレーション、強い奨励、伝道などいろいろな言葉を使って形容されている。リーダーとそれに従う人々はひとつの基準といってもよいもので結ばれる。だが、変容のリーダーシップは究極的には「道徳」そのものにまでなるのである。なぜなら、それは、指導する者とされる者双方の行動および倫理感を高め、双方をして「変容」せしめるからである。

リーダーは部下たちとの関係に自己を投入する。部下たちは「高揚」を感じ、活性化する。そして、順次彼らが新しいリーダーになっていく。こうしてお互いを大きく変えるという意味で、変容のリーダーシップは、きわめて能動的なリーダーシップでもある。

バーンズもまた、リーダーはいくつかの無意識な欲求に働きかける、と考える。「いちばん基本的なプロセスは、言葉で捉えにくいものである。部下の無意識下にあるものを意識の表面に出すこと、とでも言えようか」。バーンズは毛沢東を典型として引き合いに出す。「彼は、他人の感情を理解するという点で、真に天才だった」

ビジネス心理の研究者アブラハム・ザレズニック（ハーバード大学ビジネス・スクール松下幸之助名誉教授）は、リーダーとマネージャーを対比しながら、ほぼ同じことを指摘している。「マネージャーは人々とともに働くが、リーダーは人々の感情を高める」。心理学者デヴィッド・マクレランド（『権力=内的体験』）は、このプロセスを実験に基づいて説明している。

「カリスマ性を持つリーダーに接したとき、聴衆がどういう考えを持つようになるか、実験を通じて正確に知ろうと、（われわれは）考えた。……聴衆はそうした経験によって明らかに元気づけられ、高揚感を感じていた。気力を失い従属的になるのでなく、力づけられた、と感じていた」

これは、リーダーが人々に与える影響に関する従来の説明がかならずしも正しくはないことを示している。真のリーダーは、人間性と説得力で圧倒し、力ずくで人を従属させるものではない。……実際は聴く者を元気づけ、インスピレーションを与えることによって影響力を及ぼすのである。……リーダーは従う人々の中に自信を呼び起こす。人々は、リーダーと共有できる目標ならなんであれ、達成できると思うようになるのである。

バーンズの重要な指摘のひとつ「リーダーと従う人々の共属意識」をとってみるとき、ふたつの特徴がとくにめだつ。それは、「信じられること」と「興奮」である。

まず最初の「信じられること」について言えば、確固たる価値観を持った超優良企業のリーダーは、その事業の「中核《コア》」となる仕事をして成長した人であることがわかる。それは、ヒューレット・パッカードやメイタグでは電気のエンジニアであり、フルオアやベクテルでは機械エンジニアである。超優良企業の最高責任者が、経理や法律畑の人間だということはあまりない。

企業家にして発明家で、またヘッドのスキーやプリンス・ラケットを世に送り出したハワード・ヘッド氏は、「不可能なことを可能にできると信じること」が大切だと言う。ヒューレット・パッカードでは、興奮を生み出す能力を持っていることが、管理者登用の際の基準になっている。

興奮をみつけだすプロセスについて、ジェームズ・ブライアン・クインは簡潔に説明している。クインは、包括的な戦略価値と戦略目標を設定し、完遂するまでの、現実的な、整然としていないプロセスを長いあいだ専門に研究している。クインはある一般消費財メーカーの経営幹部の言葉を紹介している。

「もっとも効果的な目標は、ある特定分野のことに関していちばんになることだ、というのがだんだんにわかってきました。いまでは、それがなんであるべきか、いちばんというのは客観的にどういうことなのか、そして選んだ分野でいちばんになるにはどうしたらいいかを、従業員にもいっしょに考えてもらおうとつとめています。これがどれほど従業員にとって大きな励みになるか、まったく驚くほかありません」

ウォーレン・ベニスは、変容のリーダーをうまく表現している。「社会的建築家」だというのである。だが正直に言って、ベニスやバーンズが指摘していること、そして私たちが超優良企業について指摘したことは、何十年もまえにチェスター・バーナード——つぎの章でもう一度触れる——とフィリップ・セルズニクの二人がすでに言っていることなのである。セルズニクは一九五七年『リーダーシップと管理』を著わしている。この青い表紙の薄い、とかく見過されがちな本の中で彼はこう言っている。

ある目的意識を人の中に植えつけるということは、創造性に対するひとつの大きな挑戦である。なぜならそれは、人々を、人々の集団を、無色の、ある技術を持ったどこにでもいる集団から、特定の価値観と感性と意欲を持った色のついた「参加者」の集団に変換することだからである。それは教育のプロセスそのものなのである。

有能なリーダーは、教育の意味を十分に理解し、教育の技術を熟知しなければならない、というのは、まことに当を得た言い方である。……創造的リーダーの仕事とは、組織を作り上げることであり、人間と技術という材料を使って、新しい、永続的な価値観を作り上げることである。……組織化するということは、当面する仕事に必要な技術を超えた価値観を吹きこむことなのである。人間の技術的な役割よりも、その社会的な役割、メカニズムが重要視されるのは、社会的な役割、メカニズムが、個人あるいは集団の欲求を、独特な形でよく満たしていることを表わすものである。人が一介の技術者としてではなく、一人の人間として組織あるいは組織のやり方に愛着を抱くとき、かならずその組織の持つ仕かけそれ自体が尊重されるようになる。

コミットした人間の立場から見て、もはや組織はたんなる手段ではない。人間の要求を満たしてくれる貴重な源泉へと変わっている。……つまり、組織変容のリーダーとは、第一に価値観を高め、つぎにそれを守りとおす者、ということになる。

ここでちょっと立ち止まって考えてみたい。価値観を高めるというが、どんな価値観を高めるのか？　それはジェームズ・ブライアン・クインが言うように、ある分野で「いちばんになる」こと、あるいはウォルター・ホーヴィングが自分自身とティファニーを語って言うように、「自己の美学に忠実であること」なのかもしれない。マクドナルドのレイ・クロックのように「ハンバーガーをはさむあの丸いパンに美を感じる」こと、ＩＢＭのワトソンのように「個々人を尊重する」こと、ダナの社是のように「生産的な人々」を育てること、キャタピラーのように「世界中どこでも四八時間以内に部品サービスをする」ことなのかもしれない。

「陳腐だ」と言う人は、素直な見方のできない人だ。こうした考えを信じ、実践する企業では、すでに「変容」が生まれているのである。

これまで述べてきたことは、ともすれば仰々しく聞こえたかもしれない。人と組織を変換する目的意識の話など、たしかに仰々しい話ではある。だが、同時にこれは、まことに実践的な話でもあるのだ。人間というものは、じつに不合理な存在なのだ、ということはすでに述べた。人間はストーリーをもとに推論をし、自分がどんな成績であっても、上位一割にはいっていると思いこみ、傑出したがりながらも、他方では意味づけを求めてやまない（か弱い）存在だ。ところが現実の経営の場では、こうした人間自身の持つ弱点や限界が十分に考慮されていることはまれである。

超優良企業の経営は、意識的にせよ無意識にせよ、こうしたことを考慮に入れて行なわれている。

その結果として、相対的に高い業績をあげ、「平凡」な人々から大きな力を引き出すことに成功している。社会にとっても企業にとってもさらに重要なのは、人々が自分の能力を開発し、自尊心を高め、さもなければ、企業あるいは社会全般の〝積極的な参加者〟となるような環境をこれらの企業が作り出しているということである。

一方、数のうえでは圧倒的に多いそれほど優秀でない企業では、ちょうどこれと反対の行動をし、私たちがこれまで述べてきたあらゆる変数をすべてマイナスにもっていっているように思われる。それらの企業では、成功ではなくて失敗が毎度のこととなり、プラスのかわりにマイナスが強化され、数多くの神話の体系にかわって、管理規定、職務分掌が個々人の方向を定め、その職務に意味づけをし積極的にチャンスに挑ませるかわりに、抑制と管理がのさばり、理念のリーダーシップにかわってかけひきのリーダーシップが幅をきかせているのではなかろうか?

第三部

基本にもどる

第四章

曖昧さと矛盾を扱う

一流の知性とは、ふたつの相対立する考えを同時に心に抱きながら、
しかも正常に機能しつづけられる能力のことを言う。
――F・スコット・フィッツジェラルド

優れた経営を特徴づける、私たちの考えた八つの要素を見て、一部の経営者は、「興味深いがかならずしも基本的なものとはいえない」、つまり、超優良企業がなぜこれほどうまくいっているかを説明する絶対的なものではない、と言う。だが、彼らは間違っていると私たちは思う。

他の面では頭も切れ、ビジネスにも通じた多くの人々が、どう見てもすでに時代遅れな理論に基づいて経営を行なっている。それは無理もないことである。なぜなら、新しい理論はどれも、正しいにせよ、誤っているにせよ、歯切れのよいものではないので、従来の議論のようになかなかとっつきにくい点があるのも事実だからである。私たちの提示している新しい理論は、まだ十分整理されていない、初期の段階にあるからである。したがって、それは曖昧でもあるし、「現実世界」に対する提言

もせいぜい暗示の形でしかない――最新の学説というのはいつでもそういうものであるが。

そういうわけで、超優良企業に見られるすばらしい成果と「八つの基本」との関連を理解するにも新しい理論が必要になる。そこで私たちは、新しい理論構築を試みてみたい。この章では、経営理論の発展に寄与したいくつかの新しい知見と、超優良企業のデータから得られた理論的意味合いとの統合を試みてみたいと思う。

そのまえに、「合理主義的」な考えにちょっと戻って考えてみよう。古い経営理論に魅力があるのは、それが直接的、単刀直入なもので、曖昧さや矛盾を抱えていないからである。だが一方、現実の世界はそうはいかない（日本文社の同僚の一人は、私たちがクライアントに提出しようとした報告書に対してひじょうに批判的だったことがある。それがあまりにも要をつくし、整然としすぎている、というのである。これほど曖昧なところのないものでは、かえって日本のクライアントは疑問を抱く、と彼は言った）。

科学の世界も、私たちが経営の世界で観察し、仮設を立ててきたのとじつによく似た〝相矛盾する〟二面性の方向に向けて進展しているのは興味深いことである。たとえば、光ははじめ粒子だと考えられていた。つぎに、光の性質は波と似ていることが発見される。ところが、波だという見方が採用されるとまもなく、やはり粒子だという新しい証拠が出現する。しかし、光が本当に粒子であれば、質量がなければならない。そうすると、あのような速度――光速――は絶対に考えられない。ハイゼンベルクは、原子よりも小さい粒子になると、その存在する位置かあるいはその質量のどちらかを知ることはできるが、このふたつを同時に知ることはできないことを証明した〔ハイゼンベルクの不確定性原理〕。

こうして、学問の中でももっとも合理的であると思われていた物理学さえもが、曖昧さの世界に飛びこんでいった。今日では、原子物理学者がいろいろな素粒子を呼んで、「魅力《チャーム》」とか、「奇妙《ストレンジ》」「反物質」「クォーク」などという〝不可解な〟用語を使うハメになっている。

科学は、われわれが知っている世界——つまり、見たり、触れたり、匂いをかいだりできる物の世界——になぞらえて原理を把握すると、より理解しやすくなる。ニールス・ボーアの原子模型もそのようなものである。ボーアのモデルでは、まるで太陽の周りを惑星が回る太陽系のように、原子の周りを中性子と電子が回っている。だが、残念ながら、この模型のおかげで、原子をより深く理解できるかといえばそうでもない。実際のそれは、太陽系のようになってはいないからである。

同様に、経営の世界も、軍隊になぞらえると——二〇世紀の経営組織にさえ、いまだにこのたとえを使う人が圧倒的に多い——わかりやすくなるように見える。が、ここでもまた、たとえば、敵の攻撃にさらされた連隊、などといったことよりもう少し複雑なことを理解しようとするならば、このような比喩はなんの役にもたたないことがわかるのである（「攻撃を受ける連隊」といったはっきりした想定にさえも、じつはいろいろと問題点はあるのだ。太平洋戦争を描いたウィリアム・マンチェスターの『グッドバイ・ダークネス』には、幹部候補生学校出の若い少尉が、いくら敵のはげしい銃撃に中に出て行くよう命令しても、古参の海兵隊員たちが笑って相手にしない、という描写がある。こうして多くの若い将校が、一人で敵の前に出ていき、それきり戻らなかったのである。人生経験を積んだ人なら誰でも知っていることだが、いわゆる「軍隊のようにはっきりした例」——命令即服従——は、軍隊にさえあてはまらないのである）。

ことの本質を理解しようと思ったら、軍隊よりももっといい例が必要だ。だが、残念なことに、「もっといい例」は、最初は「よりわかりやすい」ものではないということである。しかし理解が深まるにつれ、その方がわかりやすいことに気がつくはずだ。

経営理論の新しい波は、われわれを曖昧で矛盾した世界に導く——ちょうど科学の世界と同じように。しかし、この理論の方が効果的で、究極的にはこの方が現実に即したものだ、と私たちは考える。もし超優良企業が優れている点をひとつあげるとすれば、それはこれらの企業が矛盾を消化する方法を知っていることである、と私たちは考える。

過去にも経営理論の発展史をたどろうとする試みは無数になされてきた。私たちの目的から考えて、世に出まわっている経営論を整理する基本的なワク組みとしてもっとも有益なのが、スタンフォード大学のリチャード・スコットの学説だろう。スコットは、経営理論の発展と経営の実態を四つの時代区分にあてはめ、それぞれの時代を二つの座標軸によって分類する。座標軸の一方に「閉鎖的」と「開放的」、他方に「合理的」と「社会的」、の二要素をおく。

それでは「閉鎖的」から「開放的」への軸を見てみよう。これは、組織に対する機械的な考え方（閉鎖的）から形態的《ゲシュタルト》考え方への転換を示す軸である。今日広まっている考え方とは対照的に、今世紀にはいって最初の六〇年間における経営理論は、環境、競争、市場など、組織の外にあるものはいっさい考えに入れていなかった。外の世界に対して「閉鎖系」をとっていたわけである。現在から見ると、近視眼的なこの考え方は、企業内の事情だけを考慮に入れて資源配分の最適化をはかるにはどうしたらよいかを考えるためには、それほど不都合ではなかった。

企業内部の力学は外的な事情に影響され形づくられていく、ということに学者たちが気づきはじめた一九六〇年近くまで、この閉鎖系のモデルはあまりに大きな挑戦に遭遇することはなかった。六〇年以降、はじめて外的な力が企業内部の動きに影響するということがはっきりと認識されるようになり、「開放系」の時代が始まる。

スコットのもう一方の軸には、「合理的」と「社会的」の要素が並ぶ。ここで言う「合理的」とは、組織にははっきりと目的・目標があり、それはかなり簡単に決定することができる、という考え方である。たとえば、鉱業会社であれば、その目標は、現在ある鉱山と将来の探鉱活動によって収益の極大化をはかる、ということであろう。もしこの目標が定まっているとすれば、経営者は、その目標をもっとも効率よく達成する手段を選びさえすればよいのである。合理的決定は、こうした前提のもとになされ、組織の進路はそれに従って決められていく。

これに対し「社会的」な捉え方は、目標の決定過程が、混乱した、すっきりしないものであることを認め、目標選択がそれほど直截で論理的なものではないことを前提とする。たとえば、この仮定の鉱業会社を例にとっても、「極大化する」とは具体的にどういうことか？「収益」はどのように計算するのか？　硬岩採掘だけに絞ってやっていくのか？「鉱脈を掘りあてる」などというはっきりしないことについて、どうすれば具体的な「計画」ができるのか？　これらの設問をまともにつきつめていけば、結局どの要素も明確かつ一義的に決められていないことがわかる。

「社会的」な捉え方をとる人が前提とするのは、目標についての決定は機械的に行なわれるものでなく、価値観に基づく選択なのだ、ということである。こうした選択は、分析的な思考よりは、むしろ人と人との連携、過去の行動パターン、グループで働く人々に影響を与えるその他の力学などによってなされるものなのである。

二つの座標軸によってできる正方形をさらに四つの象限に分けると、これが経営学の歴史を語るうえでひじょうに有益なワク組みを与えてくれることがわかる（次ページの図4参照）。

最初の象限は一九〇〇年から一九三〇年ごろまでの「閉鎖系・合理的行動」の時代である。この時

図4　理論および指導的理論家の歴史的4象限

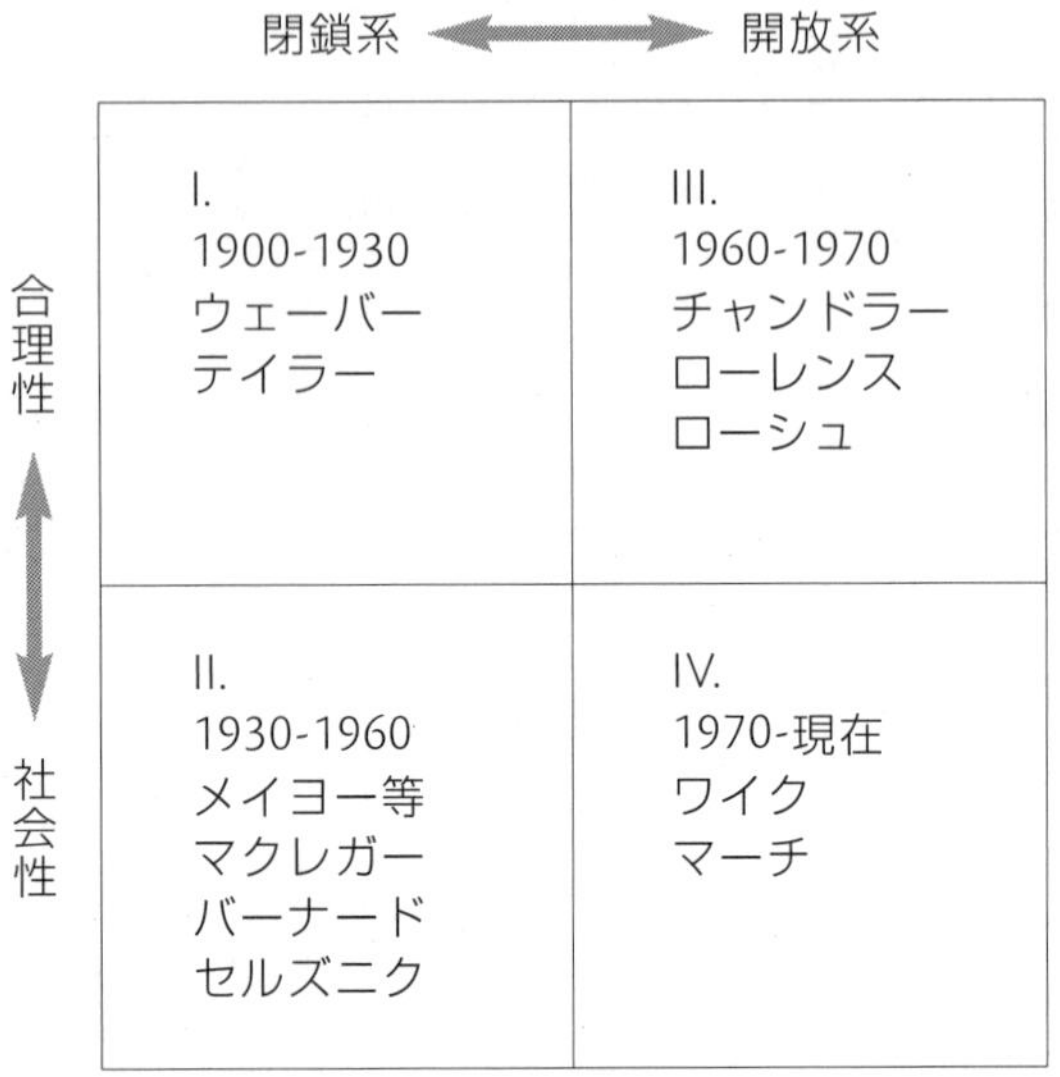

代の理論的立場を代表するのがマックス・ウェーバーとフレデリック・テイラーである。ウェーバーはドイツの社会学者で、官僚体制——規則による秩序——こそ人間の作り出した組織でもっとも効率のよい形態、という説を唱えた。アメリカ人のテイラーは、ウェーバーの説を時間と運動の研究という形で展開した。ウェーバー＝テイラー派の主張は、もし人が有限の規則と技術を学習し、それに習熟することができるならば——たとえば、作業の分類、管理の極限化、権限と責任の均衡などの鉄則——人間の大集団を管理するうえで根本的な問題はほぼ解決される、というものであった。

もちろんウェーバー＝テイラーの夢は実現せず、「閉鎖系＝合理的行動」の時代にかわって、一九三〇年から一九六〇年までは、「閉鎖系＝社会的行動」の時代になる。この時代の理論的指導者は、エルトン・メイヨー、ダグラス・マクレガー、チェスター・バーナード、フィリップ・セルズニクである。

メイヨーはハーバード・ビジネス・スクールに在籍し、臨床心理学的手法を経営に応用した。彼はとくにホーソンにおける労働心理の実験で知られている。この研究は、ほとんどの点でテイラーの伝統に沿った、ありきたりの実験として始められた。それは産業衛生に関するなんの変哲もない研究のひとつとして始められたのである。実験は主にニュージャージー州ホーソンにあるウェスタン・エレクトリック社の電話機器の結線組み立て作業場で行なわれ、労働環境が生産性にどう影響するかを調べるのが主目的であった。

ところが驚いたことに、従来の理論では説明のつかない出来事がつぎからつぎへと発生したのである。そのひとつの好例が、まえにも触れた作業場の照明の明るさに関するものである。明るさを上げると作業能率が上がることがわかった。それなら明るさをもとに戻すと作業能率が下がるだろう、と思って照明を下げていくと、逆に効率はさらに上がったのである。いったいこれはどういうことなのか？　この実験は一〇年間もつづけられ、あらゆる角度から検証が加えられた。が、〝不可解な結果〟は変わらなかった。実験データはひじょうに豊富で、今日にいたるまで多くの解釈がなされているが、要は、従業員に積極的な関心（または刺激）を与えることが、生産性と大いに関係するらしいということである。

超優良企業は、こうした健全な刺激を与える仕組みの例にあふれている。ヒューレット・パッカードは、従業員全体によるイノヴェーションということを重視し、イノヴェーションにいつも注意を向け、刺激しつづけている。つまり、つねにそれを語り、それを尊重するシステムがはっきりと確立している。オーストラリアの例であるが、探鉱活動で優秀な成績をあげている鉱業会社では、トップがいつも現場の地質調査員たちに関心を払う方法をいくつも持っている。

ハーバード大学のメイヨーと彼につづく研究者たちは、産業社会心理学という分野を確立した。第二次大戦が他の多くのことと同様、この分野の発展をうながし、戦争の終わりごろには、「グループ・トレーニング」とか「リーダーシップ選択」といったその関連分野もさかんになろうとしていた。この流れに沿った戦後の大きな成果は、ダグラス・マクレガーの研究である。マクレガーは主にセオリーX、セオリーYで、われわれの記憶に生々しい。労働者は怠惰なものだから追いたてなければならないという性悪説（セオリーX）と、逆に彼らは創造的であるから責任を与えるべきだという性善説（セオリーY）、というふたつの正反対の考え方だ。

その後急速にマクレガーの理論は流行になった。彼自身、記念すべき著書『企業の人間的側面』の序にこう書いている。「企業の人間的側面はそれのみを取り出して論じることはできない、企業そのものと〝一体〟になったものである。人的資源の運用について企業がどのような理論を持っているかによってその企業の性格が決まるということを本書は裏づけようとするものである」

マクレガーはテイラー派の狭義の合理主義的アプローチを批判して、「従来の組織論に共通して見られる考え方をひとつだけ指摘せよと言われれば、それは権威を経営管理の中心的・不可欠な手段だとする考え方である」と言う。現実には、権威は社会的な影響力と支配力のひとつの形でしかないのだが、悲しむべきことに、今日どの文献を見ても、どの経営者の実践を見ても、権威を相対的な概念ではなく絶対的なものと見なしている、と彼は指摘する。

マクレガーはセオリーXを「大衆《マス》というのは凡庸で本来頼りにならない、ということを前提とした説」と呼ぶ。その前提とは、（1）平均的人間は生来、仕事を嫌うものだから、できればそれを避けようとする。（2）だから、組織の目標に向けて努力させるには、強制し、支配し、命令し、処罰をもって脅迫することが必要だ。（3）普通の人間は命令されることを好み、責任を回避したがり、野心も比較的少なく、なにより安住を好む。マクレガーは、セオリーXはワラ人形《ストロー・マン》（敵の攻撃目標としてわざと掲げ、のち打ち落とされることを期待しているダミーのこと）などではなく、アメリカ産業の経営戦略に広範かつ重大な影響を現実に与えている支配的な理論である、と主張する。

　これに対し、セオリーYの前提はつぎのようなものである。

（1）人間が仕事に肉体的・精神的な努力を払うのは、遊んだり休んだりするのと同じく生来のものである普通の人間は労働を嫌っていない。

（2）外部からの支配や処罰による脅迫だけが、企業の目的に向けての努力を生み出す唯一の方法ではない。

（3）〝報酬の力〟を使えば、人をある目的に向かってその気にさせ、目標を達成させることができる。ここで言う報酬とは、金ばかりでなく、とくに重要なのは「自我《エゴ》の満足」であり、それはやり方によっては、組織全体の目標に向けられた努力そのものから導き出すこともできる。

（4）平均的人間は、しかるべき条件のもとでは、責任をたんに引き受けるにとどまらず、すすんで求めようとする。そして

（5）組織の問題を解決するにあたっての想像力、創造力、才気をかなりの程度発揮する能力は、従業員の中にかなり広く見出すことができる。（傍点著者）

マクレガー理論およびそれにつづく諸理論は、その後、経営学では「人間関係」学派と呼ばれるようになったが、過去一〇年のあいだに次第に人気を失っていった。「人間関係」論が失敗した最大の理由は、それが「合理主義」的考え方の行き過ぎを正すものとして、正しく理解され、機能しなかったからであろう。この失敗は、人間関係論そのものが、極端な形で理解され、行き過ぎを犯してしまったことによるものだ。

たとえば、セオリーYの信奉者は、Tグループ、ボトム・アップ・プランニング、〝民主的〟経営など「誰もが楽しく」働ける職場環境を作ることに一生懸命になりすぎた。このため集会ばかり開き、企業というよりは社会集団や信仰集団のようなことを始め、脱落していった会社も出てくる始末であった。こうした理論を文字どおり適用した会社では、たとえば会議の最中、ジーンが煙草を吸うがジョーはそれが嫌だというとき、ジョーは（上下関係など気にせず）気楽に煙草をやめてくれないか、ということができる。反対にジーンは、それを無視してもいっこうかまわない、というような極端にリラックスした雰囲気が生じた。

あらゆる大会社の悩みの種であるコミュニケーションの悪さを、こうした会社は一見ひじょうにうまく解決しているように見える。だが、問題なのは、こうした会社はたしかに小さなことについてのコミュニケーションはうまく処理しているけれども、どういうわけか、大きな問題、みなが反対するような意思決定については、結局逃げ腰になってしまったことである。

合理主義的な考え方が完全なトップ・ダウン方式であるのに対し、マクレガーの不肖の弟子たちが作り上げた社会的考え方は、逆にまったくのボトム・アップ方式だった。社員研修部が中核となって

〝小さな革命〟をたくさん起こしていこう、という試みである。マクレガー自身は、じつはこの点についてはつねに危惧し、「セオリーYの前提は、適切な権威を否定するものではない。どのような目的に対しても、どのような条件の下でも、権威というものが望ましい、とする偏狭な考え方だけを修正しようとしているのである」と言っている。

この言葉に耳を傾けると、超優良企業をたいへん優れたものにしている中心的なテーマが、おぼろげながらではあるが聞こえてくる。表面上、セオリーXとセオリーYは相容れないように見える。一方をとれば他方は捨てざるをえない、と思われがちである。リーダーは権威主義的になるか民主的になるかのどちらかしかないように見える。だが、現実には、そのどちらでもないこともあれば、同時にその両面を合わせ持つこともある。

ワトソン（IBM）、クロック（マクドナルド）、マリオットといった人たちは、人々を大人の人間として扱い、何万人の人々から実際的な新機軸、創意工夫と献身的努力を引き出し、全員に訓練と自己啓発の機会を与え、全員を家族の一員として扱う、というやり方を実行した草分け的な存在である。事実、誰にでもオープン・ドアをその方針としていたワトソンは、いつも労働者に弱かった。労働者がなにか苦情を言ってきたとき、その件に関して管理者の言い分が通ることはほとんどなかった。

だが反面、こうした人たちは、会社の信条とでも言うべきものに対してはひじょうに頑固でもあった。顧客サービスや品質第一主義といった基本的な価値観が脅かされたときには、彼らはけっして妥協をすることがなく、ときとして無慈悲でさえあった。つまり彼らは、優しい面と厳しい面を併せ持っていたのである。親のように従業員を大切にする——そのかわり従業員からも多くを期待する。こうした特質を「X」とか「Y」というふうにあまりに単純化しすぎると、肝心なことを見逃してしまうことになろう。

マクレガーとメイヨーが個々の人間に適用された組織社会論を代表しているとすれば、この二人とほぼ同時期に研究を始めたチェスター・バーナードとフィリップ・セルズニクは、さらに大きな影響力を持つ学者として登場しようとしていた。私たちは、バーナードとセルズニクの研究は現場の経営者に不当に無視されすぎていると思っている。

バーナードは、ニュージャージー・ベルの社長をつとめたあと定年退職後ハーバード大学に移り、そこで自分の体験をもとに『経営者の機能』という本を書いた。ひじょうに密度の濃い本で、けっして読みやすいとはいえないが、記念碑的な書物である。ハーバード大学のケネス・アンドリュースは、この本の出版三〇周年記念版（一九六八年）の序文にこう書いている。

「バーナードの目指すものは、きわめて野心的である。バーナード自身のまえがきを見てもわかるように、その目的は、まず第一に、（会社など）正規の組織体における集団行動に関して、ひとつの包括的な理論を提示することにあった。人間の集合体はそもそも、一人では生物学的に達成不可能な諸目標を達成したいというその個々の構成員の欲求から生まれるものである」

メイヨー、マクレガー、およびバーナード自身を含めて多くの学者が、ライン末端にいる人々から最高の力を引き出すことをねらいとしたさまざまな理論を展開している。しかし、末端の人々を奮い立たせ、その力を十分に発揮させるためには、経営者がリーダーとして、どれほど従来とは違った重大な役割を果たさなければならないか、という観点に焦点をあて、この考えを推敲していったのは、当時としてはバーナードだけであった。

経営者たる者は従業員のやる気を喚起し、インフォーマルな組織を積極的に活用すべきである、とバーナードは言う。そうする一方で、経営者は組織体が確実にその経済的目標を達成するよう工夫を凝らさなくてはならない。経営のプロセス全体をバランスよく把握したのも、おそらくバーナードがはじめてと思われる。

また、経営最高責任者（社長）のもっとも重要な役割は、その組織に共通の価値観を形成し、指導していくことだ、と言ったのも私たちが知るかぎりではやはりバーナードが最初である。

「〔経営者の〕肝心な機能は、第一に社内相互間のコミュニケーションの仕組みを作り、第二に会社本来の作業について社員のやる気を確保すること、第三に企業目的を形成し、定義づけることである」

そして彼は、組織の価値観と目的は経営者の作る標語や発言よりも、彼の行為そのものによって決定される、とつけ加える。「親の背中を見て子が育つように、厳密に言えば、企業の目的は言葉による形成よりむしろ、とられた行為の集積によって決定されるということは、疑いもない事実である」。

また、彼は、こうした目的が効果的であるためには、それが共同作業に参加するすべての人間に受け入れられなければならないことも強調する。

超優良企業がまさにそのとおりであることを私たちは見ている。価値観が明確であるから、企業のトップはそれを分秒単位で実行することもできるし、逆に一〇年、二〇年とつづけて実行することもできる。それはまた、末端の一般従業員にまでよく浸透している。

おそらくバーナードの非凡さは、組織体のすべての要素にほどよいバランスをもってその経営理論を展開している点ではなかろうか。

組織全体の共通目標といったものがなにを指すのか、さほどはっきりしていないことが多い。第

一、物理的に見える形でそうしたものがみつからないことも多い。だから、集団を管理するにあたっては、ある特定の要素だけ——たとえば、経済、政治、宗教、科学、技術——になることが多く、ひとつの要素だけに着目して組織体を動かしてしまうために、最高の業績を上げることができないし、失敗も起きやすい。あるいは、業績が落ちるのではないかと、いつも恐れていなければならないことになる。

各要素の扱いのバランスがくずれて危機が生じたときこそ、全体を見渡す力を持った経営者が修正行動に出る機会なのである。全体がしっかりと把握されているということはあまり見られない。いや、ほとんどないと言ってもよい。一、二の非凡な経営者、ないしは経営体を除いては。そうした例外的な経営体では、人々が全体の動向につねに敏感であり、また人々のまとまりもよいものである。

今日でもなお、組織体の全体を管理することを強調する人に会うことは少ない。バーナードの本が出てから一〇年少しののち、フィリップ・セルズニクは似たような理論を発表し、その中で、「卓越能力」（ある企業がこれだけは他社に負けない、というもの）や、「組織の性格」（この中で彼は、ひとつの文化、体質としての組織体を予見している）といった言葉を使っている。つぎに私たちは、セルズニクを長々と引用するが、それは、彼が組織の性格と能力、組織体の共有する価値観、リーダーシップ等々をじつにみごとに説き明かしていると考えるからである。彼の言うこうした優れた組織体の特質が、私たちにもまた、超優良企業の成功の根幹をなしていると思われるからである。

このように「組織《オーガニゼーション》」という言葉は、ひとつの骨組み、意識的な協同に必要な、無駄のない実務的なシステムを思わせる。それは、消耗品としての道具、ある仕事を遂行するために作られた合理的な道具である。一方「機関《インスティチューション》」は、社会的な欲求・圧力から自然発生的に生まれた、外界に反応しながら適応していく有機体である。

……機関、組織の性格、特定能力といった用語は、どれもみな同一の基本的プロセスを指している。つまり、無機的な個々の構成要素をひとつの社会的有機体に変えていく、技術的変換である。

……こうした全体としての独特の価値観が浸透したときに、組織体はある有機的な機関《インスティチューション》に変わる。価値観が注入されるとき、組織体にはっきりとした存在意義が生じる。「機関」化が十分に進んだところでは、具体的展望や慣習、さまざまな活動がひとつとなって組織生態のあらゆる面に色づけをし、形式的な協調や命令といった段階をはるかに超えた社会的一体感を与えるようになる。

……経営者の機能は、手段を目的にうまく一致させること、といった抽象的表現に同意することはたやすい。むずかしいのは、それがどういうことか、真剣に考えることである。日常の管理では、手段と目的のどちらかを過度に強調することにより、両者を切り離してしまう傾向が強い。

近来、管理の実際面で能率礼賛が強すぎるというのは、ふたつの意味で手段を過度に強調していることになる。ひとつは、機構の円滑な運営をただ機械的に守ることに汲々とすること、もうひとつは、組織の運営の技術面ばかりを強調すること、である。

……組織体の運営目標を能率向上におくということは、別途企業体の目的がなんらかの方法で定まっており、資源も自由に使えることを前提とする。多くの状況ではとくに（重大な状況下では）、目的が一義的に決定されていないことも多い。また、たとえ目的そのものは決定していても、その達成手段はこれから創り出さねばならぬ、といったことがじつに多いのである。

手段を創り出すというのは、狭い意味の技術的な問題ではなく、その機関の社会的性格を形成することそのものにもつながるものである。リーダーシップがたんなる組織体の能率という段階を超えるのは、（1）組織体の基本的使命を設定し、（2）その使命を完遂できる社会的有機体を創り出すとき、である。

メイヨー、マクレガー、バーナード、セルズニクが提唱した「社会的行為者としての人間」という概念は、じつにすばらしいものである。ただ、残念ながら、すでに述べたように、最初の二人は不肖の弟子たちがその理論を歪曲してしまったために信用を失い、あとの二人は、今日にいたるまで広く読まれ、受け入れられることが一度もない状態である。

とくに私たちの見出した八つの基本のうちの二つ（自主性と企業家精神、および、人を通じての生産性向上）は、マクレガーの考え方と完全に軌を一にするものであり、他の三つ（「現場主義、価値観に基づく実践」「基軸から離れない」「厳しさと緩やかさの両面を同時に持つ」）は、バーナードとセルズニクの考えと軌を一にするものである。しかし、まだなにか足らないものがある。スコットのマトリックスの論述に戻ってみよう。

一九六〇年前後から一九七〇年までの第三段階は、一歩後退であると同時に一歩前進の時期だった。これをスコットは、「開放系＝合理的行為」の時代と呼ぶ。理論が一歩後退したというのは、人間に対する機械的な前提という段階に戻ってしまったということ、一歩前進というのは、学者がようやく、競争のはげしい市場環境を反映して、企業を外的な力によって形成されるもの、として見るようになったという意味である。

この時期に独創的な形で寄与したのが、アルフレッド・チャンドラーの『戦略と組織』である。ごく単純に言えば、チャンドラーは、デュポン、シアーズ、ゼネラル・モーターズ、ゼネラル・エレクトリックのような大企業における組織機構は、すべて市場からのさまざまな圧力によって動いている、とする。

たとえばチャンドラーは、デュポン、ゼネラル・モーターズ両社の製品系列が、市場に対応してどのように拡大していったかを調査し、相互にあまり関連性のない製品系列が増えていった結果、従来の機能別組織では対応しきれなくなり、製品事業部制の導入が必要になってきたことを実証している。すなわち、外的環境から戦略が生まれ、それが組織に影響を与えた、という見方である。

チャンドラーは、ハーバード大学でこの研究をし、それを受け継いだ二人のハーバード大学の教授ポール・ロレンスとジェイ・ローシュは、一九六七年に、やはりこれも画期的研究成果である『組織と環境』を発表した。彼らの理論は、チャンドラーよりもかなり洗練されているが、行きつくところの結論は、チャンドラーとほぼ同じものである。

彼らは、組織構造と経営システムに着目し、動きのはやい業種――たとえば特殊プラスチック製品――と動きの遅い安定した業種――たとえば貨物輸送用コンテナ――のそれぞれトップ企業を比較している。その結果、安定した業種のトップ企業は、機能重視の単純な組織形態と単純な管理システムを保持していることがわかった。それに対し、動きのはやい特殊プラスチック製品のトップ企業は、それほど業績のよくない会社と比べると、より分権化が進み、しかも経営プロセスとしてはより高度化したものを持っていることがわかった。

最後にスコットが提示しているのが、一九七〇年から現在にいたる、右上の象限、すなわち第四の時代で、これは「開放系＝社会的行為」として設定されている。どちらの軸も、この象限では雑然たる要素に満ちている。合理的行為にかわって複雑な社会的行為が登場した。生来の強さと弱さ、限界と矛盾と不合理さを合わせ持つ人間である。

外界から閉ざされたビジネスにかわって、はやいテンポでめまぐるしく変わる外界の強い力にもてあそばれるビジネスという見方が出現している。今日の指導的な理論家の眼から見ると、すべては——目的も手段も、外的な変化も——流動的である。この時代の代表的理論家としては、コーネル大学のカール・ワイク、スタンフォード大学のジェイムズ・マーチなどがいる。

この第四の時代の組織理論にめだつパラダイムとしては、「形式ばらぬこと《インフォーマリティ》」「個々の企業家精神」、そして「進化」があげられよう。指導的な経営理論家が古い考え方から完全に自由になりつつあることは、たとえの使い方の変化を見るともっともよくわかる。たとえの変化についてはワイクが痛烈で、普通よく使われる軍隊のたとえが、マネジメントをまともに考える際のたいへんな障害になっている、と彼は批判する。

「組織には幹部と兵士がいて命令系統がある。戦略と戦術を展開する。競争相手を攻撃し、経営学修士を〝徴兵〟する。……人々を〝退役〟させる（名誉退役にせよ、そうでないにせよ）ことで問題解決をはかり、統率を強化し、新しい訓練を導入し、援軍を求め、責任の所在を明確にする——軍隊の士気が低下した場合もこうするからである」

だがワイクは、企業の問題を考える場合、軍隊になぞらえるのは間違っていると考える。第一に、軍隊のたとえを使うのは、明確な勝者と敗者がいることを前提としているが、ビジネスの世界では普通そんなことはない。第二に、人はたとえによって問題を解決するが、軍隊のたとえを使っていると、「問題解決の思考空間がひじょうに限られ、みずからを組織する方法もたいへん限定されたものになってしまう」からである。

ワイクとマーチが提示する新しいたとえは、マネジメントの考え方に新しい血液を送るもの——旧式の考え方に傾いている人たちにとっては脅威であるかもしれないが——だった。たとえとして使っているのは、「ヨット」「遊び心」「愚かしさ」「シーソー」「宇宙ステーション」「ゴミバケツ」「市場《いちば》」「未開部族」などである。

超優良企業について論じていくうちに、この流れに沿ったもっと多くのたとえが輩出してきた——たとえば、私たちはこのあと「チャンピオン」「スカンク爆弾《ワーク》」「皇帝《ツアー》」などを紹介していくことになろう。いずれも超優良企業の中で使われている言葉である。

「それぞれのたとえは互いに脈絡はないけれど、ともすれば見落としがちな組織の特質をどれも適確につかんでいる」と、ワイクは言う。アンソニー・エイソスが言うように、「真実はたとえの中に潜む」のである。

チェスター・バーナードが一九三八年に出した『経営者の機能』は、おそらく経営理論として完全なもの、と呼ぶに値しよう。一九四七年、ハーバート・サイモンによって書かれた『管理行動』もまた自己完結型の巨編である。一九五八年に出たマーチとサイモンの共著『組織』では、組織づくりに関して互いに関連した四五〇の提案が論じられており、これもやはり経営理論としては完璧に近い総括的なものである。

それ以来、組織のセオリーとしてはまともなものが出ていない、と言ってもさしつかえない。おそらくマーチは、一九七六年のヨハン・オルセンとの共著『組織における曖昧さと選択』が総括的なものであると言うかもしれないが、私たちはそう思わない。もちろんカール・ワイクは、その名著『組織の社会心理』が理論として完成したものだとは言わないだろう。実際彼はたんに「本書は組織の理解のための一助」であると言っているくらいだ。

私たちがスコットのワク組みを用いて過去七、八〇年の歴史をまとめたのは、要するに、今日の第一線の理論家たち(第四象限)を全部束ねあわせれば、全体としてはもっともバランスのとれた立派な理論体系になっている、ということを言いたかったからである。そしてその理論の集合は、きわめて重大な点で、旧来の考え方と真っ向から対立している。さらに重要な点は、その対立の仕方が、超優良企業に関して私たちが見出したことにまったく添う形である、ということだ。

しかし、だからといって新しい理論が必要ないということにはならない。もし今日の経営者、経営の助言者、明日の経営者を教えている教師たちが、本書の第二章で示したような合理主義の欠陥の問題に対処しようと思うなら、新理論はどうしても必要なのである。

もちろんここで完璧な組織論を展開しようというわけではない。しかし、超優良企業における発見を通じて私たちは、いままで学者や現場の経営者に顧みられなかった理論の側面をいくつも見てきたので、これを発展させていくことが必要だと言いたいのである。そして、こうした発見は、今日の理論水準では、まだ曖昧である概念を表現するための、単純で直截的な方法を与えてくれるものだと私たちは考える。ただ、少なくともこのさき八つの章でひとつずつ論じていくつもりの「八つの基本」を理解するために、背景として念頭に入れておかねばならない考え方がいくつかあるのも事実である。

まず出発点としてはっきりしているのが、合理主義の限界をわきまえることである。これは、前二章の中心的テーマだった。その上に立って考えたとき、つぎに組織の人的側面に沿って四つの重要な前提条件が浮かび上がってくる。（1）人々は意味づけを求めている。（2）人々はほんの少しの管理を求めている。（3）人々はプラスの強化を求めている。つまり、ある意味で自分自身を成功者と思いたがっている。（4）会社の中にいる人々の行為と行動が、会社の姿勢と信念を形成する（その逆ではない）、の四点である。

過去および現在の経営理論の中にもきわめて重要な概念があるから、それもこれから構築する新しい理論に織りこんでいかなければならない。いままで正当な評価を受けてこなかった、という意味でとくに強調したい概念がふたつある。（1）企業、とくに超優良企業を独特な企業文化として捉える考え方。（2）たとえ具体的に計画することは不可能であっても、目的をはっきりと定めることによって、すなわち企業進化の方向を明確にすることによって、企業は次第に成功に導かれていく、ということ。

企業文化の重要性

価値観と独特の企業文化が重要だ、と私たちが言うのを聞いて、私たちの同僚はこういう意味のことを言った。「それは結構だけれど、ちょっとぜいたくというものではないだろうか？　企業というのは、まず金もうけをしなければ、なにもできないよ」

もちろん企業は財務的にしっかりしていなければならない。そして超優良企業は、かならず財務的にもっともしっかりしているグループにはいる。だが、その価値観の体系は、経済基盤の健全さ、顧客に奉仕する態度、〝意味づけ〟を組織の末端まで徹底すること、の三つを同時に包括し、かつ達成している。

ある経営者はこう言う。「企業における利益は、人間における健康と似ている。それがなくては困る。多ければそれにこしたことはない。しかし、そのために生きているのではない」。以前の調査で私たちは、経営数値だけを目標に掲げていた企業群が、もっと幅広い価値観を持った企業群に経営数値の面でも劣ることを見出している。それなのに、現在の経営理論のどれをとっても、価値観の形成――とくにひとつの「文化圏」としての企業――について、ほとんど述べていないのは驚くばかりである。

第一章で引用したスリーエムに対する評言「製品開発の中心的な信念については、過激派セクトで洗脳された者に劣らぬほど頑固である」を覚えておられるだろうか？　そのスリーエムはまた同時に、「厳しさ」でなく自由な雰囲気を持つ企業家精神でも知られているのである。デルタ航空は「家族的雰囲気」を実践しており、会長のウィリアム・ビービーも、「デルタが目指しているのは、お互いに対してひじょうに強い親近感を持つことである」と表現している。

ある人たちはテキサス・インスツルメントを「厳格すぎる」と言ってやめていく。だが一方では、同社はきわめて革新性にあふれており、マーク・シェパード会長は「目標・戦略・戦術」計画システム（OSTと呼称）について、「当社に革新性を至上とする体質が充満していなければ、このOSTシステムは効果があがらない」と語る。

『フォーチュン』誌のアナリストはメイタグについて、「メイタグ洗濯機の信頼性が高いのは、アイオワ州人の職業倫理に負うところが大きい」と書いている。コロンビア大学のスタンリー・デイビスはこう主張する。「ニューヨーク州ロチェスター〔つまりコダック〕やミシガン州ミッドランド〔ダウ〕のいなか工場では、企業文化が強い影響力を持っている。ニューヨーク市やロサンゼルス市にある工場ではそうはいかない。

バーナードとセルズニクが企業文化の問題を提示して以来、多少は価値観と文化についての学者の発言も散見されるようになった。『経営における政治性』でリチャード・ノーマンは、「中核となる経営理念」の重要性について触れ、あらゆる会社で進行しているもっとも重要なプロセスは、つねに過去の出来事を解明し、経営理念をその流れに合わせて調整していくことではあるまいか、と述べている。

ヘンリー・ミンツバーグは組織づくりを扱った近刊の中で、ほんのわずかではあるが組織づくりの基本としての企業文化について触れている。彼はそれを〔遺憾ながら〕「使命形態」と呼んで未来の予測をしているが、これも彼の平素の力を知る私たちにとっては、期待はずれの記述に終わっている。「使命〔機構〕形態には、第一に調整機能が生ずるはずだ。つまり、社会的同質化である。あるいは、組織の平均値を正規のものとして認知し、正当化していくという意味で、規範の社会化と言い直してもいい。また、それに伴って〝組織づくり〟の重要な手段として、『教化』の過程が始まる。……こうして、組織はイデオロギーを持つようになるのである。感覚の鋭い人がその組織を訪問すれば、その雰囲気から即座に〝イデオロギー〟を感じとることができるだろう」

ミンツバーグが言う「未来予測」なるものには新味がない。プロクター&ギャンブルではもう一五〇年もそのようにやってきているし、IBMにしても七五年近くそうしてきている。リーヴァイスの核となる人間重視の考え方は、一九〇六年サンフランシスコ大地震のあと、同社がとった前代未聞の「ノー・レイオフ」政策とともに始められたものである。

アンドリュー・ペティグルーは、正しい企業文化の形成こそ経営者の最大の仕事だ、と考える。「リーダーは、機構やテクノロジーといった組織の合理的・具体的な側面を形成するばかりでなく、シンボル、イデオロギー、共通の言語、信念、儀式、神話なども作り出す」。スタンフォード大学のジョアンヌ・マーティンもほとんど同様に、組織を「諸概念によって構成されているが、それらの意味を全体として管理していかなくてはならないシステム」と定義している。

マーティンは精力的に多くの具体的な調査を行ない、トップ企業にどれほど伝説や寓話が満ちているかを探った。ヒューレット・パッカード、IBM、デジタル・エクイップメントの三社は、その好例として彼女がよく引き合いに出す企業である。また、この調査によれば、業績のよくない会社では、この面でも劣っていることが指摘されている。ウォーレン・ベニスも、イメージとたとえの重要性についてこう述べている。

新しい行動を生むためには、その機関がなにをすべきかという目標を明らかにするばかりではだめだ。新しいやり方が正しいのだということを納得させ、理念から言ってもそれが是非必要なのだということを理解させるためには、そのイメージが鮮明でなくてはならない。

……ダーウィンがビーグル号での探検旅行について書いたとき、きわだっていたのは、内容よりもむしろその文章の美しさだった。進化論的考え方は、もうすでに台頭していたからである。同じような考えを表明するものもいたし、ダーウィンのおじは、先駆的な研究をすでに行なっていた。

……というわけで、もし私が、誰か変化を作り出そうとしている人に即席のアドバイスを与えるとすれば、私はまずこう言うだろう。「たとえははっきりしたものか？　たとえはよく理解されているか？　正しいたとえを正しく表現するためにどれほどのエネルギーを費やしているか？」

一九八〇年のある時期から、経済紙がたとえとして「企業文化」を持ち出すことが多くなってきている。一九八〇年の夏の終わりごろ、『ビジネス・ウィーク』誌がカバーストーリーに「企業文化」を取り上げてから、この傾向は本格的になった。いまではこの言葉は、経営問題を論ずる新聞、雑誌の中で、ごく頻繁に見かけられるようになっている。

「企業文化《コーポレット・カルチャー》」という言葉は、ウィリアム・フット・ホワイトの『組織人』が出版されて以来、そして、彼の言うグレー・フラノの背広を着た順応主義者のイメージが世間一般に定着して以来、ひとつのタブーとなってしまったようだ。しかし、ホワイトはもちろん、最近の経営学者までが見逃してきたと思われるのは、超優良企業には「厳しさと緩やかさ」の両面を持つ（一二章で述べる）という特質があることである。

文化がきわめて強い拘束力を持っている企業の中で、もっとも高いレベルの自主性が生まれている。そうした企業では、文化は本当に重要な少数の変数をピシッと調節するだけである。文化から「意味づけ」が生まれる。しかもこうしたソフトな領域におけるしっかりとした価値観の中で（そして、定量的ハードな指標においても、否ほとんどすべての面において）人々は傑出し、革新的であることを奨励されるのである。

「ＩＢＭはサービスそのもの」という社是では、個々の顧客に献身的にサービスすることが強調される。一定の企業文化の中では、こうした標語そのものが、驚くほどの広がりを持つのである。同社では、一事務員にいたるまで誰もが、顧客サービスの向上に役立つならなんでも考えるように求められている。

スティーヴン・ロスマンは『ダン・レポート』の中で、もっと具体的な例として、タッパーウェアのディーラーの言葉を引いている。

「会社《タッパー》は、私たちディーラーが自分なりのやり方をできるような大きな自由度を与えてくれます。どんな（ホーム）パーティでも成功させるためにはいくつか押えるべき点があるのですが、そうした点は、ディーラーの好みによってうまく色づけすればいいようになっています。紫色でも、ピンクでも、水玉模様でも——私ならラベンダーにしま模様が好きですけど——自由に色づけができるわけです。こういう自由があるから、ディーラーとしての特長を出し、自分を最大限に生かせるのです」

つまり、価値観を持つことの強みは、逆に、それさえ共有していれば、個々の構成メンバーに対しては、現実的かつ具体的な創意工夫によって、その精神を最大限生かしきるシステムが構築できるということなのだ。

進化

組織の社会的側面に一体感を与えるという点では「企業文化」と「共通の価値観」が重要であるが、

企業の適応力を維持するためには、「進化のプロセス」をうまく管理していくことが大切である。

企業文化の進化を論ずるにあたって、最大の問題は、現在までに展開されている理論の大部分が十分に厳密でないと同時に、反面、こうした新しい考えに適用できるだけの柔軟性にも欠けている、ということである。企業目的、安定した業績を生み出す根源としてのかたくなに共有された価値観、企業体質、などの間の関係を説明できる厳密な理論はない。その領域の話としては、たんに管理規定と目標設定についての若干の記述があるのみである。

他面、現在の理論の大部分は柔軟さに欠けている。大企業がつねに適応力を持ちつづけるためには、組織構造以外のなにか新しい（柔軟な）経営理論が必要だということが十分に理解されていない。逆に、硬直化の元凶でもある組織構造に関する規則と計画立案の手法で、大企業を活性化しようとする傾向が強い。

このふたつの問題はともに、大きな組織では、本質的に避けがたい複雑さに由来するものである。しかし超優良企業では、こうした傾向は見られない。随時、特別な対策を打ち出して問題を解決してしまっているからである。ルールブック一点ばりで管理するには、大組織というものは、あまりに複雑すぎるのである。逆に言えば、大組織はルールブックで記述できるほど簡単なものではないのである。

そこで、問題を簡単にするために、管理者たちはもっとも重要な企業目的を表現する一、二の「超越した」価値観を作り出し、これで細かい規則の代用を目指す。こうした価値観の浸透も規則《ルール》だけで行なうには複雑すぎるので、明敏な管理者は、「乱射」（つまり、成功・失敗を問わず、よい試みはとにかくやってみること）が十分に行なわれ、たとえ確率が半々であっても数でこなしていく――こうして

「バント」をたくさんして量を積み重ねる、ということを奨励するのである。一塁に頻繁に出る努力をし、ときには二塁打を打つことを望み、一〇年に一度ホームランが出れば上出来――と考えるのである。考えてばかりいて塁に出なければ、点にはつながらない。

われわれには新しい言語が必要である。われわれは経営用語の辞書に新しい言葉を書き加えなくてはならない。たとえばそれは、「暫定組織」であるかもしれないし、「臨時タスクフォース」「流動的組織」でもよい。またいままでに論じたつぎのような語も是非加えたい……。「スモール・イズ・ビューティフル（小さいことはいいことだ）」「漸進主義」「実験」「行為優先」「模倣」「たくさんのトライ」「理にかなわない変更」「内部競争」「遊び心」「愚かさのテクノロジー」「プロダクト・チャンピオン」「密造」「スカンク爆弾《ワーク》」「徒党」「陰の組織《シャドー・オーガニゼーション》」等々。

どれも従来の考え方とは真っ向から対立するものだ。どれも、はっきりした方向性を欠く言葉だが、それらはまた、同時に行為を誘発する言葉でもある。さらに重要なのは、こうした言葉をひとまとめにして、一貫した意味のある、人の記憶に残るひとつの総体とするためには、新しいたとえと考え方のモデルが必要だ、ということである。

すでに触れたように、ジェームズ・マーチは〝ゴミバケツ〟という比喩を用いて、ひとつの意思決定モデルを提示している。彼のモデルでは、「問題、解決策、参加者、絶好のチャンス」といったものが渾然となってうずまいており、その中から、意思決定とでも呼べるような現象がときおり発生する。そして、「理性的手段」を「愚かな手段」で補強しなければならない、と彼は説く。

個人にも組織にも、ときには理由のない物事のやり方というものを試してみることが必要なのである。もちろん、いつもそういうものが必要だというのではない。ときにはそういうやり方も必要だ、ということである。大組織ともなると、いつも理由づけを求めてばかりいるが、たまには、考えるまえに行動するぐらいの実行力を温存しておくべきだ、とマーチは主張する。

ところで、こうしたシステムの中では、リーダーの果たすべき役割もおのずと変わってくる。「スタッフが特定のデータを探すというより、現場の監督が感覚を研ぎ澄まして異常信号がどこかにないか見張る」という役割に近い、とマーチは表現する。彼はさらにその意見をひじょうにわかりやすく要約して言う。

「こうした組織管理の考え方におけるリーダーには派手さはない。じわじわと効果が出てくるような働きをする。組織を馬力の強いエンジンでなく風の力で動かそうというものであり、リーダーシップがうまく機能するか否かは、小さな介入をタイミングよく行なって、組織の自然な動きがその介入をふくらませるような方向にもっていけるかどうか、にかかっている」

そして彼はじつに巧みなたとえを引いてつぎのように言う。「組織運営とはたとえて言えば、雪ダルマを作るのではなく、柵の向きを変えて雪だまりの位置を変えていくことだ」

カール・ワイクは新しい理念に「感化」していくプロセスを「緩やかな結合システム」という表現で捉えている。ほとんどの経営理論は決定と実行の関係について緊密かつ強い結合を前提としている。たとえば、命令を出し、方針を発表すれば、自動的にそれは遂行される、という（誤った）考え方をしている。

「組織というものについて考えれば考えるほど、命令とはいったいなんだろう、と考えざるをえない。命令というものに対する一般的な先入観（効率的、計画的、予測可能、実行ずみといった）が、組織進化の基準としては疑わしいものだ、ということに思いいたらざるをえない」

新しい理念——に感化していくときには、その中心にふたつの進化のプロセスがある、とワイクは言う。「〝理由なき変更〟を許容しなくてはならない。私は目的を踏まえたうえでの複雑化を大切にしたい」。そしてもうひとつ「あとになって意味づけをすることが良い〝事例づくり〟〝先例づくり〟の重要な要素となる」と言う。つまり組織の中で自然に行なわれている数々の「実験」の中からその成果のうち本当に理念にかなったもの、意味のあるものを選び出し、それについて講釈をすることが、管理者の重要な仕事のひとつである、と言うのである。

成功しそうなもの、経営の目標に沿うもの、事実に対してレッテルを貼り（〝あとの祭り〟と言われようがなにしようが）、そうしたものの集積が将来の新しい戦略的方向づけの好事例となるようにする。逆に、「もうすでに枯れた土地」から吸収しようとする人々は負け犬である。もう学ぶものはろくに残されていないのだ。こういう会社では、グッド・トライ（失敗したけれども意味のある試み）がほとんど行なわれない。

当然ワイクの結論は、「人間には考えつきもしないことをできようはずがない」というものだ。だから、身近なところから好ましい事例をたくさん拾っていくことに意味があるのである。ワイクはゴードン・シウが行なった画期的な実験を引用して、自説の傍証としている。

数匹のハチと同数のハエをビンに入れ、底を窓の方へ向けてビンを横にする。すると、ハチは明かりの方向に出口を求めて、疲れ果てて、あるいは飢えて死ぬまで、ビンの底で悪戦苦闘する。これに対して、ハエの方は、二分もしないうちに反対側のビンの口から出ていく。

……この実験では、ハチが光を好むこと、いつもその方向に行けば出られたということを知っているハチの知能の高さそのものが仇をなしたわけである。ハチは閉じこめられると、いちばん明るい所にかならず出口があると考え、それに従って、あまりにも論理的な行動をとってしまうのである。ハチにとってガラスビンは、いまだかつて見たことのない超自然的な現象であり、むずかしい応用問題なのである。ハチは、この、突然現われた突破できぬ壁にとまどってしまう。

知能が高ければ高いほど、この見慣れぬ障壁は、より非論理的で、許容できないものに見えるのである。ところが愚かなハエの方は、ガラスの不思議さなどには無頓着に、光の方向なども考えに入れぬまま、やみくもに飛びまわる。〝単純な者には幸運が待っている〟のことわざどおり、反対側にたまたまぶちあたり、出口をみつけて自由の身になるのである。

ワイクはこう結論を出す。

このエピソードは、変化に対応するためには「実験」「持続」「試行錯誤」「リスク」「臨機応変」「複数解」「遠まわり」「混乱」「頑固さ」「あてずっぽう」などの要素が総動員される必要のあることをよく物語っている。もっとも対極的なものとしては、「厳格さ」と「緩やかさ」の対比があげられよう。手段と目的がどれほど一致しているか、意図が行為をどれだけ支配するか、隣人を模倣することがどれだけ解決につながるか、模索がフィードバックによりどう修正されるか、直前の行為が直後の行為とどうつながっているか、過去の経験が現在の行為をどう制約するか、知能によって適応行動はどう変わるか、などの設問に一義的に答えることはできない。

このビンの例では、行為と目的の結びつきの緩やかさが、大きな環境変化にうまく適応することに結びついている。個々のハエは「隣人」や「過去」との論理的結びつきが緩やかであったがゆえに数多くの個体特有の適応行動を連続して行ない、それが最終的に出口をみつけることに結びついた。この場合、この緩やかさが幸いしたわけだが、では緩やかさが正確にいつ、どのように成功に結びつくのか、緩やかさの実態に呼応して変化のプロセスそのものがどのように軌道修正されなくてはならないか、などについて明確に論ずること自体、不可能なのである。

ワイク、マーチなどといった人々は、ダーウィンの進化論が組織の発展の中にもやはり適用できるのではないか、と考えているフシがある。経済学者はつねに、組織が新しい環境に対応して変化していかなくては生き残れない、その中にいる人々の末端にまでいかにこの事実が浸透するかが鍵である、ということを言いつづけてきた。

経営者にとってはおもしろくない話だが、この進化論説は、まことによくあてはまる。今日『フォーチュンの上位五〇〇社』に選ばれる企業の大部分が、五〇年まえの同じリストには含まれていなかった、という事実だ。過去二〇年間アメリカの民間業界で増えた雇用はすべて、二〇年まえの『フォーチュン一〇〇〇社』に載っていなかった新しい企業が作り出したものだし、あらたに作り出された雇用の三分の二は、二〇年まえには従業員数二〇人に満たない規模の企業が生み出したものである。一〇年まえ、アメリカの三大自動車会社は、まさに〝無敵〟と見えたものだった。だが今日、この中で生き残れる会社がはたしてひとつあるのかどうかが議論の的となっている。

一九六〇年、ハーバード大学のセオドア・レヴィットは、『ハーバード・ビジネス・レヴュー』誌に「近視眼的マーケティング」という有名な論文を書き、すべての産業は一度は成長産業だった、と指摘している。ところが、あるところから、企業や産業は悪循環に陥る。ある程度のあいだ成長がつづくのを経験すると、その産業の経営者たちは、成長がつづいて当然、と思いこむようになる。その製品にとってかわるような画期的なものはないと思いこみ、大量生産の効用をやみくもに信じて、生産量の増加に当然伴うコスト低減に頼りすぎるようになる。経営者は〝一歩一歩〟製品改良や原価低減を行なえば事足れり、という気持になる。こうしたことが重ねられてきたとき、産業はかならず停滞し、衰退するのである。

『ダイナミック・エコノミック』誌で経済学者バートン・クラインは、注意深い研究に基づいて、やはり同じような見解に達している。

「ある産業がすでに成長後期に突入した場合、新しい進展がその産業内の主要企業によって完遂されることはまれである。事実、比較的動きの少ない産業で、およそ新しくS字型のカーブ〔あらたに大きく成長するパターン〕を見せるきっかけとなった発明およそ五〇種〔クラインは二〇世紀に画期的突破口を開くことになった主要な発明五〇件を研究している〕のうち、その産業内の主要企業によってなされたものは、ひとつも見出せなかった」

クラインの研究をさらに進めたジョージ・ギルダーはこう言う。「ある産業の中で、企業が生産性を上げていくプロセスそのものが、その企業の柔軟性と創造性を奪う」

つまり、市場では絶えざる進化が起こっており、適応力は絶対不可欠である。だが、みごと適応してみせる大企業はほとんどないに等しい、ということらしい。私たちがあげた超優良企業も、おそらく永遠に優良ではありつづけないのだろう。ただ私たちは、そうした企業が、いままでずっとうまくやってきて――大部分の会社よりもうまく、それも長期間にわたって――適応力と会社の規模を他の大半の会社よりもうまく両立させている、ということを言いたいのである。

私たちが思うに、この大きな理由のひとつは——ようやく最近経営学者が関心を持ちはじめたことだが——超優良企業では、意図的に社内に進化のタネを撒いていることだろう。超優良企業は学習する組織なのである。だから、じっと待っていても、しまいには市場にしてやられる、ということがない。自社の中に自分なりの市場を作り上げてしまう。証券アナリストは、IBMが市場占有率九〇パーセントを誇っていたころのいちばんの秘訣は、「幻の競争相手」をでっち上げてしまうことだった、と記している。

トップ企業があの手この手を使って、マネジメントのルーティンが企業体の硬化につながることを避けようとしている点は注目してよい。意味のある実験を増やし、試行《トライ》を奨励し、小さな失敗を許す。小さいことを大切にする。組織の各部門がつねに——顧客、ことに商品知識が豊富な顧客——とのコミュニケーションを大切にする。社内競争を奨励し、その結果として起こる重複を容認する。形式ばらない情報にあふれた環境を維持し、それが役に立つアイデアの社内拡散を刺激する。

興味深いのは、こうした会社の中で、自分のところがやっていることをはっきり口に出して述べることのできる企業が少ないことだ。ヒューレット・パッカード、スリーエム、デジタル、ワング、ジョンソン&ジョンソン、ブルーミングデールといった超優良企業は、とくにこうしたプロセスの統率者としての経営者の役割を（みずから）うまく説明できないように思われる。なぜなら、これらの企業では、このことが空気のように受け入れられており、表現を巧みにしなくても、その精神が十分に社員に理解されているからであろう。この〝精神〟に混乱のきざしがあれば、すぐに自分たちで感づくのである。

私たちがこうした企業をうまく記述できないように、こうした企業もまた、私たちに対して、みずからをうまく説明する言語を持たないのである。これが、超優良企業の共通点の研究がこれまでほとんど行なわれてこなかった最大の理由であろう。

パトリック・ハガティによるTI社におけるOSTシステムは、イノヴェーションを制度化することにおいてもっとも革新的な例である。だがこの場合でも、OSTの整然とした、あまりにもわかりやすく「システム」的な性格のために、残念ながら継続的な革新を奨励するよりは、むしろその官僚的色彩が前面に出てきて、創造性を抑制するきざしを見せはじめている。

一〇年まえ、ピーター・ドラッカーは『断絶の時代』で、「経営者は革新的な組織を作って管理していくことを学ばなければいけない」と言って、革新的理念への継続的な感化の必要性を予見している。『エコノミスト』誌の副編集長ノーマン・マクレイは、「アメリカの大企業が現在なお通常のビジネス活動では世界一の効率を保持している主たる理由は、つねに組織変更をつづけ、活性を維持しようとしていることにあると思う」と書いて、同じことを示唆している。

また、長年経営戦略の研究をつづけているイゴール・アンソフ教授はこう言う。「……組織の持つ能力を定義する際、『組織構造』が第一要素でなくなるときが来ると思われる。構造は『変化』と『不変化』の双方を動的に可能にするものとなり、最終的には『組織だった混沌』となるだろう」

これで思い出されるのが、主要鉱山会社を対象に私たちが行なった、探鉱活動の成績の善し悪しに関する調査である。依頼主にも報告したように、探鉱活動のうまくいっている会社は、「組織だった混沌」を地でいっているようなところがあった。「ワイワイガヤガヤとした環境」——調査のごく始めのころ出した報告書の中で、同僚のデヴィッド・アンダーソンが超優良企業の特徴を形容するのに使った表現がここでも思い出される。

要するに、成績の良い会社には「スモール・イズ・ビューティフル」といった考え方があるらしい。従来の考え方からすればあまりにも分割されすぎている、あまりにも雑然としている。そうした事例を私たちは何度も優れた会社で見てきている。これはいったいどういうことなのか？「規模の経済」はどうなってしまったのか？　このような会社でコストのメリットはあるのか？　習熟曲線《カーブ》の理論を理解していないのだろうか？

『サイエンス82』は、「いいと思ってやってみたのだが……」と題するコラムの中でこう報ずる。

一〇年まえ、フォード自動車会社は年間五〇万トンの鋳鉄エンジン・ブロックを生産できる工場を建設した。「大量生産はコストを低減させる」という信念に基づいて建てられたこの工場は四階建て、面積はフットボール競技場が七二もはいるほど大きなものだった。だが、V型八気筒エンジンの生産用に建てられたこの工場は、あとになってみると、あまりにも大きすぎ、あまりにも専門化されすぎていることがわかった。石油危機のあと、軽量の新型エンジンが主流を占めるようになると、フォード社はこの工場の改造は費用がかさみすぎて不可能だということに気づいたのである。結局フォードは、この工場を閉鎖し、主力エンジン製造を三〇年まえから使っている古くて小さな工場の方へ移してしまった。

ある一定の――通常考えられているよりずっと小さい――規模を超えると「規模の不経済」が働きはじめる、ということを超優良企業は本能的に知っている。一九八〇年はじめ、ヒューレット・パッカードの副社長ジョン・ドイルに私たちの調査の中間報告をしたとき、私たちは「HP社も含めて私たちが面談したトップ企業は、市場要因や規模の経済といった〃常識から考えられる〃最適規模よりも数段低いところに押えている」旨伝えた。私たちはこれをHP社に対するほめ言葉として述べたつもりだったのだが、彼はこの言葉に猛然と反発して言った。「われわれにとっては、あなたの言う〃常識的でない〃という規模が最適規模なのです」

このあと本書には、超優良企業のさまざまなやり方について、かならずしもルールブックに出てくるようには整然としていない例がたくさん出てくる。そこに一貫して流れている考え方、一見雑然としたものを貫く縦糸となるのは（人間に関する系では）、「スモール・イズ・効率的《エフェクティブ》」という思想である。機械的な原価計算をすれば、当然出てくる最適規模よりも小さな部門、工場、支店等々を私たちは数多く見てきた。また、細分化された部門の長に、擬似的に分権化して企業家精神の発揚を鼓舞している仕組みも見てきた。

ダナ社の「ストア・マネージャー」（実態は工場《プラント》マネージャーに近い）がその好例だ。従来の経済学では非とされる機能の分散がここでは行なわれている。たとえば、ダナ社の約九〇人にも及ぶストア・マネージャーは、すべて独自の原価計算システムを持ち、買いつけも別々に行ない、人事についてもほぼ完全な権限を持たされている。

また私たちは、一〇人の「スカンク爆弾《ワーク》」チームの方が、何百人をも擁する研究開発・エンジニアリング・グループよりも革新的であった、という例をさまざまな企業において見てきた。社内競争の例、いくつものグループが同じテーマに取り組んでいる例、製造ラインの重複・複線化の例、実験をつねに行ない、有用な失敗を誇らしげに（みずから）指摘する人々の例、などは枚挙にいとまがない。

臨機応変に組まれる小グループ、普通米国の経営にはあまり見られないと思われていた日本のQCサークルと同じ性質を持った無数の小集団活動などの例も多い。手続きを無理に標準化するのではなく、むしろ「うまくいくなら自由にやらせてみよう」という空気を維持している会社も見た。

なにか重要な新しい組織理論の入口にまで掘り進んでいるのではないか、と私たちは感じている。余分なものを「削ぎ落とし」て管理しやすい単位まで細かく区分していく、ということがこれほど意図的になされたことはいままでなかっただろう。従来の理論では、「スモール・イズ・効率的」という考え方は、普通小さな技術集団や小企業の革新性について語る場合に限られていた。しかし超優良企業の大部分では、経営効率を高めるための前提条件として、さまざまな形の「削ぎ落とし」が試みられているのである。そしておもしろいことに、この現象を見れば見るほど、それが効率を高める手段であると同時に、また適応力と生き残りのための手段でもあることがわかってくるのである。

ペンシルバニア大学のオリヴァー・ウィリアムソン教授は、効率に関する理論では第一人者である。その著書『市場と階級社会』があまり注目を浴びなかったのは、むずかしくて読みにくいということが原因と思われる（著者自身さえ「序」でそのことは認めているほどだ）。

ウィリアムソンの主張は、従来の「規模の経済」の考え方では、業務処理のための費用、つまり通信、調整、決定等の諸作業にかかる費用があまりにも過小評価されている、というものだ。これはさきほど私たちが、仕事を完遂するために協力・共同作業が必要な場合には、その作業に関与する人の数が単純に増えていけば、その連絡の複雑さは幾何級数的に増えていく、と言ったこととおおむね同じことを指摘するものである。互いに調整しなければならない要素が増えれば、その調整のための費用は機械的に考えた「規模の経済」による効用をもってしては到底カバーできない。ウィリアムソンの主張は、数多くの実例によって次第に裏づけが進んでいる。

ウィリアムソンの考えは、私たちが述べてきたことに近いのだが、ひとつ決定的な違いがある。それは、彼が世界を「黒か白か」としか見ないことだ。もしも業務費用だけを議論の中心に据えるなら、ある機能に関して社内スタッフより外部の者にやらせた方が効率良い場合、それは外注すればいいのである。

卑近な例をあげれば、たとえば大きな弁護士事務所では、植木鉢に水をやるなどというのは主業とは関係のない、いわば雑用である。ところが、どの植木が季節に適しているかと決めることや、枯らさないよういつも水をやるといったことは、スタッフの時間をずいぶんと食うのである。だから、外部の緑化サービス会社に任せた方が費用がかからない（そしてより効率は高い）のである。こうした緑化サービスを考えついた人は、植木の管理が誰にとっても厄介であることをよく知っている、なかなかの企業家である。

こうして、もし内部がより効率よく動くようになれば、残った作業については、階級組織《ヒエラルキー》を作っていくのがよい、と彼は主張する。私たちは、この時点ですぐに残り全体を階級組織に持ちこんでしまうウィリアムソンの考え方に賛同できない。なぜなら、企業内で擬似的に〝市場分割〟することは、十分可能と思われるからである。

何回も述べたように、IBM、HP、スリーエム、TI、マクドナルド、デルタ、フリト・レイ、タッパーウェア、フルオア、ジョンソン&ジョンソン、デジタル、ブルーミングデールなどは、その組織運営理念の根底に、あらゆる種類の〝マーケット〟が社内に存在し得る、という考え方をおいている。社内競争はプロクター&ギャンブルで一九三〇年以来公式に定められた方針だし、スローンも一九二〇年代はじめからGMでこれを公然と採用している。
秩序を犠牲にして能率をとるのである。いやじつは、能率以上のものが得られるのである。余分なものを削ぎ落とすことで、企業は「すばやい行動」を大いに促進できる。組織はまず行動し、みずからなしとげたことから学習する。企業は実験をし、誤りをおかし、予想しなかった成功を手にする――そしてそこにかならずと言っていいほど、既成事実に基づいた新しい戦略の方向が見えてくる。

大企業が革新的でなくなってしまう主な原因は、あまりにも大規模にやってしまうために、失敗を恐れ、動きがとれなくなってしまうところにある、と私たちは思う。生産工程のスムーズな流れや、組織化された操業、「一発狙い」的な大技術開発計画、硬直的な戦略的方向づけ、といったものに依存しすぎるためだ、と私たちはかたく信じている。そうして、学習することを忘れてしまい、誤りを許容できなくなる。そもそも「事の始め」のころにはなぜうまくいったのか？　行動と実験と試行の繰り返しを奨励する体質があったためではなかったのか？　大多数の大企業は、こうした初心を忘れてしまうのである。

実際私たちは、本当に適応力のある組織は、ダーウィンの言うような進化論をたえまなく企業内で繰り返していくものだと信じている。ある会社がたくさんの実験と試行を繰り返し、「意味のある誤り」を重ねていくとき、この会社は適合種をみずから求める変身をはかっているのだ。適応力ある企業とは、役に立たない変身が起こったときには、すばやく停止し、役に立つ変身が見出されたときには、大量の資源投入をすることによって〝種の保存〟を学んでいるものである。

適応力ある組織がひじょうに創造的な方向へ向かったとき、綿密なプランの結果でない場合も多いのではないか、というのが私たちの主張である。そうした組織は、ただ漠然と正しそうな方向に向けて、試行や実験、誤りを誰よりもはやく繰り返す。そして、ときに大成功をおさめる――つまり、マーチの言う「雪よけ」の柵を作っている――のではないだろうか。マッキンゼー社の前社長で牧場主でもあるリー・ウォルトン（現ヒューストン事務所所長）は、経営者の最大の仕事は「（牛の）群れをだいたい西の方へ向ける」ことだ、と言う。

私たちがダーウィンを引き合いに出すとき、いちばんよく受ける批判は、それでは漸進的で小さな革新だけに限ることにならないか、というものである。たとえば、IBMのシステム360のような画期的なものを出すには、しっかりした〝社運を賭けた〟大計画が必要だ、と言うのである。

私たちはこの種の疑問をぶつけられるのは大歓迎である。というのは、この疑問には、理論的にも経験的にも、たやすく反論できるからだ。まず、進化論的に見て、狭い意味での「漸進的変化」なる解釈（つまり、進化はほんの少しずつ起こるという考え方）は成り立たないのだ。

進化論の分野では誰もが第一人者と認める生物学者、スティーヴン・ジェイ・グールドは、たとえば、人間の頭脳がなにかの偶然で進化した際、その進化はその前何万年にもわたる猿の進化のスピードから当然理論的に予測されたような小さな一歩などではなく、一挙に五万年以上も先へ進んでしまったのだ、という。つまり、穴居人の生活に必要と思われる頭脳をはるかに飛び越えた能力を一挙に身につけてしまったわけである。また、それ以来今日にいたるまで、この人間の頭脳は基本的に変わっていない。もちろん、プラスの方向づけを持った突然変異には小さなものが多く、このような〝大変革〟はごくまれにしか起こらない。が、もちろんこれこそ私たちの言いたいところでもあるわけだ。

ともかく、進化論的なモデルによっても、グールドの言葉によれば、「全知全能の神」の助け（企業の全力投球した大計画）を借りずに大変革は十分に期待できるのである。

経験的な証拠はさらにはっきりとしている。バートン・クラインらは、産業を大きく飛躍させるのはけっして産業のリーダーではない、ということを何十もの例で立証している。それどころか、大きな飛躍をもたらすのは、町の発明家かあるいは中小企業であり、これはたとえば、あまり町の発明家などがいそうにはない鉄鋼、アルミといった確立された巨大産業でさえもそうなのだ。ほぼ同様に、私たち自身の調査した企業においても、新しい突破口を開くのは、会社の主流からはずれた熱心な小グループである、という結果が出ている。これは、マクドナルド（朝食メニュー商品がいまや同社売上げの四〇パーセントを占める）からGE（エンジニアリング・プラスチック＝俗称エンプラや、ガスタービンを用いた航空機エンジンの場合）にいたるまで、例は数多い。

ある企業通は、IBMが過去二五年のあいだに市場に送り出した主要な新製品の中に、IBMの正式な組織から誕生したものはひとつもない、と言う。これは、IBMが十分に計画された新製品や方針で勝負することがまったくない、という意味ではない。もちろんそうしたことは行なわれている。ただ、私たちが言いたいのは、突然変異は、従来の考え方の影響のもっとも弱いラインの末端近くで起こることが多いから、どうしても会社の主流からはずれた「クレイジーな集団」の手で進められることが多くなる、ということである。

さらに言えば、大きな技術革新（と、あとからラベル貼りをされるもの）で、当初の意図どおりに使われているものはほとんどない。まえにも述べたように、最初、コンピュータの用途はきわめて限られていて、せいぜい国勢調査局が使えるくらい、と考えられていたのである。トランジスターはごく限定された軍事目的のために開発された。ディーゼル機関車ははじめ、貨車の操車場で使うだけの短距離高馬力用と見られていた。そのディーゼル機関車を置換する目的で開発されたガスタービンが、汽車には使われることなく、ジェット飛行機のエンジンになってしまった。ゼログラフィは当時の石版印刷市場のごく小さな部分をターゲットとして開発されたもので、発明および初期のマーケティングの段階で、大量コピー向けという考えはまったく念頭になかったのである。

小規模な革新ばかりでなく大規模な革新にも、また効果ばかりでなく効率にも、やや厳格さを欠く私たちのこの〝進化論的経営理論〟が役に立つのである。この理論については、もうひとつだけとくに言っておかねばならないことがある。生物界では、ある種が活発に活動している範囲内で孤立することは悲劇的結果を招く。変異(新製品開発の試作品にあたる)はときどき起こるのだろうが、選択し、残さなくてはならない淘汰(成功)という作業は起こりにくい。だから、突然変異の発生過程(実験試行錯誤の段階)は孤立させてはならず、つねに外界の刺激(ビジネスにたとえれば市場ニーズや機会というフィルター)に曝《さら》されなくてはならない。

超優良企業の問題解決法は、環境(なかんずく要求のきびしい顧客)との数多くのかかわりあいの中から生じている。ここでもまた、従来の経営理論は超優良企業の現実に遠くおよばない。

経営理論は、一五年まえに大きな方向転換を行なった。すでに述べたように、組織論の中にようやく「外的環境」という要素がはいってきたのである。記念すべき研究は、一九六七年のローレンスとローシュによるものである。もっと最近では、進化論的考え方を導入した二人の若い研究者、ジェフリー・フェファーとジェラルド・サランチクがマスター格である。二人は一九七八年、『組織の外的管理——資源依存の観点から——』を発表している。同じく一九七八年には、マーシャル・メイヤーが『環境と組織』を発表した。前半七章にわたる一大理論展開と、後半一〇章にわたる一〇項目の研究プログラムの詳細報告からなっている。

これらの研究者たちの考え方は、いずれも要点を押えているとは思う。フェファーとサランチクを例にとってみると、「この本の中心テーマは、組織の行動を理解するためには、その行動の依ってきたるところを理解しなくてはならない、ということである。組織はかならず環境の諸条件に結びつき、拘束されている。事実、あらゆる生きた組織は、その論理的帰結として環境に適応した行動を行なっていると言う人もいるほどだ」と言っている。

まったくそのとおりである。だが興味深いのは、右に挙げた明らかに指導的役割を果たすこれら三冊のどれをとっても、索引に「顧客」とか「お客様」という言葉がひとつも見あたらないことだ。三冊の本はどれも、企業の外的環境について語りながら、超優良企業が顧客と緊密な接触を保っている点を完全に見逃しているのである。こうした企業の好例としては、ニューヨークのブルーミングデールデパートの真下にある地下鉄構内で、通りがかりのお客さんといろいろと店員が話をする（あくまでもゼスチュアかも知れないが）といったものから、デジタル社などのように、広汎なモニター制度を設けているところまでいくらでも見出せる。

数は少ないが、さらに進んだ研究をしている人々もいる。ことに、先端技術企業を研究しているMITのジェームズ・アターバックとエリック・フォン・ヒッペルは、業績の比較的よい高度技術指向の企業で、顧客との接触密度をいくつかの調査方法によって分析をしている。たとえばアターバックは、革新的企業の触角についてこう言っている。

「一般の顧客とのごくありふれた関係というものではない。本当にこうした企業が影響を受けるのは、ごく限られたひと握りのひじょうに〝しつこい〟、また創造好きな顧客との関係なのだ。また、その関係は、形式ばらない個人的なものでなければならない。……製品を提供する側と受け手の客との間で、多くの『解釈』と『試験』が行なわれる。見こみ客とメーカーとの間にこうした建設的なやりとりがあって、はじめて市場に大変化を起こすような製品の玉成《ぎょくせい》が行なわれるのである」

こうしたアターバックとフォン・ヒッペルの著述は、今日の主流をなすものではなく、また、その対象範囲は少数の高度技術会社の、比較的限られた面だけを捉えたものである。だが、幸い私たちが目撃してきた企業における〝顧客との強固な結びつき〟の例は、すべての産業に共通して見られるものなのである。

「この世に新しきものなにもなし」である。企業文化と価値観の形成過程については、セルズニクとバーナードが四〇年もまえにすでに語っている。ハーバート・サイモンが合理主義の限界を論じはじめたのも同じころだ。チャンドラーが組織と環境との連関について書き出したのは三〇年まえ、ワイクが進化という比喩について書き出したのが一五年まえである。

問題は、まず第一に、こうした考え方のうちまだ圧倒的に広く受け入れられ、世の主流となったものがないことだ。現場のビジネスマンに与えてきた影響は微々たるものである。第二に、こちらの方がもっと重要だと思うのだが、これらのすべてを足してみても、いままで見てきた超優良企業の持つ諸工夫とその成果とのつながりの豊かさを説明するには遠く及ばないことである。たんなる学説などという生やさしいものではなく、そこに「徹底」という表現を入れなくては十分ではない。ただたんに実験精神、と言っただけでは十分ではない。

これらの企業経営を特徴づけているのは、何千という実際の実験なのである。社内競争、と言うだけではものたりない。社内競争によってあらゆる経営資源の再配分が行なわれているのだ。「スモール・イズ・ビューティフル」というお念仏を唱えるだけでなく、実際に何百というひじょうに小さい組織単位、常識的に見てぎりぎりというくらい小さいグループを動かしているのである。顧客との接触、と軽く言うが、現実には経理係の下っ端の人から社長にいたるまでの全員がつねに顧客と接触できるような工夫をこらしているのである。

要するに、超優良企業における中心的な経営施策は、ただなんとなく他社に較べて変わっている、というだけではないのである。従来の経営学の常識に挑戦しているのである。およそ経営を志す人々は、この示唆するものを傾聴し、学ばなくてはならない。

第五章　行動の重視

（舞台）成功の八〇パーセントは、その場に姿をみせることだ。
――ウディ・アレン

しかしなによりもまず、なにかをすることだ。
――フランクリン・D・ルーズベルト

撃ち方用意！　撃て！　狙え！
――キャドベリー社の某重役

東アフリカで狩猟をやったとする。そのときの楽しさ、興奮を人に伝えることは不可能だ。本でも無理だし、スライドや八ミリでも駄目。トロフィーなど見せてみてもなんにもならない。その場にいてこそあの興奮を感じることができる。そこに居合わせた人々は、何時間でもその話に夢中になれる。だが、そこに居なかった人には想像することすらできない。

超優良企業のひとつの特質、そのほかの七つの特質を支えているといってもよい特質、を説明する際に、私たちが感じる無力感はこれとやや似ている。その特質とは、行動指向、「とにかく物事をやる」ということの重視である。

私たちは最近あるスタディを依頼された会社の重役に、彼の組織にはびこる形式主義、手続き、書類、委員会等をどうすればドラスティックに簡素化できるか、を説明しようとしていたことがある。なにかのついでについ私たちが「スリーエムやテキサス・インスツルメントではこういった問題はないようですがね。そのかわりに日常的にお互いに頻繁に話し合いが行なわれています」と言うと、彼は話がよくわからない、といった顔つきをした。私たちの言葉は役に立つ忠告どころか、興味をひくものとさえ思われなかったらしい。

そこで私たちは言った。「あなたの会社はスリーエムと競合関係にはないので、一度セントポールに行って見学してみませんか。一日ですむことです。きっと驚かれますよ」

スリーエムの知人たちは快くなんでも見学を許してくれたので、私たちはちょっと変わったことがいろいろ行なわれているのを見物できた。セールスの人々、マーケティングの人々、製造の人々、技術の人々、研究・開発の人々、そして経理の人たちまでもが、あちこちで円座になって、新製品をめぐる形式ばらない打ち合わせや会議をやっていた。たまたまのぞいたひとつの会議では、スリーエムの顧客が一人参加しており、四つの部から来たおよそ一五、六人の社員を相手に、自分の会社のニーズによりよく合わせるにはどうしたらいいか、を気さくな調子で喋っていた。どの打ち合わせもまえもって準備されたものではないようだった。あらたまったプレゼンテーションといったものはひとつもなかった。

こうしたこと——人々が一見なんとなく集まって、決めることは決めてしまう——が一日中つづいていた。夕方スリーエムを辞去するころには、私たちが連れて行った彼《か》の重役氏も、私たちの言っていたことがどういうことかがよくわかったようだった。だが今度は、彼が私たちと同じ悩みをかかえることになった。こうした情景をどうすれば彼の同僚に伝えられるかわからない、と言うのである。〝行動重視〟について正確に述べることはむずかしい。が、むずかしさにくじけないでやってみることが大切である。なぜなら、それはきわめて複雑なものだが、また決定的に重要なことだからである。私たちが関係している企業の多くは、さまざまなスタッフ、ときには文字どおり何百人のスタッフが作り出す膨大な報告書の山の中に埋もれようとしている。こうして、アイデアからは生命が失われ、その責任の所在と形骸のみが残る。

大企業の巨大な研究施設は、何トンにも達する報告書や特許を生み出すが、それが新製品となって実ることはめったにない。こうした企業では、無数の委員会とプロジェクト・チームが氾濫し、これらがからみ合って創意を殺し、行動を阻んでいる。仕事を支配しているのは、現実離れしたスタッフの机上論である。製品を作ったことも、売ったことも、試してみたり味わってみたり、あるいは見たことさえない人々が、他人の作った無味乾燥な報告書を通して学んだ製品についての机上論である。しかし超優良企業のやり方はまったく違う。たしかに超優良企業にもプロジェクト・チームはある。だが、それは三五人のチームが一年半かかって五〇〇ページのレポートを作り上げる、といったものではない。数人のチームができて五日後にはもう、ラインの末端で従来とはなにか違ったことが行なわれている、という形のプロジェクト・チームなのである。

この章で私たちが問題としたいのは、大企業の複雑さに対処する常識的、合理的な解決法と一般に考えられているもの——物事を調整し、調査し、委員会を発足させ、もっと多くのデータ（あるいは新しい情報システム）を求めるといった方法——が、はたして本当にそれでいいのだろうか、というテーゼである。たしかに、世の大企業と言われる複雑な組織では、複雑なシステムのほうが整然と見える。だが、それがあまりにも行き過ぎていることが多いのだ。複雑さは惰性と無気力を生み、そのためにあまりにも多くの企業が世の中の変化に対して正常に反応できなくなっている。

超優良企業を見て教えられることは、そうした方法だけがやり方ではない、ということである。超優良企業はそれぞれまことにユニークなテクニックを工夫し、それを駆使して、ともすれば惰性と妥協に流れがちになるのを防いでいる。そこには行動重視の手法が——とくに経営システム、組織の流動性、実験といった面で——数多く用意されている。どの数字がほんとうに重要であるかを明らかにする、目標の数を適宜限定する、といったことによって経営システムを単純化し、組織の柔軟性を保持、育成していくための数々の手法である。

組織の流動性——ＭＢＷＡ（右往左往経営）

ウォーレン・ベニスは『かりそめの社会』で、アルヴィン・トフラーは『未来の衝撃』で、ともに企業の行き方として「臨機応変主義」が必要であることを指摘している。世の中が急速に変わるときには、体制の永続性を前提とした「官僚主義」ではダメだ、というのである。

「官僚主義」という言葉で彼らが言っているのは、販売・製造といった毎日のルーティンを処理するために作られた〝固い〟組織形態のことである。それに対し「臨機応変主義」は、官僚主義的機構のすき間から落ちこぼれた新しい問題——官僚主義機構のあちこちに関係する問題なので、誰が扱うべきか、なにをすべきかがわからない。したがって、誰もなにもしない——を処理するための組織のメカニズムである、と彼らは言う。

組織の流動化という考え方は新しいものではない。新しいのは、それをどう活用するかを超優良企業が知っているらしい、ということである。形式ばらないコミュニケーションの手段が豊富であるためにせよ、あるいは臨機応変の手段を使っていく特別の方法があるせいにせよ、ともかく超優良企業がすばやい行動をとれるのは、その組織が流動的なものだからである。

超優良企業のコミュニケーションは、その性格においても方法においても、業績のよくない他の会社とはまるで違っている。超優良企業には、形式ばらない、開かれたコミュニケーションの網が張りめぐらされている。このコミュニケーション形式とその緊密さによって、しかるべき人どうしが日常的に接触できるようになり、また、接触が日常的であることとその接触の性質（たとえば同僚どうしの類似競争状態）のおかげで、このシステムにつきものの「無政府的混沌」をうまくコントロールできるのである。

超優良企業でコミュニケーションが緊密であることには疑問の余地がない。それは普通、形式無視を強調するところから始まる。たとえばウォルト・ディズニー・プロダクションでは、社長以下全員がファースト・ネームだけを書いたネーム・タッグをつけている。ヒューレット・パッカードでも同様に、ファースト・ネームで呼び合うことを奨励している。そのつぎには「オープン・ドア」政策がある。

ＩＢＭでは門戸開放《オープン・ドア》ということに膨大な時間とエネルギーを費やしている。これは当初からワトソン哲学の根幹をなすもので、従業員が三五万人になった今日でも生きつづけている。会長みずから、あらゆる従業員から寄せられる苦情に答えるということをつづけているのである。門戸開放策はデルタ航空でもすみずみまで浸透しているし、リーヴァイ・ストラウスでは、「門戸開放」を四つの自由〔一九四一年ルーズベルトが唱えた、言論の自由、信仰の自由、欠乏からの自由、恐怖からの自由〕につぐ第五の自由、と呼ぶほどである。

経営をオフィスに閉じこめない、ということも形式ばらないコミュニケーションに役立っているのだろう。ユナイテッド航空のエド・カールソンは、これを「眼に見えるマネジメント」とか「MBWA（Management By Walking About——歩きまわる経営）と呼んでいる。ヒューレット・パッカードでは、同じくMBWA〔ただしこちらはWの字が歩く〔ウォーク〕のではなく、さまよう〔ワンダー〕経営と称している〕が、「HP的」やり方の重要な要素となっている。つまり、「右往左往経営」である。

形式ばらないコミュニケーションをもうひとつ大きく刺激しているのが、物理的施設、配置にこらされている数々の工夫である。コーニングでは、新しいビルにエレベーターの代わりにエスカレーターを配置して、人と人とがすれ違いざま顔を合わせる機会を多くした。スリーエムでは、一〇人ほど人が集まれば、どんな社内活動でも助成金を出すことにしている。昼食のときなり他の機会に、趣味の会合でもなんでも、大勢が集まれば、問題解決の話もする機会が増える、それだけでもペイする、というのである。

シティバンクのある行員から聞いた話では、長いあいだつづいていた業務係と貸付係との間の溝は、両係を同じ階に入れて、両者が混在するレイアウトにかえたら、いっきょに解決したという。

これらのことは、みななにを意味しているのか？　コミュニケーションの量と機会を多くするということである。ヒューレット・パッカードの黄金律はすべて、「もっとコミュニケーションを」ということにつながっている。HPでは、社会的、物理的環境もコミュニケーションが生まれやすいものになっている。パロアルトの工場施設をまわってみれば、かならず大勢の人たちが黒板を置いた部屋に集まってなにか気さくに話し合っている情景に出くわすであろう。こうした臨時のミーティングには、研究開発から製造、技術、マーケティング、セールスに至るまで、あらゆる分野の人たちが参加しているのが普通である。

この点が、普通の企業とは違うところである。普通、経営者やスタッフはけっして顧客に会って話をしたりはしないし、けっしてセールスマンと通り一遍の挨拶以上の言葉を交わさない。また、けっして製品をみずから見学し、手で触ってみることをしない（けっしてというところを強調しておきたい）。ヒューレット・パッカードにいるある友人は、同社の中央研究所組織についてこう言った。

「どういった組織がベストなのか、ほんとうにはわからないんだ。たしかなのは、われわれがまず、きわめて自由で形式に捉われないコミュニケーションから出発しているということで、これはとても大切なことだと思う。これだけはどんな組織になっても残しておかねばならない点だ」

スリーエムの考え方も同様で、ある経営幹部はこう言っている。

「あなた方の優良企業分析（八つの基本）には、ひとつだけ問題がある。第九の特徴として、『コミュニケーション』をあげていないことです。私たちは大量の書類や形式ばった手続きをやめにして、そのかわり互いにざっくばらんに、頻繁に話し合うことにしています」

こうした数々の実例から、組織運営に関する「接触工学」とも呼ばれるべき新しい技巧が浮かび上がってくる。つまり、インフォーマルな接触ができる状況を作り、それを維持する仕組みが、大企業活性化の中心技術となるのである。

どこでも全般的に、同僚どうしによる定期的、かつ積極的な批評（ピア・レヴュー）が大きな力を発揮していることが観察される。タッパーウェアがその好例だ。タッパーウェアはあのなんのへんてつもないプラスチックのボウルを売って、売上げ約八億ドル（一九二〇億円）、税引前利益約二億ドル（四八〇億円）をあげている。経営者の第一の任務は、八万を超えるセールスレディを動機づけることで、その最大の武器が「集会《ラリー》」なのである。

毎週月曜の晩、セールスレディ全員がそれぞれの販売エリアの集会に出席する。この集会には、「（成績の低い方から高い方への）カウント・アップ」という行事があって、先週の成績の低い人から順に、グループごとに全員がステージに上がり、他グループの人も全員起立して拍手をおくるのである。そして、ほとんど全員――なにか少しでも貢献をしたという名目がたつ人すべて――が、ピンやバッジをもらう（数個ももらう人もいる）。こうして全グループが同じことを繰り返すのである。

これはある意味ではかなり厳しい行事と言える。露骨な形でのランクづけが避けられないのだから。だが反面、集会は積極的な雰囲気に包まれている。みなが成功者なのである。会場は、終始、拍手と歓声に満ちているし、評価のテクニックも、書類や数字によらぬ形式ばらないものだ。事実、タッパーウェアのシステム全体が、祝賀会、お祭り騒ぎに基づいて運営されている。

毎週たくさんの新しい競技が導入される。たとえば、成績が最低の三つの販売エリアがあったとしよう。その中で、つぎの八週間にいちばん売上げを伸ばしたところに賞を出す、というのである。これならドンジリからはい上がる努力をしてみよう、という気にもなる。タッパーウェアはいわゆる「祝賀会」に年間三〇日も費やしており、そこで表彰される人数はじつに一万五〇〇〇人（一週間にわたってつづく祝賀会一回ごとに三〇〇〇人ずつ）にもなる。会社の雰囲気全体がプラスの動機づけを最大限に生かそう、という考え方によって成り立っている。

HP、タッパーウェアその他の例を見るとき、なによりもつぎの二つのことを達成しようという経営努力が意識的に行なわれていることがわかる。それは、（1）トップの人ばかりでなく、とくにラインの末端の人々がなにか価値のある行為を完遂した場合、あらゆる認知の手段をもってそれを称えること、（2）成果を互いに報告し合う機会をできるだけ多く設けること、である。

私たちが第一回目の面談調査を行なったとき、六週間後に全員で集まって、面談調査で明らかになったいちばん重要な（そして普通の会社との違いの大きな）ことはなんだろうか、と話し合った。このとき全員が、超優良企業には形式ばらない自由な雰囲気が満ちあふれていることだ、という点で一致した。それ以来何年にもわたる追試を行なってきたが、私たちのこの考えはいまも変わっていない。成功の秘訣は、豊かで自由なコミュニケーションなのである。また、これには一石二鳥の効果もあって、自由なコミュニケーションは副産物として、より多くの行動と実験と学習とをもたらし、同時に、物事をよりよく把握・管理する機会をもたらすのである。

つぎの例を考えていただきたい。「チェイス・マンハッタン銀行の重役の声には、認めたくないが賞讃を禁じえない、といった感じがよく表われていた」と、『ユーロマネー』誌は伝えている。「（競争相手の）シティバンクでは、うまくいかぬことがあれば変えてしまうんですな。それも、うちのように徐々にではなくいっぺんにです。たとえそのために銀行全体がひっくり返るような騒ぎになるとしても、です」

もうひとつ、ＩＢＭ重役の言葉。「一九六〇年代のＩＢＭでは、わずか二、三週間で組織の大改変ができるよう、企業を柔軟にしておくという目標をたてていたといいます」。このＩＢＭの価値観は今日まで一貫しており、それだからこそ、安心して組織ぐるみである特定の問題にあたるべく資源を移動させることも可能になるのである。

もっと小さな会社の例でいえば、年商三五〇〇万ドル（八四億円）ながらかなりうまくやっているスポーツ用品専門のトラック社の最高経営責任者は、優秀な社員の意欲をいつも高めておくためには、組織を柔軟にしておかなければならない、と語っている。

「価値ある社員をひきとめておくには、新しいプロジェクトを出しつづけるしかないのです。……〔私たちのやり方〕組織を柔軟にしてプロジェクト・チームを作ることです。うちでは、それを基本組織形態の一部として定着させています」

もうひとつ、ハリス・コーポレーションもほとんど不可能と思われていたことを可能にしている。ハリスは、政府委託の研究を商業的に引き合う諸研究分野の中に分散させる、という難問を解決してしまったのである。それは、これまで多くの企業が試みて失敗してきたことであった。

ハリスが成功した最大の理由は、エンジニアの一団（二五人から五〇人）を定期的に政府プロジェクトからはずし、新しい商業プロジェクトの部門にまわしていたことである。同様の方法によって、ボーイングも成功をおさめている。ある幹部はこう言う。

「それ（新しく大きな民生部門を新置し軍需部門から人を移籍させること）は、二週間でできました。インターナショナル・ハーヴェスターだったら、二年かかってもできなかったでしょうな」

超優良企業では、これをさまざまなやり方で行なっている。が、そこにはいつも経営資源——エンジニアの一団、マーケティング担当者の一団、部門間の製品移管など——を必要ならばいつでも動かそう、移そう、という意欲が見られる。

分塊化による個別撃破

ある一流のライン管理者のオフィスを訪ねたときのことを、私たちはいまでもはっきりと思い出す。いま「製品グループ・コーディネーター」になっている彼は、硬骨漢として知られ、労務問題の解決で名を上げた実務家であった。その彼の机の上はきちんと片づけられ、『ハーバード・ビジネス・レヴュー』誌の人間関係論の記事を切り抜いたものなどを、彼は所在なげにパラパラとくっていた。いまの仕事はなんですか、と私たちが尋ねると彼は、自分がその長をつとめている委員会のリストを出して見せた。つまり彼には、独自に解決できる問題がひとつもなかったのである。

これはばらばらになっている責任体制の好例であり、マトリックス組織の問題点が露呈していた。これではいかに彼でもなにもできないし、元気なさそうに見えたのも無理からぬことであった。私たちが超優良企業で見出したものは、これとはまったく違うものなのである。

日本におけるエクソンの子会社のひとつで、最近一〇年間現業部門責任者をしていた人が、最近、トップ経営者の会合で、「戦略」についての話をしたのを私たちは聞いた。彼はこの子会社における改善活動についてのすばらしい事例を紹介した。それは、明敏な先見性と大胆な戦略行動を物語るものではない。それは、「一連の現実的行動」の集積効果を物語るものだ、と私たちは思っている。

一〇年の間ほぼ毎年、彼は問題をひとつひとつ片づけていったのである。ある年には地域本部から「電撃部隊」が来て、停滞しがちな売掛金の回収にあたった。つぎの年には、収益性の悪い部門の整理、閉鎖が集中的に行なわれ、その翌年には、ふたたび「電撃部隊」によって特約店との斬新で効果的な供給方式を確立した。「個別撃破理論」と私たちが呼ぶものの、典型的な例である。

ビジネスで成功をおさめるのにいちばん重要なのは、なんでもいいから手近にあるものを、いま解決していくことだ、と私たちは確信している。日本のエクソン（エッソ）は、ただひたすら、具体的な一連の戦術をそれもほとんど完璧に実行した。まず、それぞれの問題を処理可能な形にして、それから撃破する、というやり方である。

ひとつひとつ問題解決に費やされた時間は、比較的短かかった。その短い期間中は、その問題の解決がなににも増して優先するという雰囲気を作り、全員をその気にしてしまうのである。こうして、一件ずつ確実に片づけていくのである。

これは一見、戦略的先見性のように見える。が、私たちに言わせれば、それをはるかに超えるすばらしい特徴だと思う。一連の具体的な仕事をやりおおせる能力なのである。

根底にはひとつの原則がある。私たちが「個別化」「分塊化」と呼ぶ、行動重視の表われのひとつである。これは別にむずかしいことではない。ただ、仕事や組織を分割して組織の流動化を図り、行動を消化できる単位にする、ということなのである。

細かく分けられた撃破チームは、ときによってさまざまな呼び名をつけられる――チャンピオン、チーム、行動部隊、皇帝《ツアー》、プロジェクト・センター、ゲリラ、スカンク爆弾《ワーク》、QCサークル等々。が、共通点がひとつある。企業の正式な組織図にはけっして出てこないし、社内の電話番号簿にもまず載らないということだ。それにもかかわらず、これらはその企業組織を流動的に、かつ臨機応変に保つもっとも重要な、もっともよく目につく単位なのである。

分塊化ということでいちばんよく目につくのが、小集団である。小集団こそが、超優良企業を形成する単位の基本なのである。普通、私たちは組織を形成する単位というと、もう少し上のレベルの集団――部や課、あるいは戦略ビジネス単位（SBU）を考えがちである。これらは組織図にも載る組織の単位である。しかし、組織を有効に機能させるということでいえば、小グループこそ不可欠な要素だ、というのが私たちの考えである。この意味でも（そのほかの多くの意味でも）超優良企業はひじょうに「日本的」である。

エズラ・ボーゲルは、『ジャパン・アズ・ナンバー・ワン』で、日本企業のビジネス構造、社会構造の中心となるのは課長で、八人から一〇人のグループがひとつの単位をなすのが普通だ、と言う。

会社の基本的構造単位となるのは、特定の役割を担い、秘書とアシスタントをつけられた人間ではない。基本的単位は課である。……この（かなり下層にある）単位は、その権限の中で、上司からの指令を待たずにイニシアティブをとっていく。……このシステムが効率よく機能するためには、課長や係長がアメリカ企業のそれより以上に企業の目的を熟知し、自己を企業目的と一体化させていく必要がある。日本では、長い経験と、あらゆるレベルの人との話し合いとによって、これらが成し遂げられている。

日本のように国民気質の中の自然な一部となるまではいかないが、アメリカにも基本単位としての小集団というものは存在する。スリーエムでは新製品開発の分野で、四人から一〇人のチーム数百が常時活躍している。あるいは、先述のテキサス・インスツルメントで、九〇〇〇のチームが少しでも生産性を上げようと奮闘していることを思い出していただきたい。

オーストラリアの大企業ですばらしい就労率をあげている数少ない会社のひとつにＩＣＩがある。ここでも、ダーク・ジードラー社長が一九七〇年代初頭に設定したプログラムの中に、日本の「課」とひじょうに似た、互いが緊密に結びついたチーム組織が見られる。

小グループのほんとうの力は、その小まわりのよさにある。スリーエムで製品開発チームはどこにでも作られるが、それがどの部課に属するのかなどと案ずる者はあまりいない。ＴＩの会長マーク・シェパードは同社を称して、「流動的なプロジェクト指向の環境」と呼んでいるが、まったくそのとおりだろう。経営のうまくいっている会社のよい点は、機能すべきものが機能している、ということである。

また、たいへん注目に値するのは、超優良企業における効果的なチームの活用が、効果的な小グループ編成に関する学問的研究における結論とぴたりと一致していることである。たとえば、超優良企業で、生産性改善や新製品開発チームは普通五人から一〇人だが、学術的研究によれば、ほとんどの場合グループの最適の大きさは、七人前後と出ている。「小集団」に関し、グループの大きさ以外にも研究によって裏づけられていることは多い。自発的に集まり、期間を限り、自分たちで目標を定めたチームは、普通この反対の性質を持ったチームよりはるかに生産性が高い、というのもそうだ。

臨時タスクフォース　個別撃破の手段としていちばん典型的なのがタスクフォースである。しかし残念なことに、それはどうしようもない官僚主義の典型ともなりうる。

私たちにとって忘れられない分析調査がある。調査依頼主は年商数十億ドルの大企業の六億ドル

（一四四〇億円）の売上げを持つ本部だった。私たちがこの本部内のタスクフォースの数を調べてみると、正式には三二五チームもあることがわかった。ここまでは別に変わったことではない。私たちにとって——そしてその企業にとって——ショックだったのは、そのうち過去三年間に目標を達成できたチームがひとつもなかったことである。しかも、途中で解散したチームも皆無であった。別のクライアントにおいても、タスクフォースに関して同様の状況が見られたので、私たちはチームの作成した報告書を無作為にいくつか取り出して調べてみると、ほとんどが一〇〇ページを超えていた。承認印のサイン（ハンコ）だけを数えても少なくて二〇、多くて五〇にものぼっていた。

昨今、タスクフォース全盛の趣があるが、これを理解するためには、その歴史を振り返って見ておいた方がいいだろう。もちろん、こうしたものは以前から、とくにレッテルを貼られることなく行なわれてきたのであるが、とくに「タスクフォース」という現在の名で注目を浴びるようになったのは、ＮＡＳＡと原潜ポラリス計画以降のことである。

ＮＡＳＡは随時、必要に応じてチームを組んでいく体制を導入し、初期のプログラムでそれがみごとに成果をあげた。ポラリス潜水艦建造計画では、さらにその効果は絶大であった。この後、「タスクフォース」という達成目的のきわめて明瞭な組織を用いて問題解決を計ろうという考え方は、産業界に広く浸透して、あらゆることに使われるようになった。一九七〇年ごろには、それはひじょうに多くの大企業の採用するところとなり、今日では、皮肉にもそれが是正することを目指した〝固い〟組織のまさに一部になってしまった。

いま振り返ってみるとき、なにがうまくいかなかったか、いくつか気づくことがある。官僚的なシステムの中で用いられる手段がいずれもそうであるように、タスクフォースもそれを設営すること自体が目的となってしまったのである。目的を達成するための活動のかわりに、書類と調整作業ばかりが増大した。形式を重んじ、書類と規則が万能の機構は、タスクフォースを「組織から切り離された、行動を刺激する独立した動的チーム」、として使うかわりに、組織の下地となっている迷宮の上に押し重ねてしまったのである。

タスクフォースとは名ばかりで、実態は調整委員会と同じものになり下がってしまったのである。誤った条件下で用いられるすべての経営テクニックと同様、タスクフォースは問題を改善するどころか悪化させてしまった。というのが悪い面だ。良い面は、良い条件の整った――流動性と臨機応変とを心がけている――会社において、タスクフォースが問題解決のためのめざましい手段となったことである。要するにこれは、（どの道こんがらかってしまう）正式なマトリックス組織に対する最大の防御となるのである。他部門間にまたがる問題事項の解決と実施に際し、恒常的な機構を設けることなく、追究できる唯一の有効な手段なのである。

この点をよく説明してくれるエピソードがある。本書のための研究の最中、私たちの一人が風の強い二月のある日、マサチューセッツ州メイナードにあるデジタルの本部へ行ったときのことである。予定されていた面談調査を終えたあと、一人の重役に、このあと数日間の仕事の予定はどうなっているのか尋ねてみた。デジタルではどういう具合に仕事が行なわれているのかを具体的に知りたい、と思ったからである。

他の六人といっしょに会社の販売部隊を再編成するつもりだ、と彼は答えた。彼を含めて七人全員がラインの最高責任者で、それぞれの販売部門については、当然のことながら全権を与えられていた。この重役と話したのは木曜日だったが、その夜彼は、他の六人とともにコロラド州ヴェイル（有名なスキー場＝デジタルの役員は心得ておられますな！）に発つ予定だ、ということだった。そして、「月曜の晩に戻ってきて、火曜にはセールスの新体制を発表できるでしょう。一週間もすれば、その第一段階は実行に移されているのではないかな」

面談調査をつづけていくにつれて、こうした速断即行は形を変えて何度も耳に入ってきた。デジタル、スリーエム、ＨＰ、ＴＩ、マクドナルド、ダナ、エマーソン、エクソンといった、じつにいろいろな業種に見られるタスクフォース制は、他の組織で私たちがいつもよくお目にかかる官僚化したそれとはまったく違った特質を持っている。超優良企業では、タスクフォースはまさにその本来の形で機能しているのである。

タスクフォースの人数は少なくあるべし。普通、一〇人以下　これまで述べてきた小グループの特性をほんとうによく生かそうとすれば、小規模グループに限る。それに対し官僚化した会社で典型的に見られるタスクフォースの組み方は、関連のありそうな者を全員チームに入れてしまうことである。こうして、二〇名を超すタスクフォースがざらに見られることになる。メンバーの数なんと七五名などというのさえ、私たちは見たことがある。ほんとうに必要なメンバーだけに限ることが肝心なのである。

多くの会社ではこれがうまくいかない。というのは、それがうまくいくための条件、すなわちチームに入れなかった人々が、自分たちの考えは十分に代表されている、と感ずる信頼感がそこにはないからである。

タスクフォースがどのレベルまで報告すべきか、メンバーにはどのクラスの人々をあてるべきか、はその問題の重要性に正比例する　問題が大きな場合には、メンバーのほとんどを幹部クラスとして、報告は社長に対して行なう。各メンバーは自分の推すところがなんであれ、それを実行する権限の与えられていることが肝要である。デジタルのある重役はこう言っている。
「私たちがメンバーにしたいのは、幹部だけ。代理はいらない。私たちがメンバーにしたいと思う者はみな、面倒な特務チームなんかはやくすませて、自分の仕事に戻りたいという忙しい連中だけなのだ」。私たちはこれを「多忙なメンバーの法則」と呼んでいる。これをもじって私たちの考え出したタスクフォースのメンバーになる人の資格条件は、「タスクフォースにはとてもはいる余地のない超多忙、超重要な人」という公理である。

タスクフォースの存続期間は普通、きわめて短い　これはきわめて大切なポイントである。TIでは、四カ月以上チームがつづくことはまずない。模範的な企業では、どのようなタスクフォースも、六カ月以上つづくなどもってのほか、という考えが一般的だ。

メンバーは志願制であるのが普通である　これについては、スリーエムでいちばんよい説明を聞いた。「たとえばマイクが私に、なにかのチームに参加してくれ、と言ってきたとすれば、私は参加します。うちではみんなそうしています。だが、それはほんとうにやって意味のあるテーマでなければなりません。また、なんらかの結果が出なければ意味がありません。そうでないなら、もうマイクの手助けをして時間を無駄にするのはたくさんだ、と思うことになります。もしそれが自分の運営するチームなら、時間を使ってくれたみんなが損をしたと思わないように、私は一生懸命がんばりますよ」

タスクフォースは必要に応じて迅速に結成され、普通、公式の権限規定などを伴わない　タスクフォースは複雑で多機能にわたる条件下で問題を解決していくのに最良の手段である。そのため、調査した諸企業では、さいわいその権限云々で大げさに騒ぎたてることなく、「朝飯前」といった感じで、チーム編成が行なわれている。それに対し、さきほど述べたタスクフォースが三二五もあるという官僚化した会社では、驚いたことに、各チームごとに正式の設立趣旨その他を規定した書類（それも長文のものが多い）が作られていた。

フォローアップが迅速である　この点ではTIが模範的である。タスクフォースが作られて三カ月後には、経営幹部は結果を要求するという。「いえ、まだです。報告にまとめるべく検討している最中です」では答にならないのである。

専属スタッフが指名されることはない　さきほど三二五のタスクフォースのうち、およそ半数に専属のスタッフがいた。書類いじりばかりが好きなチームには、書類いじりの専門家がいるわけだ。しかし、TI、HP、スリーエム、デジタル、エマーソン等では、タスクフォースに「スタッフ」が与えられることはない。また、委員長の下に「主任」なり「補佐」なり肩書きを与えられた専任者をおくとか、フルタイムの報告書作成者をおく、といった例はまったく見られない。

書類化されることは少なく、あったとしてもインフォーマルなものがあるだけ　ある会社の重役が私たちに言ったように、「タスクフォースは書類を作るためのものではない。問題を解決するのがその役割」なのである。

最後にもう一度、タスクフォースの生ずる土壌というか、会社の空気が重要であることを繰り返し述べておきたい。自由なコミュニケーションがどれほど大切かということは、システム３６０開発について、この計画の中心となったフレデリック・ブルックスが語っていることでもよくわかる。たしかにシステム３６０の場合は、巨大プロジェクト・チームであり、普通タスクフォースと呼ばれるものよりずっと規模は大きいのだが、それでもその構造は流動的なものだった。ブルックスによれば、プロジェクト内での組織変えは日常茶飯事だった、という。メンバー間の接触は緊密なもので、毎週一回、主要メンバーが集まって半日の会議を開き、進捗状況をチェックし、変更が必要ならば、そこで結論を出す。議事録は一、二時間以内に作成される。プロジェクトメンバーは誰でも必要なすべての情報を手に入れることができる。

たとえばプログラマーでさえも全員が、プロジェクトに携わる全サブグループからの報告に目を通していた。毎週の会合は、関係者のみで、アドバイザーとしての役割で（つまりスタッフとして）出席する者はいない。「拘束力のある決定をする権限をみなが持っていた」と、ブルックスは言う。

システム360のグループは、毎年「最高裁」会議を開き、普通これは二週間つづいた。他で解決を見ない問題は、すべてここで白熱したやりとりののち、解決されるのだった。私たちが見てきた多くの会社では、社の主要メンバー二〇人が二週間持ち場を離れるとか、同一テーマで毎週半日間のミーティングを行なうなど、考えられないことである。また、情報を広く公開することや、出席者全員に拘束力のある決定権を持たせた会議なども考えられないだろう。

こうしたやり方と他の多くの組織の仕事のやり方には大きな開きがある。ここで最後にもうひとつ、悪い例をあげておこう。ある会社で、コンピュータを使った経営情報システムを作ろうとするプロジェクトがなぜうまくいかないのかを調べていた。それは、社内の各組織にまたがるプロジェクトで、ひとつのタスクフォースとして編成されていた。前年の活動を具体的に検討してわかったのは、そのタスクフォースがチーム運営のルールにおおむね従ってうまく運営されてはいるものの、コンピュータ部門のメンバーと業務部門のメンバーが顔を合わせて対話するのは、あまり頻繁とはいえない正式のミーティングのときだけであった。

両者は同じ場所に移ることもできたはずだし、小さなグループなのだから、ひとつの部屋でもよかったはずなのに、どちらもそうしようとはしなかった。現場に調査のために出張したときでも、いつも仲間どうしではかたまっているくせに部門を越えて同じホテルに泊まることさえしなかった。一方が「安い方のホテルに泊まったのだ」と言えば、もう一方は「工場に近いほうに泊まった」と主張する、という具合だ。調査のあと、夕食を共にすることぐらいはできたはずだと思うのだが、一方はテニスをしたいと言い、他方はいやだと言う。

まことにバカ気た話で、事態を重く見たある重役も、当初はこうしたバカ気た話がほんとうに起っているとは信じられなかった。結局、全員一室に集まってもらい、みずから聞きただしてみると、噂のとおりである。プロジェクトメンバーもその事実を不承不承ながら認めたのである。

その後はうまくいった、とほんとうなら書きたいところだが、そうはならなかった。その狙いとするところは理にかなったものだったが、このプロジェクトは、結局、中止になってしまった。

プロジェクト・チームとプロジェクト・センター　タスクフォースを作って問題解決にあたることは、近頃ではひじょうに一般的になってきた。だから、どこの会社でもやっている。だが、超優良企業は、このごくありふれた手法を他とはまったく違うやり方で使っている。超優良企業では、タスクフォースは臨機応変・流動的な、エキサイティングな手段になっている。それは厄介な問題を処理し、解決する切り札とさえいえるし、具体的な行動を起こさせる最上の引き金でもある。

ＩＢＭでは、システム３６０のためにひじょうに大きなタスクフォースを編成した。同じ〝臨時〟の臨機応変チームであっても、この規模になると、プロジェクト・チームと呼んだ方がよいかも知れない。プロジェクトの進捗はけっしてスムーズなものではなかったというが、システム３６０チームは、とくに最後の数年間には、社内の優秀な人材を数多くひきつけ、結局、横道にそれることなく、記念碑的な仕事を完成させることになった。帰属のはっきりしないプロジェクト組織でも、社内各所から、〝参戦の申し出〟が続出するようになれば、大成功である。ボーイングやベクテル、フルオアといった会社は、こうした巨大プロジェクト・チームをいつも活用している。こうした会社では、プロジェクト・チームが仕事をすすめるうえでの基本的なやり方になっている。なぜなら、本業がゼネコン的巨大プロジェクトそのものだからである。だから、こうした会社では、ルーティン業務を行なう恒常的な機構と、プロジェクト・チームの機構との間で、すばやく人を移動させる仕組みがよく発達しており、このなかから学ぶべき点は多い。

しかし、おそらくもっと印象的なのは、プロジェクト・チームを日常的に多用していない巨大企業が、まるでベテランのドライバーがギアシフトをするように、いともやすやすとプロジェクト・チームを活用する状態にシフトできることであろう。先述のIBMのシステム360の場合が、こういう例だった。

臨時組織の活用例でもうひとつ印象的なのが、ゼネラル・モーターズである。現在、自動車産業は四面楚歌の状態にあり、経営陣のやることなすことほとんどすべてが〝一日遅れ〟かあるいは投資が〝一ドル不足〟といった具合にちょっとずつ的がはずれている。それでもなお、年商六〇〇億ドル（一四兆四〇〇〇億円）もの巨大企業が、あるひとつのプロジェクトを実行することによって、国内の主要な競争企業を三年もいっきょにリードした状況を見るとき、私たちはこのGMの快挙に圧倒される思いがする。

このGMのあるプロジェクトというのが、例の有名な小型車への転換をはかったプロジェクト（ダウンサイジング・チーム）である。ここで中心的な役割を果たしたのが、臨時組織の典型といってよいプロジェクト・センターである。ＧＭプロジェクト・センターは、独立採算、タテ割り組織で定評のある同社の各事業部門から、一二〇〇名の主要メンバーを集め――技術主任といった、その部門でもっとも重要な人々を含めて――センターに投入した。

このプロジェクト・センターは四年間つづいたが、その期間中、任務は明確だった。すなわち、日本車に負けない小型車の具体的開発案を作り、それを実行に移し、最終的に各部門に戻して生産させる、ということである。が、この話でいちばん肝心なのは、小型化の任務を終了後、一九七八年には、このプロジェクト・センターをきっぱりと解散しているということだろう。

もっとも、小型化の成功に気をよくしたＧＭは、八〇年代のための組織づくりの主流として、プロジェクト・センターのたぐいを大いに活用しようと考えている。センター専用のビルには、現在八つのプロジェクト・センターが稼動中である。そのうちの二つは、いま電気自動車とコンピュータ完全制御エンジンの開発中である。さらに、労働問題に取り組んでいるセンターもある。

たいていの組織では、手にあまるほど大きな戦略上の問題に直面すると、それを計画立案スタッフに任せてしまうか、あるいは他にもいろいろと忙しいラインの責任者に押しつけて、ただでさえも忙しい人々の仕事をさらに増やしてしまう。問題の解決にスタッフがあたると、ライン側に参加の精神が育たない。逆に、現業部門に任せっぱなしでは、問題解決に集中できず、なかなか勢いがつかない。その点、ＩＢＭのシステム３６０やＧＭの小型車開発プロジェクトは、この種の会社にとっての一大事といえる問題であっても、みごとに解決できることを示した、たいへん頼もしい好例である。

日本の企業は、こうした形の組織を作り上げるのがおそろしく速い。たとえば、ロボット工学、マイクロコンピュータなどの分野で国際的競争力をつけよう、ということになると、いくつかの企業から主要なメンバーをピックアップしてプロジェクト・センターに集め、開発調査の基本的な部分をやってしまうのである。通産省主導の超LSI組合などがこの好例であろう。ところが、ひとたび技術的な問題の主要な部分が解決すると、みなそれぞれの会社に戻って、互いに猛烈な競争を始めるのである。こうして世界市場に先駆けて、優秀な製品が——日本国内の熾烈な競争で鍛えられてから——つぎつぎに送り出されてくる、ということになる。

ホンダのCVCCエンジン開発計画は、ひとつの会社の中でこのような大胆なことが行なわれた好例であろう。選ばれたメンバーは他のいっさいの仕事からはずされ、数年間CVCCの開発に専念させられた。キヤノンが一眼レフで画期的なAE-1を開発したときも同様で、同社はベテラン技術者二〇〇人を「タスクフォース・X」に投入した。開発から製作、そして市場に出して成功をおさめるまでに、二年半を費やしている。

こうした「個別撃破」の例は、ほかにも数知れないが、それは後まわしにするとして、現在までにわかったことを大きく四つにまとめるとすれば、つぎのようになるだろう。

まず第一に、費用対効果と「規模の経済」を表面的に追究していくと、巨大な官僚機構に行きつくことになり、動きがとれなくなってしまうこと。第二に、超優良企業では、組織を分割して流動性を高め、各々の問題に適材を振りあてる方法や仕かけをいくつか（会社によっては無数に）知っている、ということ。第三に、個別撃破の手法は、まわりの状況が整っていなければ正常に機能しないこと。会社の姿勢、風土、体質が、「官僚主義」でなく「臨機応変主義」を常態と考えるものでなくてはならない。

最後に、臨機応変の行動が横溢する自由な環境においては、一見組織が混乱状態を呈しているかに見えても、それはあくまで表面的なものであること。形式がないように見えても、その底に共通の目的意識がしっかりとあれば、社内に競争と緊張があっても、その企業文化はよりいっそう強固なものとなり、非生産的な葛藤にはならない、ということである。

実験精神

「実行《ドゥ》、修正《フィックス》、試行《トライ》」というスローガンが、私たちは好きだ。「混乱した行為は秩序ある無為に勝《まさ》る」と、カール・ワイクも言う。「ただぼやっと立ってるんじゃない。なにかしろ」というのも同じことである。複雑な問題に直面したときに、「とにかく手をつけてみる」ということは、「なにかをしようとする」につながる。

学習と進歩はなにか学ぶものがあるからこそ生ずるのである。学習と進歩の材料となるのは、どんな動作でもいい、それが行なわれ完結することなのである。これをなしとげるプロセスは「実験」そのもの、あるいはもっと広げていえば「実験を行なうというプロセスの総体」から類推するのがいちばんよいだろう。

超優良企業に見られる〝行動重視〟の姿勢の中でもっともわかりやすい形で出てくるのは、これらの会社における実験や試行に対する取り組み方である。

高校の化学の実験と同様に、それはなにかを学習するための適度の大きさの完結したテスト行為にすぎない。だが、私たちの見てきたところでは、大部分の大企業が、企業といえども実験をし、学習する必要があるのだ、という基本を忘れてしまっている。なにかをやってみることよりも、推測と議論を優先させ、小さな失敗を恐れて行動がマヒしてしまっている。

最近の『サイエンス』誌がこの問題をひじょうに正確に描き出している。ＮＡＳＡはスペース・シャトル開発を管理するために、ＳＯＭ（成功《サクセス》を指向《オリエンテッド》する管理《マネジメント》）と呼ばれる管理計画を「発明」した。この計画はあらゆることが予定どおりにいくことを前提としていて、ある局員に言わせれば「この計画に従ってすべてをコストに合わせて設計しさえすれば、あとは神に祈ることしか残っていない」ということになる。

この計画の目的は、ＮＡＳＡに対する財政当局のコスト削減のしめつけが厳しくなっているおりから、スペース・シャトル本体開発におけるダブり、あるいはムダを完全に除去することにあった。だが、『サイエンス』誌などが指摘するように、この計画を導入した結果、むずかしい仕事はすべて後まわしにされ、予想もつかなかったようなトラブルが続出し、設計のやり直しで余計な出費を強いられ、必要なところに必要なスタッフが配置されない、といったことが多発した。

それればかりか、すべてがうまくいっているような幻想までが生まれることになった。「けっきょくこの経営手法は、現実に即した具体的なプランがなく、開発計画の現状把握という面でもまったく不十分であった。したがって、計画は遅延し、赤字はとめどなく増えつづける、ということになった」と、『サイエンス』誌は述べる。

問題がいちばんはっきりと露呈したのは、なんといってもスペース・シャトルの三基の主エンジンを開発した時である。

「NASAの委託を受けたメーカーは、エンジンの各部を個別にテストすることなく、全体をいきなり組み立てて、しかも〝運を天にまかせて〟エンジンを全開にした。大きな火災だけで、少なくとも五回は起こった」と、『サイエンス』誌は報じる。成功への近道をねらったSOMのおかげで、NASAの局員たちは、予断を現実と混同することになったのである（公平を期するために言えば、これは「政治的な現実」によって押しつけられたことに違いないのだが）。

NASAは「テクノロジーの傲慢」に陥ったのだ、とある上院議員は分析する。「管理者たちに、技術面で大きな進歩が見られれば、一気に現状を打破できる、という自信過剰があった。」

たしかにこれは、意図的にムダをこしらえ、つねにテストを行ない、そして結果としての作業が整然と予定どおり進捗し、したがって成果もあがった、というかつてのNASAの姿ではない。

同じような例はそれこそ無数にあって寒心に耐えないのであるが、じつはこれがどこにでも見られる経営管理というものの実態なのである。たとえば、ある大銀行が競争の熾烈な旅行小切手市場に乗り出そうとした。タスクフォースが組まれ、一年六カ月の調査の結果、市場調査の書類がファイル・キャビネットをいっぱいにするほど集まった。全国一斉発行を間近にひかえたある日、私たちはこのプロジェクトの責任者に、具体的な市場テストとしてはなにをしたか、と尋ねてみた。すると彼は、アトランタの銀行家である友人二人に万一旅行小切手を出したら使ってみてくれるか、と聞いてみたと答えた。

「二人、ですか？」と、私たちが信じられない思いで聞きなおすと、「そう、二人です」と、彼は言った。「このプロジェクトが承認されるかどうかわからなかったので、よそに手の内を知られたくなかったのです」

私たちはこうした言い訳にならない言い訳を始終耳にしている。それに対し、クラウン・ゼラーバック社にいるある友人から聞いた話には感銘を受けた。クラウン・ゼラーバックは紙製品の分野でプロクター&ギャンブルと競合する会社である。

「P&Gはテスト、テストに明け暮れる。だから何カ月もまえ、ときには何年もまえから、彼らがこの製品分野にやってくるな、というのがわかります。そこで、彼らが実際にその製品分野に出てきたときの対策として、私たちは逆になにかそれと競合しない製品分野（ニッチ）を考えておいた方がいいということになります。彼らの邪魔をしても無駄です。なにしろ彼らはあらゆることを徹底的に調べつくし、テストしつくしてから進出してきますから」

どうやらプロクター&ギャンブルは、事前の実験によって、その動きを察知されることを恐れていないようである。なぜか？　それは全国一斉発売に先立って周到な学習をするメリットの方が、競争企業に不意打ちを食わせられないデメリットよりもはるかに大きい、とP&Gが考えているからである。

どんどんやってみることが、プロクター&ギャンブルをはじめとする大部分の超優良企業の特徴である。TIのチャーリー・フィップスは、同社の初期の成功は、大胆になんにでも挑戦してみようという意欲にあった、と語る。その実験精神——すばやく学習し、なにかを実地に生み出していく能力——について、彼はつぎのように述べる。

「研究者自身が自分でもびっくりしたでしょう。資源もきわめて限られた二〇〇〇万ドル（四八億円）の小さな会社が、半導体の分野で、ベル研究所、RCA、GEといった大研究所をしのぐ成果をあげることができたのですから。これも、象牙の塔の中にとじこもらないで、外へ出てなにかをやってみよう、という考え方のせいです」

同じような実験精神の重要性を示す例は、いくらでもある。ベクテルではベテラン技術者が、同社のモットーは「いけるな！　というあのさわやかなカン」を持つことである、と教えてくれた。フルオアが成功した原因は、彼らの信条、「アイデアをアイデアに終わらせないで、具体的なものにする」こと、ではなかったか。アクティビジョン社のビデオ・ゲーム考案の際の考え方は、「できるだけはやくゲームを作る。手にとって遊べるものを作る。できたら仲間にすぐそれをやらせてみよ。わが社ではいいアイデアだけでは駄目なのだ。なにかものにしなければだめなのだ」というものだ。

サンフランシスコにある年商二五〇〇万ドル（六〇億円）に満たない家庭用品デザイン会社テイラー&ウンのオーナー、ウィン・ウンは、彼の考え方をこう説明する。「はやく試作品を開発することがうちのデザイナーの、というより全員の、第一目標です。眼で見て、手で触れてみるまでは信用できません」

ヒューレット・パッカードの製品設計技術者の間では、いま自分が開発中のものを机の上に出しっぱなしにしておいて、誰もが手にとって見ることができるようにしておく、という伝統がある。全従業員の考え方の中心に「ウロウロ歩きまわる」というのがあるうえに、互いの信頼感がひじょうに高いから、仲間が発明中のものをいじりまわすことをなんとも思わないのである。ある若い技術者は言う。

「この会社に入ると、入ってからすぐほかの人たちがいじくりまわせるようなものをなにかはやく作らなければ、という気持になってきます。会社に入って最初の日に、誰かから教わることは、技術者の作った試作品をいじりまわしながらそこいら中を歩きまわっているのが、会社の重役かもしれないし、ことによれば、ヒューレットあるいはパッカード自身かもしれない、ということです」

HPの人々はまた、「隣人救助症候群《ネクスト・ベンチャー・シンドローム》」という言葉をよく言う。これは、自分の隣りで働く同僚たちをじっと眺めながら、どうしたら彼らの仕事がやりやすくなるか、といつも考える症状のことを指している。

スリーエム研究開発部の部長ロバート・アダムズは、彼らの実験主義をこう表現する。「少し作り、少し売り、そのつぎには少し多めに作る、というのが私たちのやり方です」

マクドナルドはメニュー、店の様式、価格設定においてつねに多数の実験を行なっており、どの競争相手もその多種多様性にはとても追いつけないでいる。はじめてダナで三時間におよぶ面談調査をしたとき、私たちは、あちこちの工場で六〇件以上の生産性向上のための実験が行なわれている、という話を聞いた。すでに述べたようにプロクター&ギャンブルは、あるアナリストの表現を借りれば、「テスト絶対」主義でとくに知られている。ある証券アナリストの話によると、「大規模小売業で全店あげての実験をするところはブルーミングデールだけ」だという。事実、この観察を裏づけるように、最近私たちのセミナーに出たリーヴァイ・ストラウスの社員が勢いこんでこう語ってくれた。

「そう、そこでリーヴァイスはジーンズを脱色するというアイデアを得たんです。ブルーミングデールがうちのジーンズを買って脱色していたからです」

ホリデイ・インはテスト用ホテルを二〇〇カ所に持っており、そこでつねに新しい部屋と料金設定、レストラン・メニューを実験しているという。ひじょうな好成績をあげているフライドポテトの会社オレ・アイダでは、市場テスト、味覚テスト、価格テスト、消費者のパネルテストを継続的に行なっている。社長のポール・コードリィは、営業、財務の数値だけでなく、こうしたテストの結果にも驚くほど精通している。

もっとも重要な点は、会社の雰囲気および実験を助長するような一連の姿勢である。トランジスタの発明者ショックレー博士によるつぎのコメントは、実験精神の本質を捉えたものである。

私はどちらかといえば、悪知恵や御都合主義を良いものだと思っている……なにか仕事を始めようとするとき、人はどうするか？　ありとあらゆるものを読む人がいる。だが、それでなにかができるわけではない。また、なにも読まない人がいる。これでは、なにもできるわけがない。すべての人に尋ねまわるのも駄目だし、誰にも尋ねないというのも駄目である。

私は部下にいつもこう言う。「プロジェクトをどうやって始めるべきか、私にもわからない。とにかく、なにか実験してみてはどうか」と。

つまり、ここにひとつの原則がある、なにかやれと言われて答がでるまでに六カ月もかかるとはじめからわかっていることを始める人はいない。とにかくなにかやってみることだ。そうすれば、数時間のうちに、少しは前進していることがわかるはずだ。

広告の神様デービッド・オーグルヴィも、やはり「テスト」ほど大切な言葉はない、と言う。

広告でもっとも大切な言葉は、「テスト」である。消費者を使って製品の予備テストをし、広告の事前テストをすれば、市場でもうまくいく。新製品が二五あるとすれば、そのうち二四はテスト市場までで終わってしまうのである。新製品をテスト市場で試すということをしない会社は、本来ならひっそりと死んでいくはずの駄目な製品を全国的に売り出して失敗し、たいへんな経済的損失をこうむることになる。

製品の持つ可能性をテストしてみることだ。広告媒体を、キャッチフレーズとイラストを、費用を、CFをテストしてみることだ。いつもテストをつづけていれば、広告活動全体が改善されることになるのだ。……大企業に勤める若い人たちには、利益というものが努力と時間の関数である、ということがわかっていないようだ。

ジェリー・ランバートがリステリンで大成功をおさめたとき、彼はマーケティング活動を月単位に分割することによって、そのスピードアップをはかった。ランバートはせっかく設定した年間計画にこだわることなく、広告と収益を月単位で検討することにした。その結果わずか八年間で、二五〇〇万ドル（六〇億円）の収益を記録したのである。

この利益レベルに達するのに、普通ならこの一二倍の時間がかかるところである。ジェリー・ランバートが社長であったときには、ランバート薬品会社は一年単位ではなくすべて月単位で動いていた。だから、一二倍のスピードで進めたのである。私はこのやり方を広告の依頼主すべてにおすすめしたい。

ピーター・ピーターソン（現レーマン・ブラザーズ会長）は、ベル＆ハウエル社社長時代にある実験をしたときのことを、じつにおもしろく具体的に語っている。

ズームレンズを知っているでしょう？　私がB＆H社に社長として入ってまもないころには、「無知は恥ではない」と思ってなんでも聞いたわけです。私はズームレンズというのは、プロのカメラマンがフットボールの試合かなにかに使うものだと思っていました。ひじょうに高価な品、というのが私の抱いていたイメージです。

ある日研究室に行くと、ズームレンズが置いてありました。私はそれまでに一度もズームレンズを見たことがなかったのです。眼をあててのぞいてみると、これがまあ、とてもすごいものなんですね。そこにいた人たちは、これは一般消費者用のカメラにはくっつきません。かなり値が張るので一般向けに作っても売れないのです、と言って教えてくれました。

そこで私は逆に、「これのくっつけられるカメラのボディを作ってくれたら、どのくらいかかるの？」と聞きますと、「一台だけですか？　つまり、ほんの試作品のようなものでいいんですね？おそらく五〇〇ドル（一二万円）くらいと思われます」というのが答えでした。

「それでは、やってみてくれ。私はずいぶんいい給料を貰っているから、こうして一、二時間喋っているだけでも、すぐ五〇〇ドルくらいになってしまう。それなら作ってもらった方がはやい」

こうしてできあがったカメラに例のズームレンズをくっつけて私は意気揚々と家へ帰りました。その夜のパーティで私は、このズームレンズつきのカメラをピアノの上に置き、お客の全員に、たいへん珍しい高価なマーケット・リサーチにつきあってくれないか、と言ってこのカメラをのぞいてもらいました。

反響はたいへんなものでした。「これはすごい。こんなものはいままで見たことがない」と言うのです。こうして、一人ずつから試視料なるものを徴収し、カメラの試作にかかった費用とほぼ同じ五〇〇ドルを集めてしまったのです！

……もっと多くの企業が低コストで新しいアイデアをどんどんテストしてみようとするならば、もっと日の目を見ている新規商品というものがたくさんあるはずです。

ピーターソンの話には、ビジネスにおける実験精神について重要な教訓がいくつか含まれている。いちばんはっきりしているのは、あらゆることをもれなく分析することにお金をかけるのではなく、「できることをまずやる」ことによって、費用対効果の改善ができるということであろう。もうひとつ、これはそれほどはっきりしてはいないが、人は試作品を実際に手にしたとき、より創造的に、そして具体的に、ものを考えることができる、ということだ。

S・I・ハヤカワはその名著『思考と行動における言語』の「ある牛とある牛は同じ牛ではない」という論で、この現象の本質を捉えている。

牝牛のベッシーと牝牛のジェニーとは違う。ハヤカワはここで、明確に思考し、効率的に意思を伝達するためには、思考のレベルをそろえ、異なるレベルの話をしているときには、同一レベルに戻す話をすることが重要だ、ということを言っている。

すなわち、「牛」という抽象レベルと、ベッシーやジェニーという具体的名のつけられた牛の話とでは、おのずと話の内容が異なる、ということである。「牛」という言葉で説明でき、伝達できる言葉の内容には、受け手によって大きな差異が生じる、というのである。

たとえば、私たちの一人は最近、週末の午後に自家製スープを調理して楽しんだ。べつにむずかしいことではない。料理の本を見れば、わかりやすく、なかなかみごとな説明が載っている。しかし、それでもたくさんの失敗をして、わずか二、三時間のあいだではあったが、次回のために多くのコツを学んだ。たとえば、材料側の混合物を溶かしたラードに投入するときの両者の温度差が、かなり味には影響するのである。

調理の手引きにはこのへんのこともはっきり書かれているし、コツもふんだんに示してあるのだが、それでもうまくいかない。ナベのひとつが浅い金属製の大きなもので、もうひとつが深くて半径の小さな耐熱ガラス製だった場合には、とくに厄介だ。ナベの形と材質によって、肝心なときに冷める速さに差が出てしまう。だから、料理カードに書いてあるのはあくまで参考である。

こういう複雑な事態にすばやく反応するには、もうカンを養成するしかない。百遍の紙上の分析とか説明とかは、自分がじかにあるものに触れる、あるいは直接行なう、というプロセスを通じて得られる豊かな経験（数学ふうに言えば、自分が直面し処理することのできた変数）にはかなわないのである。

こうして、料理においても「触れ」「味わい」「嗅ぐ」がモットーとなったときに、驚くほどの成果が得られる。同様に驚かされるのは、逆に人が直接テストするという体験を回避しようとどれほど一生懸命になるものか、ということである。

オーヴィル・ライトの弟子で重要な特許だけでも三八も所有している、ダートマス大学工学部教授でもあるフレッド・フーベンは、馬鹿らしいほど典型的なひとつの例をあげている。

「私の長い経験の中で、複雑な技術上の問題でまったく改善が見られない、として私に助言を求めてきた例を三つ覚えています。私は技術者と職工（試作品を作る人）を同じ部屋に入れるようにしなさい、といつも言いました。どの場合も、これで問題はすぐに解決したのです。ただ一度、こうした助言に反発を受けたことがあります。技術者を製作現場へ入れると設計図がよごれる、と言うのです」

フーベンの要点はこうだ。

「技術者がいつでも自分のアイデアを試してみることができるように、どの施設でも気軽に使えるようにしておくことが大切なのです。今日の賃金を考えれば、設計図を書く方が物を作るより費用がかかります。設計図というのは、一方通行のコミュニケーションなのです。だから、物ができあがってきたとき、技術者はなぜそんな物を作りたいと思ったのか、もうとっくに忘れてしまっている、ということもあるでしょう。できた物をいじりまわしていて、設計の段階でミスがあったことに気がつくかもしれません。あるいはいくつかの点を少し手直しした方が良いと気づくかもしれません。そうすると、これにまた四カ月近くかかる、などということになり、結局、製品が完成できないで終わるのです」

つまり、実験を通じて人々(設計者、マーケティング担当者、社長、販売担当者、そして顧客)は、製品についてより創造的な考え方ができるようになる。試作品——つまり抽象の度合いの低いもの——が手の中にあれば、その製品の用途について創造的かつ具体的に考えられるようになる。

いくら市場調査をしても、「アップルII」コンピュータの驚異的な成功を予知することはできなかったはずだ。アップルIIがあれほどの成功をおさめたのは、高品質の製品に、驚くばかりに広汎なユーザー層の出現——コンピュータをおもちゃがわりにいじくり、毎日のように新しいソフトウェアを開発してくれる人々が生じた——という条件が加わったためだ。アップルを急追したIBMのPCも〝勢い〟で勝ったようなもので、冷静に見てそんなに画期的な商品ではない。

ある友人の家では、私たちの知っている主婦がアップルのもっとも熱心なユーザーになった。市場調査では、女性が個人として利用者になろうとは予測しえなかったはずだ。いや、当の彼女の方が、こんなことはまったく予想しなかったに違いない。家庭にいて仕事を始めたこの主婦にとって、アップルがそこにあったので暇なときにそれを試してみる、いじってみる、という局面が彼女の一大転機であった。

まえもってワードプロセッサーのすばらしさを説いてみたところで、彼女は、そんなものは使わない、と言ったことだろう（事実彼女は、そう言っていた）。話だけではわからないのである。機械を実際にいじってみて、彼女の考えはすっかり変わったのである。

ヒューレット・パッカードが、先述のように技術者に対して、まわりの人間が手にとっていじれるように実験的な試作品をそのへんに出しておけ、と強調するのも同じ理由からである。ピーターソンがパーティでズームレンズを手にとって見せたとき、それは最高のマーケット・リサーチであった、というのも同様である。

迅速に、数多く

実験を通じて成功を得ようとするとき、もっとも大切な要素となるのは、迅速さと、なにより数多くの実験を行なうこと、である。数年まえに私たちは、石油の試掘において成功している会社と、あまりうまくいっていない会社の比較研究をしたことがある。その結果、最高の地質専門家、最新の地球物理学的技術、最先端をいく機材を使った場合、試掘の成功率は一五パーセント、こうしたものがいっさいない場合でも一三パーセントということがわかった。これから得られる結論は、確率の競争ではなく、分母、すなわち試掘の回数の勝負であるということである。

最近、国内の油田発見第一位に返り咲いたアモコ石油会社（スタンダードオイル・オブ・インディアナ）の分析を見ても、成功の要因はひとつしかないことがうかがえる。アモコはどこよりも数多く試掘井を掘るのである。同社の生産責任者ジョージ・ギャロウェイは「私たちにも、よその会社にも、成果を予想するなどということはできっこないのです。……たくさんの油井を掘ってはじめて成果が現われるのです」と言う。私たちは鉱物探査でも同様の例を見ている。

業績不振の探鉱会社の間に見られる決定的な差は、そのままはっきりとダイヤモンド（細片）・ドリルを使った試掘作業の数の差である。試掘には費用がかかるので、どちらかといえば掘らずに鉱脈をあてたい、と願うのは人情であるが、地中になにがあるかを探るには、このダイヤモンド・ドリル以外の手はない。これ以上のものは、たとえどれほど地質や地球物理の専門家から情報を得たところで、結局「見こみ」にすぎないのだ。

キャドベリー社のある幹部も、迅速さと実験の数が重要だ、と言う。キャドベリーが新しく製品開発担当幹部を任命したときのことを話してくれた。

この男は開発が中断されたままになっている計画のリストを見て、一二カ月以内に新製品を六種、つぎの一二カ月にはさらに六種を開発する、といとも気軽に公言してしまった。彼が開発完了予定を発表した項目は、いずれも、ほとんどさまざまな理由から過去二年から七年ものあいだ手つかずのままに放置されていた。このようにハッパをかけることによって、彼は公約を果たしたのみならず、そのうちの三種は、現在なおヒット商品としてよく売れている。この間の事情を知るあるベテラン社員はこう語る。

「その気になれば、自分の意思によって決めたときまでに物事をやりとげることはできるものなのですね。彼が来てからは、二四カ月間に一二件もの開発をこなしました。私たちだけでしたら、五年かけても、あれほどうまくやることはできなかったでしょう」

キャドベリーの実例から学ぶべき教訓を、ピーターソンが説明してくれる。実験というのは単純な行為だから、理不尽なほど厳しい期限内でもやってのけられる。本来実行可能な行動に期限の圧力が加われば、不可能なことがいつも可能になる、というのである。ピーターソンはこう言う。

何年もかかってあることをやってきたところへ、なにか緊急事態が生ずる……すると、その仕事はいっきょに片づいてしまう。私はこうした例をよく見ています。たとえば、自動露出の八ミリカメラを開発していたときの例ですが、専門家に聞くと、誰もが完成までに約三年はかかる、と言いました。ところがある日、マーケティング担当の副社長が、別のやり方を試してみようと思ったのです。彼は技術者たちになにか書きつけを渡しました。「さっき、競争相手が自動露出八ミリカメラを作った、という発表を聞いたところだ！」と書いてありました。

するとどうでしょう。それから二四時間もたたないうちに、彼らはまったく違った開発ステップを考え出し、提出してきたのです。まったく緊急事態の力とはすごいものです。

迅速さというのは、すばやくとりかかってすばやく仕上げることである。ストアレージ・テクノロジー社では、社長のジェシー・アウェイダの〝意思決定好き〟のせいで、全社が恒常的に実験第一主義の状態を保っている。

『フォーチュン』誌はこう報ずる。

ディスク・ドライブは……売値よりも製造原価が一五〇〇ドル（三六万円）も上まわっていた。

おなじみの早業で、アウェイダは価格を五〇パーセント上げさせたが、それでもダメだとわかると、彼は七〇〇万ドル（一六億八〇〇〇万円）もの投資を必要としたディスク・ドライブ生産を打ち切らせてしまった。

……彼は無為を憎む。一月に開かれた、ストアレージ・テクノロジー社の全国販売会議で彼は、「なにも意思決定しないよりは、たとえ間違った意思決定でも、してしまった方がいいと私は思います」と言っている。針路を急激に変えられるその能力のおかげで、同社はいくつかの間違った意思決定から救われている。アウェイダの方針転換がすばやいという特性が、彼の野心の行き過ぎにブレーキをかけ、結果として同社の経営が比較的バランスがとれているということは、ストアレージ・テクノロジー社にとって幸いなことである。

企業家精神の発露としての実験主義は、スタッド・ポーカー（最初の一枚だけは伏せて、二枚目からは表を出して配り、一枚ごとに賭け金を増やしていくポーカー）とひじょうに似ているところがある。一枚ごとに賭け金は大きくなり、一枚ごとに状況がよく見えてくるわけだが、最後に裏にした一枚目を開くまでは、ほんとうのところはわからない。このゲームでいちばん重要なのは、いつおりるべきかを判断する能力である。

ほとんどのプロジェクトや実験の場合、たとえどれほど多くの里程標を設けたところで、あるいはいくらパート（PERT＝計画評価検討技術）による分析をしたところで、費用をかけて手に入れているのは、「より多くの情報」でしかない。それがほんとうに価値のあるものかどうかは、あとにならねばわからないのである。それに、いったんあるプロジェクトなり実験なりが開始され、動き出すと、大きなステップを踏み出すごとに、それは前回のステップよりずっと費用がかさむものとなり——それまでにかかった（中止すれば永遠に取り返せない）総経費のことを思うと——また、のめりこんだ自分の気持を整理することもむずかしいために、いっそう中止することがむずかしくなる。

経営者のいちばん重要な決断はいつおりるか、を決めることにある。私たちがこれまで見てきた中でもっとも優れていると思ったプロジェクト管理および実験管理システムは、こうした実験活動を、先述のスタッド・ポーカーと同じように捉えているフシがある。活動を、処理可能な大きさに分断し、すばやく点検し、進行中は管理のしすぎを避ける。うまくことを進める、というのは要するに、大きなプロジェクトであっても、それをたんなる実験と考えることである。

事実、すべてのプロジェクトは実験に他ならないのだ——優れたポーカープレーヤーのようなタフな精神を持って、手が悪いと思ったらすぐにおりるという決断をし、（数さえ打っていれば）すぐにまわってくるつぎの手を待つことなのである。

金をかけない学習——密造法とザル法

実験精神は、ほとんど超優良企業で一種の安い学習手段として機能しており、手のこんだ市場調査や綿密な経営計画よりも、費用のかからぬ、そして有用性の高いものである、と思われている。ここでもまた、ベル&ハウエルの会長時代を回想するピーターソンが、この問題をきわめて明確な形で語ってくれる。

あるアイデアを駄目だと葬りさるまえに、あらゆる面で合理的な検討を加えたあとやはり無理だという結論を出してしまうまえに、私たちはもう一度自問してみます。このアイデアを安価なコストでなんとか実験してみる手だてはないか？　実験は革新的なアイデアを実行に移すもっとも強力な手段なのです。しかし、アメリカの産業界ではあまり広く利用されていないのではないでしょうか。

……私が言いたいのは、もし実験という概念を私たちの思考過程にしっかりと植えつけることができるならば、そして、頻発される「できない」「やらない」「やるべきでない」という否定句が誤っていることを（廉価に）はっきりと説明することができるなら、よいアイデアがもっとたくさん実現しているだろうと私は思うのです。

……ひとつ例をあげましょう。わが社は大会社ではありませんから、あるアイデアが効果的かどうかもわからないのに何百万ドルもかけて開発、宣伝、販売促進をする、というような大きなリスクをおかすことはできません。ある日ある男が、ちょっと見たところ「常識はずれ」と思えるようなアイデアを持ってやってきました。ハーバード流のマーケティングを勉強したことのある人なら、さまざまな理由をあげて、これがなぜダメか、すぐに説明できるような、そんな馬鹿げたアイデアです。

それは、一五〇ドル（五万四〇〇〇円）（これは一九五六年の話ですが）の八ミリカメラをダイレクト・メールで販売しては？　というものでした。……しかし、「これはバカげている」と言うかわりに、私たちはこう考えてみることにしました。「どうしたらこの考えがうまくいくか、成功するための要因を考えてみようではないか」。そして、私たちはいちばん重要な例の質問を発したのです。「このアイデアを試してみるにはいくらかかるだろう?」コストはわずか一万ドル（三六〇万円）でした。

ここで重要なのは、私たちはこの問題について机上の空論をつづけて、一〇万ドル相当分の時間を無駄にする可能性もあった、ということです。……専門家が一〇人いたらそのうち九人は、このアイデアはダメだ、と言ったでしょう。ところがこのアイデアは成功し、現在収益をあげている重要な新しい事業部門の基礎を作ってくれたのです。きわめて複雑なアイデアを処理しようというとき、私たちはみな、知的、合理的なやり方を過信しすぎるきらいがあるのではないでしょうか。


優れた実験の持つもうひとつ重要な特徴は、それを意外に目につかないようにやる、ということである。GEでは、非公式の実験のことを「密造酒づくり《ブードレギング》」と呼んでいる（スリーエムでは、「くすね班」というような表現を使っている）。こうした会社では、ほんの少しの金と少しの人数を正規の予算制度の中からくすねて集め、組織主流の活動からはずれて活動する、という長い伝統を持っている。

まえにも述べたエンプラや航空エンジンといったGEの大成功物語は、いずれも「密造酒づくり」の直接的な結果である。これこそGEの本質をなす部分である。実際、最近の調査でも明らかなように、過去二、三〇年におけるGEの大きな技術的飛躍のもととなったものは、すべてこの「密造酒づくり」から生まれたものなのである。

ＩＢＭについても同様の証言をする人が何人もいる。長老ワトソン氏の元側近の一人は、企業の革新性が健全な状態にあるか否かをはかるには、どれだけ秘かな「密造酒づくり」が行なわれているかを見るのがいちばんだ、とさえ言う。

スリーエムの新規事業開発部門を率いてきたテイト・エルダーは、計画、予算、および管理のシステムそのものさえも、あえて「少し漏れるように」作るべきだ、と言う。異端的なプログラムを遂行していくためには金をくすね、予算の一部でやりくりする途が残されていることが必要だ、というのである。

最後に、もっとも重要なのが、ユーザーとのつながりである。実験を完全にしようと思えば顧客——とくにうるさ型の顧客——を参加させることが鍵になる。このことについてはつぎの章でくわしく触れるが、ここでは、超優良企業の実験はその多くが先端的なユーザーとの共同研究という形で行なわれていることだけ指摘しておこう。デジタルは金のかからない実験をつづけていることでは業界一だ(ヒューレット・パッカードとワングがそのすぐあとにつづくが……)。各社とも、ユーザーとともに、ユーザーの土俵を借りて実験を繰り返しているのである。

マクドナルドの実験がすべてユーザー——つまりお客——との関係においてなされていることは明らかだ。ところが、多くの企業では、製品、商品が完璧な形で設計され、作り上げられるまでじっと待ってから——ゲームも終盤となり何百万ドルもの金をそそぎこんだあとで——はじめて顧客の前に出して検討を求める。デジタル、マクドナルド、ヒューレット・パッカード、スリーエムの秘密は、きわめてはやい段階でユーザーに見せ、テストさせ、手直しをさせることにある。

実験の行なわれる背景

タスクフォースのような臨機応変の手段も、流動性と自由さとを支える環境がなければ機能を果たせないことは、すでに述べたとおりだ。実験もまた正しい環境づくりの中でなければうまく機能しない。管理者はシステムの「漏れ」を容認し、誤りに対しては寛大に、「密造酒づくり」には大いに加担し、不測の状況に適応し、チャンピオンを奨励しなければいけない。

イザドア・バーミッシュは『会社のために』という本の中で、連鎖反応がどんなにすばらしい力を発揮するかの実例を紹介している。たった一人の男サム・ニーマンが始めた実験が成功し、六〇年代にはマクローリー・チェーンの経常利益に何百万ドルもの貢献をしている。変化自在の実験が成功していく様子が、たいへんうまく描かれているので、ニーマン（当時は無任所の取締役だったが、のちに代表取締役社長になった）の文章を少し長くなるが引用してみよう。

私にはなにも権限がなかった……が、機会は目の前にあった。赤字つづきの店が一店あった。まず、よい店を作るにはなにが必要かを知りたいと思い、そこでジョン（店長）にこう言った。「いいかい。私はまず何人かの人間をこの店につれてきて、チームを作る。君がそのチームのリーダーだ。君はその連中とともに町中の競争相手の店を全部まわって、気がついたことを書きつけるんだ。それから君は、うちの商品をチェックして気づいたことをまとめろ。毎晩、閉店後に黒板を出してみなと討論だ。……それから、私は地区担当部長、マーチャンダイザー、購買担当、それから何人かの店長を連れてくる。みなが本気になって知恵を集めたら、私たちのノウハウがどれほどになるか、実地に知りたいんだ」

それから何週かのあいだ、彼らは競合する他店や自分たちの店の研究をした。みなの考えがひとつにまとまるまでなかなかたいへんだった。が、最後には意見が一致した。士気は高まり、みな興奮していた。なぜか？　それは一人一人が自分の持っているベストを出しきって、個人としてあるいはグループとして自己実現をできた、これがはじめてのチャンスだったからである。

……費用は二五セント玉一枚もかからなかった。あらゆる変更は店の中にあるものを利用して行なわれた。床を張りかえ、通路を広げ、壁を塗りかえた。すっかり新しくなった店内は、みちがえるほどきれいになった。

なにがこの店を変えたのだろう？　彼らは競争相手の店をすべて見てまわったので、自分の店も冷めた眼で見られるようになったのだ。そして他の店を見て学んだことをここに生かした。それまで彼らは上司の顔色ばかりをうかがって、上司がなにを望んでいるかを推測することに汲々としていた。私は彼らに、自分の頭とセンスを使え、と言っただけである。そして、その結果がこのすばらしい店なのである。その後の二年間というもの赤字は減りつづけ、ついに三年目には黒字に転じた。

みなが一生懸命やっているうちに、ようやく本社の連中もこのことに気がつくようになった。会長とそのスタッフが、なにが起きているのか見にとんできた。そして、会社全体がいっせいにこの例にならいはじめたのである。誰もが同じようなことを試みるために、自分の担当地区を持ちたがった。重役、副社長から、会長にいたるまでが……。

人々に道を示す。これが私のしたことだ。私の場合、好ましい実例をひとつ創ることによって、どこへ行けばそれが見られるかを示してやることまでできた。インディアナポリスである。

「インディアナポリス州のインディアナポリス店へ行け」と、私はみなに言った。「行ってそこの店を見て、なにかをつかんで来い。その店は君たちと同じ普通の人間が、自分たちの普通の才能を生かして創意と汗で作り上げた店なのだ」

それから少しして本社に戻った私は、やり方を少し変えた。バラエティ・ショップ・チェーン購買担当の副社長に私はこう言った。

「いや、いいよジョー。インディアナ参りはしなくてもいい。それより、このニューヨークにインディアナポリス店での奇蹟を再現してくれ。どうすればなにができるかはもう見ているはずだ。だから、ここフラッシング店をインディアナポリス店のようにしてほしい。だが、ただまねするだけではダメだ。インディアナポリスは、ひとつのモデルとしてとっておきたいんだ」

私は彼に、彼なりのやり方でフラッシングにすばらしいバラエティ・ストアのモデルを作るように言ったわけである。

さて、数週間後、彼に招かれて店に行ってみると、それはじつにみごとな小売店となっていた。私はすぐ数人に声をかけて、それを見てくれるように言った。あのひどい店が、その周辺住民の注目の的となり会社の宝物になろうとは、誰も思いもよらなかったはずだ。売上げはすぐに伸びはじめ、同店はニューヨークで当社一の成績をあげるまでになった。だが、もうひとつ重要なのは、同店が本社の他の重役たちをいたく刺激して、今度は「インディアナポリスの再現を随所に」と思わせたことである。

本社の自慢が高まるとともに、私はさらにやり方に変化をつけていった。インディアナポリス店のような好事例を、常時目に見えるひとつのモデルとして使うという方法である。つまり、改善する対象を一店に絞り、大勢の人に参加してもらって形をまとめ、他の人々にそれを見せて学ぶべき点を吸収させる、というシステムを作るということである。これが、メモを渡したり電話で指示を与えることのかわりとなる。「見に来てくれ。これこそまさに新しい会社だ！」というわけである。

私はすべての地区（一〇店から一五店で一地区を作る）に、それぞれのモデル店を作るようにと指示した。地区責任者がそれぞれ自分の持てる限りの知識をある一店に投入すれば、その〝インディアナポリス〟が地区内の他の店に影響を及ぼし、改善がすべての店に行きわたる。それはその地区責任者のモデルであり、その店の店長のモデルでもあり、それを見る人全員のモデルにもなってくれるはずだ。

この考えはたちまち野火のように広がった。人々は、夜、日曜、休日に店の改装、改善にあたった。日曜日には店内レストラン責任者がふるまうビールと料理で内輪のパーティが開かれた。全米四七の地区で、チェーン店改善のために全力投入したこの年は、従業員全員にとってすばらしい年であった。

ニーマンの話は、たんに大勢の人間が実験に参加したということを物語っているだけではない。それはまた、人々がちょっぴりスター気分を味わい、自分を勝者として感じはじめた、ということでもある。そしていちばん重要なのが、従業員がみずからトライしてみることを許す――そしてそれを積極的に支援する――環境がある、ということだろう。いままでに話したことのほかに、社内の環境づくりという面で、企業内実験を奨励していく際に重要なことが二点ある。

まず第一は、実験の「伝播」である。これは、多少力を加えたらあとは自然に、自分の力でなされるものでなくてはならない。伝播のカギを握るのは、「それをどのように始めるか」ということである。「最初がコツ」とよく言うが、まったくそのとおりである。まずやさしいこと、変えやすいこと、変えやすいところ――自分の企業内での支持基盤がはっきりしているところ――から始めることが大切である。

ニーマンの例もそうだった。インディアナポリスは、いちばん大きな店でも、とくにめだつ店でもなかった。が、それはニーマンのもとで、なにかをやってみようという意気にあふれていたのである。私たちの友人のジュリアン・フェアフィールドは、管理職になってまもないころ、成績不振の針金、鋼線工場をなんとかする、という任務を与えられた。

「なにからなにまでがダメだった」と彼は言う。「どこから手をつけていいかもわからなかったので、とりあえず、工場の環境整備から始めた。これなら誰からも文句が出ないし、作業としても簡単だ。もし管理者である私が、改善のたやすい環境整備に一生懸命とりくめば、従業員も自然に他のことの改善にも自発的にのってきてくれるのではないか、そう私は思ったのだ」。そして、その読みはあたった。

チェイス・マンハッタン銀行は最近、小口取引先の営業体制の大幅な再編成を行ない成功しているのだが、ここでも基本的には同様のことが行なわれている。まず、なにかをしたいという意欲に燃えた地区担当責任者から始めているのである。この責任者は女性だったのだが、彼女の担当地区はいちばん大きくもないし、またその成績は最良でも最悪でもなかった。ただ、改編の機が熟していたのである。彼女はできることを実行にうつしてみて、テストをし、いくつか目に見える成功をおさめた。成功談はおのずと伝わっていった。いちばんむずかしい地区は最後にとりあげられたのである。

マクドナルドの朝食メニューも、やはり同様に、中央から遠く離れたところから始まった。いくつかのフランチャイズ店が実験的に始めてから二年のあいだに、朝食メニューは野火のような勢いで全世界に広がったのである。現在朝食メニューは、マクドナルドの収入の三五パーセントから四〇パーセントを占めるまでになっている。

ブルーミングデールでも実験プロセスの始め方はほぼ同じようなものだった。いちばん手のつけやすそうな、会長お気にいりの輸入食料品部から始めて家具部へ、という具合いに広げられていった。のちにいちばん注目を浴びることになった高級ファッション部は、最初もっとも抵抗の強かったところで、したがってその改造はいちばん後まわしにされた。

小さな成功を積み重ねてはずみをつけていく、というプロセスを、経営コンサルタントのロバート・シャッファーが『マネジメント・レヴュー』誌の中でうまく説明している。

業績向上を目標とした活動においてもっとも大切なことは、結果がはっきり出そうなことに第一に的を絞ることである。計画を立て、準備を整えて問題を解決、などと言っていないで、まずできるところから始めることである。……成功する確率の高い具体的で短期の目標を——組織の末端のところで——一、二みつけることは、それほどむずかしいことではない。

……「まず結果を生む」やり方は、業績向上に対する心理をすっかり変えてしまう。……設問の仕方を変えることが大切なのである。……「なにが障害となっているか?」ではなく、「これからさき、短時間でできることはなにか?」と考えるべきなのだ。

……まだ人々の心の準備ができていない分野で抵抗を克服しようとするのでなく、人々のすぐ受容できることはなにか、と考えるべきなのだ。……ひとつのプロジェクトがうまくいけば、つぎのステップをどうするかというアイデアは、そこからいくらでも湧いてくるものだ。

インディアナポリスにおけるニーマンがそうであったようにシャッファーは、どのようにしたら「手のつけられる」仕事をみつけられるか、を論じている。彼が言うのは、できることが自然に見えてくるまで、何度でもたんねんにふるいにかけろ、ということである。

「革新と進歩に関心を持った支店長のいる店をひとつ選ぶ。販売チームといっしょに、少数の製品に絞って売上げ増大を目指す。マーケットを絞りこんでひと月ないしひと月半に一定のパーセント売上げを増す努力をする、というのもいいだろう。具体的な結果が見えてくるにつれ……その人々はみずから、どうすればテストを広げていくことができるかについて、意見を述べるようになるだろう」（傍点著者）

ニーマン、フェアフィールド、チェイス、マンハッタン、ブルーミングデールと同様にシャッファーもまた、細かな変革目標をたくさんみつけだしている。その実験プロセスは〝革命的〟と言ってもいいほどだ。それは計画づくりより行動を、考えることより動くことを、抽象よりも具体性を重んずる。まるで禅のように、「流れのままに」という考え方だ。すぐに手をつけられるやさしいことから始めて、反対ばかりする人でなく、〝人の言うことに耳を貸し熱中してくれる人〟を見出していく、というやり方である。

ブルーミングデールやスリーエム、TI、ダナ、マクドナルド、GE、HP、IBMなどで、小さなリスクに挑んだ無数の人々が思い出される。「リスクをおかせ」という声が、いつも社員の耳に響いている。超優良企業においては、小さなリスクをおかさないとき、「なにかちょっとしたことをいつもやる」ことをやめてしまったときこそ、危険な状態なのである。

経営者の仕事は、たとえ失敗であってもよい試みは奨励してやることであり、小さな失敗を許容し、成功したあとで実験を評価してやり、先頭に立って奨励し、新しい試みが社内に伝播していくのをめだたぬように助長してやることである。実験精神こそ、たとえそれがGEやIBMといったきわめて複雑な大組織だとしても、新しい経営の中核をなしているものなのだ。

組織の単純化

超優良企業の組織そのものが、流動性、個別撃破、実験を助長するような性質のものであるのも興味深い。たとえば最近、私たちは顧客に会うまえに読んでおいてほしいという書類を部下から受けとった。顧客の会社の本部長のところに集まった提案書をまとめたものである。見てみると、いちばん短いものでも五七ページもあった。プロクター&ギャンブルなどでは考えられないことだ。

プロクター&ギャンブルの組織は、同社の「実践」に対する実用的な姿勢にふさわしく、部門の数も少なく、その構造も単純である。マネージャーたちは、「大きな筋道をより深く、より明確にする」という表現をよく使う。意思決定というのはそれでいいのだ。こまかなヒダをこねくりまわしても仕方がないのだ。P&Gの組織は円滑に機能し、すみずみまでよく理解されている。同社の行動重視をよく物語る――そして、組織をよく物語る――のは、あの伝説的な「一ページメモ」である。

最近P&Gのブランド・マネージャーと朝食をいっしょにしたとき、「一ページメモ」の伝説は実在するのかどうか尋ねてみた。

「ときと場合によりけりです★」と彼は言った。「とはいっても、ブランド戦略の変化を求める提案書を最近出したんですが、一ページと四分の一あったんです。突っ返されましたよ。長すぎたんです」

★たとえば一九三一年五月一三日、会長ニール・マッケルロイが出した社内ブランド間競争を勧める歴史的メモは、「果敢にも三ページに達する」と形容されたものである。

この伝統はリチャード・デュプリー前社長の時代にまでさかのぼる。

デュプリーはタイプで打って一ページ以上になるメモをひどく嫌った。よく長いメモを突っ返しながら、「もっと煮つめて私にわかるようなものにしろ」と、言ったものだ。メモになにか複雑な事情が書かれている場合はこうも言った。「私はこみいったことはわからん。単純なことしかわからないんだ」

あるときインタビューでこのことを聞かれると、彼はこう答えている。

「当面の問題を一連の単純な事実に分けていくよう練習させることも、私の仕事の一部です。こうしてはじめて、みなが頭を使った行動ができるようになる」

最近までプロクター&ギャンブルの会長だったエド・ハーネスも、この伝統についてこう語る。

「当社では、事実と意見をはっきりと区別した簡潔な書類が、意思決定の基盤となります」

MISやさまざまな予測法の氾濫、大勢のスタッフによる際限もない討論——そして問題解決に伴いがちな「政治的かけひき」——というのが、互いの信頼感をなくす要因である。こういうときに、一ページメモはたいへん有効だ。まず、討議すべきポイントをずっと減らすことができるし、一ページにある二〇項目をクロス・チェックして確認していく作業は、二〇×一〇〇ページよりもずっと楽だ。精神を集中できる。さらに、ひと目で全体が見わたせることもありがたい。

たとえば、補足資料の第一四項の数字が違っていた、などという場合、誰の責任なのかわからなくなってしまうこともあるだろう。だが、数字が二〇個しかなければ、どうしてもそれに責任を持つようになるし、当然信憑性も高くなってくる。もとより、一ページのメモではいいかげんな書き方はできないのである。

リライアンス・エレクトリックの元社長で現在工作機械メーカー、アクメ・クリーブランドの社長をしているB・チャールズ・エイムズは、この点についてつぎのように言う。

「部門の責任者に命じて七〇ページの計画書をひと晩で書かせる、ということは可能です。だが、これまでの傾向と今後の見通しをまとめた分析なりグラフに、『基本提案はこれです。これより好転しそうな要因はこれこれの三つ、逆に悪化を招く要因はこれこれの三つ』といった具体的見通しをつけた一ページの提案書には、なかなかお目にかかれないのです」

ジョン・スタインベックは、小説を書くための第一歩は、自分がなにを書きたいのか一ページにまとめてみることだ、と言っている。一ページで考えをはっきりまとめることができなければ、長篇をずっと書きついでいくのはまず無理だ、というのである。

これは、演説や小説などの原稿を書くという仕事ではあたりまえのことだとされているが、ほとんどのビジネスマンにはこれがわかっていないらしい。投資計画案が一〇〇ページにもなったら、どれがもっとも重要なことなのかわからなくなってしまうのも無理からぬことだ。論理の組み立ても当然甘くなる。そもそもそんな書類は水増しされたものなのである。とすれば、その根本の考え方もいいかげんなものだ、ということにもなる。さらに悪いことには、これをもとにして幹部たちが討議をすれば、曖昧さにさらに輪をかけることになり、当然その討議も焦点の定まらないものとなる。

ある証券アナリストは、以前プロクター&ギャンブルについて、「あまりにも完全で、退屈させられる」と言い、また別の一人は、「ひじょうに慎重でしかも厳格な会社だ」と言った。

わずか一ページのレポートで、どうしてあれほど完全に、慎重かつ厳格にやっていけるのだろう、と部外者は疑問を抱く。その答（の少なくともひとつ）は、一ページにすべてをまとめるために、たいへんな苦労をするからだ。通常、ブランド・マネージャー補佐や若手のブランド・マネージャーが最初に書くメモは、一五回も書き直しが必要だ、という。

もうひとつの答は、メモを裏づける分析を、誰もがふんだんに持っている、ということである。ただ、P&Gが他と違うのは、そうした裏づけの書類は、互いにいちいち読む必要がない、ということだ。ここでまた、〝一ページ文化〟のもうひとつの特徴が出てくる。それは、書類の量そのものが少なくなるので整理しやすく、覚えやすく、また資料作成費用もわずかですむことである。

一ページメモの特徴をいくつかあげたが、そのほんとうの影響はもっと深いところにまで及ぶ。書類ばかり生産するのをやめて行動を重視する、ということである。メキシコの石油会社ペメックスの会長ホルヘ・ディアス・セラーノは、文字で書かれた文書に文字で応えることをやめて電話を使うことにし、これを同社のコミュニケーション手法として確立しようとしている。また、ユナイテッド・テクノロジーの会長ハリー・グレイはこう語っている。

「私は書類嫌いで知られている。社長に就任したとき、私は主だった責任者たちを集めて、自分がどれほど異常な書類嫌いかを話した。私は書類恐怖症なのだ。それまで一年のあいだ、彼らが大切な文書だと思っているものの写しを読まされてうんざりしていた。だから、一ページメモ以外の書類はいっさい認めない、それ以外のものは私のところへ送りつけてくるな、と命じた」

チャールズ・エイムズはリライアンス社へ来てまもないころの経験を語りながら言う。複雑な組織をあまり大切にしすぎると、基本的なことが管理できなくなることが多いと。

「ひじょうに長期にわたる戦略システムから短期のものまで、ありとあらゆる計画システムがありました。ところが来月なにを売ったらいいのかはわからないのです。私は五年計画制を廃止して、一年計画制、つぎには四半期計画制を導入しました。そして、最終的には三〇日計画にまで縮めて、それで一年近くやってみました。そうしてみてはじめて、数字を正確につかめることがわかりました。そこでまた徐々に長期計画に戻していきました。もちろん最初のような遠大な計画にまでは戻しませんでしたが」

エイムズがリライアンスではじめに遭遇した書類と計画の汎濫とはちょうど逆に、エマーソン・エレクトリック、ダナ、TIといった会社は、ひとつかふたつの数字に焦点を合わせてすばやく反応することを目指している。たとえば、『ニューヨーク・タイムズ』紙に載ったエマーソン・エレクトリックに関する記事にはこうある。

「各部門の責任者とその補佐役たちは、毎月本社においてその部門担当の重役に業績報告をする。そのときの重点は、未来よりも現在にある。部門の責任者にとっては、在庫、収益、販売額の三つがもっとも重要なのである。そして、利益が毎月、毎四半期、そして結果的には一年間、確実に計上されるようにすることを求められるのである」

『マネジメント・トゥデイ』のダナに関する記事もこう述べている。

「本部は書類の形での報告はあまり求めないが、最低限の情報はもちろん必要としている。最重要項目は収益額である。かつては翌月二〇日までに他のさまざまな数字といっしょに『予算対実績』表といった形で提出されていた。だがいまのシステムでは、各部門から本部へ電話あるいはテレックスで納品額合計と概算の収益を毎日の終業時に知らせている」

どんなシステムでも整理し、単純化することができる。テキサス・インスツルメントのモットーには「ふたつ以上の目標は目標がないのと同じ」とか、「個々の部門が記録をつけておくという書記のような作業は、七〇年代はじめに終わっている」というのがある。まさにそのとおりで、TIは全社がひとつのシステムによって動いているのである。

元会長ハガティは、「目標」「戦略」「戦術」という三つの「言語」の持つ意味を、一〇年がかりで社内に浸透させた。だが、「目標＝戦略＝戦術」システムの最大の目的は、自由なコミュニケーションと個々人の責任体制を高めようというものだった。そして、テキサス・インスツルメントのやり方をうかがい知るには、一見なんの変哲もない「ふたつの目標」というポイントについて見てみるのがいちばんである。

私たちがいままでに見てきた目標管理システムは大部分が、一人の管理者に年間三〇項目にも及ぶ目標を割り当てている。しかし、二カ月ごとに膨大な活動をこなしていくことなど、誰にもできるわけがない。TIでは、この点をはっきり認識している。

「もうあんなことはやめにしました。かつてはそれぞれの管理職がたくさんの目標を抱えていましたが、それを次第に整理、削減して少なくしました。いまでは、各PCC（製品《プロダクト》＝顧客《カスタマー》センター。普通の会社の「部」に相当する）責任者が、四半期あたりひとつの目標を持っているだけです。ひとつだけです。目標をひとつに絞れば、誰だってそれを達成することができるはずです。それができない管理者は本当にダメなのです」

他にも同様のやり方をしている会社がある。モンサントの会長ジョン・ハンリー（興味深いことにハンリーはプロクター＆ギャンブル育ちである）は、「〔年間で〕三つから五つの目標というのが限度だ」と言う。ヒューレット・パッカードのジョン・ヤングも、ハンリーと同趣旨のことを述べている。

「わが社で戦略を考える際、いちばん中心となるのが各部門の総括責任者が担当する〔年間〕三つから五つの目標です。ほんとうのことを言えば、財務数値などはどうでもいいのです。数字を使うのはただ、責任者を喜ばせるためだけです。もし行動目標が達成されていれば、数字もひとりでによくなるものなのです」

ヒューレット・パッカードで立てる目標がどういう性格のものであるか、ということが行動に関して重要であり、またここが「超優良」でない企業と違う点でもある。ヒューレット・パッカードの目標は、責任者がいくらがんばってもたいして変わらない「数字」ではなく、「活動」そのものである。たとえば、「三月一五日までにオレゴン州ユージーン工場の生産高を設備能力の七五パーセントにまで引き上げること」とか、「西部地区担当セールスマンの活動時間の五〇パーセントを、Y型顧客からX型顧客の訪問にふりかえよ。一〇月三一日までに完了すること」という具合いである。

このように一ページメモ、粉飾のない数字、よく絞りこまれた目標、というのが超優良企業の経営システム面の特徴だが、それを取り巻く環境条件も同様に大切である。問題は、こうした環境が一見なんでもないような特徴の積み重ねという形でしか観察できない、ということだ。同じようなこと

――簡潔なコミュニケーション、事実に基づく意思決定、目標管理――をやり、システム化しようとしてきた会社はいくらもある。だが、そうした会社は試しにやってみて、失敗し、そしてそのままあきらめてしまうのである。〝はやりの経営手法をまたひとつやってみたが、駄目だった〟という程度にしか考えていない。

計画したシステムを放棄せず、複雑さをうまく簡潔さへと変えていくまで粘り抜く会社はまれである。プロクター&ギャンブルが今日の一ページのコミュニケーション・システムを確立するまでには四〇年かかった。

行動指向

超優良企業の持つ特質のうち、なんといってもいちばん重要なのが、その行動指向である。行動指向とはいっても、実験、臨機応変に組織されるタスクフォース、小グループ、一時的組織等々、一見どうということのないような仕かけである。しかし、それが「アメリカ産業史の画期的出来事」と言われるIBMのシステム360の開発につながった。

デジタルの、三日間に限った臨時チームも、企業自身の巨大さにもかかわらず（行きすぎた複雑さという落とし穴に陥ることなく）小まわりをきかせている。けっして常任の委員会を作ったり、タスクフォースを何年間もつづけさせたり、ということを許容しない。長文の報告書に熱中したり、形式的なマトリックス組織を作ることもない。

まえにも述べた、基本的な人間の限界――つまり、人が一度に扱える情報は限られていること、自分に多少なりとも自主性があると思えば（少しでも自主「実験」の余地があれば）向上していくこと――に沿って動いているのである。

組織に関する最大の問題点は、それが必要以上に複雑化していることである。ところが驚くなかれ、超優良企業はこう答えるのである。

「大きな問題があるときには、適任者を投入して解決させよ。『適任者』とは、『時間のもっともない』幹部であることが多い」

この言葉には新鮮な響きがある。だが実際には、デジタルで、TIで、HPで、スリーエム、IBM、ダナ、フルオア、エマーソン、ベクテル、マクドナルド、シティバンク、ボーイング、デルタ等々で、「超多忙の適任者」なる人たちはなんとか時間を作り出しているのである。彼らが時間を作り出せるのは、こうした企業が組織図や職務規定にしばられず、また無理に権限とか責任とか言わないからである。「撃ち方用意！　撃て！　狙え！」そして、「狙わずに撃ってしまったあとで、試行から学べ」。それで十分なのである。

第六章

顧客に密着する

おそらく、いまはないがしろにされているもっとも重要な経営の基本原則は、つねに顧客の身近にいて、そのニーズを満たし、彼らが欲していることをまえもって察知することだろう。あまりにも多くの会社で、顧客はひどい厄介者になってきている。彼らの予測もつかないふるまいが、会社側が注意深く練り上げた重要な計画をダメにし、コンピュータ操作を混乱させる。また、彼らは買い求めた製品が少しでも具合が悪いと、しつこく文句をつけるのだ。

――『ビジネス・ウィーク』編集長　ルー・ヤング

ビジネスは顧客に密着していなければならないというのは、当然きわまりない考え方である。すると、そこで疑問が生じる。では、なぜわざわざこの章が書かれなければならないのか？　その答は、最近「マーケット指向」と口先ばかりで言う人々が多い中で、ルー・ヤングの指摘が的を射ているからである。顧客は無視されるか、厄介者扱いされているのである。

超優良企業を見ていると、販売、製造、調査、経理といった業務のすみずみにまで、顧客が深く関与していることがわかる。そこには、ひとつの教訓が共通して見られる。つまり、どんなビジネスでも、その成功は、「物を売る」ことにかかっていて、この行為は、一時的にせよ企業と顧客を結びつけるものなのだ、という教訓である。

私たちの調査から明らかになった顧客特性に関することをひと言で言えば、超優良企業は顧客と密着している、ということにつきる。多くの企業は顧客に密着しなければと口で言うだけだが、超優良企業はそれを実践するのである。

従来の経営理論を用いて、典型的な超優良企業において顧客がどれほどの役割を担っているかを説明するのはむずかしい。最近の理論でも、せいぜい外的環境が組織に及ぼす影響の重要性を説く程度でしかない。しかしこれでは、超優良企業でどれほど顧客指向が強烈であるか、そして、アメリカの産業界が気づいていないその強烈さこそが超優良企業の最大の秘密なのだ、ということもまったく理解されていないのである。

このことをヒューレット・パッカードのジョン・ドイル（研究開発部長）がうまく言い表わしている。私たちは、ビジネスの価値観をどのように維持していったらいいか、ということについて話し合っていた。彼は、時代の荒波を乗り越えて生き残るためには、つねに外を意識し、外に焦点を合わせていかなければならない、と言う。「長期的に見て生き残るためには、顧客の家庭につぎの製品を送りこむ方法を、全員が一丸となって、かき集め、捜し出すしかない」と、彼は言う。

超優良企業、とくにそれらが顧客とどのように互いにかかわりあっているかを観察していて、私たちがとくに強く印象づけられたのは、それら企業には、ある種の「強迫観念《オブセッション》」がつねに見られる、ということであった。それは、とくに品質、信頼性、サービスなどを、理不尽ともいえるほど重視するという形で現われる。顧客指向が強いということは、超優良企業が、技術面、コスト面をないがしろにしているということではない。と言うより、卓越したテクノロジーを持っていたり、コストを低く押えるということよりも、直接的な顧客指向に、より強く動かされているように私たちには思えるのである。

ＩＢＭを例にとってみよう。この企業の技術水準が時代に遅れるものでないことは間違いないが、この数十年、技術面での最先端を行くリーダーではないということは、誰しも一致して認めるところだ。ＩＢＭが他社を圧しているのは、サービスに対する真剣な取り組みという点においてである。サービス、品質、信頼性は、得意客に忠誠をつくし、長期にわたって収益を増大（そして維持）していこうとする戦略である。この章で説きたいこと――それは顧客指向が生み出すすばらしい副産物についてである――それは、勝者は目先の収益にとらわれずに、将来に焦点を合わせているようだ、ということである。収益は顧客指向の結果として生まれるのである。

サービスという強迫観念

これは、企業の例ではないが、私たちはよく、顧客に密着するということを語る際に、ジョー・ジラードという自動車セールスマンを引き合いに出す。彼は一一年間つづけて自家用車とトラックの新車売上げ高で全米第一位の座にある。実際、どの年をとっても、彼は売上げ高第二位のセールスマンの二倍もの車を売っている。成功の秘密を彼はこう語る。「私は毎月、一万三〇〇〇枚のカードをみずから客に送っているんです」

なぜジョーの例をさきに出したのかというと、彼の成功の〝魔術〟は、ＩＢＭやその他の超優良企業のそれとまったく同じだからである。要するに、一にも二にもサービス、圧倒的サービス、そしてとくにアフター・サービスなのである。ジョーは言う。

「たいていのセールスマンがやらずに私だけがやっていることがひとつある。それは、セールスはものを売るまえでなく、売ったあとに始まるのだ、という私の信念を実行していることです。……お客さんが帰るか帰らないうちに、私の息子は『このたびはお買い上げいただき……』という礼状を書いてしまっているのです」

一年後、彼は客のかわりにみずからディーラーのサービス・マネージャーとの交渉を買ってでることまでする。そのあいだも、客との連絡はとだえることがない。

一度ジョーから車を買った客は、彼のことをけっして忘れない。彼が忘れさせないのだ。毎月毎月、ジョーから手紙が送られてくる。ごく普通の封筒だが、いつも色や大きさが変わっている。「開封されもしないままくずかごに直行するような郵便物と区別してもらうために」と、ジョーは打ち明ける。

開封してカードを取り出すと、まずおもてに「大好きなあなたに」とあり、中を開くと「新年おめでとう。ジョー・ジラード」とある。これが二月には、「ジョージ・ワシントン生誕記念日おめでとう」、三月には「聖パトリック・デーを祝って」となる。このカードは、客の間で大好評だ。「みなさんのおほめの言葉をお聞かせしたいですよ」と彼は自慢する。

このことだけを取り出してみると、ジョーの一万三〇〇〇枚のカードは、よくあるセールス・テクニックのひとつにすぎない。だが、超優良企業同様、彼は本当に心から顧客を大切に思っているのである。ジョーは言う。

「一流レストランというのは、調理場から愛情と思いやりがあふれ出てくるものです。……そして、私が車を売るときにも、お客さんは一流レストランを出るときと同じような満足した気持で帰っていかれるのです」

ジョーの気くばりは、車を売ったあとにも変わらない。

「アフター・サービスを求められたときには、最善のサービスを受けられるよう、お客さんの身になってディーラーと交渉してあげます。……医者のような気持が必要なのです。車のどこが具合いが悪いか、お客さんと同じ気持になって、心配してあげるのです」

そのうえジョーは、どの客もすべて、一人の個人として大切にする。彼は客を数字として考えない。「一度に一台ずつ、顔をつきあわせ、腹をわって」車を売ってきた、と彼は強調する。「お客さんは面倒くさいものでもなければ、いらいらさせるものでもありません。私はそのおかげで食べていけるのです」と、彼は言う。

このジョーの話を引き合いに出したのは、彼が誰よりも顧客こそ大切だ、ということを身をもって実践しているからである。

「あれはワトソン〔シニア〕氏とともに販売幹部会議に出席していたときのことだった」と、最近メモレックスを定年退職した（ＩＢＭ出身の）ゴードン・スミスは言う。

「顧客問題を検討するのが目的だった。前のテーブルには『製造上の問題点』『技術上の問題点』といったような書類の山が一〇ほども積んであった。かなり議論が進んだころ、大男であるワトソンが、前のテーブルの方へおもむろに歩みよったかと思うと、書類をテーブルから全部払い落としてしまった。書類が部屋中に舞った。『あれが悪い、これがいけない、というのではない。問題はただひとつ。顧客を大切に思わない者がいる、ということなのだ』。彼はそう言うなり、さっと踵を返して部屋から出ていってしまった。残された二〇人は、まだ首がつながっているかどうか心配顔だった」

『企業よ信念をもて』の中でトーマス・J・ワトソン・ジュニアは、IBMを成り立たせている基礎概念について述べ、とくにサービスについて、つぎのような、なるほどと思わせる指摘をしている。

IBMでは、よいサービスがしだいに「生理的反応」に近いものとなっていった。わが社は、何年もまえに、肉太の活字で、「IBMとはサービスのことです（IBM means service）」と書いただけの広告を出していたことがある。あれは、わが社の出した最高の広告だ、と私はよく思ったものだ。そこにはわが社の考え方がきわめてはっきりと、そして正確に表現されている。私たちは世界のどの会社よりもよい顧客サービスを提供したい。

……IBMとの契約とは、機械のレンタルだけでなく、機械に伴うサービスを提供する、つまり機械そのものにプラスして、IBMスタッフによるアドバイスとカウンセリングを永続的に提供する、ということなのである。

ジョー・ジラードと同様、IBMもサービスについては異常なほど熱心である。ほとんどの会社では、部門責任者の「補佐」といえば、まずカバン持ちか使い走り、あるいは書類の整理役と相場が決まっているが、IBMでは違う。ここでは、トップ・セールスマンの何人かが幹部の補佐役に登用されるのである。

そして、その地位にあるあいだはずっと――普通三年のあいだ――ただひとつのこと、つまり、顧客のあらゆる苦情を二四時間以内に処理することだけに没頭するのである（販売の現場でも、これに劣らず注目に値するのが、「人海戦術」である。アトランタにある小型事務機の専門メーカー、レイニエ社――地域によってはIBMと競合関係にある――のデータ処理部門担当重役は、IBMの基本的なやり方を絶賛する。「このあいだ故障が起きたときのことは忘れられません。何時間もしないうちに、あちこちから人が集まってきました。呼び集められた専門技術者は八人。少なくとも四人がヨーロッパから、一人はカナダ、一人は南米から。彼らは世界中を飛びまわっているのです」）。

IBMのサービス体制のすさまじいところは、この水も漏らさぬ完璧さなのである。最近、私たちの一人は、一週間のあいだに（1）ニューヨークからサンフランシスコへ飛ぶ機内で、オークランド地区担当の二五歳のIBMセールスマンと隣り合わせになり、（2）IBMにいたことがあるATT（アメリカ電信電話会社）の幹部役員と話し、（3）元IBMの製造部門担当重役だったメモレックス社の役員と話し、（4）ある病院の事務長とIBMの販売方針について論じ合い、（5）セミナーで若い元IBMセールスマンと話しあった。

この人たちは若く魅力的な黒人女性から白髪まじりの五〇男までさまざまだったが、言うことはみな同じだった。IBMはソフトウェアに――ときには品質にさえ――問題がある、という点で一致していた。だが、この五人はまた、IBMのサービスと信頼性にかなうものはない、と実際に同じ表現を使って語ったのである。とくに印象に残ったのは、彼らが一貫してＩＢＭはサービスというものを本当に大切にしている、と深く確信していることだった。

こうした例はほかにいくらもある。私たちのオフィスはバンク・オブ・アメリカ本社ビルの四八階にあるので、自然、同行の多くの役員たちと接触することになる。その一人、国際金融部門担当の役員がこんな話を聞かせてくれた。

彼はそのポストについた当初——私たちがこの話をした三カ月まえのことである——ただひとつのことだけを目標として掲げたという。それは、銀行をＩＢＭへの全面的依存から乳離れさせることであった。「たとえば、アムダール社の機械も少しは入れることにする、とかだ」と彼は言った。「このポストについて四週間目ぐらいだったか、ある朝部屋に入ると、『八〇年代に必要なシステム』と題した分厚い提案書が机の上に載っていた。見ると、それはＩＢＭのわが社専任担当役員からのものだった。そんなものを出せと頼んだ覚えもないので、私はすぐ彼に電話して、『いったいどういうつもりでこんなものをくれたのか』と尋ねた。彼の答は、じつに臆面もなく当を得たものだった。『これが、お客様が迷わないですむように、という私どもの顧客管理法なのです！』、とね」

最近、マーケティング担当副社長のバック・ロジャーズの話を聞く機会があったのだが、彼の話は、「どうもどこかで聞いたことがあるな」と思わせるものだった。突然私たちは、（サービス）の黄金律をいつも説いていたワトソンの生まれかわりが目の前にいるということに気づくのである。

顧客に提供するものはすべて、「つねに顧客の側から見て、コスト的に十分納得できるもの」でなければならない、とロジャーズは言う。これに対して、私たちが知る元ＩＢＭマンは、「ＩＢＭのセールスマンは、いつも必要な仕事をきちんとやりこなすいちばん安い機種を売っている」と語り、いま、彼がいる会社も同じ方針であるならいいのだが、とつけ加え、嘆いてみせた。「まったく信じられませんよ」。彼は現在勤めている会社についてこう言う。「連中ときたら、ブルックリン橋〔ニューヨークのブルックリンとマンハッタンを結ぶ橋。一八八三年建造〕さえ売りつけかねないんですから。あとは野となれ山となれ、なんです」

ロジャーズによれば、「IBMはテクノロジーでなく、顧客とマーケット優先主義なのだ」となる。彼はまた、セールスマンは「顧客に雇われているつもりで」行動せよ、と言う。そして、こうも言う。「IBMが持っているすべてのものを顧客に提供せよ」。最後に彼は、「注文をとることはいともたやすいことだ。アフター・サービスこそが大切なのである」と述べている。IBMが営業所を小規模（最大限一〇〇人）に押えているのは、「仕事をやりやすくする」ためである、ともつけ加えている。「（小組織にして）つねに顧客と接触を保つようにしておかなければならない」というのが、彼の結論である。

顧客との接触を保っていることを確かめるために、IBMは毎月、国内、国外の顧客の満足度を調査している。その顧客の満足度が、業績報奨——とくに上級幹部に対する——に大きく反映される。従業員の就業態度に関する調査は九〇日ごとになされ、顧客サービス維持についての従業員の意識がつねにチェックされている。

IBMの本社管理職たちでさえ、きちんと定期的に顧客を訪問し、セールスを行なっている。私たちの一人が最近ニューヨークで偶然会った財務担当のある重役は、顧客訪問をし、部下たちにもそうするよう申し渡しているのだという。「顧客を知りもしないで、受取手形のポリシーなどが立てられますか?」

会長のジョン・オペルもこの点を強調して、「誰が金を払ってくれるのかを忘れてはならない。自分の専門が財務であれ、製造であれ、セールスの楽しさを知り、経験しなければならない。ビジネスの本質は販売にあるのだから」と言う。

ＩＢＭの「顧客第一主義」は、徹底した訓練に裏づけされている。基本的なセールス・トレーニングの期間は一五カ月におよび、その七割は営業所で、三割は研修所での講義に費やされる。上級訓練がその後定期的に規則正しくつづく。

たとえば、年間一〇〇〇名以上が「社長コース」という訓練を受ける。これはハーバード大学教授八人とＩＢＭ専属教授六人によるもので、「得意先の社長たちのものの考え方を教える」のがその目的である。さらに、一〇〇〇人ほどのセールスマンは、同じくハーバード大学との提携による「財務役員コース」を受講し、財務役員の考え方を学ぶ。これらはポストを問わず、全員に毎年、最高一五日間程度、課せられる社内教育訓練の一部である。

ＩＢＭのサービス第一主義には、厳しい面がある。納入した品については、担当者が「全責任」を持たされるのだ。たとえば、新しく担当になった顧客にはじめて会ったとき、最近納入したＩＢＭ機器の一部を引き取ってくれ、と言われたとする。そうすると、たとえ自分の前任者が過去一〇年間ずっと販売責任者だったとしても（そしてどうやらその人物が今度の引き取り要請の原因のようであっても）、最初の受注の際の販売責任者に支払われた報酬額全額を自分がかぶって、サラリーとボーナスから差し引かれることになる、とロジャーズは言う。

もちろんこのシステムは、ＩＢＭがどれほど真剣にアフター・サービスを考え、顧客と密接な関係を保つことを重視しているかを反映するものである。「こうして、〝今日のお客様〟にお客の満足という側面から接していこう、という姿勢がつねに保たれる」と、ロジャーズは言う。IBM・ワールド・トレードの代表取締役ジャック・メゾン＝ルージュもその点を強調して、「IBMはまるで、すべての顧客を失いかけているかのように行動する」と言う。

このほかの厳しいシステムに含まれるものとして、「合同敗北会議」がある。毎月一回、各地区や営業所の人々が招集され、取り逃した顧客について、善後策を検討するのである。それに加え、社長、会長、それに幹部役員全員が失われた顧客に関する報告を毎日受けている。年輩の元IBM社員はこう語る。

「それはたいへんなものですよ。私は一度大口の客をなくしちゃったことがあるんですが、その客と別れてオフィスに戻ると、もう電話がジャンジャン鳴ってるんです。『いったいどうしたんだ。話を聞かせろ』というわけですよ。翌日はもう、偉いさんの半数もの人が私のところにドサッと降ったようにやってきましたよ。それにしても、なぜあんなにはやく知れてしまったのか、いまだにわからないんですがね」

IBMから転職した人々は、新しい会社にそうした活力に満ちたシステムが欠如していることに驚く。競争会社に移っていまでは副社長になっているある人物は最近、失望気味にこう語っている。

「まったく信じられませんよ。わが社の会長ときたら、お得意先の上位一〇〇社のリストさえ持っていないのですからね」

とはいえ、よく探してみれば、もっとすごい例というのはかならずみつかるものである。たとえば、レイニエ社の、いくつかの専門分野におけるサービスぶりは、IBMをさえしのぐものである。ある大企業でワードプロセッシング事業部の責任者をしている友人は、「未来のオフィス」という概念がなかなか浸透しないと言う。彼によると、そのネックとなっているのが、「未来のオフィス」で主要な役割を持つあの「頭のよいタイプライター」のことを、「ワードプロセッサー」と呼ぶことだ、というのだ。「ワードプロセッサーなどとむずかしげな呼び方をするから、ユーザーや秘書たちが敬遠してしまい、脅威にさえ思われるのだ」

だが、この機械をワードプロセッサーと呼ばない会社があるのだろうか？　私たちの知るかぎりでは一社だけある。それが、レイニエである。前回の調査では、弱小企業であるレイニエが、ワードプロセッサーの分野で、ＩＢＭ、ゼロックス、ワングなどの巨大企業、およびおよそ一〇〇社もの競争相手を打ち負かしていた。シェアはトップ、そのうえマージンでも抜群だった。

そのレイニエでは、ワードプロセッサーを「安心《ノー・プロブレム》タイプライター」と呼んでいる。この呼び方は、レイニエの顧客（主として秘書嬢）指向を感じさせる。レイニエでは誰もが、寝てもさめても、食べるときも、呼吸するときも、とにかく顧客第一に考えているのである。実際、ある同僚の話では、レイニエの幹部といっしょにいると、まるでフットボール試合まえのロッカールームにいるような、そして、拮抗した試合のハーフタイムのときのような雰囲気だという。大声で話し合うその話題は、もっぱらセールス、顧客、そして競争相手との角突き合わせの激しい競争といったことだけだ。

ＩＢＭと同様ここでも、こうした姿勢はやはり手本を示してやることから始まる。レイニエの社長ウェスリー・キャントレルは、徐々に顧客指向を浸透させたのだ。同社の重役たちは、毎月一度、顧客セールスを実行している。レイニエの顧客指向はまた、製品をシンプルで「親しみやすい」ものにすることを強調している点にもよく表れている。

キャントレルの考えには、彼がかつてセールスマンをしていたときの経験が大きく反映している。

彼はスリーエムの事務用複写機を売っていたのだ。彼によると、コダック社の取り扱い説明書が一五ページだったのに対し、スリーエムのものはわずか一ページであった、という。「スリーエムの取り扱い説明書は、私の最大の武器だった」と彼は語る。

レイニエの狙いは、ユーザーの使いやすい製品を作ることであり、その狙いは当たっている。ハーバード・ビジネス・スクールの最近の博士論文のひとつに、ゼロックス、ワング、そしてレイニエを、適応性の面から比較研究したものがあった。その論文は、レイニエの指向するところが最終ユーザーである秘書の求めるものにもっとも近いと結論づけていた。レイニエは秘書たちが魅力的に感じる機能をただちに自社の製品にもっとも積極果敢に取り入れているのである。

顧客からの電話を受けてからサービス現場に着くまでの時間の極端な短かさ、現場でのサービス時間の短かさ、という点では、レイニエはサービスを自慢するIBMをもしのいでいる。現場までの往復時間、現場でのサービス時間がつねにチェックされている。迅速なサービスを達成するために、レイニエは金をかけている。サービスマンの装備は過剰なほどだ。同社のサービスマンが持ちあるく道具、検査器具類は、業界の水準をはるかに超えたものである。

レイニエはまた、苦情処理の面でもIBMを超えようと努めている。同社はあらゆる苦情に対して、四時間以内に応えると宣言し、社長みずから、かなりの部分を受け持っている。彼はこうつけ加える。「私が扱った場合、その地区担当のセールスマンとサービスマンに私の時給分を請求する」。彼は「四時間以内」という線を破りたいと考えており、こう言っている。「もちろん、『安心タイプライター』だったらそれも楽に実現できる」

過剰なまでのサービスの一例として、私たちがよく引き合いに出すのは、フリト・レイ社である。

私たちはいままでずいぶん多くのミクロ経済理論を見てきたが、何百年もの研究の末に経済学者たちが絶対的な確信を持って言えることはたったひとつしかないのではないか、と思われることがある。すなわち、完全競争のマーケットでは、(製品差別化のできない)小麦農家は高いマージンを得られないということである。私たちの調査には超優良「小麦農家」は登場しないが、かなり近いものはある。

ポテトチップやプレッツェル[ねじ巻き形で塩味のクラッカー]は、伝統的な「差別化」のできない商品のはずである。小麦農家と同じく、ポテトチップ・メーカーも高いシェアやマージンを得られない、というのが通説である。ところが、ペプシ・コーラの子会社フリト・レイは、ポテトチップとプレッツェルで、毎年二〇億ドル(四八〇〇億円)を優に超える売上げを記録していて、マーケット・シェアは全国のほとんどの地域で六〇パーセント台、あるいは七〇パーセント台に達し、そして、そのマージンは食品業界の羨望の的である。いったいこれはなぜか?

フリト・レイを見て驚かされるのは、その確固とした品質管理でもなければ、みごとな宣伝計画でもない。それは、一万人近いセールス部隊と「九九・五パーセントサービス体制」である。具体的には、どういうことなのか? それは、フリト・レイは短期的に見れば、明らかに非経済的なことをあえてする、ということである。

一軒の店に三〇ドル(七二〇〇円)のポテトチップのカートン、二、三個を補充するために、わざわざ一台のトラックを出して数百ドルを使う、ということを平気でする。これではもうけなど出るわけがない、と誰しも思う。だが、この会社には、悪天候をものともせずポテトチップ一箱を配送したとか、暴風雨や災害にあった店の後始末を手伝った、といったセールスマンの話があふれている。フリト・レイのダラス本社には、そうした行為に対する礼状がぞくぞくと舞いこんでいる。サービス訪問《コール》には、何回したからどうという具合いに定量化できない、なにか不思議で象徴的なものがある。まえにも述べたように、それは原価分析の達人たちが分析しようとして果たせない部分なのだ。サービス・レベルを一パーセントか二パーセント落とすことによって、金を浮かせることはいくらもできる。が、フリト・レイの経営陣は、シェアとマージンに注意を払いながらも、セールス部隊の気力をそぐようなことはけっしてしない。

フリトはセールス部隊をなによりも最優先で大切にする。このシステムが成功しているのは、会社がルート・セールスマンをバックアップし、信頼し、「自分がいなければ」という気持にさせているからである。同社には約二万五〇〇〇人の従業員がいる。セールスにタッチしていない〝間接員〟たちは、「セールスへの奉仕《サービス》」という明快な言葉をモットーにしている。

一例をあげれば、同社の工場長が、コスト予算の枠内で操業しているかどうかという伝統的な規準で評価されることは、ほかの企業と変わらない。しかし、商品が不足し、セールス部隊が困っているときには、彼は躊躇せずに時間外操業をしてまにあわせるのである。かりにそうしなければ、さきほどの大口顧客を失った私たちの友人である旧ＩＢＭ社員のように、彼はあちこちからどうしたのだと質問攻めにあうことになる。

「サービスによって顧客に密着する」という考え方を分析したもので、私たちが最近読み、出色の出来と考えているのが、シティバンクのダイナ・ネメロフが一九八〇年に行なった調査である。彼女の調査対象は、アメリカン航空、ディズニー・プロダクション、マクドナルド、ウェスティン（ホテル）、ハーツ（レンタカー）、それにＩＢＭなど一八社に及ぶ。

ネメロフの調査が明らかにしたことの中でとくに興味深いことは、これら業種の違うさまざまな、しかしいずれもサービス重視型の会社で働く人々が、いずれも自分たちのことを語るのにひとつの同じ言葉を使っていることである。「彼らはまったく同じ言葉を用いてサービスについて語るのだ」と、彼女は書いている。

ネメロフは、効果的なサービス指向に共通して見られる三つの特徴をあげている。（1）経営幹部が徹底的かつ積極的に参加していること。（2）従業員指向がきわだって強いこと。（3）従業員に対するサービスのチェック評価とそのフィードバックが徹底していること。これまで何度も見てきたように、すべてはまず経営幹部から始まるのである。ネメロフはこれを、「サービスにおける指導性の発揮」と巧みに表現している。経営幹部はみずから模範を示すことによって、指導性を発揮しているのである。彼らのサービス指向は、まず企業哲学から始まる。

事実、彼女が調査した会社の大半は、企業目標のひとつに、はっきりとサービスを掲げている。また多くの会社では、サービスで他社に抜きんでることが第一の目標とされている。サービス第一でやっていけば、「利益はおのずからついてくる」というのが、これらの会社の考え方なのである。これは私たちがこの章のはじめで述べた「利益の誘発」という主張を裏づけるものである。

ネメロフは、サービス哲学の裏づけとなっている経営スタイルの特質を数多くひろい出している。たとえば、トップ経営者たちはサービスの問題を、彼らがただちに個人的な関心を向ける必要のある「待ったなし《リアル・タイム》」の問題と捉えている。また、トップはサービスに関する決定については、命令系統など無視して直接介入する。こうした経営者たちは、顧客からのクレームや質問の手紙処理に関して、担当する部下たちと定期的に会合を開く。彼らは「顧客への返信の余白に」みずからなにかを書き加え、「サービスへの強い熱意を示し、顧客にサービス重視の姿勢を強く印象づける」（これにはまた、自社の社員たちにサービスの重要性を理解させるという効果もある）。

経営スタイルのもうひとつの面についてネメロフは、きわめて重要な、そして驚くほど鋭い指摘をしている。「私が面談調査をした幹部たちは、サービスをするということは、最後には収益を生むことになるのだから、長期的な見方をすべきである、と信じきっている」

この点が、じつにしばしばアメリカの大企業で見逃されているところなのである。利益目標は確かに必要である。しかし、それは社内指向の目標であって、組織の末端にいる何千という人々をそれによって動かすことはむずかしい。これに対しサービス目標は、末端の従業員にとってもつねに意味のあるものなのである。こうした末端の人々が強い責任感を持つことがとても重要なのである。ネメロフの調査の中である回答者が答えているように、現場にいる人間から「われわれの一人一人が会社なのだ」という言葉が聞かれるようになったとき、末端の人々の間にも、責任感が生まれていることがわかるのだ。

ネメロフは「従業員との関係は顧客との関係を映す鏡である」と言い、このふたつのつながりの重要性を指摘する。こうしたサービス指向の強い企業の従業員管理と切り離せない関係にあるのが、従業員に対するサービスの実態評価とその評価をフィードバックしてやる徹底したシステムである。

この点について彼女の調査が明らかにしたもっとも重要なポイントは、そうした企業では、新しい報奨制度がつぎつぎと用意されている、ということである。たとえば、彼女の調査に答えてある人はこう語っている。

「サービスに対する報奨制度の中身は、目新しさを維持する必要があるために、少なくとも毎年一回更新されます。また、それらの更新のほとんどがその地区その地区の管理者が自分たちで工夫して編み出したものです」

超優良企業でも、あらゆる面で同じことが行なわれているのに私たちは驚かされる。報奨、訓練、あるいはたんなるお祭り騒ぎ、といった従業員のためのさまざまのプログラムが、商品開発と同じようにたえまなく更新、調整されているのである。ひとつのプログラムがいつまでも影響力を持ちつづけるとは考えない。従業員のためのプログラムには、製品と同様にライフサイクルがある。そのライフサイクルは、製品のそれよりもさらに短い、と考えるのだ。

「従業員を通じてのサービス」のもっともよい例のひとつが、ウォルト・ディズニー・プロダクションである。実際、ディズニーとマクドナルドをアメリカの――あるいは世界の――二大「大量《マス》のサービス」提供企業とみなす人は多い。長年ディズニーを観察し、ディズニーについて書いてきたレッド・ポープは、つぎのように言っている。

「私の考えでは、ディズニーが社内、そして社外の人々をどのように見、どのように扱い、どのように意思を通じあわせ、どのように報いてきたかを見れば、同社の過去五〇年におよぶ、成功の基盤がどこにあるかがよくわかる。……毎日、何百万という人々に満足を売りサービスを提供する際の理論と実践を、私は敬意をもってまのあたりに見てきた。これが、ディズニーのいちばん優れたところなのである」

このディズニーに関するポープの観察は、ネメロフの研究をはっきりと裏づけしている。たとえば、「経営陣の強力な参加」は、ディズニーで毎年一回、一週間にわたって行なわれる「役員参加」プログラムにもっともよく現われている。ポープによれば、この期間中、ディズニーの重役たちはオフィスを出て、ふだんのビジネス・スーツを脱ぎ捨てる。彼らは代わりにそれぞれに割り当てられた例のミッキーマウスやダンボを型どった制服を着たり帽子をかぶって、ディズニーのサービスの最前線に飛び出していく。

「まる一週間、お偉方たちは、切符、ポップコーン、アイスクリーム、それにホットドッグの売り子をつとめ、子供たちを乗り物に乗せたり降ろしたりし、駐車場の係員をやり、モノレールや汽車を運転し、またこの期間中、最低一〇〇もの出し物に裏方として参加して、遊園地を盛り立てるのである」

ディズニーの、「ひとを通じてのサービス」という考え方は、他の超優良企業同様、特別な用語を使うことからスタートする。ディズニーには、「従業員」は存在しない。第一線で働く人々は「キャスト・メンバー」、人事部は「キャスティング部」と呼ばれる。客の前で働くことは、「出演中《オン・ステージ》」と呼ばれるのである。

たとえば、レッド・ポープの一六歳と一八歳になる二人の子供が、オーランドのディズニー・ワールドで切符のもぎりをしたことがある。この一見なんでもないような仕事をするために、二人は一日八時間の訓練を四日間にわたって受け、それからはじめて「出演」を許されたという。ディズニー・ワールドに来るのはたんなる「お客さん《カスタマー》」ではなく、「わが家に来てくれた大切なお客様《ゲスト》」なのだ、ということを教えこまれるのである。たかがもぎりを覚えるのになぜ四日もかかったのか、とポープが尋ねると、子供たちはこう答えた。「もし誰かにお手洗いはどこかとか、パレードはいつ始まるのかとか、キャンプ場に戻るにはどのバスに乗ればいいかとか、聞かれたら困るでしょう？ ……こういうときに答えられなくちゃいけないし、わからないときには、どこへ聞けばいいのかも知らなくちゃいけない。要するにね、パパ、ぼくらはディズニー・ワールドという舞台で、お客さんにショーを見せる手助けをしているんだよ。いつもお客さんに楽しんでもらうようにするのが、ぼくらの仕事なのさ」

ディズニーで働く人々は、そのまえに「ディズニー文化」を叩きこまれるのである。全員が「ディズニー大学」に入って「ディズニーの伝統Ｉ」という課目にパスしてから、それぞれの専門の訓練を受けるのだ。ポープはこう述べる。

「ディズニーの伝統Ｉ」は、まる一日かけて新入りにディズニーの哲学と運営上の方法論を叩きこむコースである。副社長から仕事を始めたばかりのアルバイトにいたるまで、このコースを免除される者は一人もいない。

……新しいＣＭ〔キャスト・メンバー〕は、実際の仕事につくまえに、会社について、その歴史と成功、そしてその経営スタイルについて学ぶことを求められる。ひとつの部門が他の部門――たとえばステージ、リゾート、飲食物、マーケティング、財務、商品、エンターテイメントなど――と互いにどう関連し、各部門が「ディズニー遊園地の中でどういう役割を果たしているか」が全員に教えられる。言いかえれば、「こうして、私たちは力を合わせて働き、楽しいディズニー遊園地を作り上げている。その全体の仕組みの中での君の役割はこれだ」と、教えているのである。

「出演中」の人々を蔭で支えるシステムにもまた驚かされる。たとえば、茂みの中には何百台もの電話が隠されているが、これは中央情報センターにつながっており、わからないことはこれで問い合わせればすぐに答えてくれる。それに、日々の清掃作業に注がれる努力はじつにたいへんなもので、どんなに物に動じない人々も度胆を抜かれるほどである。こうしたさまざまな〝やり過ぎ〟とも思われる「徹底したやり方」が、ディズニーの顧客サービスを特徴づけている。

フリト・レイ、IBM、それからディズニーほどの徹底したサービス第一主義ではないにせよ、超優良企業はすべて、確固としたサービスに対する考え方を持っており、それはそれぞれの組織のすみずみにまでよく浸透している。事実、私たちが超優良企業について引き出したもっとも重要な結論のひとつは、その企業の業種が金属加工業であれ先端技術であれ、またはハンバーガー販売であれ、すべてみずからをサービス業だと規定している、ということである。

ATTの副社長アーチ・マクギルは、かつてIBMの役員をしていたことがある。彼はIBMの行き方を一歩進めて、一般的なサービス水準と、「顧客に焦点を合わせたサービス」（真のサービス）とをはっきり区別している。彼によると、「顧客に焦点を合わせたサービス」というのは、「個人個人によってサービスというものの概念が違うということを認識することから始まる」と言うのである。

「一般的なサービス」では、顧客によっては、本来のサービスからそれてしまうことが起こりうる、と彼はつけ加える。一人一人の顧客が見えなくなるというのである。たとえば「九五パーセントの満足を与えるサービス基準」があったとしよう。マクギルは問う。「残りの五パーセントはどうするのだ？　一〇〇パーセントというのは理論的に無理だとしても、ビジネスというのは、いかなる落度も耐えがたい、という姿勢でやるものだと思う」

ボーイングもまた、サービス指向の会社の好例である。もちろん、同社は飛行機を製造しているのだが、サービス指向という点では抜きんでているのである。『ウォール・ストリート・ジャーナル』紙のアナリストは、ボーイングについてつぎのように書いている。

ボーイングの機体を使っている航空会社はほとんど、ピンチに臨んだときに、同社に救われたという経験を持っている。小さな航空会社アラスカ航空が、未舗装の滑走路専用のジェット機着陸装置を必要としたとき、それを提供したのがボーイングだった。エア・カナダでエンジンの通風孔に結氷するという問題が起きたときにも、ボーイングはただちに技術者をバンクーバーに送った。彼らは夜を徹して働き、運航スケジュールへの影響を最小限に食いとめた。

ボーイングが顧客との関係を大切にするという経営姿勢は、営業的にも報われている。一九七八年一二月に、アリタリア航空は地中海での墜落事故（ボーイングの競争相手のダグラス社の）でDC-9一機を失った。このイタリアの国営航空会社は、至急に代替機を必要とした。そこでアリタリア航空の社長ウンベルト・ノルディオは、ボーイングの会長T・A・ウィルソンに電話し、ボーイング727をすぐに一機都合してくれないか、と頼みこんだ。当時、この機種は引き渡しまでには二年かかるのが普通だったが、ボーイングはこれをなんとかやりくりして、一カ月後にアリタリアに引き渡した。

ノルディオ社長は半年後、この恩に報いた。アリタリアはマクダネル・ダグラス社のダグラスDC-10を買い入れる予定にしていたが、それをキャンセルしてボーイング747を九機、総額およそ五億七五〇〇万ドル（一三八〇億円）を〔ボーイング〕に発注したのである。

軍需依存から民需依存へと驚くばかりの変身をとげたボーイングは、『ヴィジョン』という本の中で、それについてつぎのように語っている。

「私たちは、顧客第一主義のチームを作ろうとしてきました。もし民需で成功しようと思うなら、重要なのはなんといっても得意先だ、という結論に達したのである。『君たちがうちが抱えている問題に目を向けてくれるのは、新しい飛行機を売りこもうというときだけじゃないか』と航空会社に言われる——間々あることですが——ようではいけないのです。私たちにしても、得意先のさまざまな問題に注意を払うようになるまで、ずいぶん時間がかかりました。いまでは、〔こうした〕考え方が社内のすみずみにまで浸透しはじめています」

サービス指向についての検討を終えるにあたって、この点に関心を持っている多くの人々にとって、とくに重要な問題に触れないわけにはいかない。それは、「サービスに金と手間をかけすぎる」ことがありうるか、という疑問である。もちろん、絶対的な意味でいえば、それはありうる。だが、絶対的な意味での答が「イエス」であるとしても、相対的な答は「ノー」だ、と私たちは言いたい。すなわち合理的な分析によれば、スリーエムにチャンピオンが「あまりにも多すぎ」、ヒューレット・パッカードやジョンソン&ジョンソンに部門が「あまりにも多すぎる」ように、私たちの見てきたサービス第一主義の企業のほとんどすべてが、サービス、品質、そして信頼性に「金と手間をかけすぎている」のである。

デヴィッド・オグルヴィが言うように、「最高の企業では、いくら苦痛を伴った無理をしようとも、またどれほど時間外労働を必要としようとも、約束したことはかならず守られる」。これは、広告、コンピュータ、遊園地、そしてプレッツェルにも通ずることなのである。

最後に、顧客第一主義が「強力な動機づけの要因となっている」ことを私たちは指摘しておきたい。私たちは最近、元ジョンソン&ジョンソンの経理部長で現在はチェイス・マンハッタン銀行の首席副頭取になっている人物に会った。彼はジョンソン&ジョンソンにいたころのことを回想して、「最初の二、三週間、私はセールスをやりました。それが普通なのです。要するに、ジョンソン&ジョンソンでは、お客を理解できなければ仕事も理解できない、というわけなのです」。また別の知人も、似たような話――ありふれてはいるが――を聞かせてくれた。

私は国防総省《ペンタゴン》の海軍作戦本部長室に所属していました。大勢のGS11〔事務官〕から12クラスの文官が私のもとでO&M〔作戦と保守〕の予算関係の仕事をしていました。私がいつも不愉快に思っていたのは、彼らがほかのことには熱心なのに、仕事に対してはまったく意欲に欠けていたことです。多くの者が副業として不動産売買やその他ちょっとした商売をやっていました。それでも一人「エキスパート」と呼べるのがいて、彼はほんとうに仕事に打ちこんでいました。なにがカギなのか気づいたのはあとになってのことなんですが。

物資をあちこちと動かして、どこからか大金をみつけてくるという腕を見こんで、私はよく二、三日ですむ臨時の仕事をやらせるために、彼をノーフォーク海軍基地へ行かせたものです。彼は艦隊の連中といっしょに仕事をして、何度か余分に演習やらなにやらをやれるだけの燃料をどこからか調達してくる、ということをやっていました。いまにして思うと、彼はほんとうの意味で「現場と接触」するという体験をしていたただ一人の人間だったのです。彼は船と、船を動かす人々を肌身で見知っていたのです。

数字は彼にとって抽象的なものではなかったのです。彼の行為は適度な、しかも確実な効果を発揮しました。いま、思い返してみて、部下全員にこうした体験を日常的にさせる手段がいくらでもあったのに、とじつに残念に思っています。

経営がうまくいっている企業を見てきたかぎりで言えば、そうした企業には顧客との接触がないというような部門はどこにもないのである。キャタピラーは、工場の従業員を実地試験場へ送って、大きな機械が現実に動くさまを見せている。シティバンクでは、裏方である業務部で働く人々に定期的に得意先回りをさせたり、財務部門の職員を直接窓口にすわらせたりしている。スリーエムでは、もっとも基礎的な研究開発に携わっている者にも定期的に得意先訪問をさせているというし、この点はヒューレット・パッカードでも同様である。

このようにして顧客に対するサービス第一主義をすべての人々が肌身に感じて知ることができる。「われわれ一人一人が会社だ」という言葉がほんとうに意味を持つようになるのである。

品質への強いこだわり

超優良企業の多くが、サービスに強迫観念《オブセッション》と呼んでいいほどの情熱を傾けていることを、私たちはこれまで述べてきた。そして少なくとも、同じくらい多くの超優良会社が、それに劣らぬほどの情熱を品質と信頼性にそそいでいる。その好例がキャタピラー・トラクターである。キャタピラーは、世界中どこへでも四八時間以内の部品補給サービスを保証し、それが果たせない場合は、顧客にその部品を無料で提供している。これは第一に、キャタピラーが自社の機械にどれほど自信を持っているかというることをよく表わしている。これもまた、「過剰達成」の一例である。この経済用語は、狭義では「狂気の沙汰」と解釈すべき保証サービスであるが、キャタピラーの業績を見れば、それがかならずしも狂気の沙汰とは言えないものであることがわかるだろう。

『フォーチュン』誌の記事はこう明快に述べている。「同社の経営方針はボーイスカウトの誓いの変形版ともいうべきもので、卓越した品質、信頼性の高い性能、そしてディーラーに対する誠意を第一の基本としている。キャタピラーは世界中のいかなる会社のものより優れた、より高性能のトラクターを作るという目標を目指して、あくなき努力をしてきたのである」。『ビジネス・ウィーク』誌のレポーターも同じ考えである。「製品の品質こそキャタピラーの人間が金科玉条とするところである」

私たちはベテランの農場経営者を二人知っているが、彼らの前でキャタピラーの話をすると、尊敬の念でまるで眼をうるませんばかりになる。また私たちの一人は、ベトナムで海軍用のブルドーザをキャタピラーに発注していた状況を直接体験している。キャタピラー製品はいつでも他社のものよりは割高なのだが、それでもわれわれは、CATを発注するためなら調達規定の拡大解釈さえ辞さない、という覚悟でやっていた。なんとかキャタピラー製品を手に入れることができなければ、現地の司令官たちに絞め殺されかねなかったからである。敵陣の後方に短い仮設滑走路を作るためにブルドーザを空輸しようとするのである。このとき必要なのは、「絶対に故障のない」機械なのである。

キャタピラーの場合、顧客に密着するということはディーラーに密着することでもある。前社長兼会長のウィリアム・ブラッキーはこう言う。

「われわれはディーラーをひじょうに重視している。ディーラーの頭越しに製品を売ることはしない。ライバル会社のいくつかではそれをやり、ディーラーを失っている。わが社のディーラーはやめない。商売繁盛でなかなかやめられないのだ」

金銭面を越えて、キャタピラーのディーラーは「家族《ファミリー》の一員」として扱われている。たとえば、『ビジネス・ウィーク』誌はつぎのように報じている。

「キャタピラーはペオリアで、ディーラーの子供たちに仕事を継がせるための講座まで開いている。マーケティング担当副社長E・C・チャップマンは、『あるディーラーの息子は、聖職者になる勉強をしながら音楽にも興味を持っていました。しかし、当社での講座を終えて家へ帰るまでには、彼はもう進路を変えていました。いまではわが社でも指折りのディーラーになっています』と語る」

第二次大戦直後キャタピラーの事業が拡大しはじめたちょうどそのときに、ひとつの基本的な決定がなされ、以後ずっと、それは事業のあらゆる面に大きな影響を与えてきた、と元会長のウィリアム・ナウマンは言う。「われわれが確立した方針とは、キャタピラー製品および部品は、国内・国外のどこで作られたものであろうと、品質・性能にバラつきのないものとする、ということだった」

彼はつづけて、「ユーザーは世界中どこで当社の製品を使おうと、交換用部品の入手に困ることがあってはならない。製品が高度な機動性を持つ業種では、これは重要なことである。機械を『孤児』にしてはならないのだ」

このように信頼性と品質を高め、バラつきをなくすという意思決定は、社員全員を一丸とならせる大きな力となり、同社を発展させた、とナウマンは信じている。「ひとつの工場から生まれた機械は、他の工場から生まれたものと寸分変わらない。そして、部品は世界中どこで作られても、互換性がある」

品質という側面を「やりすぎ」なほど重視するもうひとつの会社がマクドナルドである。同社のスローガンは昔から「品質《クオリティ》、奉仕《サービス》、清潔《クリーンリネス》、そして値打ち《ヴァリュー》」の頭文字をとってQSC&Vである。同社の創立者レイ・クロックは「QSC&Vのスローガンを一回唱えるたびに一個ずつレンガを積んだとすれば、もう大西洋に橋がかかっているはずだ」と言う。創業してまもないころから、同社の店はすべてこの四つの基準によって査定されてきており、それによって店長の報酬も大きく上下した。この高水準を守れない状態がつづけば店長は解雇され、フランチャイズ契約を破棄されることになる。

レイ・クロックをはじめとするマクドナルドの経営陣が、みずから店頭をのぞいてQSC&V基準の点検を行なうことは、ひとつの神話にさえなっている。今日でもQSC&Vという基本理念が重視されていることにはなんら変わりはない。それが、七〇〇〇のチェーン店で今日までに四〇〇億個のハンバーガーを売ってきた、年商二五億ドル（六〇〇〇億円）に達するこの企業のバックボーンとなっている。

一九八〇年度のマクドナルドの決算報告書の四ページ目――株主に対する義務的な挨拶の言葉が載っているつぎのページ――は、つぎのような書き出しで始まっている。「マクドナルドのモットーであるQSC&Vの最初のQは、品質《クオリティ》のことです。……マクドナルドを訪れるお客様にいつも満足していただけるもの、それが品質だからです」

「それはそうさ。でも、どこの会社だってみなそう言っているじゃないか」という皮肉な声も聞こえてきそうだ。私たちはマクドナルド神話の当否を確かめる手段のひとつとして、一七歳の高校生だったころマクドナルドでアルバイトをしたことがあり、いまでは若手の企業幹部になっているある知人にインタビューした。自由に話してもらうため、あえて行きあたりばったりのインタビューにしたのだが、彼はすぐに品質、サービス、そして清潔の話を始めた。

「振り返ってみていちばん印象に残るのは」と、彼は言う。「やはり材料の質の良さということです。マクドナルドはいつも最上のビーフを——すべての中で最高のものを使っています」。彼はつづけて、「フライド・ポテトは揚げすぎたら捨ててしまいました。……親指でパンに穴をあけてしまった場合——こういうことはよくある。とくに〔新米が何千というパンを扱うと往々にしてそうなる〕——も捨ててしまいます。自分でも驚くんですが、あれから一三年もたっているというのに、ファースト・フードを食べようというときには、私はいまだにマクドナルドへ行ってしまうんです。フライド・ポテトはマクドナルドの最高傑作だと、私はいつも思っています」〔彼にはよき仲間がいる。料理の専門家ジュリア・チャイルドもマクドナルドのフライド・ポテトの大ファンである〕。

マクドナルドは同様に、清潔さに関しても異常なほど神経をとがらせている。マクドナルドで働いた経験のある人をつかまえて、まず頭に浮かぶことはなにかと聞けば、たいていはまず間違いなく「つねに清潔さを保っていることだ」と答えるだろう。「手持ちぶさただったことは絶対にありませんでした」と、元調理係が言う。「手があいたときは、かならずなにかを洗うか磨くかしていました」

一貫した製品とサービスに関するこの元調理係の話は、同社で企業戦略を練っていた才気あるトップたち自身によっても裏づけられている。

数年まえ現在ペプシコの幹部役員であるドナルド・スミスはマクドナルドを去り、最大のライバル会社であるバーガー・キングを率いるようになった。このときスミスが最優先の方針として掲げたのがつぎのようなものであったことは興味深い。すなわち、バーガー・キングの「全米チェーン店を〔外観とサービスにおいて〕より一貫したものとする」ことであった。五年間にわたって彼がトップの座にあったあいだ、これはかなりの成功をおさめた。しかし、マクドナルドを相手に戦うことはたいへんなことである。バーガー・キングにおけるスミスの後継者ジェローム・ルーネックは、いまだに同じ目標を掲げて奮闘している。「問題は一貫性だ。全米中のどこの店でも、マクドナルドの方がわれわれよりも一貫性において勝っている」

超優良企業に関する最初の研究でも、そしてそれにつづくものでも、私たちはドン・キホーテ的な熱情を持って品質を追究する人々の例にたびたび出会ってきた。デジタルもまた明らかにこの範疇にはいる。同社の経営哲学はこう述べる。「発展がわれわれの第一目標ではない。わが社の目標は、品質を誇る組織となることであり、品質を誇れる仕事をすることである。すなわち、このさき何年にもわたってわれわれの仕事と製品に誇りを持ちつづけることなのだ。品質を追究すれば、会社の発展は結果としてかならずもたらされる」

もうひとつの例をあげるなら、メイタグの最大目標は、あらゆる製品を「一〇年間故障しらず」に仕上げることである。このごろのように製品のライフ・サイクルがここまで短くなると、皿洗い機も小麦やポテトチップ同様、日用品扱いにされがちだ。ところが、信頼性を重視するメイタグ製品は、市場価格をゆうに一五パーセントも上まわるのにもかかわらず、GEのような強力なライバルを押えてシェアのトップを維持している。事実、景気がどのように変動しても、救命ボートのように最終的に頼れるのが品質と信頼性なのである。

GEがルイヴィルの家庭用洗濯機部門で不振をかこち、あらゆる電気製品メーカーが生き残りをかけて苦戦をしいられているときに、メイタグは好況時の勢いこそないにせよ、利益をふたたび伸ばしたのだ。メイタグ製品の品質は、一風変わった技術から生まれるのではない。それは、故障のない製品を作ることから生まれるのである。「メイタグは派手な小細工ではなく、信頼性によってその名声を確立した。……その製品は良質でシンプルなものである」と、あるアナリストは言っている。

こうした例はまだまだある。ホリデイ・インでも信頼性が第一目標であり、「期待を裏切らない」という基本的な考え方が組織全体――PRも含めて――に浸透している。プロクター&ギャンブルは品質を重視しているが、あまりその姿勢が強すぎて、あるアナリストに言わせると、ときにはそれが「アキレスの腱」になっているのだという。たとえば、流行という面において、プロクター&ギャンブルは、とかくライバル企業に遅れをとっている。

「肌荒れ防止効果といったようなより重要な作用ではなく、たとえば、香りといったような表面的な、化粧品としての特徴をライバル企業に打ち出してこられると、プロクター&ギャンブルはひどく弱い。(シンシナチのプロクター&ギャンブルの本社がある)六番街とシカモア街が交差する場所では、カルビン派［神の絶対性を強調する宗派。カルビンは一六世紀にフランスで生まれたスイス人の宗教改革者］の人々が住んでいて、(表面的な)化粧品はしっくり安住できない」というかげ口も聞こえてくる。

〝チャーミン〟ブランドのトイレット・ペーパーを担当していた若い元ブランド・マネージャーの話も、プロクター&ギャンブルにおける品質重視の姿勢をよく物語るものである。消費者からの苦情がどのようにして直接ブランド・マネージャーにまわされ、対応が求められるかを説明してくれたときに、彼はひとつの興味をそそる出来事を語ってくれた。

トイレット・ペーパーのホールダーには三種類ある、と彼は言う。公衆便所で見られるタイプのもの、家庭でよく見られる壁にとりつけるタイプのもの、そしてもうひとつが円筒をたて半分に切った形に壁をくり抜いた古風なものである。ところが、チャーミン・トイレット・ペーパーは、直径が八分の一インチほど大きくて壁をくり抜いたくぼみに入らないことがわかった。紙の長さを短くして解決するというのは、一種の品質低下であるから絶対に許されない。そこで技術部と研究開発部、そしてブランド・マネージャーが集まって頭をひねった結果、機械を調整して紙を巻く速度を速め、ロールの直径を短くするということにしたのである。

ヒューレット・パッカードのコンピュータ・システム部では、HP3000を作っている。このシステムが最初に売出されたのは一九六八年だが、それ以来一九八〇年までに世界中の五〇〇〇カ所、その後、現在までに八〇〇〇カ所以上ものオフィスその他にこの機械が設置されている。品質という点でこのシステムが最高であるということは、それぞれ個別に行なわれたいくつもの調査がほぼ一致して認めているところだ。

となると、売上げでも品質でも成功をおさめながら、コンピュータ・システム部門が昨年、HP3000の大々的な品質改善計画に乗り出したのは一見奇妙なことに思われる。だがそれは、事実なのである。「もしわれわれが品質向上の手をゆるめれば、いつか日本に追い越されてしまう」というのが、彼らが背水の陣をしいている理由なのである。

現在行なわれている品質向上計画でまず目をひくのは、計画に対する熱意と、その熱意の組織全体への徹底した浸透ぶりである。もう繰り返すまでもないかもしれないが、この姿勢はトップから始まる。同部門の責任者リチャード・アンダーソンは、四週ごとに一週間、現場に出て、コンピュータの設置先を訪れ、顧客と話し、販売会議に出席する。この過程で彼は、顧客のニーズと競争会社の動向の最新データを直接自分で得る。こうした努力によって、彼は自社製品の品質について外部からの明確な反響を知るのである。

アンダーソンがいちばん最近の品質向上キャンペーンを導入したのは、一年まえのことだった。ヒユーレット・パッカードで新しい大規模な計画が発表されるのは、普通午前中のコーヒー・ブレークのときである。部門の従業員一四〇〇名の大部分が、毎日、食堂に集まって仕事の打ち合わせをする。アンダーソンがこのキャンペーンを発表したのも、やはりこの場だった。彼は自分の部下に品質をはっきりと定義づけ、それを計測できるものにせよと命じた。そして彼は、同業界（小型計算機）への日本企業の進出を例にあげて事態が急を要することを強調した。

こうして時がたつにつれ、さまざまな品質向上計画が部内に広がっていった。最初の年の終わりまでには、ひとつの故障からつぎの故障が発生するまでの平均時間、といったきわめて重要な基準においてすでに抜群だった品質に、さらにすばらしい改善が見られた。今年もまた、他社に大きく水をあけている品質の、さらに基本的な面をいっそう充実しようと、アンダーソンは計画を進めている。

同部門の責任者たちは、はやくからこの「品質攻勢」が口先だけのものではないことを鬼面人を驚かすやり方で従業員に告げていた。ある朝のコーヒー・ブレークでは、欠陥のある集積回路板を満載した五つの運搬用荷台が運びこまれ、床の上にぶちまけられた。そして、目を白黒させている従業員を前にして、部門の責任者は、この欠陥集積回路板と、これほどはめだたないがかなり見られるソフトウェアの欠陥がなかったならば、一二五万ドル（六〇〇〇万円）分の利益分配が可能になったはずだ（ヒューレット・パッカードでは、従業員の大部分が株主になっていて、利益の分配を受けている）と説明した。こうして「信賞必罰」の姿勢を明らかにしたのである。

品質に欠陥が生じたときには、「全員の連帯責任」となり、優れた業績をあげた場合は、個々の人間が表彰される。品質向上計画には、公式・非公式の「報奨」が数多く盛りこまれている。もっとも簡単なものから言えば、責任者が現場を歩きまわり、個人個人にほめ言葉をかけるもの。またコーヒーを飲みながらの会議、チームごとの夕食会、そして部門全体のビール・バスト（ビールを飲んでのどんちゃん騒ぎ）の席などでも表彰が行なわれる。

もっとも公式的なものとしては、部門担当の副社長が、やはり〝コーヒー会議〟の席で、一九八一年度の表彰式を行なっている。表彰されたのは、それぞれの受持ち分野で品質向上目標をもっともよく達成した人々である。特製の盾、万年筆セット、夕食無料招待などがそのほうびであった。表彰者の名前は各部のロビーに掲げられ、また彼らは同社の全米各地で開かれる部門別セミナーに出席したり、各営業所をどこか一カ所自分で選んで訪ねることができる。費用はすべて会社持ちである。「国内といっても、もちろんハワイまで含めてですよ」と、ある責任者はニヤッとしながら言った。

ヒューレット・パッカードでは、日常業務においても、品質向上目標がよく取り上げられる。品質向上目標が「目標管理」計画――同社では全員これに真剣に取り組んでいる――に直接組みこまれている。目標達成状況は頻繁に従業員に伝えられる。たとえば毎週、部門の責任者は全員に出荷、販売、利益の最新の実績値とともに、品質に関する最新データも報告する。

部門の中の各課も、品質向上体制の一部である。同社には「顧客の環境を技術者が理解する」の頭文字をとったLACEと呼ばれるプログラムがある。これは、顧客を招いて、自分たちのニーズ、あるいはHP製品やサービスについての感想を、技術者を前にして語ってもらうというものである。「このミーティングはいつもぎっしり超満員になる」と、出席した一人は言う。

また、ソフトウェアの技術者がセールスマンの電話当番をする、ユーザーを訪問してじかにその意見を聞く、といったプログラムもある。もっとも重要なのは、品質保証を担当する部課が開発チームの一部となっていることだろう。これは、品質管理の担当者が、悪者検察官――顧客の味方――の役割をつとめ他の部門と対立するという他の多くの会社のやり方と大きく異なる「HP的やり方」の典型であろう。

品質向上計画には「ミステイク予防隊《グルーパー・トゥルーパー》」「品質向上実行チーム」「一級品」「問題解決部隊」といったような名前をつけたチームがいくつもあって、これがHP版QCサークルなのである。今日、ヒューレット・パッカードの経営システムは、品質向上のために設定されたさまざまな目標と手段とに満ちあふれており、どの部門も例外なくこの計画に組みこまれている。この様子をじつにうまく表現してくれる人物がいて、つぎのように言っている。

「ヒューレット・パッカードでは、なにを話していても品質のことになってしまう。従業員がなにをする場合でも品質を抜きにしてはできなくなっているからだ。人事について聞いてみても、話は品質のことになってしまう。第一線の販売活動について聞いても、品質の話になる。『目標管理』はと尋ねても、『目標品質』の話が返ってくる」

「品質」と「信頼性」は、当然のことながら新しい一風変わった技術と同義語ではない。私たちにとってとくに興味深く、また驚きでもあったのは、高度技術産業においてさえ、テクノロジー上の新奇性よりも、つねに信頼性が重視されていたことである。業界の花形といわれるような会社が、まだ真価のわからないテクノロジーをあえて捨て、確実な技術の方をとる、ということを意識的にやっている。私たちはこれを、「市場で二番手に甘んじ、それを誇りとする」やり方、と呼んでいる。典型的な例を二、三あげてみよう。

ヒューレット・パッカード（またしてもだ）「この会社が新製品をまっさきに市場へ送るといったことはまれである。たとえば、高価格のレーザー・プリンターを最初に市場に出したのはゼロックスと

IBMだった。ヒューレット・パッカードは『カウンター・パンチ戦略』をとるのが普通である。ライバル会社の新製品が市場に出ると、ヒューレット・パッカードのセールス・エンジニアは、自社の機器のサービス点検で顧客のところを訪ねた際、その新製品について、どこが気に入ってどこが気に入らないか、どんな機能を持ったものを望むか、と尋ねる。……そしてまもなく、その顧客が言ったとおりの新製品をひっさげて現われるのである。こうして満足した客は、ヒューレット・パッカードから浮気をしない、長いあいだのお得意となる」(『フォーブス』)

デジタル　「私どもは信頼性を提供しなければなりません。私たちは意識的に技術を二、三年遅らせます。主要な得意先——たとえば政府の研究機関など——から突っつかれるまでそうしておくのです。それからOEM(契約先、すなわち自社の商標をつけてデジタルのコンピュータを売る会社)や末端のユーザーに向けて、信頼性の高い品をお届けするわけです」(インタビュー)

シュランバーガー(**シュルンベルジェ**)「ある製品に関して、ライバル会社に先を越されることもあるにせよ、シュランバーガーが発表した製品の方が、完成度も品質も高い」(『ダンズ・レヴュー』)

IBM　創立まもないころのIBMは、技術の最先端をいくような製品を市場に出すことはまれだった。UNIVACやその他の会社が開拓者の役割を果たし、IBMは他社の失敗からいつも学んできたのである。

「IBMが技術革新の最初の第一歩を踏み出すことはほとんどなかったが、技術的にずっと立ち遅れているというのでもなかった。そして、新製品が出ると、つねにそれはライバル社のものよりデザイン、性能とも上で、よく売れ、アフター・サービスもライバル社をしのぐ、ということがよくあった」(『ファイナンシャル・ワールド』)

キャタピラー　「キャタピラーが市場に新製品をまっさきに出すことはめったにない。だが、先端技術面でトップをきるというのが同社の目標のひとつだったことは一度もない。キャタピラーは、他社に新製品開発の試行錯誤をやらせる、というやり方で自社の名声を築いてきた。他社の試行錯誤のあとで、キャタピラーは故障の少ない製品を市場に送りこむのである。キャタピラーの製品が、通常、最低価格を売物にしないのも事実である。同社は価格でなく、品質と信頼のおけるサービスを武器にして、顧客をひきつけようとしているのだ」（『ビジネス・ウィーク』誌）

ディーア　ディーアは農業用機材では並ぶ者のないトップ・メーカーである。同社が農業用機材の分野で占める地位は、キャタピラーの建設用機材の分野でのそれと等しい。

「ディーアはロータリー・コンバインを売出すかどうかを明確にしていない。『しかし、私のカンでは』とある証券アナリストは言う。『二年以内に出すでしょうね。……ライバル会社の初期の失敗点を見て、そこから学び、改善しようというわけですよ』」（『ウォール・ストリート・ジャーナル』紙）

さて、これらの超優良企業は一見、二番手という地位に甘んじているようだが、だからといって、その技術的能力が劣ると思ったら、それはまったくの見当はずれである。ヒューレット・パッカード、ＩＢＭ、そしてプロクター＆ギャンブルといった多くの超優良企業は、基礎的な研究開発に金をかけることでは業界のトップクラスに位置するのである。こうした企業が他と違うのは、テクノロジーを消費者のためにほんとうに役立てようという指向を持つ点だ。こうした企業の目にかなう新製品とは、なによりもまず消費者のニーズにかなったものでなければならない。

「カウンター・パンチ戦略」――きわめてありふれた戦略ではあるが――について、コンピュータの周辺機器を作っているある会社の役員が私たちにこう説明してくれた。

「私たちは新製品を一日もはやくマーケットに出そうと急ぎました。技術的に見て明らかに優れたものだったからです。そして、一気に圧倒的なシェアを獲得しようと思ったのです。しかしその新製品は、信頼性という点では話にならないものでした。シェアは最高時で一四パーセント、いまでは八パーセント以下にまで落ちています。三〇から三五パーセントは狙えたはずなんですが。発表を半年遅らせて、欠陥をなくしておけば達成できたものを。まったくしくじりましたよ」

サービス、品質、そして信頼性と私たちがくどくど繰り返すのを聞いて、「やりすぎ」をほんとうにやりすぎてしまうことだって可能なのではないのか、と疑問に思う向きもおありだろう。もちろんそのとおりである。フレディ・ハイネケンはこう言っている。

「私はいつもマーケティングの連中に〔ビールの〕ビンに金箔やゴテゴテしたラベルを貼りつけてこりすぎるんじゃない、と言いつづけている。そんなことをすれば、主婦たちが気おくれして、スーパーマーケットの棚から取り出す気がしなくなるからだ」

また、長年航空業界について調べているある人物も同じことをこう述べている。

「ブラニフ航空はアレグザンダー・キャルダーの人目を引く機体の塗装と美人のスチュワーデスが『品質』だと考えた。一方デルタ航空は、飛行機が予定時刻に着くことこそが『品質』なのだとわきまえている」

どれほどのサービスをすれば十分なのか、またなにをほんとうの品質と呼ぶのか、ということに対する答は市場にある。友人の一人は誰にでもわかるうまい表現でこう語る。

「七五セントのサラダを買おうという客は、その中にアボカドが入っていることなどは期待しないが、レタスが新鮮でないと不満に思う。だから、七五セントのサラダを作る者は、安いアボカドを探そうなどとはしないで、新鮮なレタスを使うことだけを考えればいい」

幸運かあるいはカンのよさのせいで、品質、信頼性、そしてサービスを強調するこれらの会社は、ごく普通の末端従業員にやる気を起こさせるような分野だけを選んできたのである。こうして会社は、自分のしていることに対して従業員にプライドを持たせ、自社の製品を愛するようにしむけるのである。『英国流経営の衰退と崩壊』の中でアリステア・マント（彼もまた、以前IBMで働いていた）は、製品に対する愛着を徐々にしみこませる方法をじつにわかりやすく、具体的に説明している。

プラット衣料品会社については、同社が成功をおさめていること以外、表面的にはとくに興味をひくようなところはない。だが、表面下では効率よくきちんと管理された活動的な組織があり、そこでは誰もが寝てもさめても「オーバー・コート」のことを考えている。モンティ・プラットに販売・マーケティング組織のことを尋ねればこう答えるだろう。「製品こそが最良の宣伝だ」

毎日午前一一時にベルが鳴ると、誰でもデザイン室に入って前日にできた製品を見ることができる。誰でもそこに置かれている数着のオーバーの見本を手にとり、試着し、あら探しをし、またためつすがめつすることができる。プラットもその場にいて、発送責任者、縫製スタッフ、そしてデザイナーたちにオーバーについて指示を与えている。

モンティ・プラットはオーバーに対する自分の情熱を部下たちの心にもしみこませることに成功したのである。（傍点、筆者）

もちろん、「マーケティング」「人事」、それに「縫製」などという洗練された話もしなければならないだろう。だが、なによりも大切なのがオーバーであることには、誰も疑問を抱いていないのである。彼と従業員をつなぐものは「仕事」であり、従業員にとっては、なにをしているかよくわかっている会社、そのことを大切にし、それをきちんとやってのける会社のために「仕事」をする、ということなのである。

これから得られる「教訓」はなにか？　すべての会社がひとつの製品にのみ集中できるという恵まれた立場にあるわけではないし、統一のとれた緻密な組織の快適さを保てるわけでもない。けれども、どんな会社でもなにかを作っているわけで、それにどれほど愛着をもてるかというところで、大きな差が生まれるのである。

物を作り出すということ、よい物を作るということについて、カンが備わっている人が権限のある地位につくと、企業全体がみちがえるような変貌をとげることがある。こうした人々は製造のシステムにおける正確な意味での「完全さ」というものを知っていて、それだからこそ、企業全体にもっと広い意味でも「完全さ」を求める空気を生ぜしめるのである。

超優良企業では、不可能なことがほとんど可能になる。品質やサービスに一〇〇パーセントの完璧さを求めるのはまともなことだろうか？　ほとんどの人はそのような考えを一笑に付すだろう。しかし、その答は「イエス」でもあり「ノー」でもある。数字の上から言えば「ノー」である。大企業では多数の人が関与して働くため、ときとして欠陥が生じたり、サービス基準を達成できないこともでてくる。これに対して、『アメリカン・エクスプレス』のある友人が言うことにも一理ある。「一〇〇パーセントを目指さないというのは、はじめからミスを許容するということだ。求めないものを手に入れることはできないよ」

こう考えると、数量には関係なく、生じた欠陥――いかなる欠陥であっても――にひどく心を痛めるということもありうるのである。フレディ・ハイネケンは、こうぶっきらぼうに言う。「ハイネケン・ビールに一本でも粗悪品があれば、それは私個人が侮辱を受けたことになる」

マーズ社（巨大なキャンディ・メーカー）はきわめて競争の激しいマーケットで成功をおさめているが、その品質にかける意気ごみはたいへんなものである。同社の幹部の一人は、社長のフォレスト・マーズの一面をつぎのように語っている。

「社長はカッとなると手がつけられなくなることがあります。キャンディ・バーがきちんと包装されていないのをみつけたときなど、役員室のガラスのパネルに一個一個、ひと箱全部投げつけてしまいました。そのあいだ、幹部たちはただただ恐れいって眺めているしかなかったのです」

J・ウィラード・マリオット・シニアはマリオットのどのホテルであっても、少しでも不注意なところがあると、八二歳のいまでも猛烈に怒るという。彼はまた、最近まで顧客からの苦情カードにはすべて目を通していた。

真にサービスと品質を指向する会社は、物事をきちんとやろうとし、またそうすることが可能である。こだわり（根気を伴った）については、いくらでも語ることがある。というのは、そういった強い信念があってこそ、組織は一致団結できるからである。

IBMのコンピュータが故障し、キャタピラーの顧客が部品を必要とし、フリトの販売店がもっと在庫を必要とし、そしてまたヒューレット・パッカードが品質で日本の脅威を感じるときは、もう議論している場合ではない。その組織が持っているあらゆる人的、物的資源を動員して問題にあたらなくてはならないのである。たとえ高い技術基準をいまは持っていても、あるいはたまには品質やサービスに欠陥があっても仕方がない、と考えるならば、その組織にはたるみが生まれる。デジタルのある幹部はこの点をつぎのようにまとめる。

「それは昼と夜くらいの大違いです。一方は『きちんとやるしか道はない』という心構えであるのに対して、他方はお客を統計上の数字として扱うのです。しかし、もしそれがあなただったら、『許容範囲内のミス』で片づけられたのではたまらんでしょう？」

経済学では「参入障壁」ということを言う。ある業界に参入し、競争していこうと思ったら、支払うことを覚悟しなければならない投資である。よくあることだが、論理的な考え方でいくと、この点でもまた、私たちは「ハード」面と「ソフト」面を混同してしまいがちである。私たちは「参入障壁」といえばすぐコンクリートや金属を思い浮かべて、たとえば工場の設備を最新のものにするための投資などと考えがちだが、超優良企業を調査した結果、私たちはこうした考え方が大きな誤りであることを知った。ほんとうの「参入障壁」は、ＩＢＭの何十万という人々を、サービス、品質、そして顧客の問題処理に誠心誠意あたらせるための過去七五年にわたる精神面での投資であり、またプロクター＆ギャンブルの一五〇年におよぶ品質に対する投資なのである。これこそが人的資本を基盤にした真に越えがたい「参入障壁」なのである。なぜなら、それはサービス、信頼性、そして品質という企業の財産であり、鉄壁の伝統と結びついたものだからである。

ニッチ主義

顧客第一主義とは「注文服を仕立てる」ことにほかならない。つまり、これならば他社に負けない、というひとつのニッチ（特定の得意な分野）を持つことである。私たちが見てきた会社の圧倒的多数は、市場を細分化して、そのそれぞれの「注文に応じて仕立てた」製品やサービスを提供することをみごとにやってのけている。もちろんそうすることによって、製品は大量消費の日用品《コモディティ》というカテゴリーには入らなくなってしまう。したがって、価格も高くつけられる。

たとえば、ブルーミングデール百貨店を例にあげてみよう。その成功の核をなしているのはブティックである。それぞれのブティックは、ある特定のサービスを提供するとか、限定された顧客層を対象とするとかをその特色としている。ブルーミングデールの親会社フェデレーテッド・ストアーズは、バロック、I・マグニン、リッチズ、そしてフィレーンズといった店と同じ戦略をとっているのである。「各部門が独立した展示場なのです」とある幹部は言う。

チーズブロー・ポンズも、特定市場への絞りこみによってトップの座に達した好例である。『フォーブス』の最近号は、ラルフ・ウォード会長の戦略をつぎのように伝えている。「彼は大金を投入した販売攻勢をかけることができるにもかかわらず、むしろ〔小さな市場で〕ライバルの見逃している隙をつくのを好む」

たとえば、一九七八年に同社は新商品「レイヴ」を発表している。これは、それまでジレット社の

「トニー」が独占していた年商四〇〇〇万ドル（九六億円）の家庭用パーマ液の市場を狙った新商品である。

「この分野はもう何年間も競争がなかった。わが社はアンモニアを使わない――臭いのない――製品を出したのだが、いまでは、それが年商一億ドル（二四〇億円）の市場になっている」と、ウォードは言う。さらに彼は、消費財メーカーとしてはまれな戦略であるが、各製造部門の独立性を高めることによって、将来さらに多くのニッチを手に入れるようにハッパをかけている。

こうしたやり方でのいちばんの典型がスリーエムである。会長のルー・レアーは「わが社は一つ二つのものに賭けるということをしない。わが社の社員は、特定のマーケットに多数の新製品を送り出して、何百という小さな賭けを打つのだ」と言う。

ひとつだけ具体的な例をあげよう。最近、私たちはヴァージニア州リッチモンドにある年商五〇〇〇万ドル（一二〇億円）の印刷会社の代表取締役と話をした。同社は大量オフセット印刷のトップ企業で、スリーエムの製品を中規模の特定事業分野で数多く使っている。スリーエムはこの特定市場に真剣に取り組むことを決断し、本格的な努力を始めた。

セントポールからはセールスマンのチームと技術者たちが、それこそひしめきあうようにしてリッチモンドにやってきて、諸々の問題点を解消しようとつとめた。それからスリーエムは、印刷会社の代表取締役と幹部をセントポールへ招いて、どうすればスリーエムが彼らにいちばん役に立てるかについて、社内のいくつかの部門で話をしてもらった。

このエピソードで私たちがとくに興味深く感じたのは、スリーエムの熱心さはもちろんとして、その柔軟性だった。さまざまな製品分野のチームがすべて、この機会に積極的な反応を示したのである。

ナワ張り争いもなければ、官僚主義による遅れもなかった。のちに見るようにスリーエムの成功の秘密は、じつはもっと深いところにあるのだが、市場の大小にかかわらず、いかなる特定の専門分野にも全力をあげてあたるという同社の態度には驚くべきものがある。

こうした例を見ると、細分化についても「やりすぎ」が可能なのだろうか、と問う人があるかもしれない。理論的には――サービスや品質の場合がそうであるように――答は「イエス」である。しかし実際問題となると、ことは違ってくるかもしれない。スリーエムやデジタル、ヒューレット・パッカード、その他多くの超優良企業は、意図的に、普通よりもかなり細分化を押し進めているように私たちには思える。こうした企業は、従来のマーケティングの考え方からすれば、過剰なほど市場というパイを小さく切り分けていながら、それでもなお数ある巨大企業の中で抜きんでた業績をあげている。ニッチ主義はかならずしも整然としたものではない。だが、その効果は大きい。

ニッチ戦略によって顧客に密着している企業には、五つの基本的な特質があると思われる。それは、(1)テクノロジーを抜け目のないほど巧みに利用している、(2)価格設定がうまい、(3)マーケット細分化に一日の長がある、(4)問題解決指向が強い、そして、(5)差別化のために費用をかけるのを惜しまぬ、ことである。

長いあいだ、テクノロジー普及のプロセスについて研究しているMITのジェームズ・アタ―バックは、「新しいテクノロジーは専門化したマーケット・ニッチ、高いコストにも耐えうる、高度な性能を求められる用途、といった面からはいりこんでいく」と言う。説得力のある主張である。

たしかにデジタルや、あるいはIBMでさえもそういう見方をしているようだ。新しいもの好きのユーザーからせっつかれて、デジタルはテクノロジーの新段階へと進んでいく、という話を思い起こしていただきたい。デジタルはどの分野に自社の優秀なセールス・エンジニアを配置しているか？大学や政府の大規模研究所といった得意先にである。こうした顧客層の問題を解決することによって、デジタルはしばしば、もっと一般的なユーザーに向けたつぎの普及製品開発を進めていくのである。ニッチを担当する人々は、ひとつのニッチにおける高度に洗練されたテクノロジーを学習し、先駆的なユーザーとともにそれをテストし、欠陥をとりのぞいて、そのテクノロジーをさらにほかの人々に渡す、といったことにたけている。

またこういう人々は、新しいテクノロジーの持つ価値をよく見抜いて、それを巧みに価格設定に反映させる点でもひじょうにみごとである。彼らははやい段階で、あるニッチを取り入れ、特定の顧客にそのニッチ製品を高額の料金で提供し、ライバル企業が物量作戦で参入してきた場合には、ただちにその分野から撤退する。

あるスリーエムの幹部はそれをこのように表現している。

> わが社の目標は、まずなんといっても新製品が途切れることなく市場に送り出されるようにすることである。そしてそれがあたったら、そのニッチを独占しようとする。せいぜい三、四年のあいだでもかまわない。このあいだの製品の価格は、それが顧客にとってどのくらいの価値を持つものか、によって決められる。私たちの提供する新製品は、なんらかの形で労働力を節減するものだから、それ相応の価格を顧客に支払ってもらうわけである。
>
> たしかに私たちは多角化しようとしている。しかし、他社が類似製品を、それももっと安いコストで出してきそうだというときには、シェア競争などやらないで、その市場から撤退してしまうの

が普通だ。そのころには、その市場やその他の市場向けの数段階進んだ新製品を開発しているからだ。

デヴィッド・パッカードはあるとき、幹部たちに対し、ヒューレット・パッカードが珍しく失敗した例――電卓のマーケティング――を話して聞かせた。

「あのときは、どこかでマーケット・シェアこそが目標だということになってしまった」と彼は言った。「いまはもうそういう過ちを繰り返すことはないと思う。マーケット・シェアの獲得などは、誰にでもできるのだ。価格さえうんと低くすれば、市場などは一〇〇パーセント押さえることもできる。しかし、そんなことをやってみてもなんにもならないではないか」

大多数の銀行にとっては、自己資本が潤沢な（つまり裕福な）個人がひじょうに望ましい顧客層である。しかし、ほとんどの銀行が自己資本が潤沢な顧客層の開拓計画をどのように実践すべきか、迷っている。というのは、この顧客層に訴えかけるにはどういう方法がいいか、たいていはよくわからないからである。つぎに紹介するある銀行幹部の報告は、そうした中では例外的な成功例である。

私たちは自己資本が潤沢な個人の顧客を獲得することに力を入れることにした。こうした顧客層に食いこむとっかかりには、彼らが使っている会計事務所がよさそうに思えた。そこで〔大都市部にある〕会計事務所の大手八社を訪ねて、事務所の共同経営者たちに私たちの話を聞いてもらった。なんと八社のうち七社で、銀行の方から出向いて話をしに来たのははじめてだ、と言われたのだ！しかも、どの事務所でも、こうした顧客開拓の勧誘に、銀行幹部が同行してきたのははじめてだった。効果はすぐに現われた。八社すべてで、出向いたその日のうちに新規契約をとりつけることができたのだ。数社では、すぐその場で話が決まった。

ニッチ主義には問題解決指向が伴うことが多い。ＩＢＭでは、セールスマンをセールスマンとしてではなく、顧客の問題解決を助ける人間として訓練している。スリーエムでもまったく同じことが言える。ゼネラル・インスツルメントのある販売責任者が語るつぎのエピソードは、顧客をよく知り、顧客の身になって問題を解決するということがどういうことなのかをよく示している。

私は初仕事のことを思い出します。ごく少数のお客様のことを知りつくすまで、際限もなく時間をかけたのです。その努力は十分に報われました。私の成績はノルマの一九五パーセントにも達し、それは私のいた部門ではトップの成績でした。ところが、会社の上司は私を呼んで、こう言ったのです。

「よくやった。だが、君の訪問件数が一日平均一・二軒なのに対して、わが社のセールスマン全体の平均は四・六軒だ。社の平均まで訪問件数をふやせば、もっと売上げはあがるのではないのかね？」

怒りがおさまってから私がどう答えたかは想像がつくでしょう。私はこう言ってやったのです。

「みなも訪問件数を一・二軒まで減らせば、もっと売上げを伸ばすことができるんじゃないですか？」

ニッチに生きる人々は、進んで他との差別化に金を費やす。メイシー百貨店のエドワード・フィンケルスタインはこう言う。「店を魅力的にするのに必要な金を使っている限り、商売は繁盛する」

フィンケルスタインにとって、これはニューヨークのブルーミングデール百貨店に負けないほどの金をふんだんにブティックにかけることを意味する。彼はこうして結果的に成功をおさめてきた。フィンガーハットのようにうまくいっているカタログ・ショップでは、データ収集に過剰なほどの費用をかけている。「データをうまく活用することによって、それぞれのお客様に合わせたそのお客だけのための店を開くことだってできる」と幹部の一人は言う。

オレ・アイダでも同様だ。同社は経費支出という面ではじつに細かい会社なのだが、市場テストとなると、その予算は使い放題だ。こうして長年にわたって、オレ・アイダは冷凍ポテト製品では圧倒的強さを誇っている。

超優良企業の低コスト指向は？

調査を始めたとき、私たちはコスト、テクノロジー、マーケット、あるいはニッチのうちどれかひとつにとくに重点をおいた超優良企業があるだろうと予想していた。言いかえれば、ある企業はあるひとつのことに、別の企業は別のことに絞った戦略を立てているだろうと考えたのだ。しかも、超優良企業が共通してあることに重点をおくということはないだろう、と私たちは思っていた。だが、事実はそうではなかった。業種によって違いはあるものの、はっきりとひとつの共通点が見出されたのである。それは、超優良企業を動かしているのは、テクノロジーやコストよりも「顧客に密着しよう」という姿勢なのだ、ということである。

これを説明するため、私たちはトップ企業五〇社を選び、業種と「なにをとくに重視しているか」によって分類した。それが次ページの表である。この分類表に異議を唱える人もいることだろう。また、第一、コストやテクノロジーをまったく無視した会社などありえないのも事実である。けれども、ひとつの要素を重視したら、他のものがいくらかおろそかになることは避けがたいのである。

次ページの表でもわかるように、トップクラスの業績をあげている企業は、業種にかかわらず、利益率を決める要素のうち、コスト面よりも商品価値の面を重んじている。表は業種別に、高度技術、消費財、サービス業、その他製造業、プロジェクト・マネジメント、そして資源関連に分類してある。それぞれのカテゴリーについて少し考えてみるのも有益だろう。

まず高度技術の分野だが、コスト指向が強いのは一四社中わずか四社である。その四社とはテキサス・インスツルメント、データ・ゼネラル、ナショナル・セミコンダクター、それにエマーソンである。しかし、このうちエマーソンを除く三社全部が、最近数年間になんらかの問題を抱え、戦略の見直しをはかっている。

データ・ゼネラルとナショナル・セミコンダクターはともに、将来の戦略はニッチ指向になるだろう、という点で意見が一致している。データ・ゼネラルの場合は、とくに示唆の多い例である。

同社は業界のパイオニアであるデジタルに、そのデジタルの伝統的土俵で勝負を挑んだ。データ・ゼネラルはOEM（契約先の商標をつけて作られた製品）市場に的を絞り、低コスト製品を少品種製造するという戦略を展開した。その過程で同社は、「タフガイ」的イメージを作り出し、それを育てよう

図5

戦力の焦点 産業分野	原価	サービス品質／信頼性	高付加価値／ニッチ追求
高度技術（14社）	データ・ゼネラル エマーソン ナショナル・セミコンダクター テキサス・インスツルメント	アレン-ブラドリー IBM レイニエ	デジタル・エクイップメント ヒューレット・パッカード レイケム ROLM シュランバーガー（シュルンベルジェ） タンデム ワング
消費財（11社）	ブルー・ベル	フリト・レイ マーズ メイタグ	エイボン チーズブロー・ポンズ フィンガーハット ジョンソン&ジョンソン リーヴァイ・ストラウス タッパーウェア
サービス業（12社）	Kマート	アメリカン航空 ディズニー マリオット マクドナルド デルタ オーグルヴィ&マザー ウォル・マート	ブルーミングデール シティバンク モーガン銀行 ニーマン・マーカス
その他製造業（4社）	ダナ	キャタピラー ディーア	スリーエム
プロジェクト／ゼネコン（3社）		ベクテル ボーイング フルオア	
素材/資源関連（6社）	アモコ アルコ エクソン ダウ		デュポン ニューコア・スチール

とさえした。

『フォーチュン』誌（一九七九年）のある号のトップ記事は、デジタルの製品系列が多いこと（ということは当然単価の上昇を引き起こす）と、コミッションなしのセールス手法に疑問を投げかけ、データ・ゼネラルの積極的な、高率コミッション・セールスとを対比している。

しかし、「一寸の虫」も意地を見せた。デジタルは直接の競争を避けるため、OEM部門への依存度を弱め、ワング、ヒューレット・パッカード、そしてプライムなどとともに、ユーザーに親しまれるような、融通性の高い製品を他に先んじて提供しはじめたのである。製品の重複、そして顧客の苦情を処理するセールス部隊を生み出したデジタルの方針が成功をおさめたのだ。これに対しデータ・ゼネラルの「タフガイ」イメージは傷つき、すばらしい業績の伸びは少なくともしばらくのあいだ鈍ることになった。

過去二、三十年間の、目を見張るばかりのみごとな業績と比較すると、ここ数年のテキサス・インスツルメントはややもたつき気味で、ようやくふたたび目を外に、マーケティングの方へと向けはじめている。同社が最近の半導体の開発競争でリーダーシップをとることができず、ホーム・コンピュータの分野でも遅れをとり、コンシューマー・エレクトロニクスのブームに乗りそこねたのは、同社がこれまで、経験曲線、業績生産などを意識して、コストとマーケット・シェアにこだわりすぎたことに大きな原因がある、と私たちは見ている。

たとえば、LSI半導体分野でも、同社の頭脳を傾け、8K-RAMのコストを下げて業界の主導権を握ろうと躍起になっているあいだに、将来の、より大型の64K-RAMなどに対する注意がおろそかになってしまったのである。

ここに問題の本質がある。コストにばかりあまり注意を向けすぎると、社内の関心が知らぬうちに、徐々にずれていくのである。腕時計や電卓といった消費財の分野でも、テキサス・インスツルメントのやり方はやはり「低コスト」一本やりだった。「ものを作れ。そして、わが社のものをいちばん安くしろ」。これが彼らの考えだったようである。

テキサス・インスツルメントのこの消費財生産計画は、日本企業との競争で手痛い打撃をこうむることになったばかりでなく、またもっとも欠かせない半導体開発競争のための貴重な技術資源を、原価低減のようなところに使い果たしてしまったようにも思えるのである。

すでに述べたように、レイニエとＩＢＭは、ともにサービスを最優先することでは高度技術業界でも最右翼である。ＩＢＭの研究所が、たとえば、「ジョセフソン接合」などという先駆的な研究で他にかなり水をあけているのは事実である。しかし、ＩＢＭが日々市場に送り出しているのは、到達可能な高度技術から、少し遅れた段階の製品なのである。

ミルウォーキーのアレン‐ブラドリー社は、保守的な、個人所有の、年商一〇億ドル（二四〇〇億円）という制御機器の会社であるが、この会社もやはり、「サービス・品質、そして信頼性」のグループに属する。会社全体が品質と信頼性一色に塗りつぶされている。制御機器においては、それがもっとも重要なことだからである。

ヒューレット・パッカード、デジタルなど、このほかにも「サービスと品質を重視」する企業は数多くあげられる。だが、これらの企業、およびその他高度技術のトップ企業は、とりわけニッチ指向が強いようである。こうした企業ではどこでも、小さな、企業家精神にあふれた活動の坩堝《るつぼ》となっていて、つねに新製品を市場に送りこもうと狙っている。たとえば、ワングは一九八〇年に新製品を毎週ひとつ以上の割合で発表している。同社の研究開発チームの「打率」は、たぶんにユーザーとの関係が緊密なおかげで、七五パーセントを超えるという。じつに驚くべき数字である。

ＲＯＬＭの例もこれに近い。同社は技術のトップをいく企業ではないが、そのユーザー指向はきわめて強い。顧客の身になった問題解決に巧みであるという。それだけのことで、私設電話自動交換器の分野において同社は、ＡＴＴの子会社、ウェスタン・エレクトリックを完膚なきまでにうちのめした。また、タンデム社の「ノン・ストップ・コンピュータ」は、ニッチ指向の典型例である。「得意先のひとつひとつがそれぞれ市場である」というのがタンデムのモットーである。

レイケムは複雑かつ高性能《スマート》な電気接続子《コネクター》を販売している。同社はずっと以前からセールスマンの教育・啓発に過剰とも言えるほどの費用をかけてきた。理由は簡単だ。レイケムのセールスマンは、実際に毎日の調整作業を担当するエンジニアを兼ねているからである。彼らは「顧客にとって高い商品価値」ということをセールスポイントにしてコネクターを販売している。

コネクターを設置する作業はひじょうに労力を必要とするが、ユーザーに合わせて作った装置ならば、人件費を大幅に節減できる。コネクターの価格は「最終製品」――たとえば大きな飛行機や計算機――からすれば微々たるものであるから、実際には顧客はかなりまとめて購入することができる。シュランバーガー（シュルンベルジェ）の場合も同様である。

同社は二〇〇〇名の現場技術者を抱えて、油井の調査など、採掘会社のサービスにあたらせている。レイケムと同じように、彼らのサービス・コストは、油田における全操業コストに比較すればごくわずかなものだが、これをうまくやりとげた場合、ユーザーにとっての価値は莫大なものになるのである。

高度技術産業におけるトップ企業のエピソードがいずれもひとつの型を持っているという点は、私たちを驚かせる。すなわち、いわゆる高度技術企業は、けっして技術において超一流ではない、ということである。たしかに、それらの企業は高度技術業界にあるが、その主たる特性は、信頼性のある、付加価値の高い製品とサービスを顧客に提供する、というところにあるのだ。

消費財の分野では、私たちは分析材料として一一社をピックアップした。私たちの見るところでは、低コストで製品を作り出すことを第一に考えている企業はひとつもない。むしろ、サービス、品質、そして信頼性を売物にしている。

プロクター&ギャンブルを表面的にしか知らない者は、同社の成功は広告とブランド管理のせいだと言うだろう。内情に通じた者は、品質とテストに対する同社の異常なほどの熱意がその成功の原因だ、と言うはずである。まれに問題が生じたときでも――たとえば全米を騒がせた「リライ・タンポン事件」「プロクター&ギャンブルが発売したリライ・ブランドのタンポンを使った女性の間から、麻痺やショック症状を呈するケースが続出し、発売中止になった事件」のような――彼らはきわめて迅速に行動を起こし、金も十分に使って、品質への信頼を回復しようとつとめる。

フリト・レイは、言うまでもなくサービスで成功している。メイタグの場合は信頼性である。メイタグの老修理工が手持ちぶさたで悲しげな顔をしている、という古くからつづいている同社の広告がすべてを物語っている。マーズも明らかにこのカテゴリーに入る。

戸別訪問販売をする企業は多い。だが、エイボンやタッパーウェアほどの熱心さでそれを実行するところはない。これらのトップ企業を付加価値の高い、ニッチのカテゴリーに入れたのは、これら企業は、外へ出ていってみずからの市場を開拓しているからである。

衣料品業界《アパレル》のリーダーといえば、なんといってもリーヴァイ・ストラウスとブルー・ベルの二社であるが、おもしろいことに両社の行き方はまったく異なっている。リーヴァイスは品質第一主義をモットーに設立された会社でいまだにそれを貫いているが、最近めざましい発展をとげた大きな原因は、その並はずれたマーケティング力にあり、それを見ると、同社がニッチ重視の方へ傾いてきていることをうかがわせる。業界第二位のブルー・ベルは品質にこだわることもさることながら、ひじょうに強いコスト指向があって、好成績をあげている。

ジョンソン＆ジョンソンはユニークなニッチ企業だ、と私たちは考える。同社はおよそ一五〇の、なかば独立した会社から成り立っており、そのそれぞれには新製品を出す責任が課せられている。同社は「一にお客、二に社員、三が地域社会、そしていちばん最後が株主」という信念を実践している会社である。まったく同じ考え方でチーズブローも成功している。

大手のカタログ販売会社フィンガーハットはこのグループの中で一見異質に見えるが、そのじつ、ニッチ企業の最たるものと言ってよいだろう。そのみごとな顧客管理システムのおかげで、同社では一人一人の顧客が、事実上それぞれ別個の市場なのである。たとえば、『フォーチュン』誌はつぎのように書いている。

「あなたのお子さんが八歳の誕生日をむかえるひと月まえに、大型封筒が送られてくる。なかには私信ふうの手紙が入っており、同封したカタログの製品のいずれかをお買上げいただければ、フィンガーハットは八歳の坊ちゃんにぴったりのお誕生祝いを無料でお送りします、とある。こうして注文をすればするほど、もっと多くの封筒が送られてくる……フィンガーハットは、核となる顧客に的を絞ってセールス攻勢をかけ、たとえば不況のためにJ・C・ペニーやシアーズが縮小しつつある『無審査クレジット販売』などといったサービスを提供している」

少し仔細に見てみれば、フィンガーハットは別に魔法を使っているのではないことがわかる。むしろごくあたりまえのことを行なっているにすぎない。ただ、他の大手カタログ販売業者が面倒くさがって、そこまでこまめにやらないだけのことなのである。

つぎはサービス業一二社である。たとえば、大手広告会社オーグルヴィ＆マザーのデービッド・オーグルヴィは、「第一目標は収益ではなく、抜群の顧客サービス」という彼の信条を、社員全員が身をもって実践するように求めている。マリオット・ホテル・チェーンのJ・ウィラード・マリオット・シニアは、八二歳の現在でも、四〇年まえにそうだったように、「質」については妥協を許さない。現在、同社の経営にあたっている彼の息子ビル・マリオット・ジュニアも同じ方針をとっている。同社の宣伝にもあるように、社長である彼みずからがすべてのホテルにおもむいてサービスの点検にあたっている。

航空会社では、やはりなんといっても業績のトップはデルタとアメリカンだろう。両社はサービスという点でもトップを占めている。アメリカンは一般大衆を対象とした調査ではかならず第一位の座を占めるが、デルタが力をそそいでいるニッチ——とくにビジネスマンの旅客——だけに関して同じ調査をすれば、デルタが第一位になることだろう。

銀行業ではモーガンとシティバンクを代表とした。今日の銀行業では、大口の法人顧客の要求を満たすための経営技術を確立する、ということを盛んに言うが、モーガンはすでに一〇年まえ、このテーマに関して本を出しているほどの権威である。シティバンクは市場を構成する顧客に合わせて組織の全面的な再編成を行なった最初の大手銀行である。彼らはそれを一九七〇年に実施しているが、他の銀行はようやくいま、それにとりかかろうとしている。

不特定多数を相手とする業種では、マクドナルドとディズニーが二大トップ企業である。この二社については、すでに十分に検討を加えてきた。つねに他との差別化をはかりながら、顧客サービスをしていく能力においても、変わらぬ品質をつねに提供できる能力においても、この二社に欠点をみつけることはほとんど不可能に近い。

小売業での花形企業は、どこだろうか? ニーマン・マーカスとブルーミングデールが他に抜きんでていることは間違いない。一九〇七年に創業した際、ニーマン・マーカスの最初のPRは、「品質と最高の価値を売る店」だった。ブルーミングデールはさきほども述べたようにニッチ指向の典型である。

ウォル・マートは一九七〇年代から八〇年代はじめにかけての大量販売小売業における成功例である。しかし、ここでも話はやはりニッチ指向とサービスなのだ。一九七二年以来、同社は店舗数で一八から三三〇、売上げで四五〇〇万ドル(一〇八億円)から一六億ドル(三八四〇億円)へと躍進をとげている。数ある大量小売店の中で同社は、典型的な(地域)ニッチ指向のチェーンである。

ワードプロセッサーの分野で、レイニエがより大きなライバル会社を食ったのと同じことを、小売業でウォル・マートはKマートに対してやった。中西部と南西部一帯にはウォル・マートのチェーン店が「過剰に」あふれているが、その理由ははっきりしている。そうすることによって、Kマートの進出意欲をくじいているのである。全国的には小さくても、この二地域だけに限れば、ウォル・マートの方が上なのである。

業界のトップ企業として、Kマートも忘れてはならない。だが、エマーソンと同様、この会社もやや変則的で、主として低コスト第一主義でやってきている。事実、低コストを他社と区別する第一の特質としているのは、サービス業一二社のうちこの一社だけである。しかしながら、その一方で、品質を無視してきたわけではない。むしろKマートは、シアーズの伝統的な確固たる地位をおびやかしはじめた、と言う人さえいるだろう。「よい品を安く」がシアーズの昔からの企業哲学だが、それはいま、急速にKマートのものとなりつつあるのだ。

その他製造業の分野では、スリーエムがニッチ企業の代表格である。小さな市場を見出し、そこに進出し、得るものを得たら、つぎの市場に移る、という具合いである。キャタピラーとディーアもこの雑多な分類に入れておいたが、この二社は品質と信頼性を徹底的に重視する。両社はまた、ディーラーと密接な関係を保っている。最後に、この分野ではもう一社、ダナがきわだっている。エマーソン同様、この会社は主として生産性を上げつづけることによってコスト・ダウンをはかり、成功してきている。

プロジェクト管理でのトップ企業は、なんといってもフルオア、ベクテル、それにボーイングである。フルオアとベクテルは大規模プロジェクト建設業（ゼネコン）の雄であるが、両社ともサービスの質と信頼性を誇っており、この二つを背景に、この（入札主体の）業界ではむずかしいとされている高価格政策を貫いている。ボーイングはコストにも関心を払っているが、口にするのは、品質と信頼性がいかに重要かということがほとんどである。

私たちがこの調査を進める中で発見したことは、その会社の志向を知るには、従業員がみずからをどう語るかに注意を払うのがいちばんである、ということだった。

最後に、完全を期すべく資源関連業界からも代表的な企業を何社か選んでみた。ここではまずなによりも低コストということが重要になる。資源関連産業では、とくに物を売る相手が最終ユーザー《エンド》ではなく、他企業である場合が大半なので、コストに事業の成否がかかっている（たとえば、GEの子会社であるユタ・コンソリデーティッドなどは、日本に製鉄用石炭を売って莫大な利益を上げている。それは同社が、マーケティング力において優れているからではない。良質のコークスと石炭をもっとも低いコストで産出し、日本の鉄鋼業界に提供しているだけのことなのだ）。

アモコ、アルコ、そしてエクソンは、探査、採掘における超優良企業である。石油産出にかかるコストが他の企業よりも安いわけである。

しかし、資源関連企業の中でさえ、いくつか興味深い差異が見られる。ダウとデュポンはともに成功をおさめているが、対照的な立場にある。上流部門（採掘）のダウがこのところ明らかに優位に立っているのは、OPECの西側に対する態度が厳しくなった際に適切な資源戦略——つまり低コスト資源調達戦略——をとったからである。けれども、ごく最近までは、デュポンの方が新製品の記録では上位にあった。デュポンはマーケットのニッチにおいて、下流部門（石油製品）の革新を熱心に行なっていた。それがこうした新製品につながったのである。

鉄鋼業は全体としてあまり利益があがっていない。だが、製品部門には例外もあって、付加価値より高い特殊鋼のニッチに力をそそいでいるニューコアは、大きな利益をあげている。

これまでの分析は、統計的にはほとんど証明できないと言っていい。また、これらの分析をもとに、コストは重要でないとか、超優良企業の八、九割が圧倒的に品質、サービス、そしてニッチ指向だなどと結論を下すこともできないだろう。しかし、サンプルは全体として有効なものであり、超優良企業の大半で、コスト以外の「なにか」にもっとも重点がおかれているということは十分言えると思う。

そして、その「なにか」とは、それぞれのやり方で顧客に密着しようとする努力である。

ユーザーの声を聞く

超優良企業はよりよく耳を傾ける。これらの企業は、私たちがまったく予想もしないようなやり方で市場に密着することから利益を引き出している。もっとも、「予想もしない」と言っても、少し考えてみればわかることなのだが、そうした企業は、革新的なアイデアの大半を市場から得ている。プロクター＆ギャンブルは製品のパッケージのすべてに局番八〇〇の無料《トール・フリー》電話番号を刷りこんだはじめての消費財メーカーである。一九七九年度の同社の決算報告書によると、この番号に二〇万人もの消費者が電話をかけてきて、アイデアと苦情を寄せたという。P＆Gはこのすべてに回答し、電話の内容を要約したものが、毎月の役員会に報告される。消息通によると、この局番八〇〇の電話番号が同社の製品改良のための大きなアイデア源であるという。

P＆Gなどのやり方を強力に裏づける驚くべき理論的根拠がある。MITのエリック・フォン＝ヒッペルとジェームズ・アターバックは、長らく新機軸が生まれるプロセスを研究している。最近、フォン＝ヒッペルは科学機器メーカーにおける革新的アイデアの源とはいったいなんであるのかを仔細に研究した。その結果、「いままでなかったタイプの新製品」の主要なものの一一種がすべてユーザーのアイデアから生まれており、「大幅な改良を加えた」製品六六種のうち八五パーセントもが、そしてまた「わずかな改良を加えた」製品八三種のうち約三分の二もが、ユーザーのアイデアに基づくものであることがわかった。

フォン＝ヒッペルの報告するところによると、アイデアがユーザーから出てきているばかりでなく、彼の調査した発明品——いわゆる「いままでなかったタイプの新製品」★をすべて含めて——の大半が、メーカーではなくユーザーによって最初にテストされ、原型が作られ、品質を認められ、使われたものだという。そのうえ、商品化されるまえにそのアイデアを強力に浸透させていくのも、やはりユーザーだったという。

★ガスクロマトグラフ、核磁気共鳴分析計、それにトランスミッション型電子顕微鏡などのきわめて精巧な機器。

ということは、先駆的なユーザーが機器を発明し、原型を作りあげ、実際に使用していたわけである。そして、他の目はしの利くユーザーがそれをとりあげると、そこでようやくメーカーが行動を起こして、「基本的な設計と操作の原理はそっくりそのまま生かしながら、製造工程を確立し、信頼性を高める」わけである。

ボーイングの何人かの幹部は、ある面ではこれを認める。だが、彼らの経験から判断すると、フォン＝ヒッペルの発見は極端なもので、彼ら自身の独自の開発努力によって優れたアイデアや原型が生まれた例はいくらでもあげられる、と言う。しかし、もしその製品が、顧客のニーズに即応し、顧客と完全な協力体制のもとに開発されるというのでない限り、その製品開発はそこで打ち切られてしまう、と彼らはつけ加えることを忘れなかった。「はやい段階で顧客が興味を示し、われわれと協力してくれないときには、そのアイデアは失敗なのだ」と、ある幹部は言う。

最良の企業は顧客からいつもこづきまわされており、しかも、そうされることを苦痛に感じていない。はじめてリーヴァイス・ジーンズを作り出したのは誰か？ それはリーヴァイスの社員ではない。一八七三年、リーヴァイスは布地を留めるのに鋼鉄のびょうを使ったジーンズを売出す権利を、ネバダ州に住む、リーヴァイスのデニム生地のバイヤー、ジュイコブ・ユーフィスから六八ドル（特許の申請料）で買いとっている。また、これはさきに触れたことだが、脱色ジーンズを考案したのは、リーヴァイスでなくブルーミングデールだった。

ＩＢＭの場合も、初期の新製品開発は、同社のコンピュータ第一号機も含めて、先駆的な得意先である国勢調査局との協力によって行なわれたものである。スリーエムのスコッチ・テープ事業が「離陸」したのはいつか？ それは、一人のセールスマンが――技術畑の人間ではなく――手軽なカッターつき卓上用小型テープ台を開発したときである。前述のように、それまでスコッチ・テープは、用途の限られた工業製品だったのだ。

こんな具合いに、例はいくらでもある。デジタルの強みはなんだろうか？

巨額の費用をかけて自社でその用途を開発し、市場開拓を行なうというたいへんな負担を背負いこむかわりに、顧客に依存してミニコンピュータの用途を発見してもらっていることである。デジタルのセールスマンは、顧客のエンジニア相手にエンジニアが製品を売るという形だが、これによって顧客との強力な関係を長くつづけていくことができているのである。

「みずからの力で成長した部分がわずかなことは、ただ驚くばかりである。もうずっと以前から、同社は顧客がそれぞれにおもしろい使い方をしているのを見て、それをフォローしていく、という方法をとってきた」と、あるアナリストは証言している。

ワングの研究所でもことは同じだ。「ワングでは、顧客がなにを求めているか、ということにより大きく左右される。彼らはなによりもまず、顧客との共同研究開発プログラムを作成し、コンピュータ・システムの新しい用途を協同して考えていく」。同社の創立者アン・ワングはこう語る。「ユーザーと協働することによって、ユーザーのニーズに応える力がつく」

アレン-ブラドリーのある最高幹部は、「研究開発のための実験に協力してくれるというユーザーがいなければ、私たちは試作してみることすらしません」と言う。たとえば、アレン-ブラドリーは数値制御とプログラマブル制御装置では遅れをとっていたが、今日のように第一線に躍り出ることができたのは、自社の研究者や技術者によってではなく、コンピュータにくわしい先駆的ユーザーのおかげだった、と彼は告白する。さらに、「ボーイング、キャタピラー、それにGMなどでは、こうした装置を内製していた。そこでわれわれは、それを当初使わせてもらい、それでわれわれに改良できないなら、あきらめます。という条件で、食い下がったのです」とつづけた。

私たちが調査した、成功をおさめているある高度技術会社では、研究開発責任者が過去一二年間ずっと、年に二カ月の「夏休み」をとったという。七月と八月、彼はもっぱらユーザーの間を歩き回って、自社の製品を顧客がどう使い、将来のニーズはどうなるかを調査するのである。

最近、私たちはパロアルトのバーである会話を耳にした。ヒューレット・パッカードのIC（集積回路）部門のエンジニアが友人たちと話していたのだが、友人の一人が彼に、どこで働いているのか、と尋ねた。すると彼は、パロアルト本社のあるビルの名前を答えたのだが、そのすぐあとに、「ほとんどよその町のユーザーのところで仕事をしているからふだんはいないよ」と言っていた。

ほとんどの企業経営においては、顧客をこれほどまでに意識していないので、こうしたエピソードは対照的でおもしろい。実際には、自社のテクノロジーを愛するけれど、自分の製品を使う生身のユーザーにじかに会ったこともないという技術者が、空虚な妄想によって製品を作り上げる、といったことがあまりにも多いのである。

つまり、超優良企業はサービス、品質、そして信頼性において優れ、ニッチを見出すことにたけているばかりではなく、顧客の声によりよく耳を傾けてもいるのである。この耳を持つことが、「顧客に密着」する第一の条件である。これらの企業が品質、サービスその他の面において強いということは、顧客の声に注意を払うことに起因するところが多い。顧客の声を聞き、顧客を会社に招き入れる。顧客をパートナーとする会社は優良な会社であり、その逆もまた真である。

「革新」については、有名な経済学者クリストファー・フリーマンを中心に、広範囲にわたって、行なわれたSAPPHO（発見的方法のパターンに基づく科学的活動予報法）分析がある。この研究で彼は、化学産業における三九種の「革新」と科学機器産業における三三種の「革新」を分析している。「革新」を二〇〇項目以上の側面から捉える試みがなされたが、そのうち統計的に意味のある要素《パラメータ》として残ったのは、わずかに一五項目だけだった。

もっとも重要な要素は両産業分野に共通して、「成功している企業は、ユーザーのニーズをよりよく理解している」というものであった（被調査会社の回答がよく考えたものでなくあてずっぽうになされた確率は、化学産業で一〇〇万分の六一、科学機器産業で一〇万分の一九五、両者合わせて一億分の一九。つまりほとんど無視するに足ると思われる）。そして、第二の要素もやはり、両方の業界に共通して「信頼性」であった。「成功している『革新《イノヴェーション》』は問題が少ない」。特定の失敗例の分析もまた参考になる。失敗の理由として回答者があげた主なものは次ページの図7のとおりである。

図6　特定の失敗例の分析

	化学分野における「革新」の失敗例（7例）	科学機器における「革新」の失敗例（16例）
ユーザー調査をまったく行なわなかった	1	3
ユーザー調査が少なすぎた、または調査対象に偏りがあった	2	4
ユーザーの回答を無視、または誤解した	0	4
ユーザーの利用技術を実地調査しなかった	0	3
当初の設計にこだわりすぎた	4	2

フリーマンたちは要約してこう述べている。

「成功している会社は、失敗した会社よりも市場により大きく注意を払っている。『革新』に成功する会社は、市場のニーズに従ってそれを行なう。将来のユーザーを技術革新の開発段階に参加させ、ユーザーのニーズをよりよく理解しているのだ」

この章を終えるまえに、私たちの仲間うちで起こっている論議について、どうしても少し触れておかなければならない。「ユーザーそのものが、アイデアを生み出し、またそのアイデアをテストする最良の存在だ」というのが筆者たちの超優良企業の調査に裏づけられた信念である。これに対して、同僚の中には、会社の経営にもっと重要なのはテクノロジーとライバル会社に注意を払うことだ、と主張する者も何人かはいる。

また、『ハーバード・ビジネス・レビュー』誌に載ったロバート・ヘイズとウィリアム・アバナシーの記事は、ひじょうによく引用されるが、彼らもやはり、アメリカの企業があまりにも「マーケット指向」に傾きすぎていること――テクノロジー指向に対して――を攻撃している。短期的なものの見方ばかりしているから、消費者の人気とりに汲々とするようになる、というのである。

私たちの意見はこれとは違っている。まず、私たちは単純な答というものをいっさい信用しないし、私たち自身もそのような答を押しつけるつもりはない。三つの要素——ユーザー、ライバル会社、そしてテクノロジー——のすべてが不可欠なのである。

しかし、「ライバル会社」という要素は簡単に解決がつく。超優良企業は他企業とくらべ、ライバル企業分析では明らかに質量ともに勝っているからである。ただ、肝心なのは、その作業が「象牙の塔」にこもって抽象的なレポートを読んだり書いたりするスタッフによってなされるのではない、ということだ。

ヒューレット・パッカードのサービス要員、ＩＢＭのセールスマン、スリーエムのセールスマンおよび事業化チームのリーダー、マクドナルドのチェーン店の店長、そしてまたブルーミングデールのバイヤーといった何十万の人々が、それぞれ熱心な最高の「ライバル会社監視員《ウォッチャー》」なのである。彼らはほとんど例外なく、第一線の現場でライバル会社の動きを監視している。そのアンテナの感度のよさは、まさに感銘的でさえある。

私たちに批判的な立場の人々が非難するのは、大部分がテクノロジーに関するものである。たとえば、「ユーザーの意見はみな似たりよったりで、ほんとうの革新のヒントにはならない」といったような具合いである。確かに大量生産の化学製品などのように、それがあてはまる場合もないではない。しかしその数は、けっして多くはない。

アレン‐ブラドリーのような高度な制御技術業界のリーダー格がロボット工学へ手を伸ばしていっ

たその原動力は、研究所ではなくて、大口の顧客の要望にあった。ＩＢＭをディストリビューテッド・プロセシング（分散処理）に向かわせたほんとうの原動力は、シティバンクを代表とする先駆的ユーザーにあった。六〇年代末にＮＣＲがエレクトロニクスのマーケットを失ったのは、先駆的ユーザー――シアーズ、Ｊ・Ｃ・ペニーなど――をないがしろにしたからで、のちにこの頑固さを正してようやく失地を回復している。

つまり、「よく耳を傾ける」トップ企業は先駆的ユーザーにとくに注意を払っている、ということなのである。この点がヘイズとアバナシーの理論とはっきり違うところなのである。もっとも進んだユーザー（これは一般的な消費者というよりは、むしろ発明者に近いが）は、消費財の分野の大部分においてさえも、企業が考えているユーザーより何年か先を――おそらく高度技術の分野では一〇年以上先を――いっている（ＧＭは、コンピュータ利用の自動設計システムをテストするという点では、他社に一〇年以上先んじていた典型的な「先駆的ユーザー」である。これがワールド・カーの設計に際してフォードとクライスラーに大差をつけるのに大きく寄与した）。

同様に、新技術の応用という面で巨大企業よりはるかに先をいく小規模の発明家、発明企業がそこかしこに存在する。それらの発明家、発明企業もまた、互いに協力しあって仕事をする相手を捜している。

したがって、こうした共同作業は、いたるところにたくさんみつかるはずである。そして、私たちの研究がはっきりと示しているように、成功をおさめている大企業では、セールス、マーケティング、製造、技術、それに製品開発といった各部門の人々が、「先駆的顧客」と密接な関係を保ち、いつも連絡をとりあって、ユーザーと発明者とによる共同作業をつねに注視し、その動きをすばやくフォローできるようにしているのである。

このように、技術の最先端あるいはそれに近いところにいるユーザーの声を聞き、ぴったりとフォローしていくことと、昨今の流行についてアンケートをとったり、パネルディスカッションを行なうこととは、まったく違うものである。それはまた、ヘイズとアバナシーの言うような、研究所の机の上から生まれたような純粋技術的な議論からもかけ離れている。

もちろん、基礎的な研究開発に投資が必要なことは言うまでもない。だが、その最大の役割はアイデアを生み出すことであり、そのアイデアを現実的な社内の企業家精神に富んだ人々——たとえばプロダクト・チャンピオンとか、顧客のクレーム処理にあたるセールスマンや「先駆的顧客」、それに顧客指向のマーケティング担当者たち——が「盗み」、いじくりまわし、そして応用すること——それも今日それをやること——が重要なのである。

第七章

自主性と企業家精神

新しいアイデアは、それをものにする「チャンピオン」を見出すか、さもなければそのまま死んでしまう。……新しいアイデアに対する取り組み方が中途半端なものであると、大きな技術的変化につきものの無関心や抵抗を乗り越えることができない。……新発明のために戦う闘士たちは、英雄的とさえ言えるほどの不撓の勇気を発揮する。

――MIT　エドワード・ショーン教授

大企業のありようを見ていてもっとも残念に思うのは、そもそもその企業を大企業たらしめた原動力――革新性《イノヴェーション》――をすでに失っていることである。もし大企業が革新性へのたゆまざる努力を意識しつづけていれば、そういうこともずっと少なくなるはずである。『Ｉｎｃ.』誌によると、全米科学財団の調査の結果、単位研究開発費あたりの技術革新件数で、小企業は中企業の四倍、大企業の二四倍、ということがわかったという。第四章でも見たように、同じテーマの研究で経済学者バートン・クラインは、大企業がその業界における大きな進歩の担い手となることは、まったくないとは言わないまでも、ひじょうに少ない、と言う。ヴェロニカ・シュトルテ=ハイスカーネンは最近、公共機関および私企業の研究所五〇カ所を対象とする詳細な調査をまとめたが、その結果もおおむね同様で、「客観的に見た物理的資源（投入開発資金および開発人員）の豊かさと研究効率とは、一般にほとんど関連がない。場合によっては、反比例しているケースもあった」と言う。

だが一方では、いままでに見てきたような超優良企業の例もある。いずれも大企業で、現在までの成長、技術革新およびそれに伴う収益の高さは羨望の的でもある。こうした大企業が成功する確率はまことに小さいのであるが、それをやってのけている。おそらく、これらの企業がいままで好業績をあげてきているいちばんの要因は、大企業となる能力を持ちながら、なお中小企業のように俊敏に動いていることだろう。それに付随して重要なのが、こうした企業が従業員の中に絶えず企業家精神を育てようと努力していることであるのは間違いない。

これらの企業では、分権化が進んでおり、驚くほど末端にまで自主性を持たせているのである。何回も見てきたように、ダナの場合なら「ストア・マネージャー」、スリーエムなら「製品企画チーム」、テキサス・インスツルメントでは九〇を超える「製品=顧客センター」というのがその例証である。エマーソンやジョンソン&ジョンソンでは、部門の数が「過剰」で、その結果、ひとつの部門の人数が一見「少なすぎる」ように思われることが珍しくない。こうした企業の多くが、「スカンク爆弾《ワーク》」こと「ゲリラ・チーム」を自慢にしている。八人とか一〇人のチームがどこか隅の方に固まってなにかを熱心にやっていると思うと、何百人という製品開発部をしのぐ物を作ったりする。

いままで見てきてわかったことは、こうした企業のすべてが意図的にこうした分権化のやり方についての「損得勘定」をちゃんと考えてやっている、ということである。分権化し、自主的に決定させる方針はきわめて徹底しており、そして各チームの参加者は重複し、末端の体制はかならずしも整然としておらず、統一性には欠け、社内に競争があり、状態はやや混沌としている。が、これも社員の間に真の企業家精神の芽を育てさせるためである。つねに技術革新を求めるよう、居心地のよい「整然」という要素を切り捨ててしまったわけだ。

だが、見れば見るほど、どうもよくわからないところがある。各企業で人々が語っていたのは、「性能で（社内）一騎打ち」（IBM）であり、「最低一度はプログラムを没にする」（スリーエム）であり、「仲間《グループ》と個人の貢献表彰制度」（IBMおよびTI）、「ステーション・マネージャー」（ユナイテッド航空）、「失敗を支持する」（スリーエム、ジョンソン&ジョンソン）、「重大プロジェクトに自主参加」「新部門を作ろう」「聞き手をみつける」「密造酒づくり《ブードレギング》」（ゼネラル・エレクトリック）、「より多くの試掘井を掘ろう！」（アモコ）、「同時に多くの前線に向けて乱射」（ブリストル＝マイヤーズ）、「〝アブ〟と放れ駒《マベリック》を育てる」（IBM）等々の表現であった。

超優良企業の経営の実態を表現する比喩として軍隊を持ちだしたのではどうにも不足だということを、かりに私たちがすでに承知、納得していなかったにしても、成功した技術革新に先行した各種の試みを冷静に分析すれば、その点はすぐにわかったはずである。

だが、私たちが感じたのは、ただたんに徹底した分権化をはかり、しかるのちに「兵隊たち」の尻を叩いて、ある同僚が描くところの技術革新の典型的なやりである「この野郎、創意を出しやがれ」とやる以上のものが、まだなにかあるのではないかということだった。そして結局、その「なにか」があるのだとわかったのです。

チャンピオンたち

私たちが見てきた活動と、そして一見混乱と見えるものはすべて、燃える「チャンピオンたち」を中心に動いている。また、潜在的な革新者あるいはチャンピオンたちが出現し、育ち、力を発揮することのできるような多少の狂気をさえはらむほどの土壌の上になりたっている。スリーエム新規事業部元部長テイト・エルダーがずばり言うように、「チャンピオンたちが一見不可解な立居振舞をしても、私たちは驚かない」のである。

ハワード・ヘッドは、並はずれたチャンピオンである。ジェームズ・ブライアン・クインはヘッドについて、そして彼の発明した革命的なメタルスキーについて、「彼は自分のアイデアにとりつかれ、他のことはまったく考えられなくなった」という言葉で語っている。「チャンピオン」というのが、実際にはどのようなものかを理解するために、『スポーツ・イラストレイテッド』誌に載った、ヘッドがメタル製のスキーを発明するまでのストーリーを紹介しよう。

一九四六年、ヘッドはバーモント州の有名なスキー場ストウへ出かけて、はじめてスキーをした。「まったく自分があまりにも下手なんでうんざりし、みじめな気分になった」と、彼は回想する。「こういうときいつもそうなんだが、このときも、私はこれを道具のせいにした。この、長くて不格好なヒッコリー材のスキーのせいにね。帰り道、私はつい、たまたま隣にすわった陸軍将校に向かって、『飛行機用の金属を使ったって、あんなボロ丸太のスキーよりもっとましなものができるさ』と、ヒッコリーが私を苦しめたことをののしり、変なミエを切ってしまった」

　マーティン社にもどったあと、しばらくのあいだ、なにかよくわからぬ図を製図版の上で描きつづけていたヘッドは、やがて、工場のスクラップの山の中からアルミニウムの切れ端を集めはじめた。そして、仕事のあいまをみて、彼が借りていた狭い地下室のアパートからほど近い空地にある馬小屋の二階を作業場に改造した。彼のアイデアは、アルミニウムの間にハチの巣《ハニカム》状のプラスチックをはさみ、側面に合板を張った「メタル・サンドイッチ」のスキーを作ることだった。

　これらの部材を一体化させるために必要な圧力と熱を得るのに彼が考えついた方法は、まことに奇妙きてれつなものだった。

　一平方インチ〔約二・五平方センチ〕あたり一五ポンド〔約四五〇グラム〕の圧力を得るために、彼はスキーの材料を巨大なゴム袋に入れ、古い冷蔵庫から取り出したコンプレッサーにホースを逆に接続して空気を吸い出し、また、鉄を溶接して作った棺のような形のタンクに自動車のクランクケースから抜いたオイルを満たして、それをシアーズ・ローバックで買ったキャンプ用バーナーで熱して、ひどい臭いはするものの一八〇度の温度を得た。そうしてから、スキーの材料をつめたゴム袋を煮たったオイルの中に入れ、オーブンの中でポテトがこんがり焼けるのを待つような具合いに、できあがりを待ったのである。

　六週間が過ぎ、悪臭と煙の中から最初のスキー六組ができあがると、彼はふたたびストウへ飛んでいき、それを試してくれるようプロスキーヤーに依頼した。一人のインストラクターが、反り具合いを見ようと端を雪に突っこんで曲げると、それはあっさり折れてしまった。つぎつぎと試した六組全部が同様だった。「ポキン、ポキンとつぎつぎに折れるたびに、私の心の中でも〝ポキン〟と苦痛な音がした」と、ヘッドは語る。

しかし、彼はゴム袋を片づけてしまうどころか、一九四八年が明けた翌日マーティン社を辞めると、ベッドの下に隠しておいたポーカーの勝ち金六〇〇〇ドル（一四四万円）を元手に、この仕事に本腰を入れはじめたのである。そして毎週、改良されたスキーをバーモント州ブロムリーのスキー・インストラクター、ニール・ロビンソンへ送りつづけた。そして、毎週、ロビンソンはこわれたスキーを送り返してきた。

「なんとかなるまでに四〇回も改良を繰り返すことになる、と最初からわかっていれば、あきらめていたかもしれない」と、ヘッドは言う。「しかしよくしたもので、つぎはうまくいくだろう、という考えから抜け出せずに、ついに最後の試作までつづけてしまった」

ヘッドは、偏執狂とも思われる思いこみを実現すべく、悪戦苦闘しながら三冬を過ごした。改良点は数カ所あった。雪をよく噛むようにエッジはスチール製とし、強度を高めるために芯をプラスチックから合板に変えた。また、裏表面はプラスチックにしてより滑りをよく、雪もつかぬようにした。

一九五〇年のよく晴れた冬の日、ヘッドはニューハンプシャー州タッカーマン峡谷のくぼ地に立ち、インストラクター、クリフ・テイラーがくぼ地のてっぺんからフォールラインをまずクリスチャニアで、それから大きくゆっくりと優美なカーブを描いて降りてくるのを見ていた。雪けむりを立てて止まったインストラクターの前には、にっこりと笑った発明者の顔があった。

「これはすごい、ヘッドさん。これはたいしたものだ」とテイラーは叫び、ヘッドは「かならずできる、と心の中ではいつも思っていたのさ」と答えた。

ついこのあいだ、TIはじつに興味深い調査を行なった。最近の新製品で成功したものと失敗に終わったもの、あわせて五〇前後の開発プログラムを調べ、失敗したものにはかならずひとつの共通点がある、ということを見出した。「(失敗したプログラムは)例外なく、そこには自発的に行動するチャンピオンが欠落していた。かならず〝他人のプログラム〟でまわりからなだめすかしてその任にあたらせた場合であった」

この話を語ってくれたある幹部は、こうつけ加える。

「ある製品を見て、それを近いうちに売出すかどうかを決める場合に、私たちは最近新しい規準を用いることにしました。そのまず第一が、そのプログラムに自発的に情熱を傾けているチャンピオンがいるかどうか、です。第二、第三の規準として、もちろん市場の可能性とプロジェクトの経済性が出てくるわけですが、それらは第一の規準に比べて、相対的重要度はずっと低く見積もられています」

同様のテーマで、私たちも最近、アメリカと日本の企業十数社の、過去二〇年間の業績に関する分析を終えた。その一部として、大きな事業開発二四例を詳細に研究した。たとえば、ゼネラル・エレクトリックがコンピュータの分野に進出をはかって失敗し、工業用プラスチックと航空機用エンジンの分野では成功をおさめた、というようなことに関する分析である。そしてわかったことは、ここでもまた〝チャンピオン〟が決定的な役割を演じていることである。

二四例のうち成功例は一五だが、このうち一四例まではっきりとしたチャンピオンの存在が認められた。これに対して失敗した九例のうち〝チャンピオン〟とおぼしき人がリーダーシップをとった例は、三つしかなかった（残りの六例では、チャンピオンがいないか、あるいはいたとしても初期のうちに脱けてしまったために、プロジェクト全体が分解してしまっている）。

また意外だったのは、アメリカと日本のデータがまったく一致したことである。すなわち、より和を大切にし、グループで目標を達成すると一般にアメリカでは信じられているその日本企業においてさえ、成功した六例中六例までが（すなわち一〇〇パーセント）、明らかにチャンピオンを有していた。逆に、失敗した四例の中で三例までは、チャンピオンがいなかった。

ひどい臭いの充満した作業場の中で働きつづけたヘッドが、発明家の典型的な型のひとつであることは認めよう。しかし日立やGEなどの大組織にもそういう人間がいるのか？ そのとおり。IBMにもいる。IBMの二五年史を研究するジェームズ・ブライアン・クインはこう言う。

「仕事に打ちこむチャンピオンたちは、大きな発展の担い手となるようにしむけられた。IBMがもっとも創意を発揮していた時代に会長をつとめたヴィンセント・リアソンが、このスタイルを確立したのである。リアソンは別々のグループに設計案を出させて、互いが『性能で一騎打ち』するようにしむけた。実際、IBMの大きな技術革新の例で、チャンピオンによるものでなく公式の製品開発計画プロセスから生じてきたものを見出すのは困難である」

初代ワトソンの時代に現役だった元IBM社員も、同様のことを記している。

「650〔初期のコンピュータで、IBMにとっては運命的なもの〕がいい例である。パーキプシー〔中央研究所の所在地〕の連中はのろのろやっていた。エンディコット〔製造・技術本部の所在地〕のあるグループは、単純な小さな〝密造酒〟プロジェクトを進め、アーモンク〔本社の所在地〕はそれを嗅ぎつけていた。そして、こちらの方がずっとシンプルで安く、そして良い物だった。これが650として世に送り出された」

サンノゼのあるＩＢＭマネージャーと話したが、彼の話もやはりこれを裏づけるものだった。

複数のプロジェクトを並行させることが絶対に必要なんです。この点だけは間違いない。最近開発した新製品十数種について振り返ってみますと、組織的にやった大きなプロジェクトによって「大攻勢」をかけた場合、半分をゆうに超える数が、途中でダメになっているんです。ところが私たちのやり方では、すべての場合で――振り返って見ると本当に例外なく「すべて」なんですが――二つか三つ（五つぐらいということも一度ありましたが）の同じ目的を持った小さなプロジェクトが同時進行しています。四人から六人のグループが（二人などという例もありました）同じような技術を扱い、同じような開発を行なっているのです。

みなが時間をやりくりしながらの作業です。しかし、これは昔からのやり方でして、私たちはこれが気にいっています。うまくいくからです。

はじめの〝正規軍〟がはやばやと失敗に終わり、店仕舞をしたとき、後発のゲリラ部隊の方が、最初の到着予定時刻よりもはやく目的地に着いていた、なんていう例も三つあります。ひとにぎりの人数でも、真剣に打ちこむと信じられないような働きができるものです。もちろん、そうなる背景があるのです。つまり、利用できる資源が少ないものですから、逆にはじめから、よりシンプルな設計を心がけるわけです。

ゼネラル・エレクトリックでも同様である。表面下をちょっと探ってみれば、この手の話はいくらでも出てくる。たとえば、GEが最近商業的にもっとも大きく成功した例というのは、ユタ〔鉱山会社〕の買収を除けば、工業用プラスチックだろう。GEのエンプラ事業は、売上げで一九七〇年にゼロだったものが、一九八〇年には一〇億ドル〔二四〇〇億円〕にもなっている。工業用プラスチックをやろうというアイデアは、正規の業務と離れたところから出てきた、と『ダンズ・レヴュー』誌は紹介する。

多くの企業でそうであるように、GEでも研究員たちから出てくるアイデアの中には、一見使いものにならないため、スケネクタディ〔中央開発研究所〕からも正規の開発予算が出せない、と言われるものがある。だから、GEでは、野心的な研究員が他のプロジェクトから予算をくすねてきて、ひっそりと取り組めるだけの余裕を随所に残している。

GEで普通「密造酒づくり《ブードレギング》」と呼ばれているこの非公式の日陰の研究が、ときには大きな利益を生み出すこともある。一九五〇年代のことだが、ある日、電線の絶縁材料を研究していたダニエル・W・フォックスという男が、ビューチ〔当時の技術本部長〕の執務室に、ガラス棒の先に茶色いプラスチックの塊をくっつけて入ってきた。フォックスはそれを床に置いてハンマーで叩くと、ハンマーの柄が折れた。つぎにナイフで切りつけようとしても刃がたたない。この材質は新しく作られた化学開発部にまわされ、そこで改良を加えられて〝レクサン〟・ポリカーボネート・プラスチックと名づけられ、現在ではGEの急成長製品となっている。

しかし、事実はそれほど単純ではなかった。技術開発のチャンピオンであるフォックス一人がいるだけでは十分ではなかったのであって、これが官僚機構の中をくぐり抜けてみごとマーケットに達するまでには、他に大きな助力がいくつか必要であった。

いまは会長になっている、まだ若いころのジャック・ウェルチは、典型的な市場開発のチャンピオンだった。彼は一心不乱に〝レクサン〟「密造酒づくり」に励み、顧客の力を借りていろいろテストしてもらい、あらゆる応用分野を見出そうとした。組織からはずれたところでレクサンをさらに改良するために、若い化学技術者を勝手に雇った。こうして勝手気ままができた背景には、ウェルチ自身にもまた、数人の強力な「偶像破壊主義」的な〝重役のチャンピオン〟たちのヒキがあり、彼らに守られていたからである。

技術革新のプロセスでチャンピオンが中心的役割を果たす、ということでみなが一致しているのなら、企業は外からチャンピオンをもっと雇い入れればいいではないか？　と、思う人もいるかもしれない。これに対する答のひとつは、チャンピオンたちの仕事のやり方と大部分の会社の運営の仕方が相容れない、ということになるだろうか。もう一度ジェームズ・ブライアン・クインを引用する。

ほとんどの企業は、大きな技術革新の原動力となってきた創造力ある情熱家たちを許容することができない。革新というのは、ビジネスの本流から遠く離れたところで発生するから、発展の初期の段階では、誰が見てもあまり有望には見えない。しかもチャンピオンたちは、偏屈で怒りっぽく自分勝手で、おそらく組織の論理からすれば非合理な人々である。だからまず、大組織には雇われない。かりに雇われたとしても、責任ある地位も報酬も与えられない。「不真面目な奴だ」とか、「(奴の)気持がわからない」「恥さらしだ」「会社をめちゃくちゃにする」と、言われるのである。

もうひとつの理由は、創造性と技術革新との間に、ある種の混同があることだ。ハーバード大学のセオドア・レヴィットが、この間の事情をもっともうまく説明している。

企業はもっと創造性ということに力を入れるべきだ、という助言が今日よく聞かれる。困ったことに、こうした論議の多くは、創造性と技術革新とを区別していない。創造性とは、新しいものを考え出すこと。革新とは新しい行動を起こすことである。

……可能性を秘めた新しいアイデアが企業の中で何年間も実行に移されずにたなあげされたままになるのは、そのメリットが（頭の中で）認識されない、という場合は少なく、むしろ誰もその言葉を行動に変える役割を買って出ないからである。使われないアイデアは役に立たない。アイデアの価値は、実行されてはじめてわかる。それまでは〝宙ぶらりん〟の状態である。

自分の会社の従業員と話してみれば、アメリカ実業界に、創造性と創意ある人々とがけっして不足してはいないことがわかるはずだ。不足しているのは、革新を実践する人々である。創造性があればおのずから革新が生ずる、と考える人が多すぎる。が、それはまったく違う。創意ある人々は、とかく実践の役割を他人に預けてしまう傾向がある。そういう人たちこそがネックとなるのである。彼らはそのアイデアの聞き手をみつけ、実際に試してみる、という努力を放棄している。

まったくの素人を十数人、一室に集めてブレインストーミングをすると、おもしろいように新しいアイデアが出てくる。が、この事実こそ、アイデアそのものはあまり重要でないことの証しである。……アイデアマンはいつもみなに提案をし、メモをまわす。そして、そのメモはひじょうに簡潔なものであるだけに注意をひき、興味の的にもなるのだが、実践を前提とした責任ある提案をするには、あまりにも短かすぎるのだ。不足しているのは、実践のためのノウハウとエネルギー、持続する実行力を持った人々である。

……企業というのは、「ことを成し遂げる」ための組織なのだから、行動が伴わない創意は不毛である。ある意味で、それは無責任でさえある。

ある成功している消費財メーカーの幹部は、レヴィットの指摘することをひじょうに具体的な例で示してくれた。

成功する製品にはかならず、規則などにまったくとらわれずにとことんやるチャンピオン型のブランド・マネージャーがついている。こういう人は研究開発に個人的に強烈なかかわり方をしており（これが、研究員と型どおりの共同作業しかしていない場合はまずうまくいかない）、その結果、研究開発員の時間と関心とを「不当に」一人占めすることになる。同様に、自分の職務からいえば大いに越権行為であるが、試作にも直接かかわるようになる。

こういうことの相乗作用として、彼はより多くのことを試み、よりはやく学習し、多くの機能部門の人々からより多くの時間と関心を得るようになり、そしてその結果、成功をおさめるのである。これは魔術でもなんでもない。

私はいつでも、研究開発員五人に「ちょっと午後集まってくれ」と声をかけて、七五から一〇〇のまともな新製品のアイデアを出させることができる。肝心なのは、（アイデアでとまらずに）試作をつづけ、つねに前進することだ。このビジネスには天才などいはしない。ただ挑戦しつづけるだけだ。

チャンピオンというのは、夢想家でもなければ天才でもない。チャンピオンはむしろアイデア泥棒とさえ言えるかもしれない。しかしなによりもまず、チャンピオンとは、必要とあれば他人の考えた理論をひったくることも辞さないで、そして実現に向けて邁進する現実家なのである。

チャンピオンを支えるシステム

第五章でサム・ニーマンの例をくわしく述べた。彼はマクロイ社における真のチャンピオンだったが、彼だけがそうだったわけではない。ニーマンのために最初のモデル店をあえて作った人も、やはりチャンピオンである。GEが工業用プラスチックに進出した例でも、数人のチャンピオンをあげることができる。それは発明者フォックス、社内の企業家ウェルチ、そしてこういう人々を官僚主義から守った重役のチャンピオンたちである。

最近『リサーチ・マネジメント』誌に寄稿したウィリアム・サウダーは、「ワンマン・ショーが効果を現わすことはまれである。……とかく企業家には、スポンサーが必要だ」と結論している。チャンピオンを擁護するシステムを解明しようとする試みは数多いが、すべて行きつくところはひとつ、まず第一になんらかの形のチャンピオンがいて、それになんらかの形で擁護する人《スポンサー》がいるということだ。個人から組織へと眼を移していくと、革新を進めていくのは、大勢の援軍が必要であることがわかる。

私たちは観察の結果、三つのものの役割が重要であると考えるにいたった。その三つとは、「プロダクト・チャンピオン（製品開発の闘士）」「重役のチャンピオン」と「ゴッド・ファーザー」★である。

★名称はともかく、このような見方をしたのは私たちがはじめてではない。MITのエドワード・ロバーツ、ダートマス大学のジェームズ・ブライアン・クイン、スタンフォード大学のモデスト・メイディクなどが、いずれも、チャンピオンたちにはなんらかの形で階層がある、と言っている。

私たちはこのクラス分けの中で、技術革新者、あるいは発明者を意図的にはずした。というのは、初期の技術的検討やアイデアの段階は、〝革新〟のプロセスにおける最大の難所とは言えないからである。革新のネックとなるのはいつも、プロダクト・チャンピオン、それを支持する（異色）重役、あるいはゴッド・ファーザーの欠如である、と私たちは考えている。とくに私たちが痛感しているのは、上層部にえてしてチャンピオンがいないこと、およびゴッド・ファーザーの重要性である。〝プロダクト・チャンピオン〟とは、一般社員の中にいる「モーレツ」な熱中家で、普通のいわゆるサラリーマン・タイプとは違うことはすでに述べた。ちょうど反対に、チャンピオンは一匹狼的でわがままな気むずかし屋でもある。しかし、自分の頭の中に描いている製品には命をかけている。

〝重役のチャンピオン〟として活躍するのは、例外なく元プロダクト・チャンピオンである。つねに第一線で製品を育てるまでの長く厄介な道のりを知っている。また、ともすれば形式や規則の点から反対を唱えたがる大組織の体質から金の卵を守っていくにはなにが必要かを、みずからの体験を通じてよく理解している。

〝ゴッド・ファーザー〟の典型は、みずからチャンピオンとはなにかという模範となるような老指導者である。スリーエムで、ヒューレット・パッカードで、IBM、デジタル・エクイップメント、テキサス・インスツルメント、マクドナルド、ゼネラル・エレクトリックで、製品の技術革新という長いプロセスにおいて、一種の「神話」がきわめて重要な役割を果たしている、ということを述べた。

スリーエムでいえば、ルイス・レアーとレイモンド・ハーツォグにまつわるもの、GEではエジソン（創設者）やウェルチ（現会長）、HPのヒューレット、デジタルのオルセン、ワングのワング、IBMのリアソンといった人々の神話は、「チャンピオンを生むシステム」を活性化させ、現実的なものとするためには不可欠である。

普通の若いエンジニアや市場開発部隊がみずから〝これだな〟と本能的に感じて、あえて危険を承知で踏み出すことはありえない。その企業の歴史が、あるいは体質が、そうせざるをえない、あるいはそうすることが正しいのだ、と彼らに感じせしめるとき、彼らはあえて危険をおかすようになるのである。たとえ、当初は失敗を繰り返すことが確実であってもそうするのである。あたかも部族としてスー族やモヒカン族が蛮勇《ばんゆう》であり、いまはグルカ兵が世界中の外人部隊でその〝冒険好き《リスクテイキング》〟を認められているように、こうした気風は明らかに組織文化として醸成されるのである。

数をこなす　当然といえば当然のことながら、ほとんどのチャンピオンはふだん失敗を繰り返している。もしも、超優良企業が革新をつづけていくもっとも大きな鍵が〝チャンピオンとそれを支えるシステム〟にあるのだとすれば、失敗を繰り返している会社が成功する、ということになり矛盾するではないか、といぶかる人もいるだろう。これが矛盾しない理由はただひとつ。技術革新の成功は数の勝負だからである。

たとえば新しい開発事業が始められたとして、その成功の可能性が一〇パーセントしかないとする。こういう事業をもし一〇件開始すれば、そのうちひとつが成功する確率は（確率論によって）六五パーセントまで上がり、二五件に増やせば、どれかひとつの成功する確率は九〇パーセント（少なくともふたつが成功する確率で言っても七五パーセント近く）なる。

このことの意味合いはもう補足する必要もないくらいはっきりしているであろう。たとえひとつのことが成功する確率が低いとしても、試行の数を増やせば、そのうちどれかが成功する確率はきわめて高くなる、ということだ。ジェームズ・ブライアン・クインによると、「成功の確率が二〇分の一などというのはいくらもある例だが、こうしたものを成功させるためには、十分な数のプロジェクトを組み、時間をたっぷり与えなければならない。企業心のある経営者は、まずリスクが比較的低いプロジェクトを組んで、管理者たちに自信をつけさせるのもよいだろう」というわけである。

「ヒット」の数を多くするには、「打席」数を増やすしかないのである。というわけで、デジタル、ヒューレット・パッカード、スリーエム、テキサス・インスツルメント、ブルーミングデール、IBM、マクドナルド、ゼネラル・エレクトリック、ワング、ジョンソン&ジョンソンといった会社は、競争会社よりも、未来のチャンピオンたちに積極的に好きなことをやらせる機会を意識的に多くしている。デジタルにいたっては、実質的にすべての顧客を新しい製品のテスト場《サイト》として扱っている、と言っても過言ではない。

最近の、ブリストル=マイヤーに関する分析も、まさにこの「数による成功」の好例となっている。

ブリストルの会長として、現在までの抜群の記録を残してきたのがリチャード・ゲルブである。『フォーブス』誌はゲルブがすすんで「二番手」になっていると断言する。「ディック（リチャード）・ゲルブは、『次善のものをふたつ合わせると、どういうものか最善よりも良くなる。追いかける立場の方が金はもうかる』と言う」。同誌はまた、「ゲルブは同時にたくさんの面から攻撃をかけるため、どれかひとつの製品が一定の期間までにうまくいかない場合、すばやく損失を除去することができる」と言う。

ブリストルの記録を見れば、ゲルブの戦略が有効であることがわかる。最近五年間で、健康・美容産業の市場全体で商売上げ成功をおさめた製品（食料品店での売上げが年間五〇〇万ドル〔一二億円〕以上のもの）は、全米で三三種。『フォーブス』誌によれば、「そのうちじつに八品種までがブリストル＝マイヤーの製品で、第二位の会社は三種を世に送り出したにすぎない」と言う。

「競争相手をなぎ倒すブロックバスターというのはたしかにすごい。しかし、医家向け医薬品のビジネスには別の行き方もある。持っている卵を全部ひとつのナベにつっこんで調理し、これがこれからの万能薬です、と売るようなことはしたくない、と言う。もし当社の医薬品販売高が一〇億ドル（二四〇〇億円）であったとした場合、五億ドルずつふたつの製品を持っているという状況より、一億ドルの製品事業を一〇持っている方がずっとうれしい」というのが、ゲルブのコメントである。

『フォーブス』誌の要約するところはつぎのようだ。

「このように、ブリストルはすばやく攻撃を開始し、たくさんの製品を作り、そしてなるべくすぐにもうけようとするのである。ブリストルの大きな強みは、研究部門に二億五〇〇〇万ドル（六〇〇億円）を注ぎこんだらあとは腕ぐみをして、いつかは誰かがガンの特効薬を作ってくれるだろう、と念じているようなことをしない、ということである」

「数で勝負」がもっともはっきり現われるのは、石油産業のような業界である。たとえば、ジョン・スエアリンゲン会長の下でアモコ（スタンダード＝インディアナ）は、エクソン、アルコ、シェルなどを押えて国内での採掘数第一位を記録している。「スタンダードはできるだけ数多くの試掘をする、というやり方を好む」と『フォーチュン』誌のコメントは述べる。

「可能な手段はすべて使って探査しようという情熱こそ、他の大会社とはっきり違うところである。たとえばエクソンなどは、自社が一〇〇パーセントの権利を持っているところでなければ、油井を掘ることはまずしない。アモコのジョージ・ギャロウェイ（製造部門の長）は、最近ヒューストンでの報告会議で、ある地方において試掘のためにモービルが借用している土地の面積が、わずか五〇万エーカーと知って呆れている。同じ地方でアモコは、この二〇倍の土地を使っているのである」（ギャロウェイはさらに、「モービルは石油のあるところをさぞ正確につきとめる自信があるのだろう。うちはそれほど賢くないからね」と言っている）。

私たちがここでことさら改まって「数」の話をしなければならないのは、石油も含めてほとんどの業種で、「ホームランだけ」を狙うという考え方がはびこっているからです。「ホームラン」指向が出てくる背景には、計画策定についての過信、あるいは過大評価がある。革新プロセスには紆余曲折があるということに対する理解のなさ、「大規模」の方がよいという信仰から来る大物ねらい、等々の背景がある。「組織的な混沌」を管理し、シングル・ヒットを数多く打つことがコツなのだ、ということがなかなか理解されない、といったこともその背景にはある。

チャンピオンをバックアップする　チャンピオンたちは先駆者《パイオニア》であり、そして、先駆者こそ会社の必要とするものだ。だから、チャンピオンを最大限に利用する会社とは、先駆者が力を発揮できるような、十分なバックアップ体制を持った会社である。この点はひじょうに重要であるから、いくらでも強調しておきたい。バックアップがなければチャンピオンは生まれない。チャンピオンがいなければ革新はない。

超優良企業を見ていてもっとも印象的なのは、チャンピオンたちを支える体制がひじょうにしっかりしていることである。というより、超優良企業は、チャンピオンを作り出すような構造になっている。とくにそのシステムは、なにかを求めてやまぬチャンピオンたちが、なにかを成し遂げることができるような「フシ穴」システムになっているのが特徴的だ。

これは、たとえば「スカンク爆弾《ワーク》」というゲリラ部隊の形で現われることが多い。たとえば、年商五〇億ドル（一兆二〇〇〇億円）のある会社では、最近発表された新製品五種のうち三種が、典型的なゲリラ・チームから生まれてきたものである。

そのチームの人数は、常時八人から一〇人、本社から六マイルも離れた汚ないアパートの二階を本拠地としている。テクノロジーの面で天才的才能を発揮しているのは、朝鮮駐留時代に軍隊で高卒と同等の資格をとっただけの男だ（その会社には、文字どおり何千人という博士号を持った科学者、技術者がいるにもかかわらず……）。また、メンバーの一人は、通行証を持たずに工場施設に忍びこみ、実験に必要な物を盗み出して警察に逮捕されている。

このグループが最初に作り出した製品は、いまでは年間三億ドル（七二〇億円）の売上げとなっているが、わずか二八日間で開発され、原型《プロトタイプ》ができあがったものである。昨年この企業の総力をあげた製品開発が失敗に終わった。ゲリラ・グループの一人は、その製品のサンプルをふたつ会社から家へ持って帰り、それを地下室に置いた。一台は原型のまま模範サンプルとしてそのまま置き、もう一台を約三週間いじったすえ、彼はその欠陥をほとんどすべて（ごく安い、身近な材料だけを使って）直し、もとの設計より三倍も性能を上げたのである。地下室を訪れた社長は、その場で彼の提案した設計変更を認めた。このグループは最近、また七〇〇人近い同社の技術陣「正規軍チーム」とひそかに競争し、ふたたびその手になる設計が正式採用となるなどの成功をおさめている。

スカンク隊はまた、きわめて実際的なことで知られるが、この同じグループにまつわるおもしろいエピソードがある。大がかりな新しい機械の一部がオーバーヒートを起こした。技術者の大チームがもう何カ月ものあいだこの問題に取り組んでおり、結局、一トンもあるクーラーを取りつけようということになったのであるが、ちょうどそこへスカンク隊の一員が居合わせた。彼は問題点を知ると、近所の雑貨屋へ出かけて行き、家庭用扇風機を八ドル九五セントで買ってきた。すると、これだけで十分に温度は下がり、用は足りることがわかったのである。

スカンク隊について聞くことが多いのは、むしろチャンピオンを奨励し援助するためのきちんとした体制があまり整っていないところの方が多いようだ。本当に好業績をあげている企業では、私たちの同僚であるデヴィッド・アンダーソンが「限定的自治権」という言葉で表現したようなものを見ることの方が多かった。

これはつまり、実質的には「企業心あるチャンピオン」の性質を持たせながら、そのじつかなりの拘束を受けており、より大きな体系の中に位置づけられている、という形である。つまり、スカンク隊をあまり意識して、自由気ままに「社内ヒッピー」として遊泳させれば、逆にわざとらしくて所期の成果があがらない。ある程度の制限下で、やむにやまれぬ「チャンピオン」が体制を破壊する、という構図の方がよいようである。

私たちがはじめてこの考え方に出会ったのは、エド・カールソンのもとで好調だったころのユナイテッド航空に関する分析の中でである。カールソンは「擬似企業心」という言い方をしていた。彼は、「ステーション・マネージャー」一九〇〇人に、ある程度の自主的決定権を与えたのである。すなわち、業績評価の項目を、自分で管理可能なものとそうでないものとに分け、管理可能項目については、思いきって権限を移譲した。その後、この項目のみを評価の対象にするということをはじめて試みたのである。

カールソンはこう言う。

「われわれはステーション・マネージャーの一人一人に現実的な課題を与え、六カ月後には、上司なり細君なりに向かって、『私が利益を上げた』と言えるようにしてやりたかったのだ」

つぎに私たちが同様のことを見たのは、さきほども述べたように、会長のレニ・マクファーソンが「ストア・マネージャー」の考え方を打ち出したダナだった。現実的には、約九〇人の〝工場長〟に大きな権限を与えるということである。雇用と解雇の大部分をみずから決定し、独自の財務システムを持ち、独自に資材調達を行なう。いずれも普通なら中央で管理すべき項目である。マクファーソンの考え方というのは、この人たちこそ第一線にいるのだから、長い眼で見れば、中央の幹部よりもよい決定ができるのではないか、というものである。

同じ考え方がプロクター&ギャンブル、フリト・レイでは、「ブランド・マネージャー」という名で表わされている。ブランド・マネージャーは、俗に信じられているような〝カラいばりする事業主〟

といったイメージとはかけ離れたもので、もっとも現実主義者なのである。たとえば、P&Gのようなところでは、企業体質づくりの根幹にブランド・マネージャーがあり、自分こそ英雄であり、チャンピオンである、と思わせることを狙いにして会社そのものが組み立てられているのである。そして、あまたある逸話ないし神話の大半が、上司に挑戦し、あらゆる障壁に立ち向かい、そして他のブランド・マネージャーとの競争にも打ち勝ってきた優れたチャンピオンたちを、繰り返しほめたたえるのである。

石油採掘業界のシュランバーガー（シュルンベルジェ）では、二〇〇〇人の若い油田技術者たちを「擬似企業家」として、遠い隔絶された土地へ送り出している。そのうちの一人で掘削の責任者D・ユーアン・ベアードは、こう言っている。「私の考えでは、〝シュランバーガー・マン〟の典型的イメージは、やや不安げな表情で油井に出かけていき、顧客の難問をたちどころに解決し、自分がキング・コングにでもなったような勇猛な気分になって、静かに現場を立ち去っていく、といったところです」。困難な仕事であるだけに、離職率も高い。

だが、彼らこそが、ミスター・シュランバーガーなのである。いやなこともたくさんあるのだろう。しかし、ひとたび現場に立てば、つまり隔絶した僻地に立てば、男は黙ってミスター・シュランバーガーになるのである。ある面で現場責任者の権限はひじょうに限られている。それでも、現地入りしたときに、自分に本当に力がある、と信ずるように各個人が教育されていることが、この会社をして超優良企業になさしめているのであろう。

ＩＢＭ、デジタル、レイケムなどの会社では、「擬似企業家」職にあたるのが、顧客の問題解決係としてのセールスマンである。ＩＢＭでは一九二〇年ごろ、トム・ワトソンが「顧客の問題解決を通じてのセールス」という考え方を始めている。今日デジタルは、それにならって「肌を触れあうマーケティング」という言葉を使っている。

スリーエムは「セールスマン王国」として世に広く知られている。こうなったのは、スリーエムのセールスマンが物を売りこむのに会社の購買部に行かずに、直接工場の現場責任者のところへ行くようになってからである。このやり方は、いまでもスリーエムの販売部隊の基本となっている。レイケム社は、セールスマンのほとんどをハーバード・ビジネス・スクールから採用している。新人はまずセールスマンから出発し、高度な顧客問題解決役として働くのである。

こうしたことをうまく機能させるコツはただひとつだ、と私たちは見ている。ただひとつ、とは言ってもそれがむずかしいのだ。それは、企業の体質そのものが、こうした役割を担う社員各自に、その仕事をうまくこなせば、そのポジションのままでチャンピオンになれるのだ、と信じさせ、同時に会社としては、肝要なところではしっかりと管理の手綱を締める、ということまで含むのだから。

「権限は責任と見合うものであるべきだ」などという陳腐な考えから抜けられない大多数の会社は、この「ふたつのことを同時に押える」というむずかしさには耐えられないのである。多くの会社でブランド・マネジメント、製品マネジメントといった考え方を導入している。プロクター&ギャンブルの真似をしようと試みた会社がどれだけあったことか。だが、こういう会社がほとんど手間をかけて学ぼうとしないことは、〝神話〟であり、〝伝説〟であり、真似をしたくなるような〝よき先輩〟の事例創出なのである。

こうして暗黙の重圧を与え、そこから献身的努力と情熱をブランド・マネージャーから引き出すような機構を作り上げることである。あるいは、かりにこのようなプレッシャーをブランド・マネージャーにかけるシステムを作り上げたとしても（ここまでやる会社ならかなりあるのだが）、そのあとの半分、すなわちブランド・マネージャーを静かに支え、仕事の遂行を援助する、あの緊密で恒常的なバックアップ・システムを作り上げることがほとんどの会社ではできないのである。P&Gのケースというのは、まさに模範である。ブランド・マネージャーになった人は、一方では、市場でキング・コングのような働きを見せれば、いつかは会長までのぼりつめることもできる、と思いこんでいる。しかし同時に、タテ割りのブランド管理構造から生ずる一定の秩序、規律と、数は少ないがかなりタイトな管理システムのために、現実にはブランド・マネージャーの自治権はきわめて限定されたものになっている。二面性をうまく使った一種の「詐術」という見方もできるのである。

〝ムダ組織〟の効用　何年かまえのことだが、コンサルティングを行なった年商六〇億ドル（一兆五〇〇〇億円）の企業では、技術部門をそれぞれ物理、化学、電気といった専攻分野別組織（これをこの会社では〝職能本部〟と呼称していた）に分けて運営していた。このように組織単位でがっちりと技術者の区分けをしたうえで、その中にプロジェクト担当や製品担当というものを置いていた。

あまりにも職能組織の傾向が強かったために、各個人の時間はどうしようもないくらいバラバラに細分化されてしまっていた。一人の技術者が自分の狭い専門分野（たとえば〝有機物触媒〟とか〝デジタル回路〟）とかかわりのあるプロジェクト五、六件に携わっており、そのプロジェクトがまた三、四の部門に枝分かれし、これがまた二、三のグループに分かれる、という具合いだった。当然のことながら、組織は収拾がつかなくなっていた。時間どおりに運ぶことはきわめてまれで、どの技術者もひとつのことに本気に取り組むことがなく、正しい方向（すなわち、品質、性能、プロジェクト運営効率、顧客）

を向かずに、技術的な訓練にばかり夢中になっていた。このような状態が五年つづいたのち、組織をもとのプロジェクト中心のやり方に戻し（そして〝専攻別単位〟をずっと下位概念に下ろし）てみると、製品開発は眼に見えて――しかも、またたくまに――活気をとりもどしたのである。

この会社とヒューレット・パッカードを較べてみよう。年商三五億ドル（八四〇〇億円）のこの会社には、五〇の小さな部門がある（平均それぞれ七〇〇〇万ドル（一六八億円））。各部門の人員は、およそ一二〇〇人ぐらいまでと定められている。最近筆者の一人は、二〇〇〇人近くにまでふくれあがったある部門を訪れたが、そこでは当然の解決策として、これを三つの単位に分け、（あたかも当然のこととして）それぞれに完全な製品開発能力をワンセット持たせるということをやってきた。肝心なのは、部門を大きくすることではなく、新しい部門を生み、分裂させることなのである。ある人はこうコメントしている。

「なにか基本的な事業を行なうとき、ヒューレット・パッカードの部門は、まるで独立した一会社のように動く。そういうわけだから、各部門は自分のところの財務、人事、品質管理、市場に出た製品のフォロー、サービスに対して、強い責任感を持つわけである」

スリーエムの場合と同じく、HPでも各部門がそれぞれ自前の製品開発グループを持っている。が、それだけではない。ある事業本部長はこう言っていた。

「ウチでは、建前としてはソフトウェアの開発は中央で一括して行ない、かつ管理することになっています。しかし各事業部とも、自分の配下にソフト技術者を蓄わえ、なかなか本部共通のところにプールしてくれません。〝私兵〟を持っていないと落ち着かないのです。正直言うと、じつは私も事業部長連中のやっていることの方が正しいような気がして、あまり強く〝私兵の徴用〟は行なっておりません。これも似たようなことですが、みなICチップの設計製造も自分で行なっているようです(「全部自分で?」と私たちは問い直した)。そうです。原料シリコンの段階から始めているところもあります。……生産性が落ちるのではないか、自動化の進歩が他社なみにいかないのではないか、と気をもみます。しかし、たとえダブりだったとしても新製品が生まれることの方がありがたいのです。自分たちのしていることの多くは、『当然』どこかよその部門でもやっているはずなのですが」

私たちが見てきた超優良企業におけるこの面での仕かけは、すべて同趣のものだった。スリーエムの(何百という)独立した小さな事業チーム。ジョンソン&ジョンソンの小部門(年商五〇億ドル(一兆二〇〇〇億円)の企業に一五〇もの部門がある)。テキサス・インスツルメントでは、九〇のPCCと呼ばれる「製品=顧客センター」。IBMの「プロダクト・チャンピオン」によって率いられたチーム。ゼネラル・エレクトリックの「密造酒《ブードレグ》」製造チーム。デジタルの、つねに移り変わっていくアメーバ的小集団。ブルーミングデールの月替わりブティック。

こうしたものはすべて、つきつめれば「個別化」「細分化」であり、「規模の経済」や「重複の排除」を目的にしたやり方ではなく、たとえ最適単位以下の規模しかなくても、管理しやすく、運営上の焦点の定まりやすい単位で組織する、という考え方なのである。

社内競争　組織内で秩序を作っていくには、基本的にふたつのやり方がある。ひとつは「規則に基づく」、つまり一定のルールに基づくもので、合理主義者たちはこれを提唱する。これは規則に基づく行動形態たる官僚主義の性質を持つ。これによれば、新製品開発のために二三の委員会が相互に連絡をとりあわなければならない、というような構造が生ずる。このちょうど対極にあるのが、市場メカニズムを社内に取り入れるやり方である。組織は社内に擬似的に設営された市場と、そこで売買できるものをめぐって社内競争が起こり、これによって資源が動いていく。

スリーエム、フルオア、テキサス・インスツルメント、ベクテルなどがそうであるように、プロジェクト・チームに編入されることを求めている人々の「市場」があり、それらの人材を求めてやってくる買い手がある。IBMの「性能の一騎打ち」に見られるように、あらゆる点でプロジェクトどうしが真っ向から競争する。ゼネラル・エレクトリックやIBMの「密造酒づくり《ブードレギング》」は大目に見られるというばかりでなく、非公然ながら援助を受け、やがて買い手がついて晴れて世に出ることをねらっている。プロクター&ギャンブルでは、ブランドどうしの競争がある。P&G、デジタル、ヒューレット・パッカード、スリーエム、ジョンソン&ジョンソン、ワングでは、部門間、製品系列間の重複が意識的に行なわれ、これが担当者相互の潜在競争心をかきたてる。

超優良企業を見ていてわかるひとつの重要なことは、これらの企業でどれほど徹底して形式的、合理主義的な秩序づけが無視されているか、ということである。たとえば、スリーエムでは、各部門ばかりでなく同一部門内の各グループどうしさえ互いに競争しているが、どのグループを見ても、部門長から与えられた任務にかならず重複した部分がある。曰く、「市場に競合商品を出してくるのはまったくの競合他社ではなく、同じ部門の別のグループ、ということの方がはるかに望ましい」

各部門の長は、新製品のアイデアや開発を社内の他部門、グループから盗ってきて成功した場合、そのことについて特別の評価と報酬を与えられるのである。

この考え方は古くからある。ゼネラル・モーターズのアルフレッド・スローンは、小さな自動車会社を寄せ集めたコングロマリットの形式をGMの事業部編成に取り入れ、全面的な重複体制をわざと作りあげた。一方でポンティアックとビュイックを競合させる反面、他方ではポンティアックとシボレーを重複競合させた。年を経るうちにGMは、スローンのやり方から離れ、より整然たる組織形態へと移行していったわけだが、最近会長に任命されたロジャー・スミスは、優先課題のひとつとして、昔のような社内競争の仕かけを復活させることをあげている。「部門ごとに独特のイメージを作っていく自由な権限を与える」

部門より下のレベルの管理者どうしで、より激しい競争が見られることもある。ブルーミングデールでは、マーチャンダイジング担当部長とバイヤー、ファッション・コーディネーターが、限られた店舗スペースをめぐってはてしない攻防戦を演じている。だが、勝者と敗者がはっきりするたびにいつもご破算にし、組織変更を行なって、ふたたびあらたな競合に駆り立てるのである。

社内競争のもっともよい例が、プロクター&ギャンブルのブランド・マネジメントであることは疑いない。同社がブランド・マネージャーという形を正式に発足させ、「全ブランド間で権益の完全撤廃」をすすめるようにしたのは、一九三一年のことである。このときすでに経営陣は、完全なる社内競争が「硬直化を防ぐ唯一の道」であると考えていた。今日でもブランド・マネージャーは、他のP&Gブランドがどうなっているか公表されている情報以外には知らされない。この面でも、社外の競争相手と同じように競争することが原則である、とされているのである。競争心をあおるための特別な社内用語さえある。「並行主義」「創造的抗争」「アイデアのぶつけあい」というのがそれである。

P&Gは合理主義的法則（無駄の排除）に背いている。筆者の一人はある元P&G社員に、ブランド・マネージャーは外と競争するよりむしろ仲間どうしで製品の喰い合いをしているようだ、と感想を述べたことがある。彼はそれに同意を示し、こういう話をしてくれた。

「数年まえですが、私が品質管理責任者だったころ、P&Gのハミガキ部門の一ブランドである

『クレスト』がアメリカ歯科医師協会の推薦品に指定されたことがあるんです。その翌週、社内でもうひとつのブランドを担当しているマネージャーとばったり顔を合わせると、彼は品質管理責任者の私に向かって（もちろん半分冗談でしょうが）、『君のところのハミガキに、虫を少し混ぜてくれないかね？』と言ったものです」

P&Gから出される新製品の多くが、〝勝者と判定されたい〟というブランド・マネージャーの強烈な意識から生じてくる。その年ブランド・マネージャーに任命されるということは、「ピカ一」と折り紙をつけられたということであるが、この「ピカ一」どうしの競争は熾烈なものだ。

将来製品となるべきアイデアどうしに（つまり、最終製品ではなく、アイデアの段階で）競争を持ちこむという点でうまいのは、なんといってもIBMである。同社は「密造」と、ひとつの問題解決に複数のやり方をとることを公然と奨励する。そして、ある時点で競争グループどうしに性能の「一騎打ち」をさせるのである。普通の会社ならたんなる紙の上のプランで「競争」をさせるのであるが、IBMの場合には、実物を用いてハードウェア、ソフトウェアのほんとうの性能比較をさせるのである。

ヒューレット・パッカードでは、ごく日常的な競争がある。それは事業部が互いにしのぎを削って「営業本部に売りこむ」ということである。営業部門はある事業部から出された製品が欲しくない場合、それを引き受ける必要はない。開発に数百万ドルを費やしたあげく、営業本部から、「こんなものは売れない」と断わられた、という話が同社にはいくらもある。

テキサス・インスツルメントにも同様の慣行がある。同社の販売部門はやはり市場セグメントによって分割され、マーケット指向の強い「製品＝顧客センター（PCC）」とは別組織になっているのが普通だ。したがって、商品上市のときには、マーケティング担当者とプロダクト・エンジニアに車と販促用具一式が与えられ、みずからの作ったものをじかに顧客のところへ行って売りこまなくてはならない。こうして、売り方の基本形がＰＣＣによって実証、確立されたあと、既存販売部門に引きついでもらうのである。まことに厳しい試練である。

デジタルが顧客セグメント担当者と販売部員の両方から製品開発案が重複して出されることをよしとしているのも、やはり似たような立場である。デジタルの特徴は、徹底したユーザー指向だ。だからその誤りは、たいていの場合、ユーザーニーズに合わせすぎた、応用範囲の狭い新製品を生み出すというたぐいのものである。だが、だからといって、その辺を整理してこぎれいにまとめた中途半端な製品を出すことなどは求めない。『フォーチュン』誌の記者はつぎのように述べている。

「デジタル特有のダイナミックな成長戦略では、どうしてもいくつかの無駄を覚悟しなければならない。たとえば、価格一覧表には、約一万もの製品がリスト・アップされているが、このうちの多くが重複している。実際ユーザーの立場にたてば、ふたつあるデジタル・システムのうちのどちらを使おうとさほど変わらない、という紛らわしい結果が出ることもある」

つまりデジタルは、プロクター&ギャンブル同様、当然予想される重複のデメリットを覚悟のうえで、〝非合理〟を徹底することによって、最終的には〝超優良〟と呼ばれるにふさわしい利益が生ずることをねらった経営をしているのである。

形式的な、規則や委員会に基づく行動様式のかわりとしての社内競争、という考え方が超優良企業に浸透している。そして重複の代価——「共食い」、製品の重複、部門の重複、開発プロジェクトのダブリ、販売部門が製品事業部の思惑を買わない場合に起こる開発費の無駄等々——を支払っている。それでもなお、そうして得られた利益は——あらかじめ計算がたちいくにせよ——何層倍にもなる。ことに、社員のコミットメント、革新、売上げ創出能力への関心の高まり、という面でのメリットは大きい。

緊密なコミュニケーション　ヒューレット・パッカードのある幹部がこう言っていた。

「画期的新製品がどのようにしたら生まれるのか、じつのところ正確にはわからない。だが、はっきりわかっていることがひとつある。それは気楽にコミュニケーションができること、互いに障害なく自由に話し合えることが絶対に必要だ、ということだ。われわれがなにをするにせよ、どのような組織機構を採用するにせよ、どのような経営システムを試みるにせよ、このことがまず大切なのだ。これだけは守らねばならない」

超優良企業で、革新を生み出すコミュニケーションのシステムには、五つの特徴があるようだ。

1　コミュニケーションのシステムが形式主義的でないこと。スリーエムではつねにミーティングが行なわれているが、このうちあらかじめ計画されているものは少ない。ほとんどがさまざまな専門の人が気楽に集まって問題を話し合う、というものである。セントポールにある本社の、まるで大学キャンパスのような環境、背広の上着を脱ぎ捨てた雰囲気、中西部特有の現実主義的技術者集団、社内の人間が、〝互いに知り合わなければ……〟という企業らしい考え方、などが形式ばらないコミュニケーションを助長している。こうして、しかるべき人どうしがごく日常的に接触する、という仕組みが自然に醸成されている。

マクドナルドではトップ経営陣がいつも形式抜きに一体となって動き、企業全体にひとつのカラーを与えている。デジタルの代表取締役ケン・オルセンは「定期的に、社内のあらゆるレベルの技術者二〇人ほどからなる技術委員会と会っている」と言う。オルセンが課題を定め、いつも新鮮なアイデアが出てくるように、メンバーを固定せず、委員会を解散しては再編している。彼は自分の役割を「触媒」ないし「審問官」のようなものと考える。

デジタル社のエド・ショーンは技師チャンピオンを生みだすプロセスの研究を要約して、この種の形式ばらない相互作用がいかに重要かを述べている。「成功するアイデアの持主は、形式的な組織より、むしろ非形式的なやり方の中で働くことを好む」

組織の中心にチャンピオンを生み出すシステムがあるということは、その組織に事実上、形式ばらない体質があることにほかならない。

2　社内コミュニケーションがとくに緊密であること。普通、コミュニケーションがよくない業種の中で、垣根をとりはらったコミュニケーション体制を作り上げていることで知られる二社が、エクソンとシティバンクである。私たちはこの両社の幹部の仕事ぶりをじかに観察する機会を得た。この二社のやり方と競争会社のやり方との差たるや、まさに驚くべきものである。幹部たちがなにかを発表するとあちこちから大声があがる。質問はまことに無遠慮なもので、やりとりは屈託なく、全員が積極的に参加する。相手が会長だろうと社長や他の役員だろうと誰も遠慮はしない。

これとくらべ、私たちが見てきた他の大部分の会社がいかに違っているか！　幹部連中は、ときには二〇年もいっしょにやってきた仲間だというのに、正式に議題が設定されていなければ会合にも出ようとしない。そして他人の発表を聞き、形式的なコメントをつける以外には、なにひとつできないようである。極端な場合は同じ階で働いているのに書面でしか話し合わない人々さえいる。

こうした行動と、キャタピラーのトップ一〇人の間で毎日開かれる「議題なし、議事録なし」ミーティングや、デルタのトップ一〇人から一五人が毎日集まる「コーヒータイム」、マクドナルドのやはりトップグループが毎日形式抜きに集まるミーティングなどとを較べると、その差がいっそうはっきりする。

インテルの幹部はこれを「仲間どうしの意思決定」と呼ぶ。みなが問題を遠慮や気がねなしに扱うことのできる、オープンで意見の対立を気にしない経営のスタイルである。人々が感情や意見を隠す必要がない最大の理由は、彼らがしじゅう顔をつき合わせているからである。だから会合がまれにしかない、形式的な——しかるがゆえに〝政治的〟となりやすい——行事とならずにすむのだ。

3　コミュニケーションの道具がふんだんにあること。ある一人のベテランＩＢＭマンが最近転職し、別の先端技術企業で、ある重要な研究活動をすることになった。転職してから数週間後のある日、彼はある重役のオフィスを訪ね、ドアを閉めて言った。「困ったことがあります」

重役はちょっと顔色を変えた。重役のプランに対してかなり批判的な態度なのである。元ＩＢＭマンは言った。

「なによりもまず、この会社ではなぜ黒板を随所に置いておかないのですか？　そこいらじゅうに黒板がなければ、社員どうしが互いに話したり、意見を交換したりできないではないですか」

重役は彼の主張を認めた。ＩＢＭでこういうことを始めたのは初代トム・ワトソンである。いたるところにスタンドを置き、その上に安い紙を重ねておいた。こうした具体的なちょっとした工夫が、形式ばらない活発なコミュニケーションを助け、そして革新の下地を作る。

図7　物理的距離がコミュニケーションに及ぼす影響
（研究開発および技術研究所の例）

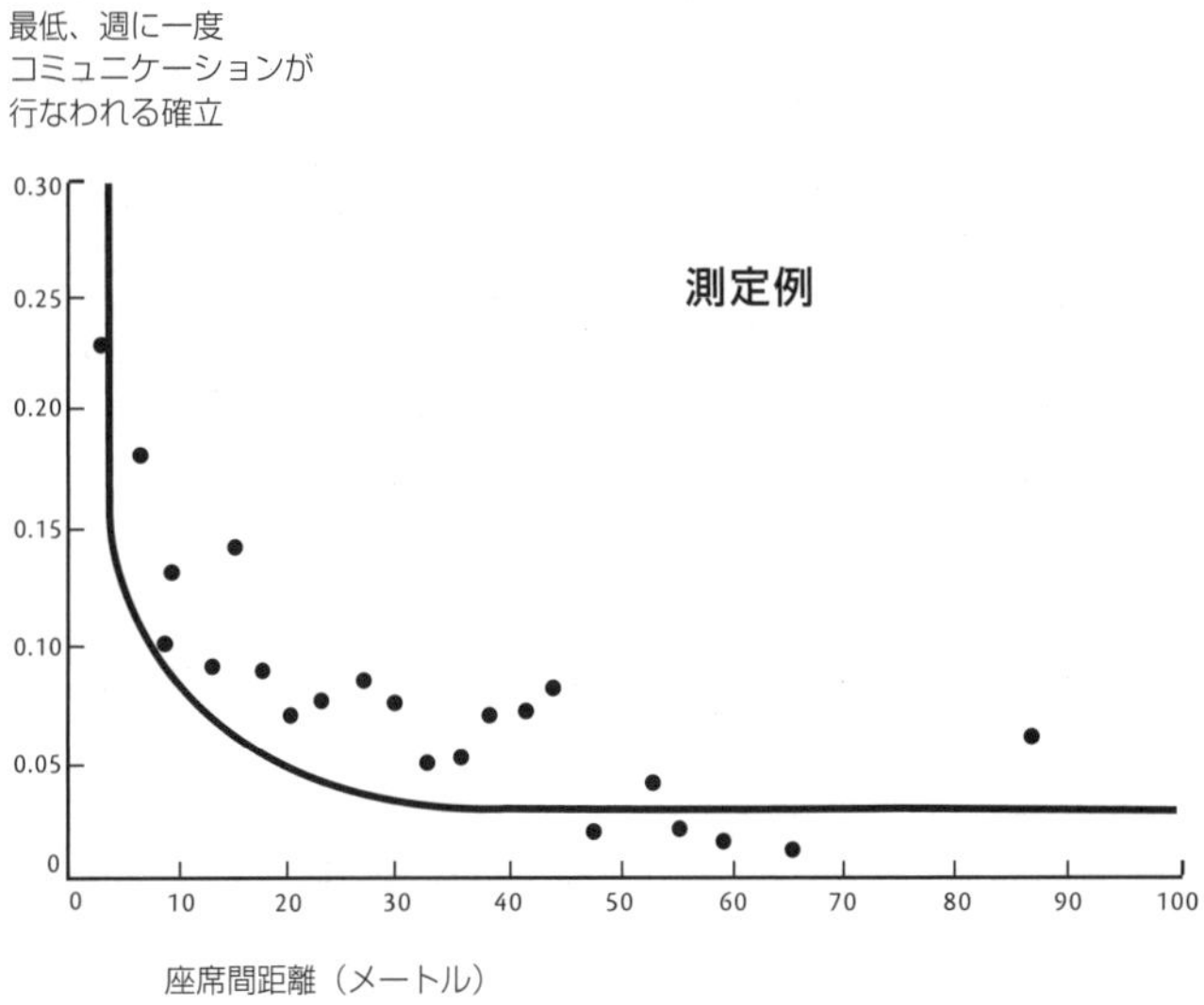

私たちの顧客である会社の社長が、「最近ひとつ大切なことをやった」と話してくれた。

「社員食堂から四人がけの丸テーブルを取っぱらい、軍隊の食堂のような例の四角い長テーブルに代えました。これは大事なことです。小さな丸テーブルでは、すでによく知り合っている者どうしが毎日昼食をとることになります。長テーブルなら、見知らぬ者どうしの接触ができます。技術者が、たまたま居あわせたどこかの部門のマーケティング担当者だか製造担当者だかに話かける、なんてことがすでに毎日起こっています。確率の問題なんですよ。ほんの少しのきっかけを作ることで、重要なアイデアを交換する確率がぐんとあがると思うのです。

シリコンバレーにあるインテルの新しいビルは、小会議室の数を異常に多くしてある。経営陣は従業員たちに、ここで昼食をとってもよいし自由に小グループで問題解決に使ってもよい、と思っている。会議室にはかならず何枚かの黒板が置かれている（事実私たちは、超優良企業にはきわめて黒板が多いので、これを「単位従業員あたりの黒板係数」という形で定量化できるほどだと思っている！）。

MITのトマス・アレンは、もう長年、物理的な人員配置とコミュニケーションとの関係を研究してきている。各種調査と実験から彼が導き出した結論は、ひじょうにドラスティックなものである。人と人との距離が一〇メートル以上離れてすわっている場合に、少なくとも両者の間に週に一回、直接コミュニケーションが行なわれる確率は、わずか八〜九パーセントになってしまう。五メートルの場合なら二五パーセントである、というのである。前ページの図がこの相関を如実に示している。

もっと大きくこれを捉えた場合、超優良企業は「大学キャンパス」風の施設を持っている割合がひじょうに多い。トップ企業の中に、ニューヨーク、シカゴ、ロサンゼルスといった大都市の企業がひじょうに少ないのも偶然ではない、と私たちは考えている。

ジョン・ディーアはモーリーンに、キャタピラーはペオリアに、スリーエムはセントポール、プロクター&ギャンブルはシンシナチ、ダナはトレド、ダウはミシガン州ミッドランズ、HPはパロアルト、TIはダラス、コダックはロチェスターの「コダック・パーク」、にそれぞれ主要施設や本社を持っている。こうした会社の大部分が、重要な機能の大部分を中小都市のうちの、しかも一カ所に集中していることがわかる。

4　徹底化をはかる工夫。革新的アイデアを生むシステム、実質的に革新を積極的に制度化しようというプログラムである。そのうちでももっとも典型的な例が、IBMの「フェロー」制度である。これはワトソン・シニアの「野鴨」を育てたい（この比喩はイプセンの戯曲からとった在野の自由人の意である）という気持の表われを制度化したものである。

現在約四五名いるフェローは、『ニューズウィーク』誌に出した広告によれば、「夢想家、異端者、アブのようにうるさく、放れ駒《はなごま》のように奔放な天才」であるという。「副社長の数よりわれわれの方が少ない」と、そのうちの一人は言う。フェローに選ばれた者は、五年のあいだ、実質的にはまったく自由な権限を与えられる。その役割は単純だ。「会社を揺るがす」ことである。

実際にフェローはIBMを揺るがしている。筆者の一人はサンノゼからニューヨークへ向かう深夜便の中で、フェローの一人に会ったことがある。最近、シリコンバレーにあるいくつかの会社から数百万ドル分のマイクロプロセッサーを、ほとんどカタログだけを頼りに買いつけたのだ、と言った。「IBMでも六つの研究所でマイクロプロセッサーの研究をしている。ところがほとんどの研究者は、他社の技術がどこまで進んでいるのか、なにが購入できて、なにを内製しなくてはならないのか、誰もわざわざ確かめようとしないんです。ですから、部下をやって買いにいかせ、それをいじったり、それを使って実験したりするつもりです」

まったく、やる気に満ちた「クレイジーなヤツ」が一人いるというのはすごいものである。私たちはこのフェローが関係しているプロジェクトをいくつか取り上げて、その価値を算定してみた。また、第三者にもそれをチェックしてもらった。IBMの最近の大きな革新のうち、じつに六件もにおいて、この男が重要な役割を果たしていることがわかった。

話はこれだけではない。このフェローは、西海岸のサンノゼ研究所と東海岸のアーモンク本社との間の全米各地に、一〇〇人以上の「持ち駒」を持っている。その一〇〇人は直接彼の部下になっているわけではないが、必要なときにはプロジェクト実施のために集めて使うことのできる要員である。彼の大学での専門はコンピュータではなく、素粒子物理学。好きなのは、顧客と語り合うことだという。

ＩＢＭはみながみな白いワイシャツを着ている、ということはもうなくなったけれど、それでもいまだに保守的な会社である。しかしこのフェローは、革の上着を着、ヒッピーのようにビーズの首飾りと金鎖を身につけ、そして余技としてぶどう酒醸造所を二カ所に持っている。ＩＢＭによほど貢献し、気に入られているということでなければ、こんな自由が与えられるわけがない。

テキサス・インスツルメントの「個人の貢献」プログラムと、スリーエムの「社内ベンチャー」などもやはり徹底化の工夫である。私たちは他にも同様の例を発見した。ハリスとユナイテッド・テクノロジーは、部門間で優れた技術交換が行なわれた場合に、特別な賞を与えている。ベクテルでは、すべてのプロジェクト責任者に新しい技術を習得するために、自分の時間の一割を割くよう求めている。

ゼネラル・エレクトリックでは、「トイ・ショップ」（工場の人間なら誰でもロボットを見物し、借り出すことのできる施設）を作り、「未来の工場」を目指した設備近代化の促進を奨励している。データポイントは、同じ目的で「テクノロジー・センター」を作った。これは、専門のまったく違う人々が革新を目指して集まる場所である。これらはすべて、組織の内に革新性を作り出そうという会社としての真摯な〝仕かけづくり〟の姿である。

5　形式ばらない活発なコミュニケーションのシステムは、逆にきわめて厳密な管理のシステムでもある。そして、それでもなお、革新を抑制する方向には向かわない。スリーエムがもっともよい例である。

「もちろん私たちは管理下におかれています。どのチームも二〇〇〇~三〇〇〇ドル（四八万~七二万円）の投資をするというだけで、大勢の人間が首をつっこんできます。しかし、難クセをつけようという人は少ないので、ほんとうに誰もがプログラムに関心を持っていることの証拠、といった方が正しいでしょう」

おそらくどこの超優良企業でも、金銭面、あるいは業績面での「管理」は、ひじょうに厳しいものであるに違いない。こうした会社では、少しでもなにかに時間を使っていれば、大勢の人間が「形式ばらずに」どうなっているかを見にくるはずである。しかし、より「形式に厳しい」はずの多くの会社では、五〇〇万ドル（一二億円）をそそぎこんで、まだブリキ板一枚実際に曲げていない、といった事が起こるのである。誰も気づかない理由は、書類さえ時間どおりに（!）整っていれば、すべてうまくいっているハズだ、という官僚的な前提、思い込みがまかり通っているからである。

失敗を許容する

成功を指向する、積極的で創意にあふれる環境に特有の特質は、失敗に対してずいぶん寛容だということである。ジョンソン&ジョンソンの代表取締役ジェームズ・バーキーは、同社のモットーのひとつとして、「失敗をすすんでおかす気がまえ」をあげる。そしてジョンソン&ジョンソンの創設者ジョンソン氏から、かつて「社長として間違いをおかしていなかったら積極的に決断を下している、とは言えない」と言われたという。エマーソンのチャールズ・ナイトは、「失敗するのも能力のうちだ。失敗を恐れていたら、革新的なことはできない」と主張する。

失敗に対する寛容さは、超優良企業にとくにめだつ特徴で、しかもこの教えは、トップから直接に指示されている。チャンピオンたちが試行を数多く繰り返し、その結果いくつかの失敗を経験しなければ、その企業は革新というものを体得することがない、というわけである。

失敗に関してどうしても押えておかなければいけないのは、つねに対話がなされていれば被害もずっと少ない、ということである。あとに痕を残すような大きな失敗が起こるのは普通、真剣に方向づけを考えぬままプロジェクトの独走を何年も許した場合である。

こうしたことは、超優良企業のように部門間および上下方向で「垣根を取り去った」コミュニケーションがなされていれば、まず起こることではない。そこでは意見の交換は率直かつ真剣になされ、つごうの悪いことを隠すことはできない。またその必要もないから、隠そうとも思わないのである。

だから、チャンピオンたちをバックアップする手段は数多い。私たちが見聞した具体的な方法は何百にものぼる。ここにあげた例などは、私たちの集めたデータのごく一部にすぎない。しかし、どれひとつとして決定的なものはなく、それぞれは全体の一部を描写しているにすぎない。各要素が互いにからみ合ってつねに変化しつづける。この混沌状態こそが、ことのありようをもっともよく示しているのである。

とくに、チャンピオンは自然に発生してくるものではない。企業の歴史と無数のバックアップ手段によって試練の時を与えられ、成功を祝福され、ときには失敗を通じて成長しながら生まれてくるのである。だが、全社的なバックアップがあれば、チャンピオンとなる可能性を持った人の数はひじょうに多い。ひとにぎりの創造的天才に限られたものではないことがわかる。

この章でいままで述べてきた重要な点――チャンピオンと、チャンピオンを生むシステム、数多くの実験、互いに結びついた無数のバックアップ手段――をもう一度強調するために、これ以上のものはないと思われるほどの好例が、ミネソタ州セントポールにある。スリーエムである。

もちろんこの企業は、企業業績の方も羨望の的といえるほどだが、それよりさらにすばらしいのが、切れ目なく生み出される新製品の流れである。スリーエムの業績はたやすく達成できるものではない。それは、業界の自然成長のおかげでもないし、思いもよらぬような（天才的な）テクノロジーに頼ったものでもない。同社は高成長の業種にも参入しているが、少なくともそれと同数の低成長業種にもかかわっているのである。

スリーエム――最適の例として

当初、私たちの研究対象は、巨大企業――その企業が本来持っているべき革新性がほとんど見られない巨大企業――であった。スリーエムは巨大企業と呼ばれてしかるべき会社である。『フォーチュン』誌の企業番付トップ五〇〇社のうち五一位にランクされ、一九八〇年度の売上げは、六一億ドル（一兆四六〇〇億円）である。

それでもスリーエムは、現在に至るまで技術革新をつづけ、創業以来合計で五万以上の新製品を発表している。またいまでも年間一〇〇をゆうに超える画期的な新製品が四十余の部門から輩出され、さらに新しい事業部門が毎年つけ加えられている。それでなお、同社は業績の点から言っても申し分ない。六〇億ドル（一兆四四〇〇億円）を超える売上げに対して、税引き後でじつに六億七八〇〇万ドル（一六三〇億円）の純益をあげている。売上げ高利益率でも『フォーチュン』誌の上位一〇〇社中ソハイオ、コダック、ＩＢＭ、アメリカン・ホーム・プロダクツ社についで堂々第五位である。

スリーエムの参入している業種は、じつに多岐にわたっている。そのうちいちばん大きく、全体の売上げの一七パーセントを占めるのが、スコッチ・テープをはじめとするテープとその関連商品である。ほかにはグラフィック・システム、研磨剤、接着剤、建築材料、化学薬品、保護材、写真、印刷用材料、制御システム、録音用品、電機製品、健康機器などがある。

が、このような多様性にもかかわらず、スリーエムにはひとつのテーマが脈々と流れている。塗装・接着技術の分野で技術革新の大部分を受け持つ化学技術者が、あくまで会社の主流なのである。しかし、中心となる技術に固執するからといって、世間でよく見られるように、既存の製品系列をただそのまま延長し、小修正を重ねていく、ということはしない。

たとえば、『フォーチュン』誌によれば、過去二年間に同社が開発した新製品の中には、「泳いでも流れ落ちない日焼けどめクリーム、金属性ホッチキスで切開口をすばやくとめる外科手術用ステープラー、高価な銀を使わないオフセット印刷用フィルム、雑草や芝生の成長速度を押える薬品」など、どう見ても「革新的」なものが目白押しである。

ピーター・ドラッカーは「なにかが成し遂げられるときには、かならず、その使命のほかにはなにも考えられない偏執狂的な人間がいるものだ」と言っているが、スリーエムもまた、良い製品を開発するには、コミットメントが不可欠と考えている。『フォーチュン』誌はこのコミットメントの一面を捉えてつぎのように書いている。

「新製品をみずから発明する者、他の人々が投げ出した開発を引き受けて自分のものとしてトライする者、経済的な大量生産の方法を考え出す者ならば誰でも、上からの干渉をできるだけ受けずに、それが自分自身の天賦の職であるかのようにその製品を手がけていくことができる。これを知っているから、スリーエムの人々は仕事に満足していられるのだ」

チャンピオンをバックアップするシステムのうち、きわめて重要な要素としてまえにあげたひとつが、「重役のチャンピオン」の存在だった。スリーエムでは、その技術革新の歴史から、重役のチャンピオンは例外なく旧「プロダクト・チャンピオン」だった人々である。一見非合理的な動きを示し、何回も実戦で負傷を負い、なにかに打ちこんで一〇年、いや、こうと決めたプロジェクトには二〇年にもわたって携わりつづけてきたタイプである。しかしいま、重役のチャンピオンとなった彼の主な役割は、若い社員を本社管理部門の不当な干渉から守り、巣から飛び立たせてやることである。

スリーエムは例によって、この重役のチャンピオンの役割をうまく言い表わした文句を持っている。たとえば、「船長は血の出るほど舌を噛む」という表現である。これはもともと下士官がはじめて小型艦を桟橋につける際に、いまにも手を出したくなる船長が、舌を噛んでじっと我慢していることを表わした海軍の表現である。スリーエムでは、若い社員に大きな仕事を任せる際の重役の態度を指して用いられる。スリーエムの重役チャンピオンは、いわゆる「上司」ではない。むしろ「コーチ」であり「指導者」である。彼らは新しいチャンピオンを育ててあげることが任務なのである。第四章で述べたジェームズ・マーチの言う、「雪の吹き溜まる向きを変える柵」の役割である。

スリーエムでチャンピオンをバックアップしていく基本的な単位は、「社内ベンチャーチーム」である。これは、いくつかひじょうにきわだった特徴を持つ特務チームで、とくに重要な特徴は、各専門分野からフルタイムで無期限に参加できること、自分の意志で参加していること、チームが望む限り無期限に継続すること、の三点である。

スリーエムでは新事業チームが形成されるとすぐに、少なくとも技術、製造、マーケティング、販売および、ときとして財務の各部門からフルタイムのメンバーが集まってくる。当初そうした機能がすべて必要か否かには関係なく、フルタイムでやってくるのである。この慣行にムダもあること、とくにはじめのうち、その三分の一しか必要としないとき、などがそうであることは会社も知っている。それでもムダを覚悟で、社員の〝打ちこみ具合〟を高めようとしているのである。雑用を排し、フルタイムでかかわってこそ、はじめて真摯な打ちこみ方ができるのだ、とスリーエムは考えているわけである。

コミットメントを高めるためのもうひとつの手段は、チームのメンバー全員を自主的に参加させていることである。ある重役は言う。

「チームのメンバーはこちらで任命するのでなく、社内募集によって集まった個々の人の意思を尊重して採用します。この違いは大きいと思います。もしかりに私がマーケティングの人間で、技術畑の人のアイデアについて、お前の考えはどうか、と上から問われた場合を考えてみますと、ごく普通のインセンティブしかない多くの会社では、そのアイデアの欠点をすべて指摘し、貧困なアイデアだと決めつけて、自分は安全地帯へ逃げこんでしまうことになるでしょう。しかし、自分から進んで入った場合、そうはいきません」

もうひとつ、スリーエムは事業チームの自主性を重んじ、チームが粘りづよく仕事を継続できるようにしている。ごく初期の段階から製品の発表まで、チームがひとつのものとして持続することが強調される。二〇年にわたってスリーエムの研究をつづけているMITのエドワード・ロバーツ教授はこう述べる。

「スリーエムでは、グループの単位にすべてを任せてしまう。会社が便宜的に使っている若干の規準と業績尺度にさえ合えば、あまり細かな管理をしなくても、その製品を市場に出し、成長するにしたがって利益を上げることはかならずできるはずだ、というのである。そして、もしも失敗した場合でも、新事業プロジェクトに入るまえのレベルの仕事は、会社が保証してくれる」（後半の部分は、先述のバックアップ・システムのもうひとつの面をも明らかにしている。たとえ失敗しても、価値ある試みは支援する、ということである）。

報酬のシステムは、チームと個人の両方に意欲を与えるように作られている。プロジェクトがハードルをひとつひとつ跳び越えていくにつれて、誰もがグループとして昇進し、グループとして業績が上がれば、一人一人のチャンピオンが個人的にうるおう。逆もまた真である。成功した事業チームの一員である人がどのように昇進していくか、もう一度ロバーツを引用しよう。

新事業に関与する人々は、自分の製品が成長していくにつれて、地位と報酬が移っていく。たとえば、最初は現場の技術者で、その職の給料の最高なり最低なりを貰っていた、という人がいたとする。自分のチームで担当した製品が市場に出た段階で、彼は「プロダクト・エンジニア」となる。年間売上げが一〇〇万ドル（二億四〇〇〇万円）を超えたところで、自動的に「実験商品」ではなくなり、彼の肩書きも変わる。年間一〇〇〇万ドルのものを持っているのだから、当然、給料も上がる。

製品が五〇〇万ドル（一二億円）の線を突破したところが、つぎの段階である。彼は「製品系列技術責任者」となる。そして二〇〇〇万ドル（四八億円）に達すると、遂にこれ自体がひとつの事業部となり、もし彼が技術的に重要な位置にいる場合には、その部門の「技術あるいは製品開発部長」となるのである。

スリーエムの企業家精神を助長する体質を理解したいと思ったら、まず同社の価値観なるものの研究をする必要がある。とくにその「第一一戒」から見ていくのがいいだろう。第一一戒とは、「汝、新製品のアイデアを殺すなかれ」である。

会社が新製品の具体化を遅らせたり、あえて社内ベンチャーチームを組んでくれない、ということもあるだろう。が、このようなやんごとなき事情で正規のプロジェクトにならず、いわば没になった案であっても、発案者としての評価はけっしておろそかにしない。ある人がスリーエムについて述べている中で言っているように、このスリーエム社の第一一戒は、通常の大企業には見られないものである。

「スリーエムにおいては、新製品の開発計画をストップさせようとするのなら、具体的証拠を提出すべきはストップをかけようとする側であって、プロジェクトを進めようとする側ではない。アイデアの主は、そのアイデアが良いものであることを証明する必要はない。反対の人がいるなら、反対者にそれが良くないことを証明させるべきなのだ。このようにして、発案者の責任を軽減することによって企業の雰囲気はずいぶん変わり、企業心ある人々を力づよくバックアップすることになるのである」

共通の価値観をより強め、支えていくのが、自治権、革新、個々の自主性、企業心、過去および現在の指導者たちである。スリーエムを研究している最中、筆者の一人は、最近の会長数人と最高幹部の人となりについて、一人の重役とじっくり話し合う機会を得た。そのときの話では、これらのトップ人材のほとんど全員が、チャンピオンとしての成功例であり、その業績も広く全社的に知られているという。だから、トップ経営陣のすべてとその先任者たちの多くが、若い社員に対して理想的なお手本となっているわけだ。

未来のチャンピオンたちは一連の英雄談から勇気を得る。アイデアを殺すな、試行せよ、失敗を恐れるな、生のアイデアが市場で花を咲かすまでには何年もかかる……といったことが語られるのである。たとえば、伝説的なリチャード・ドリューとその同僚ジョン・ボーデンの話などは、若い社員にとっては格好の教訓となる。会長ルイス・レアーはこう語る。

「ある自動車工場を訪れたセールスマンは、ツートンカラーの塗装の色が互いに混じり合わないようにと労働者たちが苦労している光景を見た。スリーエム研究所の若い技術者リチャード・G・ドリューが答を出した。マスキング・テープである。これがスリーエム最初のテープとなった。一九三〇年にデュポンがセロファンを開発してわずか六年後、ドリューはこれに粘着剤をつけることを考案し、こうしてスコッチ・テープが生まれた。当初は、工業用の包装材料として売られていた。これがほんとうに使われはじめたのは、もう一人の創意あるスリーエムの英雄、当時販売課長だったジョン・ボーデンが便利なカッターをつけたホルダーを作り出した時である」

これはスリーエムのありようを示す典型的で、しかもきわめて重要なエピソードである。というのには、いくつか理由がある。まず第一に、この逸話は会社と顧客との相互作用が強固であることの重要性を説いている。第二に、発明者は技術者に限る必要がないこと。第三に、スリーエムは潜在マーケットの規模に基づいてプロジェクトに緩急順位をつけるということをしないこと、などがわかる。第三の点についていえば、当初意図された使用目的（たとえば、スコッチ・テープははじめごく用途の限られた工業用接着材と考えられていた）と、製品としての最終的な可能性とは一致しないことが多い、というのがまさにその理由である。

技術革新を真剣に研究している人は、この現象について繰り返し述べており、それはまた、ほとんどあらゆる種類の新製品にあてはまるという。

スリーエムでは、チャンピオンが勝利をおさめたとき、かならず祝賀会が催される。レアーは言う。「一年に一五回から二〇回、あるいはそれ以上、新しい、将来性のあるプロジェクトが売上げ一〇〇万ドル（二億四〇〇〇万円）の線に達する。この程度ではあまり注目されないだろう、と思われるかもしれないが、そうではない。ライトが点滅し、鐘が鳴り、ビデオカメラの回る中で、チームの功績が公けに認められるのだ」

このように会社は、光るアイデアを持った二八歳の技術者に、臆することなくリスクをおかしてほしい、と勧めているのである。

スリーエムの価値体系は、最初からダメとわかっているアイデアはまずありえない、ということを前提にしている点でもユニークである。「スリーエムはひじょうに多角化しているので、どのようなものが出てこようと、誰かが使うだろうという考えが無理なく浸透するのだ」と、ある人はコメントしている。

これを説明するのに格好の例が、リボンの材料としてうまくいかなかったものがブラジャーのカップに転用され、それでも駄目で、結局、職業安全保健委員会（ＯＳＨＡ）が発足し、労災に対する監視の目がきびしくなった暁に、顔面防護マスクとして全米で唯一指定された、というものだろう。同社が塗装、接着技術を軸に据えつづけていることは確かなのだが、だからといって、製品の種類を限定することはない。

ロバーツは「製品のアイデアが、経済的に見て成長、収益性といった条件にあいそうなら、たとえそれがうちの主要分野でなくてもどんどん採用する」と言う。同じことをある幹部は別の面から言っている。

「われわれは事業部の『ミルキング（ライフサイクル末期に、製品の持っている残存価値を高値政策で未然に絞りとってしまうこと）』といった考え方を好まない。つねに革新のアイデアを現実に変えていくためには、成功を知っている事業部で、成功の伝統の中に生きる人々がつぎの新しいものに挑戦していくことが必要なのだ」

成功がつぎの成功を生む、というこのきわめて人間的な心理を、スリーエムは理解している。

そして、失敗にもまた道が与えられている。ここでもまた「伝説」が正道を示してくれる。会長のレアーはこう説く。

当社がアスファルト屋根用の粒剤の分野に進出したきっかけは、ある従業員が紙ヤスリに不適となった鉱物の使い途をみつけようと頑固に言ったことにその端を発する。じつはこの従業員は、あまり時間と努力を費やしすぎることから解雇されたのだが（……やはりスリーエムでさえもチャンピオンが痛い目を見ることもあるのだ！）、それでも会社にやってきて仕事をつづけ、ついに完成したのだ。今日、当社の屋根用粒剤部門は相当の収益を上げており、この男はいまから一〇年まえに当部門担当副社長となったのち、無事定年退職した。

……また、第二次大戦直後には、外科手術中に細菌が皮膚に侵入するのを防ぐための防御被膜の開発を計画したことがある。これも経営幹部によって二度もつぶされながら、★それでも研究をつづけ、しまいには完成させて、年商四億ドル（九六〇億円）という今日の保健医療部門に道をつけることになった。

★リボンからブラジャー、そして防護マスクへと製品を変えていった例のチャンピオンの場合も、やはり途中で手を引くように言われ、製品開発の大部分を自宅でしなければならなかった。

われわれはこうしたエピソードを生かしつづけ、ときおり繰り返し語らなければならない。大きな組織の中で意気消沈し、挫折し無力感を味わっている社員たちに、こうした大きな壁にぶつかったのは、なにも自分がはじめてではないのだ、と知ってもらうためである。……ただ、継続する自由があるということは、誤り、失敗するのも自由だということなのである。

最後までやり抜いた人々は祝福される。また別の幹部はこうコメントする。

「われわれはアイデアをつぶしはしませんが、方向を変えることはします。われわれは人間に賭けるのです。……成功するまえにかならず一度はプログラムをつぶさなければなりません。こうしないと、なんとか方法をみつけようと感情のすべてを打ちこんでいる『クレイジーなヤツ』らは、本当に正しい答に到達しません。逆に、どんなに邪魔をしても、本当の『クレイジーなヤツ』はくじけたりしません」

これらの話は要するにどういうことなのか？　まず第一にそれは、ひとつの矛盾《パラドックス》をとりこんで（管理して）いくということなのである。可能性のあるアイデアは辛抱づよく援助しながらも、馬鹿げた出費は厳に慎しむ。スリーエムはどこよりもまず、ひじょうにしまり屋のプラグマティックな会社である。

普通は、このジレンマをつぎのように解決している。まず、チャンピオンはそのアイデアがもっぱら頭の中にある段階から原型《プロトタイプ》づくりの段階に移るところで、自分のチームを集める。それが、たとえば五、六人になったとする。そのあとかりに（統計的にはそうなることの方が多いのだが）、計画が行きづまってしまったとしよう。会社はすぐにチームを縮小し、何人かをチームからはずすだろう。だが、さきの「神話」でもわかるように、そのチャンピオンはほんとうにコミットしていれば、一人で、あるいは最後に残った一人の仲間とともに、〝試合を続行〟するのである。会社側から見れば、いままでの三割程度の資金投入となるので、支持するのはやぶさかではない、ということになる。

スリーエムの歴史を見てみると、ある製品が考えられはじめてから、市場がほんとうに受け入れ態勢に入るまでには、一〇年以上かかっている。一〇年というと長く感じられるかも知れないが、アイデアから商品として開発されるまでの時間は、どのような分野でも、先端技術であるか否かを問わず、おおむね一〇年から二〇年、という結果が数多くの研究で明らかになっている。

つまり、チャンピオンたちは、その間浮き沈みを経験しているわけである。そして、最終的には市場の受け入れ態勢ができあがり、次第に成功の臭《にお》いがしてくる。そのときふたたび会社側としては、彼のチームを急遽再編成するのである。

「私たちにはお客様の具体的な問題を解決する能力がある、と信じているのです」と、ある幹部は言う。これがスリーエムなのだ。スリーエムは、セールスマンか技術屋かを問わず、現実的な問題処理屋の集団なのである。そもそもスリーエムは、そのような会社として発足した。ある学者はこう言う。

「（スリーエム社の）発明ということへの思い入れの強さは、会社発足当時までさかのぼる。地元の投資家が数人で、価値の高い鋼玉《コランダム》が含まれていると思われる鉱山を購入した。鋼玉は高級研磨剤に用いる硬度の高い鉱物である。しかしあとになって、この鋼玉は品質の悪いものであることが判明し、投資家たちは自分たちが生きのびるためにはこの玉を使って付加価値の高い物をなにか生み出すしかない、と結論を出したのだった」

「彼らは工場から工場へ、ひとつひとつドアを叩きながらセールスに歩き、購買部門のところへは立ち寄らなかった。彼らは路地裏の小さな工場にも入っていって、働いている職工たちと話し、なにか作業改善のために必要な、誰も作ってくれないものはなにか、と聞いてまわった」と、レアーは言う。この初代セールスマンたちは、いわば顧客の〝問題解決屋〟となったのである。そして現在、技術者を伴って動くセールスマンたちも、やはりスリーエムの戦略の要《かなめ》となっている。

スリーエムは、技術革新が「数の勝負」であることに気づいた最初の会社である。「うちのやり方は、少し作り、少し売り、また作る数を少し増やし……というものだ」と、研究開発担当副社長ロバート・M・アダムズは言う。その同僚の一人は、「はじめは小さく終わりは大きく、……つぎにはわからない点を解明するのに必要最小限度の金を使う。……短期間に小さな試行を数多くトライする……開発は小さな脱線の連続……ひとつのアイデアがそのまま商品につながる確率はゼロに近い……一方、考え出すことのできる生《なま》のアイデアは無数であり、限界がない」と言う。

つまり、あらゆるところでチャンピオンは、金をなるべく使わずに多くの実験を行なっている。そしてその大多数が失敗に終わり、一部がハードルを飛び越え、そしてごく少数がゴールへたどりつくのである。

スリーエムはそれがどのようなものであれ――（文字どおり）カゴ編み機から固体物理学、マイクロ・エレクトロニクスにいたるまで――グループを結成したいと思う人々に対しては資金を出す。また、セントポール本社の〝キャンパス〟内には、研究施設の数々があり、これが開放されている。アイデアをなにか形のあるものに変える能力（トタン板で原型を作ってしまう！）は、敏速で、優れたものである。そして、製品開発のはじめから終わりまで、ユーザーが深いところまで関与し、多くの場合はユーザーとの共同作業となっている。

スリーエムでのインタビューを始めてまもないころ、私たちは新製品の計画書が平均五ページと聞いて、その短さに驚いた。筆者の一人は、あるときのスピーチでそのことに触れている。このときスリーエムの副社長もまえにスピーチをしており、たまたま客席でこれを聞いていた。彼は立ち上がると、私たちのスリーエムの分析にはおおむね賛成だが、と前置きをしてから、「つぎの点ではまったく間違っています」と言った。

いったいどういうことか、と私たちは考えた。スリーエムでも、他のいままで私たちがかかわってきた多くの会社同様、二〇〇ページもの提案書が出されているとでもいうのか？　彼はつづけて言った。

「うちでは（五ページはおろか）新製品の概念を記述するまともな文章をひとつもってきたときをもって、第一草案として受理するのです」

これらすべて――チャンピオン、社内ベンチャーチーム、形式抜きのコミュニケーション、チームへの自主参加、失敗に対する支持、等々――がうまく機能するのは、官僚機構を最小限にとどめようという強い指向があるからである。この副社長はこうも言っていた。

「私たちはまだなにもわからない初期の段階で、計画によってみずからを拘束することをしません。もちろん計画は立てます。細かい販売計画も作ります。しかし、それはあくまで、ある程度の見通しがたってからのことです。まだ始まったばかりの段階で、お客さんの会社なり、どこかに作った実験設備なりで簡単なテストもしないうちに、二五〇ページもの計画書を作って、なにがわかるというのですか？」

同様にスリーエムは新製品に関して「最小限の（最適）生産規模」という考え方を避ける。ある幹部は言う。

「市場に新製品を送りこむまえに、それがどの程度の成長をするか、見通しが立たないということは経験で知っている。だから、どうしても製品が市場に出まわってから予想を立てるわけで、顧客の反応を実際に見るまえにあやしげな仮定をおいて生産規模をはじき出すことは無駄だ」

また、ある新事業部の長は、「新製品の需要規模が、分析的に正当化されるということは絶対にない。信念に基づくしかないのだ」と言い切る。

ある意味で、スリーエムのような価値観をベースに経営を進めるところでは、組織構造は重要ではない。「ただ形の上で見る限り、スリーエムの機構はとくにきわだってユニークなものではない」と、ＭＩＴのロバーツ教授は言う。同社のある幹部にいたっては、「機構などわれわれには関心がない」とさえ言う。

だが、多かれ少なかれ、機構にかかわるもので、スリーエムの本質をよく説明する要素がいくつかある。まず、スリーエムにもわりあいにありふれた技術部門がいくつかあるわけだが、他社ならば、これらをまとめた機能別組織、あるいはマトリックス組織にもっていくであろうところを、同社では徹底して分権化し、事業部化する姿勢を保っていることだ。

スリーエムには、現在四〇くらいの事業部がある。しかもなお大事なのは、事業部の新規創設である。四〇という数字も、わずか一〇年まえには二五であった。ひとつの部門で売上げを伸ばそうとするより、部門を増やしていく方が成功につながることは、超優良企業の長年の実績で実証ずみである。もちろん、それを実行している会社はまだまだ少ないが……。

こうした柔軟さはこれだけにとどまらない。とくにこれからなにかを始めようとする場合、それがよく現われる。たとえば、ある事業部の製品開発グループにいる者がなにかアイデアを思いついたとする。まず彼は直属の上司のところへ行き、資金を出してくれるよう求める。ここまではごくあたりまえだ。だが、ここで断わられてからがスリーエムのスリーエムたる所以なのである。

彼は自分のグループの、別の課へ行く。もしここでも駄目なら、やはり自分のグループのまた別の課へと行く。こうして、接着剤のグループにいる人間が事務用品のグループまで流れていくといったこともけっして珍しくない。つまり、上司を自分で選ぶのである。

こうして自分の部でも、他のグループでも、自分のアイデアに時間を割いてくれない、という場合、最後に行きつくのが新規事業本部である。だから、ほんとうに思いがけぬような斬新なものはここに集まるのである。

実際にスリーエムでは、このやり方をどうやってうまく運んでいるのか？ 単純である。管理者たちに、そうしなければならないだけの動機づけがなされているのだ。あるグループを率いる責任者がよそのグループから誰かをとった場合、その事業化の規模に応じて、彼は（社内で彼がやらなければ廃案になっていたことに本格的に乗り出したことに対して）報酬を得られることになっているのである。同じことが事業部長にも適用される。

こうした直截な動機づけがあるから、どこまで行ってもアイデアを売ってやろうという気にもなるし、逆に買う側も、どこかにいいアイデアがないかと社内中を探しまわるわけである。同時に、スリーエムの組織は人の移動に関しても柔軟である。たとえば、Ａグループにいる人がＢグループの部門責任者にアイデアをうまく売りこんだ場合、彼はＢグループに移籍する。

これに関連したルールもいくつかある。たとえば、すべての事業部は、売上げの最低二五パーセントは、五年まえに存在しなかった製品によって得たものでなければならない、という絶対的な条件がある。従来の理論で考えれば、四〇もある事業部のすべてに（その業種が高成長産業であるか否かに関係なく）同じ目標をあてがうというのは考えられないことだ。★

★これはプロクター＆ギャンブルでも使っている手である。元ブランド・マネージャーはこう語っている。「はじめに言われることはこうです。『製品の寿命だとか当該商品がドル箱だとかいったことは忘れろ！うちの石ケンの中には、八〇回以上も改良して依然としてよく売れているのがあるんだ』」

他の会社なら、こうした目標は会社全体、またはセクター（本部）のレベルで適用されるものである。だが、そのレベルで設定すれば、事業部としては「会社全体の問題」として捉え、みずからはこの目標を真剣に追求しようとはまずしない。いちばんコミットメントが必要なところでそのコミットメントが得られない、ということになってしまう。目標がかならず事業部のレベルに課せられるスリーエムでは、五人や一〇人ではなく、四〇人の総責任者がそれぞれ別個に方策を探さなくてはならないのだ。

しかしもっとも重要なのは、すでに何回も申し上げたように、スリーエムの有機的な仕組みの全体像を理解せずに、これひとつだけ、あるいはふたつだけ、まねればすべてはうまくいく、と安易に考えてもらっては困る。たしかに、製品開発のチャンピオンと重役のチャンピオン、社内ベンチャー・チームがすべての中核をなすことは事実だ。しかしそれが成功するのは、以下の条件がそろったときだけである。すなわち……

英雄たちが大勢いて、会社の価値観として模索が強調され、失敗が許され、小市場を積み重ねていく〝ニッチ主義〟と、顧客に接近しようという意思があり、「手に負える」だけの小さな段階を踏んでいく経営プロセスが全社員によく理解されており、形式抜きで活発なコミュニケーションが行なわれているのが常態であり、物理的に実験の場が多く与えられ、組織運営の形態が革新の土台となるばかりでなくそれを積極的に支援するものであり、計画と文書の氾濫という弊害がはっきりと避けられており、社内競争があるとき。

つまり、一〇以上の不可欠の要素があるわけだ。これらすべてが何十年という長い年月にわたって満たされて、はじめてスリーエムは、技術革新を常態とすることができたのである。

第八章

〝ひと〟を通じての生産性向上

海軍の元作戦部長エルモ・ザムウォルトはこう言っている。「海軍では、中佐〔中佐以上が艦長となれる〕より位の低い者は、みな子供として取り扱うことになっている」。ゼネラル・モーターズのいくつかの工場経営にあたっている友人が、自動車労働者の間でひそかにまわし読みされているざれ歌を見せてくれた。その内容は、ザムウォルトの言っていることと悲しくなるほど似ている。

ここにいる男や女は
世界に冠たる仕事師か?
それともここはこづきあう男児の
はしゃぎまわる女児の、巨大な託児所か?

この場所への入口は、どうだ?
そう、あの守衛のいる工場の門さ。
バッジ、いやそれとも体臭を、
なにを見ようというのかい? 体を透視でもできるのかい?
あそこで俺たちゃ変わるのさ。
摩訶不思議な香りとエーテルで
身も心も洗われて、いつのまにか聞いている。
〝お前たちゃ八時間変身よ〟
摩訶不思議な魔術では、瞬時に
大人から子供が生まれ出る。
いまそのすぐまえまでは、
父だよ、それに夫だよ、いやいや家主、
株主、愛人、成人、選挙民……
ちょっと語りゃみなも聞く。
セールスマンならこびへつらう。
保険の外交員にも一家の主とおだてられ、
教会では、たまたま世話役よ。

ああそれなのに、それなのに

あの門を入ればただの幼児。
守衛所から入って階段を登りつめ
私服を脱いで作業服、
ラインにつけば、ただの子よ。

このざれ歌を見せてくれた友人は、人々を動かす秘訣はただひとつ、信頼すること、ただそれだけであると語っている。なかには信頼されたのをよいことにしてずるける者もいる。「でも、それは全体のせいぜい三ないし八パーセントかな」と言って、彼は（こんなことに数字をあてはめたことに照れて）にやっと笑った。この考え方にくみしようとしない人々は、「労働者を信用できない理由を数かぎりなく並べたてるだろう。普通の労働者は無能で、なにをやらせても失敗ばかりしている役立たずだというのが、どこの企業でも一般的な見方だろう」

彼はうまいたとえを引いて言う。「公園に行ってごらん。〝芝生に入るな〟〝駐車禁止〟、あれも駄目、これも駄目の看板だらけだ。ところが〝キャンプしたい人はどうぞ〟とか〝食事には備えつけのテーブル、ベンチをご利用下さい〟といった看板をたまに見かけるときがある。一方の看板は〝してはならない〟というアプローチだが、他方は〝して下さい〟というアプローチなのだ」。このふたつのアプローチの違いが人々に与える効果は、はかりしれないほど大きいと説く彼の言葉には、説得力がある。

ザムウォルトは、作戦部長をつとめていたわずか一、二年のあいだに、海軍の慣行に一大変革をもたらしたのだが、それはすべて彼の変わらぬ信念——人間というものは一人前の大人として信頼してやれば、かならず期待に応えるものだ――が生み出したものであった。そうした信念を抱くにいたった艦長時代の経験を思い出しながら、彼はこう語っている。

われわれがなにをしようとしているか、なぜこんなにつらい戦術行動をやっているのかはもちろんのこと、そうしたさまざまな作業、行動が、全体の作戦活動の中でどういう役割を果たしているのかを、将校、兵をとわず艦内のすべての者が理解する、この点に私は最大限の努力を払いました。そうすることで、普通なら上層部にある者にしか味わえない喜びや張り合いを、彼らにも経験してもらえると思ったからです。

われわれが用いた方法にとくに変わったものはありません。いまなにをやっているか、どんなことが起きているのか、などを艦内放送でこまめに伝えるようにしました。一日の始めと終わりに、私はいつも将校たちと打ち合わせをしました。将校の方でも兵と打ち合わせを行ない、これからなにをするのか、これまでなにが起きたのか、相手がなにをしようとしているのか、それに対してわれわれはどう行動するのかなどを話してやるのです。毎日発表する行動計画表に、乗組員の関心を引くと思われるおもしろい話題をいくつか加えておくのです。下士官室にもよく行って、コーヒーを飲みながら雑談しました。

ですが、こうした細かいことよりも大切なのは、われわれのやっていることのすべてに関心を抱かせ、そこに喜びを見出させ、みずから進んで意欲的に行動するようにしむける、そのための努力をつねに怠らないということでした。

わずか一八カ月のあいだこうした努力をつづけただけで、彼の乗艦は艦隊中最低の成績だったものが一番にまでなった、とザムウォルトは言う。「私にはこの経験からよくわかるのです。水兵たちを一人前の大人として扱ってやれば、どんな効果があるかということがです」。タンデム社のジェームズ・トレイビク会長も同じことを言っている。「私たちは人々を大人として扱うことにしている」。東京の大前研一もこう言っている。「日本の経営者は、従業員にいつも言いつづけている。第一線にいる者が仕事をいちばんよく知っている。だから、創意工夫は『現場《ゲンバ》』から出てこなくてはならない」。ワートンで経営学修士号を最近取ったピーター・スミスは、証券アナリストへの道に進まないで、ゼネラル・シグナル社の工場長になった男だが、彼もこう語っている。「機会さえ与えてやれば現場の人々はいくらでもアイデアを出してくれるものですよ」

経営学修士号（MBA）を持つある男のつぎに述べる経験は、これまで述べてきたことと一脈通ずるものがある（ただし典型的な――それも不幸な結末がつくことまで含めて）。

私は、大きな運送会社のサンフランシスコ営業所の運行管理マネージャーをやっていました。この営業所がこの地域で一番だったのは、赤字の額くらいのものでした。そこで私は、運転手の何人かに卒直に私の心配を打ち明けて話しました。すると彼らはこう答えました。

「私たちは運転が好きだし、自分の仕事にも自信を持っています。ですが、配送係長たちは、いままでだれ一人として配送ルートの問題について私たちの意見を聞こうともしませんでした。おまえたちはただ黙って言われたとおりやればいいんだ、と言わんばかりでした」

私はさっそくつぎの朝から、トラックの燃料タンクは満タンにし、洗車も始業点検もすませておくよう整備、配車担当の者に命じました。運転手が出てきたらすぐ配送に出かけられるようにしたのです。こうすれば、彼らにも配送の仕事が急を要する大切な仕事だということがわかってもらえると思ったからです。つぎに私は、運転手の一人一人に会社の名入り帽子とパンフレットを持たせて、役に立つと思えば、彼らがそれをお客に配れるようにしました（これはセールスマンのみに許されていたことで、ほかの者がこういうことをするのは、内規でかたく禁止されていました。私はある朝、セールスマンの車から名入り帽子をくすねなければならなかったほどです）。

が、なによりも重要だったのは、つぎの点です。配送係長が従来荷物の配送ルートをすべて決定してきました（そして、たいていはうまくいきませんでした）。私は係長に、荷物の三分の一から四分の一はルートを決めないでおくように命じました。そして、部下の者に配送ルートはどうするのかと聞かれたら、逆に部下の者になにかいい考えはないかと尋ねてごらんと言いました。

私はこうしたやり方を上司にも話しませんでしたし、組合の上層部にも知られないようにしました。ところが驚いたことに、こうしたことによって業績が向上してきたのです。私は営業成績の数字を組合の掲示板に貼り出しましたが（これもまたやってはいけないことでした）、苦情ひとつ受けませんでした。運転手たちが新規顧客をたくさんとってくるので、セールスマンがトラックに同乗して「その秘訣」を教わろうとするほどまでになりました。

好成績はしばらくのあいだつづきましたが、私のやっていることがやがて上司にも知れ、彼は運転手たちをそんなに好き勝手にさせておいてよいかと心配しはじめました。ちょうどそのころ、会社は新しい労務規定を取り入れ、どの運転手もみな就労中には一五分ごとに作業内容を記録しなければならなくなりました。業績はふたたび低下し、顧客からの苦情は増加しました。私は会社を辞めて学校に戻ったのです。

従業員を大人として扱うこと、同じ仕事に携わるパートナーとして敬意をもって接すること。設備投資やオートメーションによってではなく、まず人間を通じて生産性を向上すること。人間こそ生産性向上の最大の武器である――これが、超優良企業の調査から一貫して得られる教訓である。生産性を向上させて収益をあげたいと望むなら、従業員をもっとも大切な資産として扱うべきだということである。『企業よ信念をもて』の中で、トーマス・J・ワトソン・ジュニアは、このことを巧みに述べている。

「IBMの哲学は〝三つの信条〟に要約できると私は思う。まずなによりも重要なのはIBMでは一人一人のひとを大切にするということだ。これはそんなにむずかしい考えではないが、IBMではこの点に事業運営のもっとも多くの時間を割き、そのために最大限の努力をしている。この考えは、私の父の骨の髄までしみこんでいた」

ひとを大切にすること（甘やかすこと、ではない）――超優良企業ではどこでもかならず見られる特長である。しかし、私たちがこれまでに取り上げたそのほかの多くの特色と同様、この特色が生きてくるのは、ひとつのこと――ひとつの独立した考え、信念、主張、目標、価値観、制度、計画――それだけによってではない。他の多くの組織上の仕組み、制度、やり方、価値観などがこれに組み合わさって、はじめてこの特色が生きているのである。それだからこそ、平凡な人々を動かして非凡な結果を達成するというあたりまえでないことが、超優良企業では可能になるのである。

この本のはじめの方でひとと動機づけについて述べたが、ここでもその意味するところは同じである。これらの企業では、従業員自身に自分の運命を決めさせている。従業員に目的意識を持たせている。どこにでもいるジョーやジェーンを勝者に変えてしまう。従業員が自分の言い分を主張することを許す、いやそれどころか彼らが自己主張することを強く求める。従業員の良いところを引き出そうとする。減点よりは加点でいく。

だが、誤解しないでいただきたい。私たちは従業員を甘やかせと言っているのではない。私たちは、地に足のついた形で人を大切にせよ、と言っているのである。従業員を十分に教育し、妥当かつはっきりとした目標を与える。従業員に自主性を持たせ、すすんで業務改善、業績向上につとめるようにしむける。そうした意思と責任感を企業の側が持つという意味で、人を大切にせよと言っているのである。

真の人間尊重は、どこの会社にもよく見られる口先だけのリップサービスでもなければ、その場かぎりの手段、ごまかしでもない。

口先だけの人間尊重は、とくに問題である。私たちが会った経営者たちは誰もがみな、人がなによりも大切だという。だが、経営者の大半はそう言っていながら、自分の会社の従業員にほとんど注意を払っていないのが普通だ。否それどころか、注意を払っていないことに気づいていない者さえ多い。「私の時間の大半はひとの問題にとられていますよ」と言うのが彼らの口癖だが、その本心は「ひとの問題さえなかったら、この仕事はもっと楽なんですがね」と言うことにあるのだ。

だが、超優良企業ではまったく違う。これらの企業では、人間尊重は何十年もまえから行なわれている——不況のときにも従業員を解雇しなかった、教育訓練があたりまえでない時代に従業員教育を重視し、十分な訓練を行なった、現代と違って階級意識がもっと強かった時代に、誰もがファースト・ネームで相手に話しかけていた、などはそのほんの一例である。こうした会社では、管理者層にも、心くばりの意識が徹底して行きわたっている。従業員がいればこそ管理者も必要なのだということを、管理者自身が十分に理解しており、またそれを身をもって実践する。

こうした人間尊重の気風は、これらの企業で使われている言葉にもよく現われている。デルタ航空では「家族意識」と言い、ヒューレット・パッカード社では、「HP的やり方」とか「右往左往経営」と言っている。ダナ社では、あらゆる機会に――決算報告書の中で、役員の演説の中で、経営方針発表のときに――「人々《ピープル》」という言葉が使われる（元会長のレニ・マクファーソンは、この点についてはとくにうるさい。なにかのおりに彼はフォードの広告キャンペーンに触れてこう言った。『ひどいなあ、彼らはここで〝工員〟と言ってるよ。なぜ、〝人々〟と言えないのだろう』）。マクドナルドでは、従業員は乗組員という意味で「クルー」と呼ばれている。ディズニー・プロダクションは「ホスト」、J・C・ペニーでは「アソシエイト」と呼んでいる。日本の多くの会社でも、従業員《エムプロイー》と言わずに社員と言っている。

こんな呼称などは、あまりにも見えすいた臆面もないまやかしだ、と言う人も多いことと思う。私たちも最初は、こうしたアプローチが成功するのは、タッパーウェアのような企業に限られると考えていた。タッパーウェアでは、一年間で一万五〇〇〇人にものぼる成績のよい販売員、販売マネージャーを表彰する大会を各地で開いているが、社長や役員たちは、こうした大会に出席するために、年間で三〇日も全国各地をとびまわっていると言われている。

ところが私たちは、こうしたしかけが先端技術を誇る企業でも行なわれているのを知った。3000型コンピュータの発売を祝って、ヒューレット・パッカードは〝大グマ（IBMを指す）をつかまえろ〟という歌を作って気勢をあげた。キャタピラーでは、新型機の発表のたびに、巨大なブルドーザに服を着せて飾りつける、という話を聞かされた。デルタ航空では、この不況の中で一人の解雇もなかったことに感謝して、社員が自分たちの金を出し合って、じつに二五億円（六〇〇〇億円）もするボーイング767型機一機を経営陣に寄贈している。

驚く人も多いと思うが、人間尊重には厳しい側面もあるのだ。超優良企業は、評価と実績を重視する。だが、この厳しさは、机をたたいてどなる管理者や複雑な管理制度から生まれるのではなく、経営者も従業員も互いに多くを相手に期待すること、同僚どうしで遠慮のない検討、批判が加えられること、から生まれている。超優良企業での厳しさは、業績のよくない、組織・命令系統重視型企業の厳しさをたぶんしのぐはずだ。なぜなら、自分が必要とされている、という気持ほど人間の意欲を強く刺激するものはないからで、まさにこれこそが高い期待を生み出すもとなのである。さらに、高い期待を抱いているのが自分の同僚であることを知っているとき、人はなおいっそういい仕事をし、いい成績をあげようとする。

第三章でも見たように、人間はいつでも自分をほかの人間と比較して見ている。人間はいつもなにかの目標を設けて行動している。まして、その目標が達成可能なもので、自分もその目標設定にひと役買ったものであれば、なおさら人間はその実現に熱意を燃やすのである。

ということは、超優良企業では、人間尊重が徹底しているということなのである。口先だけでそれを言う会社では、どんなに表向きいいことが言われていても、私たちがいま述べたような点が見られないのが普通である。たしかにそうした会社でも、簡単にレイオフしたりはしないだろう。だが、雇用変動を起こさないために、ＩＢＭ、デルタ、リーヴァイス、ヒューレット・パッカードなどの会社が払っている並々ならぬ努力にかなうところは、まずないと言ってよい。それに、言葉の持つ意味が違っている。

こうした会社と対照的なところでは、従業員の心情とか、取り扱い、養成、といったことで、「なるほど」とわれわれが感心する実話が少ない。口先だけの会社では、「管理者」と言えば、工員といっしょに腕まくりして仕事に取り組む人のことではなくて、自分の代わりにそうしたことをする補佐を雇って彼をしてさせしめることを管理する人間のことである。こうした会社では、仲間どうしの評価、検討、反省も行なわれない。秘密主義をとり、従業員に情報を与えまいとする。言わんとすることははっきりしている。（大人でない）従業員にそんなことを知らせても、百害あって一利なし、という考えだ。

会社主催の行事、表彰式、もりだくさんな賞品、その他の勤労意欲を高める奨励策はどうか？　それもない。目標管理（ＭＢＯ）とかＱＣ活動とかスキャンロン・プランが世に流行すれば、それを取り入れることもあるが、やがてはそれも捨て去られるか、そうしたことの運営そのものが「官僚化」する。そして失敗は、「組合」とか「従業員の協力の欠如」のせいにされてしまう。経営者側の根気のなさと熱意の欠如によるものだとされることはほとんどない。

つぎの問題は、まやかしのにぎやかしに陥ることだ。近年アメリカではやっているまやかし活動は、ＱＣサークルである。日本での成功に見られるとおり、ＱＣサークルそのものに問題があるのではもちろんない。経営の〝決め手〟と銘うってこれまでにも数多くの手法が提唱されてきたが、ＱＣサークルは、その最新のものだというにすぎない。それが大いに効果をあげることもあるだろうし、経営者が真の人間尊重を避けて通ろうとするときの格好の隠れみのになることもあるだろう。

一〇年まえには「職域拡大」が云々された。そのまえには、どこでも組織開発（ＯＤ）運動がくりひろげられ、チームづくり、Tグループ、対立解決法、自己開発グリッド等々がもてはやされた。こうした過去の経営手法の残骸が〝低生産性〟という名のアメリカの不毛の砂漠にたくさん散らばっている。だが、事情はほとんど変わっていない。安直な経営コンサルタントは、あいかわらず企業の下級管理層（教育訓練担当といった）に各種の経営手法を売りこみ、経営上層部はめんどうなことにかまけたくないので、下級管理層の言うがままにそうした手法を試みさせている。だが、これらの手法は下からの積み上げだけで成功するものではない。その成功には、経営上層部が強い関心を持つことが不可欠なのである。抜本的な変革を目指そうとしているのではないのか？　それらの手法がしっかりと根づくためには、経営上層部全員が、全面的な指導力と努力をみずから示さなくてはとうてい無理である。

こうした手法で根本的な変革が起きないのと同様に、あるひとつの手法が一、二年以上にわたって効果を持ちつづけることもあまり期待できない。ほとんどの超優良企業は、目標管理を採用し、QCサークルを実施し、チームづくりを試み、あるいはいまだにそれらすべてを実施しているのである。それどころか、まだまだ多くの手法が使われている。調査を進める中で私たちは、超優良企業がいかにいろいろな経営手法を駆使しているかを知って驚いた。また、それらがきわめて頻繁に改善、刷新されていることにも驚かされた。それらはみな口先だけの計画でもなければ、その場かぎりのしかけでもない。

金銭的な報酬制度が数多くとられていたが、これは私たちも予想していたことだった。しかし、金銭を伴わない報奨策、実験的なまったく新しい手法、などが驚くほどたくさん試みられていることも私たちは知った。そのどれひとつをとっても――たとえ、こうした超優良企業にあっても――その効果がいつまでもつづくことは期待できないことだ。超優良企業は、ちょうど新製品開発に対するのと同じ態度で、新しい経営手法に臨んでいるのではないか、ということだ。

経営手法のパイプには、つぎつぎと新しい手法を送りこみ、古いものでつまらせたままにしておいてはならないのである。新製品開発と同様、なかには失敗に終わるものもあるかもしれない。職域拡大手法が、たとえばミルウォーキー工場でうまくいかなかったら、ほかの工場で、ほかの企業で成功しているほかの手法を試してみたらいいのだ。

いくつかの成功例

大半の経営者は、人を大切にしていると言うが、超優良企業では、この点に対する力の入れ方が違う。そうした考え方が末端まで広く行きわたっていることが、大きな違いである。実例によって説明するのが、いちばんわかりやすいだろう。

RMI

最初に取り上げる例として、RMIは最適である。USスチールとナショナル・ディスティラーズの子会社であるRMIは、チタン製品の総合メーカーである。ながらくこの会社は、生産性、収益ともに低く、その業績は平均以下であった。ところが、過去五年間でRMIの業績はいちじるしく向上した。それはひとえに、徹底した人間尊重の生産性向上計画を採用したためであった。

この計画は、クリーブランド・ブラウンズの主将をやったこともあるプロフットボールの元選手〝ビッグ・ジム〟ダニエルがRMIの最高責任者（社長）に任じられたときに始められた。『ウォール・ストリート・ジャーナル』紙は、彼が始めたこの計画を「毎度おなじみの感情に訴えるやり方――スローガンを繰り返す、コミュニケーションをよくする、そしていつでも笑顔を、と呼びかけるもの」だと評した。工場にはつぎのような標語があちこちに貼り出された。「笑顔のない人を見かけたら、君の笑顔で微笑みかえしてあげよう」「自分でも楽しくないことはうまくいかないものだ」。そして標語の終わりには、みな〝ビッグ・ジム〟と署名してあった。

要するに、これ以上ややこしいことをやっているわけではなかった。会社のロゴは笑顔をデザインしたもので、それは社用便箋にも、工場の正門にも、工場内の標示にも、工員のヘルメットにも使われていた。RMIの本社はオハイオ州ナイルズにあったが、誰もがいまではその地を「オハイオ州スマイルズ」と呼んでいた。ビッグ・ジムはゴルフ・カートに乗って工場の中を走りまわりながら、工員たちに手を振り、冗談口をたたき、彼らの話に耳をかたむけ、全部で二〇〇〇人にものぼる従業員の一人一人にファースト・ネームで呼びかけるのである。

それだけではない。彼は組合の人間にも多くの時間を割く。組合の委員長はつぎのように言って彼に賛辞を呈している。

「彼は私たちを経営会議の席に招き、会社のやっていることを私たちにも教えてくれるが、こんなことはほかの業界でも聞いたことがない」

で、その結果はどうだったか？　この三年間に、彼は主たる資本投下もせずに、従業員の生産性を八〇パーセント近くも上げさせたのである。いちばん最初の報告によれば、平均して月約三〇〇件はあった組合員の苦情も、わずか二〇件たらずにまで減少している。私たちが面談したRMI製品のユーザーたちは（たとえば、ノースロップ社など）言っている。ビッグ・ジムの体中から、ユーザーに対する、従業員に対する、心くばりがあふれ出ている、と。

ヒューレット・パッカード

あるひとつの調査によると、面談調査を受けたヒューレット・パッカードの重役二〇人中、じつに一八人までが、彼らの会社の成功は人間尊重哲学という経営方針にある、と答えている。「HP的やり方」と呼ばれているこの経営方針について、会社の創立者ビル・ヒューレットは、こう述べている。

人間は、男女を問わず誰でも、いい仕事、創造的な仕事をしたいと思っている。それにふさわしい環境におかれれば誰でもそうする、というのが私の信念です。「HP的やり方」というのは、そうした考え方から自然に生まれてきた経営方針であり、行動なのです。個々の人々に配慮と尊敬を払い、その成果を認め、きちんと評価してあげるという伝統なのです。陳腐に聞こえるかもしれませんが、デイブ（共同創立者パッカード）と私は、この考えが間違っていないとかたく信じています……。

人間尊重、人間重視というのは、「HP的やり方」の中でもいちばん大切なことです。こうした考えから私たちは、もうかなりまえにタイムレコーダーを廃止しました。最近では、フレックス・タイムを導入しています。これは、従業員が仕事のスケジュールを自分の生活パターンにあわせることができるようにとの配慮に基づくものですが、それはまた同時に、私たちが従業員に対して寄せている信頼感の表われでもあるのです……。

わが社に新しく入った者やわが社を訪れた人々は、もうひとつの「HP的やり方」の特徴に気づき、よく私たちに話してくれます——それは、みながざっくばらんでうちとけていることです。たとえば、わが社では誰もが相手にファースト・ネームで呼びかけます。ほかにもいろいろとあげることができますが、そのどれかひとつをとって、これが「HP的やり方」の秘訣だ、と言うことはできません。ましてや、数字や統計で表わせるものでもありません。要するに、それはひとつの精神であり理念なのです。

誰もがチームの一員であるという雰囲気があるのです。そしてそのチームが、ヒューレット・パッカードなのです。はじめにも言いましたが、人間尊重がこの考え方の原点です。従業員も経験からこのやり方でうまくいくことがわかっていますから、人間尊重の「HP的やり方」が今日までつづいてきたのです。そのおかげで、ヒューレット・パッカードの今日があることが、みなによくわかっているのです。

ヒューレット・パッカードが人間尊重の経営方針をとりだしたのは、かなりまえからのことである。一九四〇年代に、すでにヒューレットとパッカードは、この会社を「人を雇って《ハイア》、くびにする《ファイア》」会社にはしないことを決心している。これは、電子工業が浮沈の激しい需要にほとんど依存していた当時としては、たいへん勇気を要する決断であった。一九七〇年の不況で業績がいちじるしく低下したとき、HPの雇用保証という基本方針は、厳しい試練にさらされることになった。だが、HPはレイオフをするかわりに、創業者のヒューレットとパッカードを含めて、全員が給与を二割削減することに合意した。同時に全員の労働時間も二割減らされた。こうしてHPは、完全雇用の基本方針をくずすことなく、未曾有の苦況をみごとに乗りきったのである。

HPの人間尊重哲学は、その歴史が古いだけではない。いつも時代にあわせて刷新されている。HPの経営目標、経営哲学は、最近書き改められ、全従業員に配布されたばかりであるが、HPは新しい経営哲学の冒頭でこう述べている。「ある組織体の成し遂げる成果とは、その組織体を構成する各人の努力が結集して得られたものである」。その二、三行あとで、HPのこれまでの成功の原動力であった考え方、すなわち、つねに創意工夫、革新につとめる人々への誓いをあらたにしてこう言う。

「第一に、きわめて有能で創意工夫に富む人々がこの組織のいたるところにいることが重要であると思います。第二に、この組織が掲げる目標、その実践にあたる指導者は、組織のあらゆる階層の人々の意欲と熱意を刺激し、高めるものでなければなりません。管理の要職にある者は、みずからが意欲的であるのみならず、その人といっしょに働く人々の意欲をもかきたてる能力を持っているかどうかによって選ばれた人でなくてはなりません」

そして、この新しいHPの信条の序文は、つぎのように結ばれている。

「ヒューレット・パッカード社は、画一的で厳格な軍隊のような組織であってはなりません。むしろ働く人々がみずからの責任分野において、最良と信ずる方法によって仕事のやり方を工夫するのです。それがやがては企業目標の達成につながるのです。そうした運営上の自由が、ヒューレット・パッカードで働く人々には与えられるのです」

HPがどれほどその従業員を信頼しきっているかは、サンタ・ローザ事業所でとられている〝研究資材公開制度〟によく現われている。研究資材倉庫には、電気、機械の部品や機器類が保管されているが、この〝公開制〟とは、技師たちがそこに自由に出入りして資材を持ち出せることを意味する。のみならず、彼らがそれを自宅に持ち帰って私用に使うことも積極的にすすめる、というものなのである。技師が機械や部品を、どのように、どこで――職場、自宅のいかんを問わず――使おうと、とにかくそれをいじくりまわしているうちに、良いアイデアに気づくこともあるし、それなりに勉強にもなるだろう――それがすなわち創意工夫、革新をもたらすことにもなるのだ、という考えなのである。

こんなエピソードが伝えられている。ビル（ヒューレット）が土曜日にHPのある工場を訪ねたところ、研究資材倉庫には錠がかかっていた。彼はすぐ作業工具室へ行って大型カッターを持ち出し、倉庫の錠前を切断した。月曜日に出社した社員は、倉庫のドアにつぎのようなメモが貼ってあるのをみつけた。「今後二度とこのドアには錠をかけないで下さい。深謝。ビル」

入社して一年もたたない二四歳の若い技師の言葉にも、「HP的やり方」がよく浸透していることが感じとれる。彼は新しい人事手続きの問題についてこう言った。「（創業者の）ビルやデイブだったら、こうはしないと思いますが」。HP式の考え方、価値観がこれほどはやく、これほどはっきりと身につくというのは、本当に驚くべきことである。彼はさらにつづけて、HPでは「とにかくやってみること」が大切なのだ、認められるためには新製品開発にどんどん参加していくことが必要なのだ、書類をうまく作ることじゃなくて実績をどんどんあげることが大事なのだ、誰とでもどこでも話し合える能力が必要なのだ、と言う。

上司の部長や課長のことを語る彼の口ぶりは、まるで友人のことを話しているようである。また逆に、彼が部長や課長のただ一人の部下であるかのような口ぶりで話す。彼は（第五章で述べた例の）

MBWA（右往左往経営）についても語る。やがて話題は広く一般にも知られている〝コーヒー・クラッチ〟にも及ぶ。これは、HPが毎週現場で行なっている格式ばらない意思疎通、問題解決の場（全員が参加する）である。こうして、〝ヒューレット・パッカードの驚異〟として広く世間で話題になっていることが、かけ値のない事実であることがわかる。

つづめて言えば、ヒューレット・パッカードの最大の特色は、そこに働く人々に共通して見られる責任感、職務に対する真剣な取り組み方にあると言ってよい。HPのどこの部門に行っても、従業員は自分の部門の成績を誇りに思い、製品の品質について熱心に語る。HPでは、上級幹部、技術者、工員を問わず、誰もが活力に満ち、意欲的である。

どこかでたまたまHPの社員に出会った私たちの同僚の多くは、あとで自問する。「こんなことがありえようか?」と。彼はさらに多くのHPの人間に会う。誰もがみな活力と意欲にあふれている。こんなことがありえようかという彼の一時の猜疑心は、次第に薄れることになる。私たちも最初「HP的やり方」のとりこにされまいという態度で調査にあたっていた。だが、結局はこの考え方にすっかり魅せられてしまった。

ウォル・マート

二万六〇〇〇人を越す従業員を擁するウォル・マートは、いまや小売業全米第四位にランクされる大会社である。七〇年代に、この会社の売上げ高は四五〇〇万ドル（一〇八億円）からいっきょに一六億ドル（三八四〇億円）に、店舗数は一八から三三〇にと急増した。この急成長をもたらした原動力は、社内では〝ミスター・サム〟とみなから呼ばれているサム・ウォルトンであるが、彼の成功の秘訣は、従業員を大切にしたことにつきる。ウォル・マートのマネージャーはたいてい「人間尊重」と書いたバッジを胸につけているが、これもサム・ウォルトンの発案によるものである。

彼は人間尊重の経営をJ・C・ペニーで学んだ。J・C・ペニーと同じように、彼の会社でも、従業員は〝アソシエイト〟と呼ばれている。だが、それだけではない。彼はアソシエイトたちの声にもよく耳をかたむける。「店頭に出て、アソシエイトたちの声を聞くことが大切なのです」と彼は言う。「全員が参加すること、これがきわめて重要なのです。わが社では、もっとも優れたアイデアが店員や仕入れ係員から出てくるのです」

ウォルトンの成功談は、多くの伝説を生むことになった。『ウォール・ストリート・ジャーナル』紙は、つぎのような話を紹介している。

「ある晩、ウォルトンはなかなか寝つくことができなかった。眠ることをあきらめて起き上がり、終夜営業のパン屋に行き、四、五〇個のドーナツを買った。もう夜中の二時半になっていたのだが、彼はそれを持って配送センターに行き、そこにいた作業員たちとしばらく雑談した。その結果、帰ってくる運転手たちを見ていて、この配送センターにはもう二つ簡易シャワー室がいることを学んだ」

こんなエピソード自体は珍しいものではない。中小企業ではざらにある話だ。私たちが驚かされるのは、年商一六億ドル（三八四〇億円）の大企業のトップになっても、彼が従業員のことをこれほど心にかけている、という点にある。

末端の人々が大切であるという考え方は、この会社のあらゆる活動に反映している。役員室に重役たちがいることはほとんどない。本部は倉庫のようにガランとしている。なぜならば、ウォルトンのマネージャーたちは、いつも現場に、たとえば、全米一一州にまたがる各営業拠点に行っているからである。そこで、彼らはなにをしているのか？　新店舗開店祝いで地元のチアガールたちの先頭に立ってパレードをしていたり、ライバル企業Kマートから人材を引き抜いたり、従業員たちと反省会を開いたりしているのである。

ウォルトン自身も、一九六二年からずっと毎年欠かさずウォル・マート全店舗（いまでは三三〇店にも達していることを忘れないでほしい）の巡回視察をつづけている。

ウォル・マートでは、誰もが勝利感を味わうことができる。定例の営業会議は、土曜の午前七時半に開かれる。毎月、最優秀仕入れ担当者には、記念の盾が贈られる。毎週、優秀な成績をあげた店舗は表彰される。店舗改装のために各地の店舗に急派される「特殊部隊」が任務完遂報告をする。最後にミスター・サムがやおら立ち上がって、叫ぶ。「どこがナンバー・ワンか！」すると全員が大声で唱和する。「もちろんウォル・マート！」

それはまさに、みんなでわっしょい、がんばりましょう式のやり方であり、見えすいたくすぐりであることは間違いない。だが、たとえそうであったにせよ――私たちがこれまでに見てきたそのほかの数多くのケースと同様に――とにかく楽しいのである。『ウォール・ストリート・ジャーナル』紙はつぎのように書いている。

「たぶん、ウォルトン自身がいちばん楽しんでいるのではないか。彼が少し以前にテキサス州マウント・プレザントに自分で飛行機を飛ばしていったときのことだが、彼は副操縦士に一〇〇マイルも行ったところで待っていてくれと言い残して機を降りた。それから彼がどうしたかというと、通りすがった一台のウォル・マートのトラックをとめて助手席に乗りこみ、『あとずっと運転手と話をしながら行ったが、いや、なかなか愉快だったよ』という次第である」

仕事が楽しい、仕事の中に楽しみを見出す——超優良企業のほとんどに共通して見られる特徴である。経営幹部もマネージャーたちもみな仕事が大好きであり、夢中になっている。ヘッドスキーやプリンスのテニスラケット（デカラケ）を開発したハワード・ヘッドは、最近あるところでこう述べている。

「自分のやっていることに没頭できないとだめですね。私はそう思いますよ。私はとにかくデザインの仕事が好きなんです。おもしろくなかったら、やっていませんよ」

ダナ

人を通じての生産性向上によりたいへんな成功をおさめた好例のひとつは、レニ・マクファーソンが会長をつとめるダナ社であろう。売上げ高が三〇億ドル（七二〇〇億円）にのぼるこの企業は、自動車用のトランスミッションとか冷却ファンの羽根のようなありふれた補修用部品を作って、主として自動車業界、トラック運送業界に供給している地味な企業である。

戦略経営論を展開したら、おそらくこの会社は、末席を汚すこともないほどどこといって特徴のない事業を営んでいるのである。ところが、一九七〇年代に、この地味な中西部に本拠をおく企業が、『フォーチュン』誌が選ぶ全米企業上位五〇〇社のリストで、投下資本利益率でじつに第二位にランクされたのである。一九七〇年代はじめには、ダナの従業員一人当たり売上げ高は、全米産業平均と同じレベルにあった。ところが、一九七〇年代後半までの一〇年間に、全米産業平均が二倍にも達していないときに（しかもダナの事業分野における業界平均生産性はほとんど向上していないときに）、巨額な設備投資をするでもなく、なんと社員一人当たり売上げ高は三倍にもなったのである。

地味な成熟産業の一大手企業が生産性向上によって達成した記録として、これは驚異的なものであった。ダナの工場の大半が、（悪名高き）全米自動車労組（UAW）の傘下に入っていることもつけ加えておく必要がある。一九七〇年代の初めと終わりでは、ダナの組合員のUAWへの苦情提訴率は大幅に減少し、UAW平均をはるかに下まわるところまで落ちたのである。

こうしためざましい成果は、すべて人を通じての生産性向上によってもたらされたのである。まえにも述べたとおり、一九七三年にマクファーソンがダナの経営権を握ったとき、彼が最初にやったのは、厚さ五七センチもある経営指導要領を破棄することであった。彼はそれに代えて、一ページの簡単な経営方針を発表した。その要点はつぎのようなものであった。

●人々をまきこみ、人々の信頼を得、人々の意欲、熱意をかきたてるのに、面と向かっての コミュニケーションほど強力なものはない。組織の活動、成果を表わすすべての数値をわが社のすべての人々に公開し、検討してもらうことが肝要である。

●自己の技量をのばし、昇進の機会を広げ、あるいは自己研鑽につとめたいと願っているわが社の創造的な人々に、教育訓練により自己啓発の機会を与えることは、われわれの義務である。

●わが社の人々に安定的雇用を保証することが重要である。

●勤勉さに対する報奨策はもちろん必要だが、よいアイデア、よい提案に対する報奨策も作り出せ。

マクファーソンは言っている。

「なによりも基本的な考え方、理念というものが第一に大切なのだ。経営者は誰でも『人が会社のいちばん大切な財産だ』といちおうは言うものの、それを口先だけでなく本当に身をもって実践する人は、あまりいない」

マクファーソンはただちに四〇〇人いた管理職を一五〇人に減らし、一一あった管理階層を五つに整理した。九〇人ほどいた工場長《プラント・マネージャー》は「店長＝ストア・マネージャー」と呼ばれることになった。デルタ航空やディズニー・プロダクションでの例と同じく、彼らは工場内で行なわれるすべての仕事《ジョブ》に精通することを求められた。それと同時に、彼らには工場運営について完全な自主性が与えられた。これが成功したとき、マクファーソンはつぎのように述べたが、アメリカのたいていの企業では、こんなことを言ったらいっぺんに役員の首が飛ぶことだろう。

「生産性向上の秘訣が、自主管理、規則の緩和、従業員の資本参加、開発研究の促進等々にあるという俗説類に、私はかならずしも同意できない。私はその代わりにこう言いたい。人々に自由に仕事をやらせ、やりとげさせよ、と」

ダナ社では、たしかにまず理念がさきにあった。しかし、それはあるひとつの考え方が押しつけられたというよりは、いろいろなアイデアが人々の自発的な意思に基づいて広がっていったのであった。生産性を向上させることに全員が参加し、その実現に全員が責任を持ったのである。

マクファーソンは、まずその手始めは「トップ管理者の生産性を向上させる」ことにあると言う。といっても誰もそれをどうして実現したらいいか教えてくれるわけではない。なにか教えられるところがあるとすれば、それは、たとえ組織の末端にいても、人間には効率よく仕事をしようという意欲がかならずある、という信念である。マクファーソンはこう言っている。

ある特定の仕事についていちばんよく知っているのは、その仕事を現にやっている人である。こうした考え方をしっかりと身につけるようにならないかぎり、私たちはその人の可能性——組織に対する貢献という意味でも、その人の個人としての向上発展の意味においても——を完全に引き出すことはできない。たとえば、ある工場を考えてみよう。機械を動かし、生産を最大にし、製品の品質を高め、材料の流れを最適化し、もっとも効率よく機械を動かしつづけることをいちばんよく知っているのは、機械操作担当の工員であり、材料補給担当員であり、機械保守担当員である。彼ら以外の誰でもない。

マクファーソンはさらにこうも言う。

私たちはばかげたことに時間を浪費しなかった。私たちにはややこしい手続きもなければ、たくさんの事務管理スタッフもいなかった。誰もが、やる必要がある仕事を、やりたいと思う仕事を、その成果がどうかを判断しながらやる。私たちはこうした考え方で全員に仕事をしてもらった。そして、それをするに必要な時間もたっぷり与えた。……
ひとつの企業の中でいちばん大切なのは、実際にサービスを提供し、物を作り、あるいは、それに付加価値をつける人々であって、そうした活動を管理するスタッフ部門の人ではない。この点をまず第一に認識することが必要である。……ということは、私が工場にいるならば、まず各現場の工員諸君の言うことに耳をかたむけねばならない、ということです。

マクファーソンの考えは、どんなときにも変わることがない。ふだんの会話の中でも、講演の中でも、彼はつねに変わることなくひとがなにより大切だと説きつづける。ダナの元役員の一人は、私たちにこう語った。「彼がなにかを言うときには、かならずひとのことが、その発言にはいっている」

マクファーソンは言っている。

「年次報告書の写真を見てごらん。会長の写真なんか見る必要がない。会長ともなるとその名前がいつも写真の下に、正しいスペルでのっている。だがほかの人々〔末端の工員たち〕の写真（がたまたま出ていれば、それ）を見てごらん。そのうちの何人が正式の名前で言及されているかね？」

ヒューレット・パッカードと同様、ダナでもタイムレコーダーを廃止した。マクファーソンは言う。

「みんな苦情を言いましたよ。『タイムレコーダーがなくなったら、どうして管理したらいいんですか？』とね。私はこう答えました。『君は一〇人の部下をどうやって管理するのかね？　もし部下の者がいつも遅れてくるようだったら、君は彼らと話し合ってちゃんと出勤させるようにするだろう。そばでいつも見ていれば、君の部下が遅れてくることぐらい、タイムレコーダーに教えてもらわなくてもお互いにわかるじゃないか。なぜタイムレコーダーがいるのかね？』」

人間の行動を性善説で見ようとするマクファーソンは、さらにこう述べる。

「私のスタッフは答えた。『ですが、会長、タイムレコーダーは廃止できませんよ。政府の法律によって従業員の出欠状況と就労時間の記録が必要ですから……』。そこで、私はこう言いましたよ。『そうか、ではこうしようじゃないか。これからは全員が定時に出社し、定時に退社したことにするんだ。記録はそうしておけばいいじゃないか。とくにいつも遅れがひどい者がいたら、ケース・バイ・ケースで説得すればいいのだ』」

マクファーソンは対面コミュニケーションの重要性を確信しており、すべての結果をすべての人々と話し合うことの必要性をいつも説いている。彼は各部門の管理職が部門の構成員のすべてと毎月最低一回は対面して、その月の業績について話し合うことを求めている（ほとんどの超優良企業では、これが行なわれている。そうした企業は、すべての情報を従業員に公開し、隠し立てしようとしない。情報を広く従業員に知らせることで、たとえ企業間競争上多少不利になったとしても、従業員の一体感を高めることの方が重要だと考えている）。

マクファーソンは、会社紹介を目的としたダナ社の企業広告の中でも、対面接触の重要性を強調している。「この広告文には当社の中間管理職者たちは最初だいぶ反発したようですよ」と彼は言う。それはたとえば「上司に反論しよう」とか、「ばかな質問をしよう」というものだった。彼は管理職が部下の者の意見を聞こうとしない傾向を嘆いて言う。「あるとき、スライドを使ってのプレゼンテーションのために、工員が職長に話しかけている写真を私は探していました。職場を撮った写真は一万四〇〇〇枚も保管してあるのに、一枚として上長が工員の話に耳を傾けている写真はなかったのです」

マクファーソンは彼の時間のほとんど半分近くを演壇に立って従業員たちと直接会話することで過ごしている。彼は「タウン・ミーティング」と呼ぶ集会を開き、誰もがみな出席するように求める。彼はペンシルベニア州レディングでの経験を思い出しながら語る。

「私が従業員全員に話したいと言ったところ、全員が集まれるような場所がない、というのがそこの責任者の答でした。そこで、分かれてミーティングを開かねばなりませんでした。こうした状態が三年間つづきました。三年目に私は『出荷倉庫をあけなさい』と言ったのです。一六〇〇人の従業員が集まりました。私は長いあいだ各地をこうして従業員に話をしながらまわっていますが、つまらない質問を受けたことは一度もありません。なのに工場長や部長たちは、私がいっしょに行こうと誘っても、なかなかこうしたミーティングに出たがりません……ごらんなさい」

私たちにたくさんの写真を見せながら、彼は言葉をつづける。

「これはみなそうしたミーティングの写真です。質問をするのはいつも機械を動かしている工員たちです。マネージャーたちが質問することはほとんどありません。なぜだかわかりますか？　つまらない質問をしたと思われるのではないか、と恐れるからなのです」

マクファーソンがもうひとつ熱心なのは、訓練、継続的な自己啓発である。彼はダナ大学を自慢にしている。昨年一年間で何千人ものダナ社従業員がダナ大学の門をくぐった。授業内容は実践的なものだが、それは同時にダナの人間尊重哲学を徹底するものである。講師の多くは社内の先輩たち——たとえば副社長——である（社内講師を使うというやり方は、ディズニー大学でもマクドナルドのハンバーガー大学でも行なわれている）。ダナ大学の理事に任命されることは、管理職にとって最高の栄誉と考えられている、とマクファーソンは言う。理事会は普通九人の事業部長によって構成されている。

ダナでは、何事も強制されるということがない。ダナは利益向上にスキャンロン・プランを取り入れて有名になったのだが、私たちが調べたところ、驚いたことに、スキャンロン・プランが取り入れられているのは、四〇におよぶダナの事業部のうちわずか七つの部門でしかなかった。「それがうまくいくところでスキャンロン・プランを使えばいいんだ」とマクファーソンは言う。「各部門の部長はこの手法を取り入れろ、と命令されているわけではない」

ダナでもっとも強い圧力となっているのは——私たちの調査したほかの超優良企業でもそうだが

――同僚間の心理的圧力である。年に二回、約一〇〇人のマネージャーたちが集まって五日間ぶっつづけで会議を開き、自分の部署の業績、生産性向上について発表を行ない、意見交換を行なっている。彼らはこれを〝地獄の一週間〟と呼んでいる。

マクファーソンはこうした活動を大いに奨励する。なぜなら、同僚同士の切磋琢磨がすべての成功の鍵だと彼は考えているからである。「上司をだますことは簡単だ。私もこれをやってきた。だが、同僚の目をごまかすことはできない。同僚は仕事をよく知っているからね」

そしてもちろん、この〝地獄の一週間〟のあいだ、無礼講に近い自由であけっぴろげなコミュニケーションが行なわれる。彼はこの会議についても例の企業広告シリーズの中で言及している。「わが社では、管理職に煉獄の苦しみを味わってもらっています」

雇用保証についてのマクファーソンの哲学は、最近アメリカの自動車業界を襲った不況によって、厳しい試練にさらされることになった。そうした事態は避けたいのはやまやまであったが、ダナもレイオフを余儀なくされることになった。だが、そうしたときにも、従業員との対話を徹底的につづけるという努力がなされた。会社がどういう状況にあるのかが、包み隠さず全員に説明された。その結果どうだったか。マクファーソンの言葉を引こう。

「一九七九年の従業員持株制度への参加率は八〇パーセントでした。その後、わが社では九〇〇〇人をレイオフしなければなりませんでした。そして現在、レイオフされた者も含めて、参加率は依然として八〇パーセントで変わっていません」

それのみならず、経済界全般がまだ不況から脱け出せないでいる一九八一年、ダナは業績を回復するというめざましい成果をあげている。

マクファーソン哲学は、たんに現場の人々の士気を高めることだけにあるのではない。従業員の一人一人がなんらかの形でいい仕事をすることに貢献できる。そうした意味での従業員の考え、提案を十分に評価してやる、という点にある。

「いつも新鮮であるためには、現場訪問をつづけること、質問をしつづけること、これです。人々にいつもなにを考えているか、と質問することをおこたってはならないのです」と、マクファーソンは強調する。

この言葉を、一六年間ゼネラル・モーターズのポンティアク事業部で働きながら、最近レイオフされてしまった工員のつぎの言葉と較べるとき、その対照的なことには驚かされる。

「よくわからないのですが、おそらく品質の悪い車しか作れない、という理由でレイオフされたのだろうと思います。そうでなければ、なぜいまになって突然やめろというのか、理解できません。しかし、この一六年のあいだ、私は一度たりともできが悪いと注意されたこともありませんし、ましてやどうしたらいい車ができるかについて、私の意見を聞かれたこともありません。一度もです」

デルタ航空

デルタ航空は、米航空業界を吹き荒れた運賃自由化政策の大嵐の中で、つい最近まで好業績をあげていた数少ない航空会社のひとつである。デルタがストライキをやったのは一九四二年のことで、それ以後ストライキはたえてない。組合投票も一九五五年が最後のものである。全米運輸労組のフランシス・オコンネルはこう言っている。「デルタが従業員との間に築き上げている関係を何回か崩そうとしたが、ひじょうにむずかしかった」

デルタもまた人間尊重の会社なのである。「デルタ家の共属意識」をモットーにして、人間尊重の哲学を経営の場で実践している会社である。人事は内部登用を原則とし、給与は他の航空会社より高く、好・不況の周期性が激しいこの業界にあって、レイオフを避けるために最大限の努力を惜しまない。

デルタはまず求人段階からじっくり時間をかけて注意深く求職者をふるい分ける。どの超優良企業でも同じだが、その企業の文化、体質に適した人物であるかどうかを見分けるためである。『ウォール・ストリート・ジャーナル』紙は書いている。

「スチュワーデスの採用でも、何千人もの応募者の中から選び抜かれるためには、二回の面接に合格し、そのあと、デルタ専属の精神分析医シドニー・ジェイナスの診断を受けなくてはならない。『私は彼女たちがチームの一員としてみなと協力して働ける人物かどうかに重点をおいて診断します。デルタに入る人は、ただたんに航空会社に入るのではありません。ひとつの目標に参画、協力するということなのです』」

デルタの成功の鍵は、ほんのちょっとした努力をたくさん積み上げていくことにある。その基調をなしているのが「オープン・ドア」と呼ばれている上役の従業員に対する門戸開放方針である。元社長ウィリアム・ビービーは自分の経験をこう語る。

「私のオフィスのカーペットは、毎月洗わねばならなかったほどです。整備員、パイロット、客室乗務員などがつぎからつぎへと私のところにやってきました。本当に大切な問題なら、誰とでも会いましょう――そのための時間はいつでも作ります、というのが私たちの方針なのです。総務とか秘書を通して面会を求める必要はないのです。会長、社長、副社長を問わず、私たちには、会いにくる人々を選別する『中継ぎ人』は誰もつけていません。間に入る人は誰もないので、文字どおり自由に、自発的に部屋に入ってくればよいのです」

この方針が生きてくるのは、もちろんオープン・ドアが使われ、話を聞いたからにはかならずなにかが起こり、変化が起こるからである。デルタは従業員の言い分が事実かどうかを確かめるのに、多大の時間と費用をかけている（こうしたことをやっていない会社には想像できないほどの）。そしてその結果、経営上の大きな方針変更——たとえば、給与とか経理制度など——が断行されることもまれではない。

「オープン・ドアを積極的に利用しようとする従業員側の意欲と、ドアをいつも開けておこうとする経営者側の意欲が、この制度を成功させたのである」と、ある証券アナリストは言っている。

この制度がどのように機能しているかを示す好例が、『ウォール・ストリート・ジャーナル』紙に載っている。

一九七九年の二月分の給与を受けとった整備士ジェームズ・バーネットは、三八ドル分給与が不足していることに気がついた。トライスターのエンジン修理のために、午前二時に呼び出されたときの超過勤務手当て分が入っていなかったのである。上司に話したがらちがあかなかったので、この四一歳の工員は、社長であるデビッド・C・ギャレットに苦情の手紙を書き、こう訴えた。

「給与をめぐっていつもごたごたしています。そのために多くの社員が会社に対しておもしろくない気持を抱くようになっています」

三日後にバーネットは、三八ドル分の小切手を同封したデルタの幹部からのおわびの手紙を受けとった。それだけではなかった。デルタはこの投書をきっかけにして、通常の勤務時間外に特別に呼び出された整備員に対する超過勤務手当てを増額することに決めたのだった。

デルタで興味をひくのは、経営幹部が随時任務を交換することである。上級副社長たちは、社内のすべての職務に通じるように(飛行機を飛ばすことまではいっていないと思うが)というのが、会長の考え方なのである。上級副社長たちは、その必要があるときには互いに入れかわっても業務に支障がないよう、日頃から互いの業務に精通しておくよう求められている。それから、クリスマスの超繁忙期には、経営幹部も空港カウンターでチェックインや荷物扱いの手伝いをするのがデルタの長い伝統となっている。

ダナ社と同様デルタでも、経営幹部は従業員に語りかけることに、じつに多くの時間を費やしている。〝オープン・フォーラム〟と呼ばれる集会で、どの社員も最低年に一回は上級役員と対話する機会を持つ。この集会では、デルタの組織のトップにある者とその末端にある者が直接言葉を交わすことができる。

こうした対話のために経営幹部が費やす時間は莫大なもので、そうした企業で働いたことのない者の想像を絶するものである。ほんの一例をあげれば、ある役員はアトランタをベースとする客室乗務員全員と対話するのに丸四日もの時間をかけている。上級副社長たちは普通年間一〇〇日以上も各地を飛びまわって過ごす。これはけっして楽な仕事ではない。業界で〝墓守の交代時間〟などと冗談まじりに呼ばれる午前一時とか二時に空港で勤務交代の状況を視察しなければならないことなどもよくあるからである。

意思疎通の徹底は、まずトップから始まる。毎月曜日の朝は役員会が開かれ、経営計画、財務状況など会社が直面している問題が洗いざらい検討される。その日の昼食は、こんどは各役員がそれぞれ自分の担当する部門の長とともにするのが慣例となっており、ここで午前中の会議の結果を十分に説明する。こうして必要な情報、指示は社内にすばやくかつ定期的に流されるのである。

従業員の声を聞くことにも真剣な取り組みが見られる。たとえば、デルタの六〇〇〇人にのぼるスチュワーデス、スチュワードの制服を決めるのは、客室乗務員の代表で組織される委員会である。「それを着て働くのは私たち自身ですから、これは私たちにとってとても大切なことなのです」と一人の乗務員は言っている。また、整備員たちは直属の上司を自分で選んでいいことになっている。

マクドナルド

マクドナルドの現会長フレッド・ターナーが最初についた職業が靴屋の店員だったというのは、いかにもぴったりに思える。人間尊重を経営方針とする多くの企業のトップは、みなこのようにして基本的なことをきちんとすることを学んできたのである——顧客に会い、サービスを提供し、ありきたりの仕事にも誇りと責任を持つ、という基本的なことをである。なかでもマクドナルドは、とくに基本に忠実である。ターナーは言う。

「〔競争業者の〕ひとに関心をよせる経営方針が長つづきしないことは歴史が証明している。彼らには細かいところまで注意が行きとどかないからだ」

上級管理者は外に出て、従業員やその訓練、店の運営に気を配るべきだ、というのがマクドナルドの考え方なのである。マクドナルドの創立者レイ・クロックは言う。

「企業経営では、少ないことが多いこと《レス・イズ・モア》だ、というのが私の信念です。つまり管理を少なくすれば、自発的なやる気は多く出てくるのです。同規模の会社と比較すれば、今日のマクドナルドはたぶんもっとも組織的体裁を整えていない企業体だと私は思います。ですがそれでいて、これほど喜々として一生懸命働く上級管理者がたくさんいる企業はほかにないと思います」

マクドナルドは個々の人々の貢献を語ってとどまるところがない。クロックは説く。

「うまくいっているレストランというのは、勝っている野球のチームと同じです。そこで働いているチーム員すべての能力を完全に引き出し、ほんの一瞬のチャンスも逃さずサービスをスピードアップさせようとするのですから」

クロックはほんのちょっとしたことを重要視する。

「私は細かいことが大切なのだといつも言っています。いい仕事をするためには、基本的なことをきちんとつづけてしていくことが不可欠なのです」

マクドナルド式に細部にいたるまできちんとやるのには、驚くほど多くのことを学び、かつ一生懸命努力することが必要である。元従業員の一人に聞いてみよう。

「私がはじめて出勤すると、〝見習《トレイニー》〟と書かれた白い帽子を頭にかぶせられました。最初に与えられた仕事は、いちばんやさしい仕事——フレンチ・フライを揚げること——でした。そのつぎにはほかの揚げ物とミルクセーキ、それからだんだんとあがってパンやハンバーグを焼く仕事を一任されるようになりました。休憩室は小さな部屋で、そこに行くと、テレビとカセットレコーダーが置かれていて、いつもマクドナルドではこうしなくてはならない、といった式のこまごまとした注意が繰り返し流されていました。ハンバーガーの焼き方とか揚げ物をいつまでもカラッとさせておくにはどうしたらよいか、といった注意です」

マクドナルドの〝教科書〟は細かい手順まで細大もらさず指示している。「ハンバーガーが焼けたら、きちんとひっくりかえすこと。調子に乗ってポンと投げるようにひっくりかえしてはならない」「作ってから一〇分以上たって売れなかったビッグ・マック、七分以上売れなかったフレンチ・フライは捨てること」「お金を受けとるときには、レジ係はかならず顧客の目を見、微笑みかけること……」ほんの数例をあげただけでもこのとおりである。

こうした品質やサービスに関する事項は厳格に決められているが、店長にはかなりの自主性が与えられており、活気に満ちた店の運営をすることが奨励されている。『フォーチュン』誌はこう伝えている。

「八年前にレジ係として勤めだしたデビー・トムソンは、二四歳のいま、エルクグローブ・ビレッジの直営店の店長をしている。彼女は、昼の混雑時にいちばん多くのお客と売上げを扱ったレジ係に五ドルの報奨金を出している。彼女はまた、毎月、成績のいいクルーに表彰の盾を与えている★」

★こうした報奨にはあまり意味がないと言う人もいる。しかし、スタンフォード大学の経営学修士課程にいる学生は、同業のファーストフードチェーン『ジャック・イン・ザ・ボックス』でもらった同じような報奨メダルについてこう語っている。「ばからしいと思われるかもしれませんが、私は今日までそれを七年間もずっと身につけているのです」

私たちの知り合いのセールスマンは、セールスコンテストでバーベキューセットを賞品としてもらった。彼の家にはすでにバーベキューセットがあり、それは賞品でとったものよりはるかにいいものだったが、彼はそれを捨てて賞品でもらったものにかえたのだった。

マクドナルドの別の従業員はこう言う。

「一時間当たりで最高の売上げを達成したときには全員に一ドルの報奨金が出ました。飲みものを除いて一時間当たり三〇〇ドルの売上げになったときにも一ドルが出ました。そのとき働いていた者すべてに一ドルが支給されるのです。記録的な売上げの出た日には、全員が二ドルもらいました。普通忙しいときには不平が出るものですが、マクドナルドでは逆に、誰もがみなこの一、二ドルをもらおうと一生懸命になりました。そうすることがたいへん意味のあることのような気がしたのです」

マクドナルド・システムの中核をなしているのは〝ハンバーガー大学〟である。『ニューヨーク・タイムズ』紙はこう伝える。

シカゴ郊外にあるハンバーガー大学の後ろを走る高速道路の上には、アメリカ国旗とマクドナルドの旗がはためいている。なかでは、マクドナルドのフランチャイザーたちやマクドナルド社のマネージャーたちが一生懸命学んでいる。なにを学んでいるのか？　どこの街角にもあるＭの字を形どった金色のアーチをもつ六一万四〇〇〇の店が象徴するもの、すなわち（あの）雰囲気と味を保証する技術を学び、磨いているのである。創立者のレイ・クロックの言葉を使えば、「マクドナルドは品質、サービス、清潔さ、値うち、の代名詞」なのである。

高校の落ちこぼれ生徒だったクロック氏は、これまでに慈善事業に何百万ドルもの寄付をし、従業員にも地域の慈善事業に積極的に参加してマクドナルドのイメージ向上につとめるようつねひごろ説いているが、大学への寄付はずっと断わりつづけてきている。彼は自著『粉骨砕身人生

［ひ肉とかけたしゃれになっている］』の中で、つぎのように述べている。

「私は大学への寄付金だけは出すつもりがない。この国でも有数の大学のいくつかから寄付を頼まれることがあるが、私はいつもこう答えている。職業訓練校を作らないかぎり、私は一セントも出しませんよ、とね」

……約二〇〇〇人が昨年ハンバーガー大学を卒業した……各コースのクラス討論で最大の貢献をした学生には、金色のコック帽が与えられる……成績優秀な学生には、ハンバーガーを形どった陶製の杯が贈られる……

全米大学入学協議会では、マクドナルド大学の卒業生が、短大または普通の大学に入るときには、特別に最高六単位分まで免除してもよい旨決定している。それも、このマクドナルド大学で教えることの実務性とレベルの高さを物語っているからではあるまいか。

一八もの教科（短いもので一、二日のセミナー形式、ものによっては一週間以上におよぶ）が〝市場評価〟〝経営管理〟の分野をカバーする。マクドナルドが成功したのは、食べ物をすばやく、親切なサービスで、かつ安い価格で提供したことにある。教科ではこのマクドナルド式のやり方が徹底して取り上げられ、なぜこうしたことが大切なのかを教えることによって強烈な動機づけが与えられる。

マクドナルドでもタッパーウェアと同じく大集会とかどんちゃん騒ぎという方法が使われている。ある従業員はこう回想して言う。

私のいた店に〝全米一のハンバーガー職人〟がいました。彼が、文字どおりアメリカ最高のハンバーガー焼き屋なのです。コンテストは春にスタートします。誰がいちばんはやく、きれいに、いい品質のハンバーガーを焼き上げるか――それもマクドナルドの〝教科書〟の方式に従って――を決めるコンテストでした。

正しくやるためには、まず温度計を取り出してグリルにあてます。グリルは汚れひとつなくピカピカに磨き上げられていなければなりません。それからハンバーガーを一列に六個きちんとそろえてグリルの上にのせます。金ベラで押さえてよく焼きます。決められたタイミングで塩をふり、玉ネギをのせます。焼き上がったら、金ベラですくってパンの上にのせます……

最初はまず各店ごとに誰がいちばんハンバーガーを焼くのがうまいかを競います。それで選ばれた者が地域大会に、さらにつぎの大会にと進み、最後には全米大会に行くことになります――このときはたしかシカゴだったと思います。優勝者には大きなトロフィーが与えられます。賞金もあったと思いますが、いくらだったかおぼえていません。なににもまして優勝者にとって名誉だったのは、〝全米一〟と刺繍した縫い取りを制服の胸につけられることでした。

IBM

アメリカで人間尊重の経営をもっとも古くからやっている最大の企業IBMに目を転じてみよう。IBMを語るときに困るのは、なにから語りはじめたらいいのかわからないくらいたくさんやっているということだ。七〇年の伝統に輝くオープン・ドアの方針、初代ワトソンが全従業員が使えるようにと一九二〇年代に作った年会費一ドルのカントリー・クラブ、〝個人を尊重せよ〟に始まるゆるぎない経営哲学、終身雇用、内部登用の重視、IBM診療所、IBMホテル、IBM競技場、IBMテニスコート、人事部が毎月行なう社員の意識調査、セールスマンから幹部社員への登用の多さ、徹底した教育訓練。どれを取り上げたらよいか困るほどである。

IBMの歴史そのものが、人間尊重の経営の歴史だといってもよいほどだ。そしてマクドナルドと同じく、細かいところまでその考え方は徹底して反映している。IBMのニューヨーク財務本部に行ってみるとよい。最初に目にはいるのは、床から天井にまで達する巨大な掲示板である。そこには部内の全社員の写真が貼り出されており、その下につぎのようなスローガンが書かれている。「ニューヨーク財務本部……〝違いを作る人々〟」

ワトソンははやくからオープン・ドアの方針をとっており、それは今日にいたるもつづけられている。管理職の何人かは、社長がいつも平社員の肩ばかりもつ、とよく苦情を言ったものだ。創設期の役員の一人は、実際に初代ワトソンが管理職の肩をもつことはほとんどなかった、と証言している。

こうした姿勢があるからこそ、IBMの人間尊重の諸施策もうまくいくのである。そうした施策が信用され、受け入れられるのである。だからこそマネージャーたちも、部下の苦情を聞いたときには、徹底的な事情調査に乗り出すのである。こうしたやり方は、リーヴァイス、ヒューレット・パッカード、タンデム、デルタ航空のオープン・ドア方針と同じことである。本当に〝オープン・ドア〟が試みられ、誰にもわかる大きな変化がおこるのである。

トーマス・ワトソン・ジュニアは、彼の父、初代ワトソンが、どうしてこうした諸施策——今日まで変わることなくつづけられている——を始めることになったかをこう語っている。

「父は乗りこんでいって、大組織改革を断行するというやり方をしませんでした。彼はそこにいる人々を励まし、やる気を起こさせ、そのままの組織、人材で成果をあげたのです。一九一四年の（内部人材を有効活用するという）あの決定が、ＩＢＭの雇用保証を生むことになりました。それはわが社の社員にとっては、とても重要な出来事でした」

ワトソンは彼の父が大恐慌の真っただ中にあっても雇用保証の方針を守りつづけようとした、と語る。

「（製品が売れないので）在庫にするつもりで部品を作り、それを倉庫にストックしました。これからＩＢＭの内部一貫生産の方針が生まれたのです。社員の教育、能力開発に私たちは努力を惜しみません。仕事が変わったときには再教育をします。新しい仕事に慣れなくて困っている者には、もう一度チャンスを与えます」

初代ワトソンの、時代にさきがけたこうした考え方は、彼がＮＣＲ社の創立者ジョン・パターソンの下で働いていたときに学んだものであった。ワトソン・ジュニアは語る。

「ほかの経営者たちが組合との闘争に明け暮れているときに、パターソンは社内にシャワー室を作って勤務時間中の使用を許し、暖かい食事を原価で提供する食堂を開き、学校・クラブ・公園を作り、会社負担の娯楽までも提供しました。ほかの経営者たちは、パターソンのやり方ではとても経営が成り立たないということで、かなりこれにショックを受けました。だがパターソンは、こうしたやり方こそやがては元がとれる投資なのだと言い、事実そのとおりになったのでした」

ワトソンはパターソンのやり方をそのほかの点でも多く取り入れた。彼自身がこう語っている。

「鳴り物入りの大騒ぎはなんでもやって社員にやる気を出させようとしました……人間関係を大切にするという私たちの考え方は、もともと利他主義に基づいて生まれたものではなかったのです。私たちが働く人々を大切にし、彼らが自分の仕事に誇りを持つようになれば、会社がいちばん得をすると考えたからなのです」

なにを見てもどこを見てもＩＢＭの人間尊重のテーマは変わらない。一九四〇年の『フォーチュン』誌は、ＩＢＭ（当時売上げ高わずか三五〇〇万ドル〔一二六億円〕の会社だった）に関する記事を載せているが、そこでも紹介されているのは、ちりひとつないきれいな工場であり、会費一ドルの従業員用カントリー・クラブであり、ＩＢＭ社歌集である（歌のひとつはつぎのような歌詞である。「私たちはあなたを知り、愛している。あたなが私たちのことをなによりも心配してくれていることを私たちは知っている」――ここでいう〝あなた〟とは、もちろん初代ワトソンのことである）。

初代ワトソンについて『フォーチュン』誌はこうも書いている。

「彼は生来の説教者である。彼ははやくから利他主義の経験則を編み出して、それを自分の処世訓としている。彼は全国を飛びまわり、一日六時間働き、いくつあるかわからないほどたくさんある社員クラブのパーティとか集会に毎晩出ている……彼は社員と話をするのが好きだ。それも部下がなにをしているのかを知りたがっている上司としてではなく、古い友人としてである」

ＩＢＭを語るのに初代のワトソンをめぐるエピソードの数々にあまり多くをつけ加える必要はない。なにせ、今日にいたるまで驚くほどＩＢＭの基本的なやり方や考え方がそのころとまったく変わっていないのである。現代的な形はとっているものの、オープン・ドア方針、クラブ、簡素な組織・手順、説教調、どんちゃん騒ぎ、教育訓練の徹底していること等々は、五、六〇年まえと少しも変わっていない。あるＩＢＭ幹部はこの点を指してつぎのように明快に説明してくれた。

「なんにせよたとえどんなに大失敗しても、この会社ではもう一度やり直す機会が与えられる。しかし、人間関係や人の扱いについてほんの少しでもへまをしたら、それでおしまいさ。たとえどんなにいい業績をあげている者でも、許されることはないのだ」

ＩＢＭでの人間尊重経営の話をしめくくるにあたって、つぎの点を強調しておきたい。すなわち、ＩＢＭが行なった諸施策も、組織の末端にいる人々が会社のやっていることを誇りに思わないかぎりうまくいかない、ということである。ＩＢＭのマーケティング担当副社長バック・ロジャーズは言っている。「なによりも私たちは、ほんのちょっとしたことをうまくやるという評判を作り上げたいと願っています」

ＩＢＭが象徴するもの、ヒューレット・パッカードやマクドナルドが保証する品質、ダナの生産性向上のアイデア――どれをとっても自分の会社の行なっていることに誇りを持たせること、これがゆるぎない人間尊重の経営におけるもっとも基幹となる点なのである。

各社に共通している項目

人間尊重と生産性向上の調査から一歩退いてこれらの超優良企業を眺めるとき、私たちはそこにいくつかの驚くほど共通した要素が見られることに気づく。第一には、使われている言葉である。人間尊重の組織体で使われている言葉には共通点が多い。まずなによりも、中味に先行して形がある。私たちがコンサルタントをしている会社でも、こうしたことがよく起こることを私たちは経験している。

ある考え方、哲学を会社の経営者たちは口にしだす。すると不思議なことに、彼らはその考え方、哲学を――たとえ最初は言葉そのものになんの意味がなかったとしても――身をもって実践しはじめるのである。たとえば、「HP的やり方」にしても、この言葉がヒューレット・パッカード社内で最初に使われはじめたときには、さしたる意味がなかったのではないかと私たちは考えている。ところが時がたつにつれて、この言葉は人々の体の中に、心の中に染みこんでいった。こんな形で会社の中に浸透していこうとはだれ一人として——ヒューレット・パッカードさえも——想像だにしなかったに違いない。

私たちは、真の人間尊重の考え方にはかならずそれにふさわしい特別な言葉がなければならないのではないかとさえ考えている。家族意識、オープン・ドア政策、ラリー、決起大会、右往左往経営、オン・ステージなどの特別の言葉を毎日使い、実践することによって、その会社における人間尊重の姿勢が骨の髄まで染み通っていくのである。

イヌイット語には、雪のさまざまな状態を表わす言葉がたくさんあると言われている。英米語にはないものである。なぜなら、雪の状態を正確に表現することが、エスキモーたちの日常生活に、生存に、文化に不可欠なものだからである。ひとつの組織体が真剣に人間尊重の経営を目指そうとするならば、人々がお互いにどう呼び合い、どういう態度で接しあったらよいのか、それを言い表わすのにふさわしい語彙が豊富に必要なはずである。

超優良企業で使われている言葉の中でもとくに印象的なのは、それら企業が個々の従業員を呼ぶときに使う呼称である。呼称によって従業員の〝位置づけ〟を高める配慮がそこに見られる。たわいない、と言えばまさにたわいないことに違いないが、アソシエイト（ウォル・マート）、クルー（マクドナルド）、キャスト（ディズニー）などの呼称を使うことによって、これら超優良企業は、個々の構成員がいかに重要かという企業姿勢を表現しているのである。

超優良企業の多くは、企業をひとつの（拡大）家族であると見ている。社員の総称として〝家族〟〝家族の延長〟〝家族意識〟といった言葉が、ウォル・マート、タンデム、ヒューレット・パッカード、ディズニー、ダナ、タッパーウェア、マクドナルド、デルタ、ＩＢＭ、テキサス・インスツルメント、リーヴァイ・ストラウス、ブルー・ベル、コダック、プロクター＆ギャンブルでは、きわめて頻繁に使われている。スリーエムの会長ルー・レアーはその辺のところを巧みにつぎのように述べている。

> 米国企業の企業家精神はじつにすばらしい。日本企業の家族主義と規律の良さもまたすばらしい。その両方の長所を取り入れて、うまくやっている会社もいくつかある。スリーエムはそうした会社のひとつである……スリーエムのような会社は、従業員にとって一種のコミュニティー・センターにまでなっているのだ。会社はもはやたんなる「労働の場」ではないのだ。
>
> 私たちの会社には社員クラブ、旅行クラブ、コーラス・グループがあり、社内の部門対抗スポーツ競技会がある。それというのも、人々が生活している町村といった地域社会が、あまりにも人の流入流出が激しくなったために、人々はそこに人間的生活やコミュニティー・ライフの充足感を得られなくなってしまっているからである。
>
> かつてＰＴＡを中心に連帯感の持てた学校は、もはや家族にとって社会生活の中核ではなくなっている。教会もまた家族全員を引き受けていく力を失っている。こうした伝統的な社会機関がその力を失ったとき、いくつかの企業はそこに生じた真空を埋めた。これらの試みに成功した企業は、企業家精神を失うことなく、同時にひとつの社会的母体となったのである。

そして、レアも言っているように、家族とはたんにスリーエム社員の集合体を意味するだけではない。そこには社員の家族全員が含まれるのである。私たちの同僚の一人は、夏期実習生として、三カ月ほどプロクター&ギャンブルのブランド管理計画を手伝ったことがあった。その後五年たってもまだ、感謝祭の時期になるといつも、「家族に」と書いたカードとともに七面鳥が届けられていた、と彼は言っている。

もうひとつ、超優良企業に共通して見られる驚くべき特徴は、厳格に従わねばならない命令系統といったものが、どの企業にも見出せないことである。大きな決定にはもちろん命令系統があるが、日常のコミュニケーションではあまりそうしたことが重視されない。情報交換はインフォーマルに、というのがこれらの企業のやり方なのである。人々はまさしくあちこちと動きまわり《ワンダー・アラウンド》、経営幹部は末端の従業員（そして顧客とも）といつも接触を保ち、誰もがみなファースト・ネームで互いを呼びあっているのである。

その極端な例は、年商五〇〇〇万ドル（一二〇億円）で毎年売上げが倍増しているビデオ・ゲーム器メーカー、アクティビジョン社に見られる。この会社の社内電話番号簿には、従業員の名前が苗字ではなくファースト・ネームのアルファベット順に載っているのである。

GMのあるマネージャーもふたつの大きなGMの工場を例に引いて、ほんのちょっとしたことでどれほど成績に大きな違いが出てくるかを説明している。

「こんな話をしてもなかなか信じてもらえないでしょうが、本当のことなのです。世の中というのはおもしろいものですね。成績の悪い工場では、工場長が現場を見まわるのはせいぜい週一回、それも背広にネクタイという姿でです。彼が工員たちにかける言葉もよそよそしく、おざなりなものです。

ところが、成績のいいサウス・ゲート工場では、工場長はいつも現場を飛びまわっています。彼は野球帽にUAW（全米自動車労組）のジャンパーという格好です。ところで、どっちの工場がちりひとつなくきれいだったと思いますか？　どっちの工場が〝ごみ捨て場〟のようだったと思いますか？」

ぶらぶら《ワンダー・アラウンド》とあちこちを動きまわることは、たしかに誰にでもできることではないかもしれない。自然にそうしたことができる管理者はあまり多くない。その態度が不自然だと、管理者はぶらつくことで従業員にへつらっているとか、ぶらつくふりをして従業員を監視しているのだ、と誤解される恐れもある。現場をぶらついてあまり即断即決を連発すると、命令系統を乱し、ぶらつきながらの現場訪問の本来の意義、形式にとらわれない自由な意見交換等々の目的が失われてしまう。

こう考えると、現場をぶらつくこととか形式ばらないことは、誰にでもできることとは言えないようだ。だが、それでも私たちは問いたい。現場をぶらつき、全国を飛びまわる経営スタイルを持たずして（つまりトップが末端での出来事を直接理解せずして）、企業体が真に生き生きとしたものになりうるのだろうか、と。

形式ばらないという特徴は、ほかの面にも数多く見られる。たとえば、超優良企業の事務所、工場では、まずレイアウトに違いが見られる。形式の排除は、簡素な家具備品、開かれたドア、少ない間仕切り、大部屋主義からうかがうことができる。自由闊達な意見や情報の交換が、宮殿のような、豪華な家具調度を置いた格式ばった部屋——多くの企業の本社で、いな支社ですらよくみかける——で可能なはずがあろうか？

お祭り騒ぎ、祝賀会、そこから生まれる活気

つぎのようなやりとりを考えてみましょう。

GMの財務部員　鋳造工場にいた経験から言うと、アメリカの工員たちが日本の工員やタッパーウェアのセールスレディのように社歌を斉唱するなんてとても考えられない。

二人目の男（中西部出身）　キャタピラーの機械は最高級品だ。しかもそれを作っているのはれっきとしたUAW（全米自動車労組）傘下の工員たちだ。どんちゃん騒ぎなんかやらなくたって立派な製品は作れるのさ。

三人目の男（同じく中西部出身）　私は転勤でペオリア（キャタピラー本社所在地）にやってきた。私自身はキャタピラーで働いていないが、あそこの工員たちは、毎年、〝ブルドーザの日〟というお祭りを工場のテストグラウンドでやっている。全従業員とその家族が参加し、ビールやサンドイッチは飲み放題食べ放題だ。去年の祭りのテーマは〝カウボーイとネイティブ・アメリカン〟というものだった。ブルドーザなどのキャタピラーの機械に、カウボーイやネイティブ・アメリカンの衣装を着せたり飾りつけをして、土山を掘り取る競争なんかをやっている。みな楽しそうだったな。

GMの別の男　うちのサウスゲート工場を見てほしいね。工場長がなにしろそういうことが好きなんだ。工事中が〝日本をやっつけろ〟といったスローガンの掲示でいっぱいだよ。このあいだの集

会では、暴走族まがいのかっこうをしたトッポイ工員の何人かが、雰囲気にのまれて素直に〝アメリカに神の加護を（アメリカ国歌）〟と歌い出したほどだった。

アメリカ人はお祭り騒ぎにのらない、とこれでも言えるだろうか？　必要なら、まだいくつでもほかの例をあげることができる。海軍の元作戦部長エルモ・ザムウォルトは先述のように駆逐艦長をしていたころに、人間尊重の考え方に目醒めたのだが、彼はそのとき、一見つまらないことと思える些事にたいへんな時間をかけたのだった。たとえば、彼の乗艦のコールサインの変更についてである。彼は上司への報告でつぎのように述べている。

駆逐艦イズベル号の指揮を命ぜられて以来、小官には気がかりなことがひとつあります。それは、本艦のコールサインについてであります。〝ファイアボール（火の玉）〟〝ヴァイパー（マムシ）〟といった、いかにも強そうなコールサインを持つ艦の数々の中にあって、本艦がどちらかといえば蔑称に近い〝サップワース（まぬけ以下）〟というコールサインで呼ばれることは、乗組員が優秀なだけに、小官を困惑させるものであります。

懸命の働きかけのかいあって、六カ月後にはついにコールサインの変更が承認された。そして、艦の士気にはたいへんな変化が起こったのである。ザムウォルトは言う。

「〝ヘルキャット〟のコールサインはたいへんな人気でした。地獄の業火の中から、尻尾をぴんと立てた黒ネコが飛び出してきて（駆逐艦の任務どおり）、そのツメで潜水艦をガキッとつぶそうとしている図案の縫い取りを、艦の将校や兵たちは、誇らしげに、袖に、帽子につけました。士気はいっぺんに高まりました」

サンディエゴとその周辺で二〇〇〇人の従業員を擁している米国京セラは、最近「日本でもっとも先端的な企業」という呼称を得ている京セラのアメリカ子会社である。この米国京セラの六つの工場では、毎朝朝礼があり、二〇〇〇人の従業員は、工場長や上長の訓示に耳をかたむける。そのあと、全員が軽い体操を行なう。

会社の考え方はこうだ。「毎日こうしたことをいっしょにやることで、みなの中に一体感が生まれるのです。それに、体操は楽しいですし、元気もでます」。経営幹部は交代で訓示をしている。話の中味は「形式ばらない、うちとけたもので、まえもって誰かの承認をもらうとかチェックを受けておく、といった必要はない」

ヒューレット・パッカードでの第二回目のインタビューをひかえて、私たちがこの会社の受付ロビーで待っていたとき、スピーカーからヤング社長の声が聞こえてきた。彼は当期の営業成績を社内の全員に報告しているのだった。ヤングは穏やかな話し方をする人物である。だが、もしこの世に静かなチアリーダー〔応援団長〕というものがあるとすれば、このときのヤングはまさにそれであった。

ピーター・ベイルは〝好業績組織〟――企業、オーケストラ、フットボール・チームなどの――を研究しているが、彼によれば、そうした組織の秘密は、人々が自分の力に自信を持ち、かならずできる、勝てるのだ、とみずからに言い聞かせているときに発生すると言う――人々の間になにかが起こり、それが互いにわかり、互いの気持に働きかけるからだ、と言う。するとそこには、その集団の人々にだけ通ずる〝共通の言語と行動、しぐさ〟などが必然的に発生する。人々の気分、士気は〝高揚し〃、機会を与えられると、それまでは思いもよらなかったような新しい形、方法で活動しはじめる。思いもかけない力が発揮される。するとなおさらすばらしいことが起こる。

「高揚感……は、その集団のメンバーを熱狂、沸き立たせ、喜びと興奮が互いの間に伝わり、広がる……人々は集団やチームの活動に全身全霊を投入する……目の覚めるようなファインプレーが起きる……みなの心に火がつく」。負けるはずがない、絶対に勝てるという気分が、チーム全員に広がる。そして、やがてそれが現実の勝利へとつながる。

私たちは統計的なデータを持っていないので、超優良企業が教育訓練に費やす時間が普通の会社よりはるかに多い、と断言することはできない。だが、そう断定してもおかしくない証拠、教育に対する熱心さは随所にうかがえる。誰にもよくわかるその証拠のひとつは、社内大学――たとえばディズニー大学、ダナ大学、ハンバーガー大学など――であろう。まえにも触れたとおり、IBMは教育に多額の金をかけている。キャタピラーもまた社員教育に熱心である。セールス・エンジニアはテストグラウンドで何カ月もブルドーザの構造特性とその取り扱い方を教えこまれる。早期に、集中的に実地教育を行なうという特徴は、ヒューレット・パッカード、プロクター&ギャンブル、シュランバーガー（シュルンベルジェ）社などにも共通している。

ベクテルの実地教育の方法は、こうした中でもかなりユニークなものと言えるだろう。アラビアの砂漠に総工費五〇億ドル（一兆二〇〇〇億円）もの一大都市や巨大工場を造るこのゼネコン会社は、小さな、経済的には引き合わないプロジェクトをわざわざ好んで請負っている。

「そんな仕事を引き受けるのは、若い、将来は幹部になることを期待されている有能社員にプロジェクト・マネージャーを経験させ、ひとつのプロジェクトを一貫して担当させることによって、実地の仕事にはやく慣れさせることがねらいなのです」と、ベクテルの幹部は言う（これはGMでアルフレッド・スローンがやったのとまったく同じ方法である。彼はいつも新入りの幹部候補生を、最初小さな部門に配属することにしていた。小さな部門で仕事の全体をはやくつかませるというねらいからであった。間違ってもシボレー事業部のように大きな事業部門に配属する、というような愚はおかさなかった）。

新しくはいってくるマネージャーたちを、いかにはやく自社の体質に適応させ、とけこませるか。この点でも超優良企業にはきわだった特色が見られる。第一に重要なのは、人材募集の方法で、きわめて厳しい選考が行なわれる。私たちがインタビューした会社の多くは、一時選考にパスした者を七回も八回も会社に呼び出し、面接を重ねていろいろな角度から候補者を見る、ということをやっている。この人物なら、と得心がいくまで面接をつづけるのである。これらの企業は入社希望者に、是非自社にはいって下さいとは言わない。テスト結果の優秀な人にでも「わが社のことを調べ、よく知って下さい。わが社の気風、体質にあなたがあっているか、またすぐにとけこめるかどうか、自分自身がいちばんよくわかるはずです。それからあなた自身で決めて下さい」としか言わない。

つぎの問題は、入社してすぐの仕事、職場である。これがいちばん重要な問題だと言ってもよい。これらの会社はたいてい、希望に燃えた新卒たちを現業の〝手を汚す〟部署に配置し、仕事を始めさせる。ヒューレット・パッカードのヤング社長は言う。

「若い経営学修士や工学修士には、新製品の市場開発、開拓をやってもらっています。最初にやってもらうのには最適の仕事です。新製品を市場に売出すということが、実地の体験として身につきます。それが当社にとってもっとも重要な作業なのです」

『ビジネス・ウィーク』誌はこう書いている。「キャタピラーでは、幹部候補生は製造の現場といった組織の下の方から仕事を始めることになっている。一夜でスターが生まれるという考え方を、キャタピラーはとらないのである」

米国における大企業は普通、新卒者を現場に投入して徐々に馴化させていくという方法をとらない。普通の会社では、経営学修士を持っているような幹部候補生には、多額の俸給を払っており、経費もバカにならないという理由で、彼らをすぐ管理部門に配属する。そして彼らは、その会社がどんな仕事をしているかをついぞ肌身で感ずることもないままに、数字や表ばかり眺めて何年かをすごしてしまうことになる。

このふたつの対照的なやり方では、現実認識に大きな違いが生まれる。会社の目的そのものである作ったり売ったりする部門からスタートした者は、のちにだんだんと昇進していっても、企画、市場調査、経営システムといった高等手段にごまかされることがない。それだけではない。事業に対する直感とでも言ったものが養なわれる。彼らは、経営には数字だけでなく事業に対するカンも大切なことを学ぶ。彼らは現場を肌で知っている。だから、彼らのカンに狂いがないのである。ベクテルの掲げる企業モットー「やりとげられそうなことに関するあの冴えたカン」は、この辺のところをうまく言い当てている。新人をとけこませるうえでつぎに重要なことは、模範的な実例、経験談で学ばせることである。その企業の生成発展の過程で生まれたチャンピオンたち、彼らが作り出した数々の伝説に学ばせるのである。新人たちは、仕事をめぐる成功談や苦労話から、いかに仕事を進めていったらよいかを学んでいく。

ＩＢＭでは顧客サービスについての苦心談が多い。スリーエムではつねに新機軸、革新を追い求めていくうえでの失敗談である。プロクター&ギャンブルの逸話は、品質をめぐるものが多い。ヒューレット・パッカードはもっと直接的な訴え方をしている。彼らは基本的な社員心得をまとめた〝HP的やり方〟という小冊子の中に、現場からスタートしてトップにまでのぼりつめた人々のエピソードを数多く載せている。それだけではない。提案箱を通じて定期的に〝HP的やり方成功例〟を集め、小冊子に乗せるエピソードをつねに新しいものに変えていくという努力までしているのである。

情報を広く公開し、比較させる

仲間うちで仕事の成果を比較するときに、社内で一般的に必要な情報が与えられているかどうか、ということが重要なのである。驚くべきことに、超優良企業の管理メカニズムの基本が、これなのである。すなわち、誰かになにかをせよと命ずるまではなにも起こらない、という軍隊式の命令系統ではけっしてない。大まかな目標、価値基準が設定され、それについての情報が広く誰にでも共有されているので、働いている人々には、いま自分がやっている仕事がうまくいっているのかいないのか――そしてまわりの誰がいい仕事をし、誰がいい仕事をしていないかまでも――すぐわかるのである。これが、私たちが「同僚比較《ピア・コンパリズン》」と呼ぶ巧みな管理方式なのである。

情報を分かちあうことを経営の基本方針にしている企業もある。その好例はクロンプトン・コーデュロイである。『フォーチュン』誌は伝える。この会社の古い工場のひとつでは、操作台のボタンをひとつふたつ押すだけで、機械オペレーターは自分の生産高をチェックでき、また同職種のそれと比較することができる。強制されたわけでもないのに、彼らは昼休みの時間を切りあげて、コンピュータの端末をのぞき、生産高の現況をチェックまでする。ＧＭは最近、情報を広く誰にも知らせることに決めたのだが、『フォーチュン』誌はこれをつぎのように報じている。

基本的な数字を生産現場にまで下ろし、従業員に広く知らせることは、経営と労働の間にあるギャップを埋める大きな一歩である。ほかのどんな行為にもまして、これによって企業の目指している諸目標が働く人々にはっきりとわかり、経営と労働の一体感は強固なものとなる〔傍点は筆者〕。ギーア工場（巨大で旧式なシボレー事業部の工場）では、マネージャーたちは工員に直接人件費、スクラップ費、利益（あるいは損失）がいくらか——そしてそれら実績値の目標数値との乖離《かいり》——を卒直に話す。ＧＭではこれまで職長すらそんなことを聞かせてもらえなかったのである。情報を広く公開することによって得られる利益・効果の方が、それによって競争上不利になるかもしれないというデメリットよりもはるかに大きい。ＧＭはそう考えたのである。

エド・カールソンはユナイテッド航空の社長をしていたとき、こう言っている。

「組織の末端に経営情報が欠如していることほど士気に悪影響を及ぼすものはない。私はそれをＮＥＴＭＡ《ネトマ》——英語の〝誰も私になんにも教えてくれない《ノーボディ・エバー・テルズ・ミー・エニシング》〟の頭文字を取って——と呼んでいる。私はこのネトマを最小限にすることに力を注ぎました」

この辺を指摘してリチャード・パスカルは言う。

「カールソンは、それまで営業前線のスタッフに漏らすべきでないとされていた競合上不利になるかもしれない極秘の営業情報を、毎日彼らに教えたのでした」

ブルー・ベルでも同様で、生産性を比較するための情報はどんどん従業員に提供されている。個人、班、工場などの単位で、成果は誰にでも公表される（ダナのような会社では、情報が惜しみなく公開、提供されていることはさきにも触れたとおりである）。

情報を共有するプロセスでもっとも重要なことは――大がかりな心理分析調査によっても裏づけられていることだが――それが報酬などに直接ひびく業績評価を伴うものではないということである。この一線が微妙であることは私たちも認める。しかしながら、明らかな行動としての評価を伴わないものにしておくべきだ、とはっきり言いたい。大切なことは、経営者が労働者を数字によっておどしているのではない、〝上司〟が〝部下〟にこうせよと命令しているのでもない、そういう形でなくてはならない。

だが一方では、情報を広く共有することには、それがもっとも強い影響力――すなわち同僚同士の競争、すなわちライバル意識――を生むという点で、評価の要因が間接的にはいってくることは否めない。まえに触れたダナでも、本社は事業部長に無理やりになにかを押しつけるということはない。ただ、彼らを一年のうち一〇日間だけ、例の〝煉獄の苦しみ〟週間に二回だけ出席させて、生産性向上の成果を相互に発表させているのにすぎない。インテルでは、マネージャーたちは目標管理方式による成果を――それも互いに毎週――発表しあっている。

ずっと以前に組織論の専門家メーソン・ヘアは「計れるものはかならず実行される」と言った。彼は、なにかを計ろうとする、物差しをあてるということは、ことをやる、やりとげるということにほぼ等しい、と言っているのだ。そうすることで経営全体の関心もその方面に集中することになる。情報が広く与えられ、みなに行きわたれば、人々はその情報を中心に、自然に動きだすのである。

簡素な組織、ライバル間の競争、誰にもわかりやすい数値や目標という処方箋がめざましい効果をあげた好例は、ＡＴＴ［アメリカ電話電信会社］の子会社であるウェスタン・エレクトリックの工場のひとつに見られる。ここでは、工員の無断欠勤が慢性的につづき、業績にも悪影響を及ぼしていた。工場長はあらゆる努力を試みたが、無断欠勤はいっこうになくならなかった。そこで彼らは、人目をひきやすいところに巨大な掲示板を掲げ、それに全員の氏名を書きこみ、出勤した者の名のわきに燦然と輝く金星マークをつけることにした。するとどうだろう。無断欠勤者はいっきょに激減したのである。

ある職長は、職場ごとに一交代のあと、生産高を工場の床にチョークで書き残すことにした。すると、交代の班ごとに競争意識が自然に生まれ、工員の目の色が変わってきた。やがて、生産性は大幅に向上した。つまり、交代要員間でライバル意識が発生したのである。

われわれの心の中には、クロンプトン・コーデュロイの機械オペレーターと同じ気持が働いているのである。自分たちの仕事の成果がどんな具合か、成果表示板で、コンピュータ端末の読み出しで、そっとのぞいて見てみようという気持が潜んでいるのである。人間というものは――自分でも思いがけないほど――成果の比較に、それを知らせる情報に、敏感に反応するものなのである。そうした経験を味わったことがない者は、情報があからさまに成果を競わせるような形で伝えられるよりも、むしろそっとさりげない形で伝えられたときに、人々がよりよく、より強く反応を示し、大きな成果をあげることを知って驚く。

超優良企業に見られる、広く情報を全員に知らせようとする方針といちじるしい対照をなしているのが、普通の企業によく見られる秘密主義である。そうした企業では、〝奴ら〟は情報を濫用、悪用しないか、とばかり恐れている。むやみに情報を流せば、社内の人間が有効に使わずに競争相手を利するばかりだ、と恐れている。言うまでもなくそうした企業は、人々を大人として――優れた成績をあげうる勝者として――扱わないことによって、たいへんな代価を支払っているのである。

「人間は自分の命に値段をつけて他人に売るようなことはしない。だが彼は一個の勲章のためなら喜んで命を投げ出すのである」と、第二次大戦を一兵士として戦った作家ウィリアム・マンチェスターは断言する。彼は、昔から人間の心の中にある名誉欲のことを語っているのである。その証拠を見たければ、読者諸氏も自分の押入れや引き出しの奥を捜してみられるとよい。ほこりをかぶったボーイスカウトの表彰バッジやゴルフの賞品カップ、十何年もまえにつまらないテニス大会でとったメダルのひとつふたつがみつかるはずだ。

この調査を進めていくうちに、私たちは超優良企業が、金銭によらない報奨策をじつに多く採用していることを知ってたいへん驚いた。よい成果はきちんと評価し、ほめ、表彰する、これほど強力で効果的な手法はほかにない。どこの企業でもこうした手法はとられている。だが、この手法をあらゆるところで多用しているのは、超優良企業である。いな超優良企業だけだ、と言ってもよい。

褒賞のピン、ボタン、バッジ、メダルをつける機会が、マクドナルド、タッパーウェア、ＩＢＭ、その他の超優良企業でいかに多く工夫され、作り出されていることか。これらの企業は、あたかも褒賞の品々を与える理由、機会をいつも積極的に捜そうとしているかに見える。

消費者向けの商品を作ってたいへん成功しているマーズ社では、社長を含む全従業員の誰でも、一週間つづけて定時にきちんと出社したときには、毎週一〇パーセントの精勤手当てがもらえる。これではほとんど誰でもが定期的になにか報奨を受ける機会がある、そういう環境が作られている好例のひとつである。この本のはじめの方で見たように、人は誰でもほめられ、勝者になりたいのである。

ＩＢＭではセールスマンのトップ一〇パーセントの者は〝黄金のサークル〟に加わる栄誉を与えられ、ハワイやアカプルコで盛大な集会をやるが、受益者は一割にすぎない。私たちの目から見れば、ＩＢＭが全セールスマンの三分の二を対象とする〝(達成率)一〇〇パーセント・クラブ〟を作って、いろいろな行事、お祭り騒ぎをやっていることの方がはるかに重要ではないかと思う。賞の数が多ければ、誰もがなにかの賞をとれると思う。そこで大多数のごく普通の人々がもう少し努力をして賞をとろうとしはじめる。

特別賞といったものの効用はどこの企業も認めている。が、問題なのは、そうした企業では、成績のきわめて優秀な数人の者にしか賞を与えていないということだ(そういう優秀な人々には、すでに強い動機づけが働いており、賞などがなくてもすばらしい成績をあげることが多い)。それよりももっと大切なことは、普通の人が普通よりいい仕事、成果をあげたときに、表彰のピンとかバッジを与えるという形で評価してやることなのである。

マクファーソンは言っている。成功の鍵は真ん中にいる六〇パーセントの人々が一、二歩上の段階を目指せるようにしてやることにある、と。

私たちの東京の同僚、大前研一は、日本では形式ばった組織というものはあまり見られないとして、つぎのように『チーフ・エグゼクティブ』誌の中で述べている。

「日本の企業には組織図すらないところが多い。事業運営に大きな影響力を持っている常務が(管掌であったり担当であったりして)正規のライン組織図に載っていない……次長の多くはラインの責任を実際には任されているが、彼らも組織図には載っていないことが多い。……ホンダを見てもどういう組織になっているのかはっきりしない。ホンダではっきりしているのは、重要案件の処理にプロジェクトチームが頻繁に活用されている、ということだけである」

日本では〝組織〟という言葉を経営学でいう箱を並べただけの組織機構の意味で使うことはほとんどない。むしろそれは、企業全体、企業体そのものを指す言葉として使われることが普通だ、とも大前は言っている。

アメリカにおいても超優良企業では、あまり（軍隊式の）明確な組織が見られないことを、そしてなるべく多重階層を避けようとしていることを、私たちは知った。デルタ、ダナ、ディズニーの例を思い起こしていただきたい。誰もがどの仕事でもできるというのが、これら企業では当然の原則なのである。レニ・マクファーソンはスタンフォード・ビジネス・スクールの学生たちにこう問いかける。

「ローマ・カトリック教会の組織を維持するのに、いくつの階層が必要だと君たちは思うかね？」

学生たちが頭をしぼって出てきたのは、五つの階層、すなわち、ただの信徒、司祭、司教、枢機卿、法王であった。カトリック教会のような巨大な組織でも、それが機能するのにたったこれだけの階層しかいらないのである。

組織が動きの鈍い、融通のきかない官僚機構と化す最大の元凶は、えてして階層があまりにも多すぎることにある。ときには管理者のポストを増やすために階層を増やす不見識な会社もある。だが、超優良企業での実例を見るとき、それほど多くの階層が本当に必要かどうか大いに疑問に思えてくる。

多くの階層が存在すると、管理組織にもパーキンソンの法則が働きだす。やがては余分な管理組織が、その存在を正当化するために余分な仕事を作り出し、ほかの人々の仕事にも支障が生ずることになる。誰もが忙しそうに見える。だが、その仕事の中味はというと、報告が報告を生み、統計が統計を作り出すたぐいの無駄な仕事ばかりなのである。

組織が単純で階層も少ないという見かけ上のことのほかに、超優良企業のいずれにも見られるきわめて重要な特色がもうひとつある。まえにも簡単に触れたが、私たちはこの特色がひとと生産性の問題にはたいへん重要な意味を持っていると考えるので、ここであらためてくわしくそれについて述べてみたいと思う。その特色とは、「小さく組織して高い生産性を」という考え方である。

小さいこと

〝創造的な組織〟をテーマとする会議が、一〇年ほどまえにシカゴ大学で開かれた。会議中につぎのようなやりとりが行なわれた。

ピーター・ピーターソン〔当時ベル&ハウエル社の社長〕　産業界では、自社の製品になんの愛着も抱かない、自社の製品を〝愛そう〟としない、言ってみれば無感情な〝プロの管理者〟なるものを養成しがちです。そういう人物には、創造ということはできないのです。彼らはただみごとになにかを管理しているのにすぎません。私はテッド・ベンシンガーがボウリングについて語り、ボウリング界の発展のためにどんなにつくしたかを話すのを聞いたことがあります――彼の話には、ボウリングに対する愛情がこめられています。ちょうどここにいるオーグルヴィさんが広告について語ったとすれば、その話には広告に対する愛情がこめられているのと同じように。すばらしい料理、すばらしい広告、すばらしいなにかに対する特別な感情、愛着といったものを、私たちはもっと重視すべきではないか、そう私は思うのです。

デービッド・オーグルヴィ〔オーグルヴィ＆マザー社の創立者〕　それは、厳正中立とか、われ関せずといった態度とは正反対のものなのです。

ゲリー・スタイナー〔シカゴ大学、会議の議長〕　優れた料理長は調理場の優れたリーダーでもあるという考えは、創造という点から見れば正しいものです。しかしその考えは、ひとつのはっきりとした専門技術が必要とされる仕事とか組織にしかあてはまらないのではないでしょうか？　たとえば、専門技術がひとつだけではない、扱う次元がひとつだけではない、ゼネラル・モーターズとかシカゴ大学のような複合組織にも、その考えがあてはまるとお考えですか？

オーグルヴィ　そういう組織は悪い組織です。あまりにもいろいろなものを、ひとつの組織の中にとりこみすぎているのです。

スタイナー　では、そういう組織を創造的にするのにはどうしたらいいのでしょう？「分割しなさい」ということはひとまず除外して、ほかに名案はありますか？

オーグルヴィ（平然として）分割しなさい。

ピーターソン　会社を分割するのです。

銀行業界では（金利および州制限の）自由化によって革命的な変化が進行中である。その結果、企業向けの資金繰り専門銀行といった取引先の要望に応じたサービスの提供が必要になってきている。そうした業務は従来〝裏方〟と見られ、いわば後方部門で（そこには単純処理型作業、長時間労働といった、頭脳的でないニュアンスがこめられている）ほかの仕事といっしょくたにした形で行なわれていたのが普通であった。

ファースト・シカゴ銀行の会長バリー・サリバンは、さきごろ米国銀行協会で行なったスピーチの中で、つぎのような解決法を提案している。

「私が言いたいのは、後方のルーティン的な事務作業部門を分割して、それ自身で商売として成り立つ別個のいくつかの事業にしなさい、ということなのです」

最近ゼネラル・エレクトリックの副社長からGTE〔ゼネラル・テレフォン&エレクトロニクス〕に移って、その会長に就任したトム・バンダースライスは、新しい会社で彼が第一にやらねばならないことは、と言ってつぎのように語る。

「私はいつもこの企業を分割しなさいと言っています。もっと管理しやすい規模の、いくつかの事業にうまく分割することが必要だと言っています」

ある評論家はスリーエムがいつも好業績をあげている理由のひとつはつぎの点にあると言う。「スリーエムではひとつの部門がある規模に達すると、アメーバのように分裂して、管理しやすい、いくつかの小さな部門が生まれるのです」。スリーエムの役員の一人もこう言っている。「とにかく分割せよ、ただそれだけなのです。競争力とか効率は問題ではないのです。小さいからこそ活力があるというのです。」

小さいことの利点は、それが管理を容易にすること、そしてなによりも人々の参画意識を高めることにある。小さいからマネージャーにはその事業の全容がよくわかり、したがってそこにはひとつの事業体として統制のとれた活動が生まれる。それだけではない。たとえグループとして何十万人の従業員を擁する大組織であっても、それを構成する各部門が小さいものであるならば、あるいは自主性を奨励する方策がなにかほかの形でとられているならば、個々の人々が個人として尊重され、大集団の中に埋没してしまうこともないのである。

私たちはこの章のはじめの方で、一人一人の人間が個人として尊重され、認められ、〝めだつ〟ことがきわめて重要であると主張した。どんな組織であっても――事業部であれ、工場であれ、班であれ――その規模が人間的な大きさでないかぎり、一人一人の人間が〝めだつ〟ということはありえない、と私たちは考える。小さいからうまくいくのである。俗にも言うように、小さいことはいいことなのだ。〝規模の経済〟を説く人々は、異論があるだろう。だが、超優良企業の実例は、少なくとも経営においては私たちの主張が正しいことを証明している。

エマーソン・エレクトリックとダナは、原価意識の強い企業であり、その経営はうまくいっている。だが、この両社はともにその各事業部を一億ドル（二四〇億円）以下の規模に押えている。まえにも見たとおり、ヒューレット・パッカードやスリーエムでも、事業部の規模はきびしくチェックされている。たとえそのために重複が生じてもかまわない、というのがこの両社の考え方である。テキサス・インスツルメントは、営業規模が平均して四〇〇〇～五〇〇〇万ドル（九六～一二〇億円）の製品別営業センターを九〇も持っている。

一般消費者向け商品――マスプロ、マスセールが当然と思われている――を作っているジョンソン&ジョンソンでも同じ魔術が使われている。総売上げが五〇億ドル（一兆二〇〇〇億円）にものぼるJ&Jは、このため約一五〇もの事業部を持ち、一部門の売上げ規模は、平均して三〇〇〇～四〇〇〇万ドル（七二～九六億円）でしかない。

デジタルも同じような戦略をとっている。「基本的に私たちは中小企業の集団、という形で経営を行なっています」と、営業担当副社長テッド・ジョンソンは言っている。ということは、デジタルでは、組織再編、生産ラインの追加、重複は毎度のことで、営業部隊は「つぎからつぎへと競合のない新規需要の開拓」を細かく積み重ねていくことに没頭することになるのである。

デジタルでもその他の多くの超優良企業でも、人々はいつも生産期間の短かさ、在庫の混乱、商圏の重複、同じ客に複数事業部が訪問するという問題を嘆いている。彼らは嘆きながらも、結局はうまくやって利益を出し、内部留保をやっているのである。

小事業部主義は、大企業ばかりにかぎられるわけではない。ロルム社は売上げ高二億ドル（四八〇億円）で急成長をつづけている中堅通信機器メーカーであるが、通信の巨人ウェスタン・エレクトリックのような会社を向こうにまわしてＰＢＸ（宅内交換器）などの分野で健闘している。ロルム急成長の主因は、適当な規模の顧客セグメントにあわせて問題解決を行なっていることにある。創立者の一人は成功の秘訣をこう語っている。「私たちはいつも細胞分裂を繰り返し、新しい部門には新しい小さなビルを別にあてがってやることによって自主性を引き出すようにしています」。こうして、ロルムの急成長はあい変わらずつづいている。

ひとつの経験則がこれらの事例から浮かびあがってくる。超優良企業のほとんどが、一事業部門の規模を売上げで五〇〇〇万〜一億ドル（一二〇〜二四〇億円）、従業員数で一〇〇〇名程度のものに押えている、ということである。しかも、こうした小事業部に徹底した分権を行ない、自主性を行使するのに必要な機能と資源を付与している。

工場の規模をめぐる数々の事例は、私たちにとって驚きではない。大工場よりも小工場の方がはるかに効率がよい場合が多い。経験からそう気づいている好業績企業に、私たちはたびたびお目にかかっている。エマーソン社がその好例である。『ダンズ・レヴュー』は、エマーソンを経営の優れた企業のひとつにあげて、その成功の秘密はつぎの点にあると言う。

「エマーソンは、GEのような競争相手の企業と違って、大工場方式をとらない。エマーソンの工場で六〇〇人以上の規模のものはまずない。それ以上になると、管理者が従業員の一人一人とふれあう機会がなくなるからだ、と〔会長の〕チャールズ・ナイトは言う。『コストダウンのために五〇〇〇人の大工場はいりません。それに小工場方式の方がいろいろな意味で小まわりがきき、柔軟性があります』。エマーソンでは従業員とのふれあいが工場規模の大きさを決めるほど大切にされている」

ジーンズで有名なブルー・ベルは、アパレル業界ではリーヴァイ・ストラウスについで第二位の企業である。この売上げ一五億ドル（三六〇〇億円）の大企業が、いつも競争力を保ち、利益をあげつづけている秘訣は、主としてその優れた経営手法と低原価生産にある。ブルー・ベルの経営戦略では、小さいことがきわめて重要な役割を果たしている。

キムゼイ・マン会長はひとつの縫製工場の規模を三〇〇人以下に押えている。そのおかげで「わが社では管理者は問題にすばやく対処することができるし……スタッフも働く人々の役に立とうとつとめます」と、彼は言う。「お互いのふれあいも強まります。わが社の職長は、部下全員の家族についても、その心配ごとについても知っている必要があるのです」

小さいからこそ創造と変化が生まれる、というのが彼の考え方なのである。「いちばん仕事をよく知っているのは、その仕事の近くにいる人々です」とも彼は言う。「大工場では、なにかが承認されたころには、そのもとになったアイデアを提案した者は、そんなものを出したことを忘れているか

（ほかのたくさんの人が手を加え、いじりまわしすぎる）のが普通です」

（承認までに時間がかかりすぎる）、それが自身のアイデアから生まれたものとは思わない

マンは結論的にこう言う。「従業員が『妻や子をここで働かせてもいい』と思うような小工場を数多く作るというのがわが社の方針です。従業員の一人一人が会社のイメージに責任を感ずる、そういう会社にしたいのです」。こうした特徴は工場が小規模なときにのみ生まれるものだ、とマンは確信している。

モトローラでも同じである。ジョン・ミッチェル社長ははっきりと言う。「ひとつの工場の規模が一五〇〇人に近くなると、どういうわけかうまくいかなくなることが多いのです」。記録的な生産性をあげているダナも、工場の規模を五〇〇人以下に押えようと努力している。ウェスティングハウスは現在生産性優先運動を展開しているが、その柱となっているのは、三〇から四〇もの小規模工場の新設である。GMの新しい生産性向上運動でも、新設工場を一〇〇〇人以下の規模にすることが計画の一部に取り入れられている。

大工場方式による失敗談にも同様に説得力がある。コンソリデーテッド・エジソンの元社長はこう語っている。

「この一〇年間というもの、業界（電力事業）は甘言にのせられて大きな発電装置を買わされてきました。ところが現在の技術水準では、それを予定どおりの工期で設置し、理論どおりに安定して稼動させることがむずかしいのです」

ジョージア電力の社長も私たちとの会合の席で同趣旨の発言をしている。「大工場はたいへんすばらしいものです。ちゃんと動いているあいだはね」。居あわせた者はみな笑った。彼は自社の大発電

所があまりにも頻繁に故障によって運転停止を余儀なくされるので、規模の大きさによる理論上の効率が計画どおりに得られなかった、と語るのであった。

ハーバード大学で生産工程を専門に研究している学者ウィック・スキナーが語った典型的なエピソードが、『フォーチュン』誌に載っている。小さいことが効果を生むとき、水面下でなにが起こっているのか、このエピソードからよく読みとれる。

スキナーはハネウェルで実際にあった話を引いて語る（ハーバードの教授になるまえ、一〇年間彼はそこに勤めていた）。ハネウェルのひとつの工場は特殊なジャイロスコープと航空機用燃料計を専門に作っていたが、このふたつの生産ラインが工場の現場では混在していたために、やがて問題が起こった。「ジャイロスコープ製造は一〇倍も技術的にむずかしかった。一方、燃料計の市場では競争が激しく、ハネウェルも苦労していました」と、スキナーは回想する。

「コストダウンのためのあらゆる努力が試みられたが、効果はあがりませんでした。帳票の分析を行ない、MBAを持った調査係まで投入して改善を目指しましたが、うまくいきませんでした。そこでハネウェルは、燃料計市場からの撤退を決断したのです。ところが、そのときマネージャーの一人が、工場長にある提案を耳打ちしたのです。工場長は本社に二万ドル（四八〇万円）の経費支出を求めました……彼らはベニヤ板と角材を買いこんで、工場の一部を仕切り……ふたつの生産ラインの工員たちを分離したのです。すると、六カ月もたたないうちに、双方とも問題が氷解してしまったのです」

規模の経済に関する何百という研究を比較検討した英国の学者ジョン・チャイルドは、つぎのように述べている。

「大規模企業の経済性が全般的に強調されすぎてきたきらいがある。それは、合併と合理化熱が欧州中で高まった一九六〇年代にはとくにいちじるしかった。工業生産の規模に関する多くの研究から引き出せる一般的結論は、小企業が中規模の企業を目指すことには経済的効用があるとしても、すでにかなり大きな規模を持つところが、合併などでさらに大規模な企業体になったとしても、あまり多くの経済性を期待できない、ということである」

彼はその理由をあげて言う。

「工場の規模と労使紛争の発生率、労働者の離職率、苦情発生率の間には、きわめて強い相関関係が見られる」

これまで見てきたことから私たちが引き出した結論を、ひとつの大まかなガイドラインとして定義づけることができると思う。それは、業種のいかんを問わず、ひとつの屋根の下で五〇〇人以上の者が働くときには、かならずなにかの問題が、予想のつかない問題が起こる、ということである。さらに興味深いことは、原価意識の高い企業にあっても、小さいことは創造と革新を生み出すのみならず生産効率の向上までももたらす、ということである。

〝小さいことはいいことだ〟は、もっと小さな単位——チーム、係、ＱＣサークルのような——においてもっとも威力を発揮する。通常の企業では、戦略的な事業単位（ＳＢＵ）ないしはそれに類するかなり大きな集団が、組織を構成する基本単位と考えられている（実際にはこれらは基本単位ではなく、執行上の効率を求める単位であるが……）。ところが超優良企業では、営業、技術革新、生産性など問題がなんであっても、〝チーム〟がなによりも重要な構成単位と考えられている。バンク・オブ・アメリカのある役員（彼は業務部門の大半を担当している）の経験はその典型である。

いつも同じことですよ。私たちはいつでも最初から完璧な仕事をしようとしてしまうのです。なんにでも完全を望むのです。完璧で巨大なシステムを求めようとするのです。ロンドンに駐在していたときのことです。本社（サンフランシスコ）からはるかに離れていますから、まえから考えていたことをようやく実験してみることができました。

ずっと以前から問題〔この業界ではとくに〕になっていたのは、業務、システム、融資の各部門の人々にどうしたらうまく共同作業をさせることができるかということでした。そこで私たちは、小さな営業地域を取り上げて、ミニコンピュータの導入を研究、実験することにしました。小さなチームを作ってこの問題に取り組ませました。すると、たいへんすばらしい結果が生まれたのです。たくさんの問題がいっきょに解消されてしまいました。

一〇から一二人の者がいっしょにチームを組んで働きだすと、お互いに相手の仕事がどれほど重要なものかがチームの各人によくわかるようになったのです。業務担当の男は、照れ屋で杓子定規なタイプの人間と思われていましたが、そのうち彼のチームのシステムや融資担当の者にも、彼がじつはなかなかよくできる男だということがわかってきました。彼より地位の高い者も何人か中にいたのですが、彼が実質的にチームをリードすることになりました。

三、四カ月たらずのうちに、彼らはひじょうに効率のよいシステムを作り上げたのです。それは一定地域内のいろいろな客層に役立つシステムであり、かつ銀行の収益向上にも大いに役立つものでした。チームの士気は驚異的に高まりました。私たちはこのシステムをロンドン支店の全営業地域に拡大して使い、たいへんな成功をおさめたのです。

小さな単位に分けて――人々の意欲を引き出してやるとどんなことが起こるか、本当にたいへんな変化が起こるのです。あとはあなたがこうした大胆な実験をやってみるかどうかだけの問題ではないでしょうか？

企業における革新的な新機軸、創意工夫の成功例のほとんど大半がヘソまがり的な「スカンク爆弾《ワーク》」から生まれていることは、私たちがこれまで見てきたとおりである。「スカンク爆弾」とは、小さなグループが、何百人という規模の研究陣をしのぐ仕事、成果をあげることである。数多くのスカンク爆弾の成功例を私たちは知っている。

ブルーミングデール、スリーエム、ヒューレット・パッカード、デジタルなどでは、組織のどこをとっても、すべて一〇人規模のスカンク爆弾のデパートみたいになっている。チーム活動が生産性向上そのものの中核となっている。テキサス・インスツルメント（TI）では、従業員のすべてが少なくとも年に一回は全員参加計画《ピープル・インボルブメント・プログラム》（PIP）チームに参加することになっている。PIP（あるいは、生産性向上チーム）は、ひとつの生き方なのである。それはもはやテキサス・インスツルメント的生き方、といってもよい。

では、典型的なTIチームの特徴とはどんなものか？　ひとつのチームはせいぜい八人から一〇人くらいで現場の人が集まって作るのが普通である。チームの取り上げる問題によっては、ほかの部門から一人か二人の技師に来てもらうこともあるが、それを決めるのは、チームの人たち自身である。

チームはある一定の範囲内で目標設定をする。すなわち、近い将来に成果が期待できる具体的な改善策をみつけだすことがそのねらいだからである。チーム活動の期間は三カ月から長くても六カ月である。大切なことは、チーム自身でその達成目標を決めるということである。TIのマーク・シェパード会長は言う。

「チームの人々が自分で改善目標を定め、みずから進捗状況をチェックします。チームの人々は、いつも高めの（しかし達成の可能性のある）目標を設定します。そして計画が始まると、目標を達成するどころかたいていはそれ以上の成果をあげます。チーム自身が目標を決めずに、誰か他の人がこの目標を決めてしまうと、こうした好成績はまず期待できません。『人々の能率を高める』ということは、各人それぞれが創造性を発揮できるこのような機会を何人にも均等に与える、ということではないでしょうか」

そして、チームの成果はあらゆる機会をとらえて公表し、表彰する。あらゆるレベルで頻繁に比較検討が行なわれる。役員会ごとに二、三のグループからこの成果の報告が行なわれるほどである。

TIでは、九〇〇〇のチームがそれぞれに自分たち独自の目標を設定する。スリーエムの新商品開発チームは、いずれも自発的な志願者、専任者で編成され、そのとりまとめには例のプロダクト・チャンピオンがあたる。ダナの〝ストア・マネージャー〟、ユナイテッド航空の〝ステーション・マネージャー〟も同様である。小さいことこそが人々の意欲と参画意識を高める最大の要因なのである。

このような（人間のやる気とか創造性という）ソフトな領域の議論を定量的に行なって立証することは不可能である。しかし、以上のように、実験データによる経験的証拠はかなりかたまっていると見なくてはならない。E・F・シューメーカーの言葉を借りれば、「人間が人間らしいのは、小さな、互いにわかりあえる集団の中にいるときだけ」なのである。

基本理念

超優良企業では「一人一人の人を大切にせよ」「人々を勝者にせよ」「めだつ機会を与えよ」「人々を大人として扱え」といった基本理念が、企業のすみずみまで行きわたっている。

アンソニー・ジェイの指摘するところに従えば、こうした考え方（人々を大人として扱うこと）は、ずっと昔からあったもののようである。

ローマ帝国があれほど広大な版図を持つにいたり、あれほど長くつづいたのは——それ自体、驚くべき経営の偉業と言える——ローマの時代には、鉄道、車、飛行機もなければ、ラジオ、新聞、電話もなかったからである。なによりも電話がなかったからである。

したがって、遠隔の地にある将軍とか執政官を直接命令、支配することなど思いもよらないことであった。彼らの手に負えない重大事態が発生したからといって、ちょっと電話するというわけにはいかないのである。ちょっと飛んでいって彼らの手にあまる問題を解決してやる、というわけにもいかないのである。いったん将軍なり、執政官なりを任命したら、そして彼の乗った二輪戦車《チャリオット》と荷物運搬車の隊列が土ぼこりをたてて丘の向こうに消えたならば、あとは運を天に任せるしかないのである……

ということは、十分訓練を受けた、その任にたえる人物を厳選せねばならない。ということなのである。彼が出発したあとで、あの男にこの任務は荷が勝ちすぎたと後悔しても、すでに遅いのである。したがって誰を選ぶかに十分な注意を払わなくてはならない。だが、それにもましてここで重視されたのは、その人物が出発するまえにローマ帝国とローマ政府、ローマ軍についてすべてを知りつくしていることを十分確認しておくことであった。

このアンソニー・ジェイの信条を生きること——複合企業シュランバーガー（シュルンベルジェ）のような会社がうまく機能するためには、これしか方法はないのである。この企業がうまくいくただひとつの方法は、たっぷり研修を積み、社風を十分に知りつくした二〇〇〇人の若いエンジニアを信頼してすべてを任せることなのである。彼らはローマの将軍のように僻遠の地に送り出され、シュランバーガーの信条と、研修で学んだ知識、経験のみを指針として、みずからの判断で行動しなければならないのである。

ビザ社のディー・ホックのつぎの言葉にこの問題の要点がつくされている。「個々人の判断力の不足を社規や分掌を作って補おうとすると、かならず自己矛盾に陥る。なぜなら、判断力なるものは、使わないかぎり発達しないものだから」

第九章

価値観に基づく実践

経営に関するただひとつの万能薬的な助言、私たちが超優良企業の調査から引き出したただひとつの真理を求められたとしたら、つぎのように答えたい。

「自社の価値体系を確立せよ。自社の経営理念を確立せよ。働く人の誰もが仕事に誇りを持つようにするためになにをなしているかと自問せよ。一〇年、二〇年さきになって振り返ってみるとき、満足感をもって思い出せることをしているかと自問せよ」

超優良企業に共通して見られる五つ目の特徴を、私たちは「価値観に基づく実践」と名づける。超優良企業を調査して、私たちはふたつのことに驚かされた。ひとつは、これらの企業では、価値観というものがひじょうに大切にされているということである。もうひとつは、その指導者たちが、組織の末端にいたるまで、生き生きとして活気に満ちた環境を作り出しているということである。彼らは、みずからの気くばりと根気よさによって、また必要なときには彼らが直接乗り出すことによって、これを成し遂げている。

ジョン・ガードナーは自著『士気《モラル》』の中で言う。「最近の評論家や作家は、価値観について語るのをいやがり、それについて書けと言われると、困惑するばかりである」

たいていのビジネスマンは、価値体系について書いたり話したりするのはもちろん、まじめに考えようとすらしないことを、私たちは経験から知っている。たとえ彼らが価値観とか価値体系のことを考えたとしても、彼らはそれをなにかよくわからない抽象概念として理解するにすぎない。

私たちの同僚、ジュリアン・フィリップスとアラン・ケネディは、「頭の固い経営者やコンサルタントは、組織というものの中で、価値体系がいかに重要かということにあまり気づいていない。価値観が組織機構、方針・手続、戦略、予算などと違って〝ハード〟なものではないからである」と、言っている。フィリップスとケネディの指摘は、一般論として正しいものであるが、幸いにもその指摘は、超優良企業にはあてはまらない。

トーマス・ワトソン・ジュニアは『企業よ信念をもて』という本を書いているが、彼はその中で繰り返し価値観について語っている。IBMでの経験をふまえて、彼はつぎのように書き出す。

人は企業の衰退と没落の原因に思いをめぐらす。技術革新、嗜好の変化、流行の変化など、いずれもその原因のひとつであろう……どれをとっても重要な原因であることは誰にも否定できない。だが、それが決定的な主因だったのかどうか、私は疑問に思う。企業の成功と失敗を分けるカギは、その組織がどこまで組織を構成する人々の巨大なエネルギーと能力を引っ張り出すことができるかにかかっている。私はそう考える。

人々が互いに共通した目的をみつけだすために、企業はなにをやっているか？ 世代交代とともに人々の意識が変化する中で、そうした共通の目的、目的意識をいかにして長つづきさせるのか？どんな組織体でもよい。長年にわたってつづいてきた優れた組織体を思い浮かべてほしい。それが長年にわたって活力を保ちつづけてきたのは、組織や管理技術において優れていたからではないことがわかるはずだ。わたしたちが信条と呼んでいるものの持つ力、そうした信条が人々に及ぼす影響力こそが、組織体に活力を与えてきたことがわかるはずである。これが私のテーゼである。

私がかたく信じているのは、どのような組織体であろうと、生きのびて成功をおさめるためには、健全な信条を持たなければならないということである。その信条がすべての方針や行動の前提となる。つぎに私が信じるのは、企業が成功するためのもっとも重要な要因のひとつは、その信条を忠実に固定することである。そして最後に私が信じるのは、変化していく世界の挑戦に立ち向かうためには、組織体はみずからに関するあらゆる事柄を変える用意がなければならないが、企業に生命を与えるそのような信条だけは別だということである。換言すれば、基本的な哲学、精神、組織としての推進力は、技術ないし経済的能力、組織構造、イノヴェーション、タイミングといったことより、組織としての成功にずっと深いかかわりをもっているのである。

これらのすべてのことが成功を大きく左右する。しかし、私の思うに、それ以上に大切なのは、組織体に属する人々が、その基本的な教訓をどれほどかたく信じ、どれほど忠実にそれを実行するかということなのである。

私たちの研究したすべての超優良企業は、みずからの位置を明確に認識し、価値観形成の過程を真剣に考えている。事実、私たちは、価値観を明確にせず、また正しい価値観を持たずに超優良企業になることが可能かどうか疑わしいとさえ思っている。

同僚のアラン・ケネディといっしょに、私たちはおよそ三年まえに「究極の企業目標」について分析を行なった。そう名づけたのは、マッキンゼーの「七つのS」のフレームワークが当時そう呼ばれていたからである。その後、私たちはこの言葉を「共有された価値観」と変えた。しかし、呼び方こそ変えたけれども、その意味はつねに同じである。すなわち、基本的な信条、もっとも重要な価値観である。

この研究は、超優良企業の調査に先立って行なわれたが、結果はその後に私たちが観察したものと一致している。私たちが最初の研究で検討したほとんどすべての業績の良い会社は、輪郭のはっきりした一連の信条に導かれている。それに反して、それほど業績をあげていない会社については、ひとつかふたつの特徴が目についた。たとえば、その多くが首尾一貫した信条を持っていなかった。また、他の場合には、論議をつくした明確な目標を持っていたが、計量化できる項目——一株あたりの利益や成長の度合いといった財務上の目標——にしか鼓舞されなかったのである。

皮肉なことに、もっともよくまとまっていると思われた会社——任務を計量化した形で表わし、きわめて明確な財務上の目標を持っている会社——が、企業の目的をより広範かつおおまかに、もっと内容を重視した形で述べている会社よりも、財政的にうまくいっていなかった。同様にどんな形であれ明確な価値観を持たない会社も、うまくいっていなかった。

これから考えられるのは、価値観を明らかにするだけでなく、その価値の内容（そして、おそらくは表現の仕方）も違いを生むということである。私たちの推測するところは、具体的な財政上の目標を持っている会社は、社内にいる上位の一五人——あるいは五〇人——を動機づけるうえで、かなり申し分のないやり方をしているのではないかということである。だが、そのような目標が、ラインをずっと下がって現実に製造や販売やサービスに携わっている数万人（あるいはそれより多くの人々）にやる気を起こさせることはめったにない。

驚くべきことに——だが、ガードナーの観察とは一致しているが——あえて価値観について書いた勇敢なビジネス・ライターは、ごくわずかしかいなかった。それを試みたうちでもっとも明快に書いているのは、第四章で紹介したフィリップ・セルズニクである。『リーダーシップと管理』の中で、彼は価値観を取り上げ、指導者の実践的役割をスケッチしている。

会社のあり方を特徴づけるものは、価値に対するコミットメントの形である。つまり、事業の性格、その明確な目的、方法、役割、などに関して、政策決定者の前提を決める選択である。選択を決定づけるそれらの事柄は、言葉で説明されないことが多いし、意識的になされないことすらありうる……会社の指導者は基本的に、価値観を推進し保護する専門家である……指導力が発揮できないのは、会社がもっぱら生きのびることに汲々としているときである。会社の存続とは、適切に理解すれば、価値観と明確なアイデンティティを保持するという問題なのである。

ヘンリー・キッシンジャーも同じテーマを強調している。

「指導者の課題は、部下をいまいるところからこれまで行ったことのないところへ連れていくことである。大衆は自分たちが入りこもうとしている世界を十分に理解していない。指導者は偉大なビジョンの錬金術を駆使しなければならない。それをしない指導者は、たとえ一時的には人気を集めても、結局は失敗者と判定されるのである」

事実、理論的にはもっと深く掘り下げられる。セルズニクが示唆しているように、価値観は通常、文書によって正式に伝えられるものではない。もっとくだけたやり方で流布されることが多いのである。とくに、逸話や神話や伝説や比喩が使われることは、私たちがすでに見てきたところである。価値体系を伝達する手段としての神話の重要性について、セルズニクはやはり意味深いことを述べている。

会社を作るためには、さまざまなテクニックによって、毎日の行動に長期的な意味や目的を注入する。とくに重要なのは、社会的に認知されている神話にいっそう磨きをかけることである。それは、人の心を沸き立たせる理想主義的な言いまわしで、事業の目的や方向についての特徴を述べようとする努力である。成功した神話がシニカルだったり作為的だったりすることは、けっしてない。効果をあげるには、もっぱら祝日のスピーチや議会の委員会での証言だけにもりこまれるものであってはならない。ちょっとした解釈を加えたり、日常的にさまざまな決断を下したりする必要がある。神話はそのような必要を満たすのに役立つ。また、かなり重要なことだが、神話によって統一された使命感を醸成し、それによって全体の調和をはかることが期待できる。

結局、源《みなもと》はどこに発するものであろうと、神話が会社を作るのである。創造的なリーダーシップとは、会社づくりの技術であり、人にあらためて働きかけ、技術的な素材をうまく配置して、新しい普遍的な価値観を体現した組織体を作ることである。

このようにして、ひっきょう超優良企業とは、逸話や神話や伝説を臆面もなく収集し、それを広めて、自社の基本的信条を支えるものだということがわかる。フリト・レイはサービスについて語る。J&Jは品質について語る。そしてスリーエムはイノヴェーションについて語るのである。

私たちのもう一人の同僚ジョン・スチュアートは、口癖のように言う。「優良企業に見られる価値観の共有について知りたければ、ちょっと年次報告をのぞいてみればよい」

いかにも、年次報告をはじめとする超優良企業の刊行物を見れば、その会社がなにを誇りとし、なにを重んじているかが明らかになる。

デルタ航空　デルタとその従業員との間の特別な結びつきは、他社ではめったに見られないものです。そこから生まれるチーム精神は、個々の従業員の他人に対する協力的な態度、人生に対する積極的な姿勢、きちんとやりとげた仕事への誇りにはっきりと現われています。

ダナ　ダナの経営スタイルは、全員が協力し、努力を傾けて仕事を能率的にすることです。方針や行動の手引き、経営の順位、管理報告書の山、情報と連絡の流れを妨げるコンピュータのようなものはありません……ダナのスタイルは、複雑でもなければとっぴなものでもありません。ダナは働く人間を尊重することによって繁栄します。ダナはすべての者を会社の生活の中にまきこむのです。

キャタピラー　ディーラーおよびキャタピラー社の部品販売部門から部品を入手しやすいことにかけて、一九八一年には記録的な水準に達しました。

顧客がキャタピラーの製品を買う第一の理由としていつも引き合いにだすのは、キャタピラーのディーラーです。これらのディーラーの多くは、会社の系列関係にはいってから二代目ないし三代目なのです。

デジタル　当社の活動のうちでもっとも高度な相互作用《インタラクション》が求められているのは、顧客に対するサービスとアフター・ケアの面だと信じます。

J＆J　一八九〇年に、ジョンソン＆ジョンソンは、アメリカに線路を敷設する激しい作業の現場で、応急手当てを必要とする鉄道労働者からの要請に応えて、最初の救急医薬品セットを作りました。九〇年後の今日、ジョンソン＆ジョンソンの名前は、いぜんとして家庭における傷病の手当てと同義語となっています。

右の例を見れば、超優良企業の刊行物を評する者が、よくつぎのように言う理由がわかるというものである。「まあ、一般化するのも結構だが、どの会社も少しずつ違うではないか」ほかの点はともかく、産業の環境の違いからして、ダナが強調するテーマは、たとえばJ＆Jのそれと異なってくるわけである。さらに、これらの会社のほとんどすべてがそれぞれ信条とするところは、ユニークな個人によって培われたものである。したがって、それは会社によって異なる。それこそ、ほとんどの会社がすすんで私たちに情報を提供してくれた理由である。会社は、それがどこにも真似のできないものだと信じているのである。

その反面、私たちは超優良企業の間に、二、三の共通する特性があることを知った。会社によって価値観がひじょうに異なっているにもかかわらず、それが全体を統一しているわけである。第一に、私たちの最初の調査でわかるように、それらの価値観は、まずたいていの場合、量的な表現ではなく、質的な面を重視していることである。

超優良企業で財政的な目標がうたわれているとき、それはきまって野心的なものであるが、けっして具体的な数字をあげたものとはならない。しかも、財政的な目標と戦略的な目標は、けっして単独には打ち出されない。それらはつねに、会社がうまくやろうとしている他の事柄とかかわらせて論じられるのである。利益はなにかをうまくやってのけた場合の副産物であって、企業の目的そのものではない、という考えがおおむね共通しているのである。

効果的な価値体系の第二の特性は、組織の最底辺にいる人々を鼓舞しようとする努力である。財政的な目標が一〇〇〇人、あるいはその五倍ほどの人々にとって意味のあるものだったと仮定してみよう。これほど重要なことでも、今日の大企業では、それほど深く浸透しない。ＩＢＭには三四万人以上の従業員がおり、デジタルは六万人を越えている。企業哲学の目標としてもっとも好ましいのは、京セラの社長稲盛和夫の言葉を借りれば、「五〇パーセントの能力を持った人間から最高のものを引き出すこと」なのである。

サービスを重視する優良会社は、このことをはっきりと理解している。だからこそ、それらの会社はあくまでもサービスに徹することができるのである。しかし、コストを重視する優良製造会社も、同じことを理解しているようである。ブルー・ベルはとくにコストと作業工程を重視しているが、そのために質を犠牲にするようなことはしない。

ことに業界をリードするラングラー・ジーンズについてはそうだ。キムゼイ・マン社長はきっぱりと言いきる。「当社には、ラングラー・ジーンズのベルト通しをひとつ少なくして一〇セントを節約しようとする者などいない」

彼によれば、一〇セントを節約するという目標は、各部門の管理者と工場の責任者にとっては重要だが、品質および品質のイメージは、ノースカロライナの奥地にある工場で働く採用したてのお針子からマン自身に至るすべての者に影響する――また影響しなければならない――のだという。

ブルー・ベルの話から、私たちは信条の内容に関する第三のポイントへと導かれる。ジェームズ・マグレガー・バーンズはこう言っている。「指導者の主要な責任は、歴史の各段階で内包する大きな矛盾を見きわめることだ」

どんなビジネスも、つねにただならぬ矛盾――コスト対サービス、日常業務対新機軸《イノヴェーション》、正式対略式、「管理」指向対「人間」指向など――の融合体である。ここで注目に値すると思われるのは、超優良企業の価値体系は、こうした明らかな矛盾の一方の側にかなりはっきりとふれて現われる、ということである。したがって、信条体系は「お飾り」にすぎないという非難はまったく根拠がない。

また、超優良企業についてよく見られる信条のきわだった特徴は、範囲が狭く、そこには二、三の基本的な価値観がもりこまれているだけである。

1　「ベスト」であるという信条
2　細部をきちんとやることが重要であり、よい仕事の基礎だという信条
3　人間の個性を重視するという信条
4　優れた質とサービスへの信条
5　組織のほとんどのメンバーが革新者となり、そこから当然失敗を進んで許容すべきだという信条
6　形式主義を排して意思の疎通を強めることが重要だとする信条
7　経済成長と利潤が重要だとする明らかな信条とそのことの認識

ジェームズ・ブライアン・クインが信じているのは、会社が優先すべき目標は、「一般的でなければならないが、それはまた『われわれ』集団を外部の『彼ら』からはっきり区別するものでなければならない」ということだ。それにもっとも役立つのがなにかの領域で「ナンバーワンになる」ことだという点については、多くの例が示すとおりである。

デービッド・オーグルヴィはこう指摘する。「わが社のすべての人間が、自分たちは世界一の会社で働いていると信じてもらいたい。誇りが驚異を生むのだ」。エマーソンのチャールズ・ナイトはこうつけ加える。「高い基準を設定し、それを要求することだ。誰にせよ平凡さに甘んじる者は——学校や仕事や生活で——妥協する人間だ。指導者が妥協したら、組織全体が妥協してしまう」。IBMのサービスのねらいについて話し合っていたとき、トーマス・ワトソン・ジュニアは明快かつ野心的だった。「われわれは世界のどこの会社にも負けぬ最高の顧客サービスを提供したい」

想像力に訴える多くの信条がとかく調子の高いものであるのに対し、たんに仕事の細部を重視する目標を掲げる企業も多い。これらは、かなり熱っぽく語られることが多い。たとえば「組織はあらゆる課題を追求するにあたって、これ以上はないというやり方で達成すべきだ、ということを念頭においてもらいたい」と、IBMのワトソンは言う。

「IBMは、社員がなにをやるにせよ最高の実力を発揮するよう期待し、かつ要求する。この種の信条からは、完全さに執着する人にありがちな、心理的な欠陥が想起されると思う。いかにも、完全主義者が円満な人格の持ち主であることはまれだ。完璧さが要求される環境は、気が休まるものとはなりにくい。だが、完全を目指すことが、つねに進歩を促すのだ」

ペプシコーラの社長アンディ・ピアソンは、あらゆるレベルにおける作業能率の向上について、同じような信条を吐露している。

「われわれが経験から学んだのは、優れた新製品のアイデアや競争の戦略は、それを効果的に実行しなければ無駄になるということだ。事実、われわれの業界では、たいへんうまく実行する方が、新しいアイデアを生みだすよりも、往々にしてより生産的――かつ現実的――なのだ。優れた実行こそ、多くの場合、もっともめざましい成功の核心をなす。たとえば、スナックにおけるフリト・レイや、食料品店におけるペプシコーラがそうだ」

信条の構造の中で驚くほど頻繁に出てきたひとつのテーマは、デヴィッド・パッカードの言葉によれば、「組織のあらゆるレベルにいる革新的な人間」だった。超優良企業が認識しているのは、機会をみつけるというのが、どちらかと言えば行きあたりばったりの予測できない過程《プロセス》であって、中心的な計画にしばしば含まれるような精確さを期するわけにはいかない、ということである。技術革新による成長を望むならば、大勢の人々に依存することになり、中心をなすいくつかの研究開発だけをあてにできないのである。

すべての者を革新者とみなせば、必然的にあからさまな失敗が生まれる。エマーソンのチャールズ・ナイト、J&Jのジェームズ・バーク、スリーエムのルイス・レアーらは、きっぱりと失敗をおかす必要があると言っている。大成功をおさめ、一九八一年には年商七億五〇〇〇万ドル（一八〇〇億円）に近づいたアップル・コンピュータの創始者、スティーヴン・ジョブズは語る。

「私はいまだによく失敗をする。二週間ほどまえに、マーケティングの担当者たちと朝食をともにしたのだが、私は間違ったことばかりしゃべってしまった。つまり、そのとおりにやったって、なんの解決にもならないというわけだ。ざっと一五人ほどの人間を本当に怒らしてしまったのだから、一週間くらいたって手紙を書いた。その文末には、こう書いた。私はいまワシントンにいるが、人から『アップルはどうしてこんなに好業績なのですか?』と聞かれるたびにこう答えている。『ええ、わが社は本当に優秀な人々を採用しており、失敗を重ねながら成長できる環境を作っています』」

最後の共通したテーマ、形式主義を排して意思の疎通をはかるというのは、ひとつだけ例をあげれば、HP的なやり方の核心をなすものである。この会社ではとくに、ファースト・ネームで呼びかけたり、管理者が動きまわったり、ひとつの大家族の雰囲気をかもしだしたりすることを重視している。こうしたことは、いずれも組織のトップからの明確な指示によって行なわれており、いわゆる形式的な命令系統を排除し、意思の疎通、最大限の流動性、および柔軟性が保たれるようにしている。

トーマス・ワトソン・シニアのような経営者にとっては、価値観が至上だということは自明なのである。しかし、かりにそれが自明であっても、どうやって具体的に規定するか? ここにも驚くべき相関関係があることがわかる。首尾一貫した価値体系が原動力になっていることからして、ほとんどすべての超優良企業の価値観は、それを規定した指導者の個性によって特徴づけられている。

HPのヒューレットとパッカード、デジタルのオルセン、IBMのワトソン、マクドナルドのクロック、ディズニー・プロダクションのディズニー、タンデムのトレイビッグ、ウォル・マートのウォルトン、デルタのウールマン、リーヴァイ・ストラウスのストラウス、J・C・ペニーのペニー、J&Jのジョンソン、マリオットのマリオット、ワングのワング、ダナのマクファーソンなどである。

有能な指導者は、会社というスペクトルの両極端に通じていなければならない。すなわち、抽象の最高のレベルでのアイデアと、煩瑣なもっとも世俗的レベルでの行動である。

一方で、価値観を形成する指導者が関心を持つのは、高邁かつ遠大なビジョンで、それにより大勢の人々を興奮と熱狂に駆り立てるのである。ここでは道を切り開く役割がきわめて重要である。他方、熱意を呼びさますには、日常のさまざまな出来事を通してそれをやるほかないのであり、ここでは価値観を形成する経営者が、とりわけ優れた行動の体現者となる。この役割では、指導者は細部に目を光らせ、言葉ではなく行為によってじかに価値を浸透させる。どんな機会も軽んじることはできない。こうして、アイデアに注目することと細部に目を光らせることが同時に行なわれるのである。

アイデアに注目すること——道を切り開くことと遠大なビジョン——は、傑出した大人物が石板の上になにか書いているような姿を彷彿させる。しかし、指導者がどのようにして価値観を形成したかを見てきた私たちの同僚フィリップスとケネディは、現実にはそうした夢のような光景はないと言っている。

「価値観を浸透させるのに成功することは、カリスマ的な個性とはほとんど関係がないようだ。むしろ、それに役立つのは、指導者が全員に植えつけたいと思っている価値観に対し、個人として誠実かつ持続的に、実行動も含めてあわせてその価値観を強化するため、ひじょうにねばり強く努力することだ。われわれの研究の対象になった人で、個人的な天性に頼っていた者は一人もいなかった。全員が、みずからを有能な指導者に作りかえたのだ」

持続させることが肝要である。それこそ、創立者がじつに長い期間にわたって陣頭に立つという例に接する理由のひとつではないかと思う。ワトソン父子、ヒューレットとパッカード、オルセンといった人たちである。指導者は、部下たちの目に見えるところでそのビジョンを実践し、ねばり強く行動する。超優良企業の指導者のほとんどは、仕事の現場で働いた経験を持っている。彼らは製品の設計や製造、販売に携わってきたから、ビジネスが実際に行なわれている現場を居心地よく感じる。身軽に動きまわれる、というのも現場が性にあっているからだ。

これらの指導者たちは、福音伝道者のように、つねに「真理」を説きつづけるが、それも自分のオフィスから離れたところ——現場——においてである。彼らはよく旅をし、現場にいる人たち、とくに若い人々と長い時間をともに過ごす。この特性もはっきりと認められている。ユナイテッド・テクノロジーズのハリー・グレイは、自社の広告のコピーを自分で書く、と『ビジネス・ウィーク』誌は伝えている。グレイはセールスマンとしての訓練を受けた。彼によると、ゼネラル・エレクトリックの航空機エンジン部門を向こうにまわして（プラット&ホイットニーの航空機部門のために）好成績をおさめている理由のひとつは、「ゼネラル・エレクトリックのトップ・マネジメントがけっして姿を現わさないようなところへ、顧客といっしょに出かけていく」ことだという。

レイニエの会長のジーン・ミラーと社長のウエス・キャントレルも同様である。キャントレルは言う。「昨年のワードプロセッサー関連の大きな会議に出席した会長と社長といったら、ジーンと私だけだった」。また、仲間のエグゼクティヴたちは、ボーイングの社長T・ウィルソンについてよくこういう表現をする。「彼はまだ工場にいる」とか、場合によっては「彼はいぜんとして重要な設計上の問題について自分で決断を下す」と。

動きまわること《ワンダーリング・アラウンド》は、政策によっては公式の手段となる。ＨＰの実践経営を、同社の研究開発担当重役ジョン・ドイルは、つぎのように説明する。

ある部門なり課なりが自分のところのプラン——作業目標の設定だが——を練り上げた場合、管理者にとって、実施できる状況を保つことが重要になる。ここで観察、計測、フィードバック、ガイダンスが生かされる。それがわれわれの「右往左往経営」だ。このようにして、正しい軌道に乗っているか、正しい速度で正しい方向に向かっているかどうかがわかる。

人々の操業ぶりを不断にモニターしていないと、彼らはとかく軌道をはずれるばかりでなく、こちらがそもそもこのプランを真剣に考えていないのではないか、と疑いはじめるのだ。だから、右往左往経営とは、つねに現場と接触しつづけるビジネスということになる。

椅子を離れて自分の仕事の領域を見てまわることには特別な利点がある。ワンダーリング・アラウンドという言葉を私は、文字どおり動きまわって、人と話をするという意味で使っている。それは、きわめてインフォーマルかつ自然な形で行なわれるが、そうしながら全部の領域をカバーすることが重要だ。

手はじめは、近づきやすく、声をかけやすくなることだが、肝心なのは、現場にいるのは人の声を聞くためだ、ということをわからせることだ。ついで重要なのは、人々に会社でなにが行なわれているかをつねに知らせることだ。とくに、彼らにとって重要な事柄については、そうしなければいけない。最後にこれをやる第三の理由は、とにかくおもしろいからだ。

デービッド・オーグルヴィもほぼ同様のことを言っている。

「部下を自分のオフィスへ呼びつけてはいけない。萎縮させてしまうからだ。むしろ、彼らのオフィスへ出かけていくとよい。そうすれば、社員に自分の姿を見せることができる。会社の中をけっして歩きまわらない社長は仙人も同然で、自分のスタッフとの大切な接触を失ってしまう」

「実践経営主義」の代表的な支持者は、ユナイテッド航空の元会長エド・カールソンである。彼は

カールソンは、この会社を（少なくとも、ごく最近の自由化の直前までは）みごとに立ち直らせたのである。ホテル業界での経験しか持たない身で、ユナイテッドの経営を引き受け、どのようにしてそれと取り組んだかを語っている。当時、ユナイテッドは年に五〇〇〇万ドル（一二〇億円）の赤字をだしていた。

私は年におよそ二〇万マイルも旅をし、自分で「目に見える経営」と呼んでいるやり方を心がけた。よく妻に言ったわけだが、週末に帰宅したとき、選挙運動をしているような感じがしたものだ。飛行機から降りると、目についたユナイテッドの従業員の誰かれと握手をした。その人たちが私を認め、まったくこだわりなく提案をしたり、そうしたいと思ったら議論を吹っかけたりしてもよいと感じさせたかったのだ。

アメリカの企業の問題のひとつは、最高首脳部が気軽に出かけていって、批判に耳を傾けたがらないということだ。孤立し、自分のまわりに異を唱えない人間ばかりを集める傾向がある。会社の中で、自分の聞きたいことだけしか耳に入れないのだ。そうなると、私の言う企業の癌に冒されることになる……

具体的な例をあげよう。ロブ・アンゴルドはユナイテッド航空東海岸地区の専務をつとめている。私がボストンやラガーディア（空港）やニューアーク（空港）を訪れるのを彼がいやがるようだったら、「ガラス張り経営」によって私がやろうとしていることが実際には奏効していないことになる。しかし、彼らは、私が個人的な名誉心にかられてそうしているのではないことを知っている。私も彼らの足を引っ張ろうとしているのではないことを知っている。私がやろうとしていたのは、会社のトップにいる男がじつは近づきやすい男で気軽に話しかけられるのだ、という雰囲気を全体に拡げることだった……

　現場で働いている人々との間に申し分のない有効な関係を結ぶことができたら、けっしてやっかいな問題は起こらない。なにか情報をキャッチしたときにはいつでも、私は関係する部門の責任者に電話をかけ、たったいまオークランドなりレノなりラスベガスなりから戻ってきたところだが、途中でこんな情報をつかんだよ、と話すことにしていた。


　私たちは、実践的な経営者、理想像、ヒーローとしての指導者について語ってきた。しかし、一個人がすべての役割を果たしえないことは明らかである。トップグループが一団となってチームを作ることが重要なのである。上にいる者が基調を作らなければならない。企業の重要な価値観を浸透させるためには、彼らが自分たちの意思を統一して、ひとつの声で語るほかはない。フィリップ・セルズニクはこう述べている。

「重要な原則は、呼吸《いき》のあったトップ集団を作ることである。受け継いだ政策をさらに発展させ、きめ細かく運用していくことは、全般的な見通しについて合意している場合にのみうまくいく」

　カールソンはこの点を重視した。例の年間二〇万マイルという旅を始めたとき、彼は一五人の上級幹部に同じことをするように求めたのである。カールソンがトップの座についてから最初の一年半で、この一五人の全員が、自分の時間の六五パーセントを現場で過ごしたのである。

　上層部の団結を強化する実際的な方法としては、定期的な会合がある。デルタ航空とフルオアでは、上級管理者の全員が、一日に一度、コーヒーの時間に非公式に顔をあわせる。キャタピラーでは、上級管理者はほとんど毎日のように会合を持つが、とくに議題を設けず、それぞれの見通しを確認したり、現在の状況について念を押したりするだけである。同様の非公式の会合は、Ｊ＆Ｊやマクドナルドでも行なわれている。

足並みがそろいすぎることが、明らかに「イエス・マン」症候群につながる可能性はある。しかし、ディーン・アチソンがリチャード・ニースタットに与えた訓戒を思い出してもらいたい。大統領に必要なのは、信頼であり警告ではない、と。個々の意思決定での賛否はともかく、事業運営上の重要な価値観をめぐっては、無条件の賛成《イエス・セイイング》や後押しが実際に不可欠だとも思えるのである。

超優良企業に共通している最後の特徴は、その指導者が興奮をかきたてる能力を持っていることである。ＨＰの管理者が人々に熱意をかきたてる能力の点で評価されていることを思い出してもらいたい。ペプシコでは、アンディ・ピアソン社長がこう語っている。「おそらく、われわれが八〇年代に取り組むもっとも微妙な課題は、ペプシコをいまよりもなおエキサイティングな仕事の場としつづけることだ」

同じ趣旨で、エマーソンのチャック・ナイトは言う。「興味をかきたてられなければ、なにも達成できないだろう」。そして、デービッド・オーグルヴィは、自分の組織にこう求めている。「オーグルヴィ＆マザーで働くことがおもしろくなるようにしてもらいたい。少しもおもしろくないようだったら、まず優れた広告なんか作れっこない。不快さを笑いとばす。形式ばらない雰囲気を保ち、気力を充実させて、憂鬱な気分をまきちらす不景気づらを追放することだ」

価値体系を明確にし、そこに生命を吹きこむことは、指導者のなしうる最大の貢献である。また、それこそ、超優良会社のトップに立つ人々がもっとも頭を悩ますことである。

ひとつには、自分の会社に本当にふさわしいものは、考えられるさまざまな価値体系のうちのごく一部だけでしかないからである。またひとつには、その体系を浸透させるのが、ひじょうに骨のおれる時間のかかる仕事だからである。それには、ねばり、頻繁に動きまわること、長い時間をかけること、が必要であり、この実践的な部分がないがしろにされれば、どんな目標をたて努力しても、あまり効果はあがらないだろうと思われるのだ。

第一〇章

基軸から離れない

六〇年代にコングロマリットが隆盛をきわめていたころ、ジミー・リングはワシントンに出向き、独占禁止委員会に出頭し、なぜコングロマリットが業種を選ばないかを説明した。彼は資料として図表を示したが、そこにはこう書かれていた。「LTV（当時のリング・テンプコ・ヴォールト）で鉄鋼産業について知っている者が何人いるか？」彼はジョーンズ&ラフリンを買収したばかりだったのである。で、その答はどうだったか？　彼が示した図表には、大きく赤でゼロが書かれていた。
いまではきっと、ジミー・リングはその問に対する答がゼロでなければよかったと思っているに違いない。ジョーンズ&ラフリンがたちゆかなくなったとき、リングの支配するLTVはひっくり返ってしまったからである。

――『ビジネス・ウィーク』編集長　ルー・ヤング

テキサス・インスツルメント（TI）は、いま民生用エレクトロニクスで一〇億（二四〇〇億円）を売上げているが、一〇年たっても利益を計上していない。しかもTIは、一般大衆向けの時計分野から脱落している。最大の強敵はカシオだった。業界のある消息通は指摘している。

「理由はまったく簡単だ。テキサス大学で教育を受けたエレクトロニクス技師には、一八ドル九五セントの目ざまし時計付電卓が、シューベルトのメロディで朝人の目をさますというアイデアなど、考えつきもしなかった。もともとそんな発想は産業用エレクトロニクスの人間には無理なんだ」

『フォーブス』は、ヒューブラインが初期にサンダース大佐（ケンタッキー・フライド・チキン）を買収したあとで遭遇した数々の失敗について書いているが、その中でヒューブラインのある幹部はこう語っている。

「酒類販売のビジネスでは、酒屋がどんなふうに見えようと問題ではない。店が汚れていたってスミルノフ・ウォッカにクレームはつけられない。それに、品質は工場で管理できる。ところがケンタッキーの場合には、世界中で五〇〇〇の小さな〝工場〟を系列化したに等しい。こんな事業を運営する経験は当社にはまったくなかった」

書くべきことは山ほどあるが、ここではざっと触れておくだけにしよう。ほとんどの会社買収が不成功に終わるというのは、明らかな事実である。多くの経営者がいちおうは口にする相乗効果はめったに得られない。そればかりでなく、往々にして結果が惨憺たるものとなるのである。たいていの場合、買収された会社の幹部は去り、あとには会社の形骸と、あまり価値のなくなった設備だけが残るのである。

それより重大なのは、たとえ小さな会社を買収した場合でも、そのためにトップ・マネジメントは異例なほど多くの時間を取られてしまうために、それだけ本流のビジネスがないがしろにされるということにもなる。たとえ石油業のコノコが比較的近い業種だとしても、デュポンの幹部がこのあと数年のあいだ、かなり多くの時間を費やして石油産業について学び、新しく取得した会社を統率していく努力をつづけざるをえないのである。今回も例によって、コノコとデュポンは「別個に運営される」という声明を繰り返し公表しているが、実際には、そうもいかないのである。

そもそも、内容的な意味での中心となる価値観（たとえば品質やサービス、社員への態度、技術革新の考え方などに関しての）や会社のなじんだやり方というものは、買収による多角化の際、大きな障害となる場合が多い。典型的な多角化戦略は、伝統的な会社の指導理念を希薄にする――それはひとつには、買収された会社の内部には疑いなく異なった価値観が共有されているからである。また品質というようなより具体的なテーマですら、えてして異業種では、意味を失ってしまいがちだからである。つまり、経営者は「感触」を失ってしまうのである。

エレクトロニクスを専門とする経営者が、消費者向け製品の品質について論じても、聞く方ではなんとなく信じられないのである。リーダーシップと価値観を浸透させるための実践的な体系がうまくいくのは、それが現場の人間にとって全面的に信じられると感じるかぎりにおいてである。指導者としての信頼性はまず例外なく「私もそこにいたことがある」ということによって培われる。感情的なコミットメントと製品に対する理解なしには、不信は払拭できないだろう。

私たちが調査で知った主なことは、明快かつ簡単である。買収によって、あるいは内部の多角化によって領域を広げてもけっして基軸から離れない会社が、他社をしのぐ業績をあげている、ということである。もっとも成功をおさめているのは、ひとつの技術――たとえば、スリーエムにおいてはコーティングと接着の技術――を中心として多角化を展開する会社である。

順位は下がるが、第二のパターンとして、関連分野に手を広げる――発電用タービンからガスタービンを用いたジェット・エンジンへ展開するように（たとえばＧＥ）――会社があげられる。

一般的に言って、もっともうまくいかないのは、さまざまな分野に多角化していく会社である。ことに他社の買収でこれをやれば、実を結ばないことが多い。

こうして、うまく適応させた多角化をすれば、それが経営安定の土台となる場合もあるが、なんでもかんでも多角化するというのは、どんなに努力しても引き合わないようである。

これについての証拠は、私たちの調査対象となった超優良企業と、一般の大会社とくらべると、かなり明らかになる。この世につぎからつぎに起こる合併の数から考えて、驚くべきことだが――ほとんどすべての専門的な研究は、無原則な多角化が失敗に終わることを指摘している。

たとえば、アメリカのビジネスの多角化に関する最初の体系的な研究は、一九六二年に全国経済調査局のマイケル・ゴートによって発表されたものである。ゴートのデータは、一九三九年から一九五四年までに会社が取り扱い品目に加えた製品の数と、同じ期間における売上げ高の伸びとの間に控え目ながら明らかな相関関係があることを示している。しかし、多角化がなんらかの形で収益増に寄与したという明確な証拠は、まったく見出せなかった。

多角化した会社について、もっとも包括的な研究を行なったのは、カリフォルニア大学のリチャード・ルメルトが、ハーバード・ビジネス・スクールの博士論文としてまとめ、一九七四年に出版した『戦略と組織と業績』である。アメリカの大企業を幅広くサンプルとして取り上げ、八つのカテゴリーのうちの二つ、すなわち「主流重視《ドミナント・コンストレイント》」と「関連重視《リレイテッド・コンストレイント》」の多角化戦略★を持つ企業が「疑いの余地なく全体としてもっとも優れた業績」をあげていることをルメルトはつきとめた。このどちらの戦略も節度を持った多様化を基礎としている。ルメルトはこう言っている。

★「主流重視」と「関連重視」のカテゴリーの会社は、「本来の主流をなす活動と関連したある特定の能力や技術や手段を積み上げることによって」多角化を行なった。このふたつのカテゴリーの違いは、主流重視がある技術（たとえば、スリーエムのコーティングと接着）と密接に関連しているのに対し、関連重視のビジネスには、ビジネス間の密接な相補関係も含まれているが、異なったテクノロジーが介在することもある（たとえば、トラックによる運輸会社が鉄道事業に参入する場合）。陸上輸送というテーマは変わらないが、それでもこのふたつの分野には、技術面で実質的な相違がある。

「これらの会社の戦略は、中心的な会社の持つ固有の強さないし能力に基づき、それを力の源泉として伸びていけるビジネスにのみ参入するというものである。そのような会社は、しばしば新しい製品を開発し、新しいビジネスの分野に参入するが、経営にとってなじみのない領域には投資したがらない」

　彼はさらに、これらの業績をあげている会社は「その多角化戦略を、中心的な技術ないし能力をもとに練り上げている」とつけ加えている。ルメルトの分析の土台となっているのは、『フォーチュン』誌の上位五〇〇社の二〇年間の業績をもとにきわめて信頼性の高いデータに基づいている。ルメルトはそのサンプルに一〇通りの財務分析を行なったが、そこには「純売上げ高の年成長率」「株式の価格と利益の比率（ＰＥＲ）」「投下資本に対する税引き後の利益」が含まれている。

　例をあげれば、五〇年代と六〇年代にもっとも成績のよい前述のふたつのカテゴリーは、資本金利益率の平均が一四・六パーセント、投下資本利益率が一二・四パーセントの利益をあげ、ＰＥＲは一七・五パーセントだった。もっとも成績の悪いふたつのカテゴリーの会社――「関連のない受身型《アンリレイテッド・パッシブ》」が含まれる――は、それぞれの指標が一〇・二パーセント（三二パーセント減）、八・六パーセント（三〇パーセント減）および一四・七パーセント（一六パーセント減）だった。

この差は、統計上意味のある明らかな有為差である。ルメルトのつきとめた事実を踏まえて、デヴィッド・アンダーソンを中心に私たちが行なった研究の結果、一九七〇年代には、このギャップは六〇年代よりもいちじるしく大きくなっていることがわかった。

ルメルトが発見した事実の意味するところは重要である。なんらかの形で分岐し、成長するが、なお自社の中心的な技術をしっかりと守っている組織は、そうでないところよりも優れた業績をあげる、ということである。だが、彼の分析は、「単純なものほどよい」ということを示唆してはいない。

過度に単純な事業展開――たんに垂直統合を繰り返すだけの会社――は、実際、決まって成績が思わしくない。むしろ、ある程度の多角化をし、環境に適応して安定の基盤を追求しながら、しかも基本から離れない会社が、多くの場合、優れた業績をあげていることがわかるのである。ルメルトのモデルは、適応の必要性（他とのつながりを持ったビジネスは、垂直的に統合された単一のビジネスに勝る）と、中心となる技術を軸として経営を新しいチャレンジに適応させていくことの価値を裏書きしているのである。

その後の研究も、みなゴートおよびルメルトの発見を確認し強化するものである。一九七五年の『ジャーナル・オブ・ファイナンス』に掲載された研究で、ロバート・ハウゲンとテレンス・ランゲティーグは、合併によって、それぞれの会社が別個に所有、運営されていた場合には存在しなかった操業上および戦略上の相乗効果が、ほんとうに生まれるものかどうかを検討した。彼らの判断の基準は、合併によって生まれたであろう相乗効果が、一般の株主の利益になるかどうかということだった。

一九五一年から一九六八年にかけて行なわれたコングロマリットを除く合併五九例について、株価への影響を調べて、ハウゲンとランゲティーグはつぎのように結論した。

「われわれのサンプルについては、合併による相乗効果はほとんど認められない……どの株主も、ふたつの〔合併した〕会社について、それぞれ合併比率で株を持ちつづけたと仮定し、つぎにそれを加算してみれば、まったく同じ結果が得られる。つまり、合併によって新会社が株主にとってより魅力的になった、という証拠はない」

結局、ハウゲンとランゲティーグが確認しえた唯一の明らかな効果は、合併した企業の一株当たりの利益が大きく上下するということであった。換言すれば、合併によってそれぞれの資産を単一の資本所有構造に組みこむことを選んだ会社に対して投資するのは、それぞれの本来のビジネスにとどまることを選んだふたつの会社に投資するよりもリスクを伴う行為となる、ということである。他の研究者によっても確認されたこの事実は、合併のときよく持ち出される理由のひとつである「ビジネスのリスクを分散させるため」という主張に強い疑いを投げかけるものである。

最後に、もうひとつの研究が一九八一年末にロンドンの『ファイナンシャル・タイムズ』に掲載された。「先駆者は合併よりも専門化を指向する」というその表題は、同じような方向を暗示している。知名なエコノミスト、クリストファー・ローレンツが書いたその記事は、こう結論している。「ヨーロッパの先駆的な会社は多角化よりも専門化を重視し、合併ないし吸収よりも内部的な拡張を優先している」

この研究では、エアバス・インダストリーズ、地中海クラブ、ダイムラー・ベンツ、ニクスドルフのような、成功した多くの組織が取り上げられている。

私たちはまるで弁解でもするような態度で、読者にしばしば難解でもあるこのような分析をつぎつぎと紹介しているわけだが、現在のように買収、合併気運が蔓延しているおりに、学問的にも実証的にも、多角化した企業合同がよいという証拠がほとんど見あたらないことを、いささかくどいくらいに示しておくのは、意味があることだと思われるのである。

どの例を見ても、ひどく異質な会社を吸収することは困難だということがわかる。ITT（国際電話電信会社）が典型的な例である。ITTは多年にわたって株式市場で人気を博し、その成長の記録は羨やむに足りるものだった。ハロルド・ジェニーンは、ひとえにその知力と刻苦勉励により、この広大な企業帝国をうまく運営していくことができた。しかし、ITTが多くの面でつまずきはじめたのは、彼の在任中からだった。

ITTの創立者ソスセネス・ベーン大佐からジェニーンが引き継いだとき、この会社は主として国際電話会社だった。そのような性格を持ったこの会社の電話会社としてのメンタリティが、ジェニーンのもとでも微妙な形で残っていたわけだが、それは当然、あらたに買収した多くの事業部門のメンタリティとそぐわなかった。ある評論家は指摘している。

「チリの電話会社を運営するのに使われる道具は、コンチネンタル・ベーキングやシェラトン・ホテルの経営にはさっぱり役立たない」

そのうちに、電話事業そのものが危機をむかえた。市場が、アメリカやヨーロッパのテクノロジーを第三世界諸国へ送り出す（初期のITTの成功の秘密だった）ものから、エレクトロニクスを応用した電子交換システムや、衛星通信といった新基軸へと移行したのである。換言すれば、テレコミュニケーション産業の技術革新がフィーバーした一九七〇年代初頭から、にわかにITTのやり方では電話会社としても新しい事態に対応できなくなってしまった。

ほかにも例をあげることはできるが、ＩＴＴがぶつかったような困難は、とりわけお互いに関係のない会社が合併した場合に起こる問題の典型例なのである。たとえば、かなり業績のよかったトラスアメリカ・コングロマリットは、ユナイテッド・アーチストの映画事業で大きな損失をだした。保険会社などの金融事業の経営が基盤となっているこの会社は、映画産業特有の経営の揮発性、投機性にうまく対処できなかった。

問題がいわゆるコングロマリットだけに限らないことは確かである。私たちは、石油会社が近年、金にまかせて多岐にわたる多角化に踏み切ったのを見てきた。モービルは多角化に乗り出した最初の大企業で、スーパーマーケットであるマーコア（旧モンゴメリー・ワードに中小の会社が加わったもの）を取得した。だが、オイル・マンには小売業が理解できなかった。結果は惨敗だった。

多くの情報通によれば、エクソンもやはり、一九七〇年代末に新しいベンチャー・ビジネスに乗り出した。エクソン・エンタープライズはそのような会社のモデルとされ、『ビジネス・ウィーク』誌は、エクソンを通信産業の分野におけるＡＴＴやＩＢＭの将来の好敵手に擬する特集記事まで掲載した。だが、エクソン・エンタープライズは、ごく控え目に言っても困難な時期に突入しているのである。

エクソンの実験は、それがささやかなものであったときには、うまくいっていた。エクソンが傘下におさめた企業家群とその事業は、おおむね独自にかつ自由に運営することが許された。しかしその中には、いちじるしい成功をおさめたところもあり、その成功があまりにもめざましかったため、不幸にもエクソンの経営陣の目にとまってしまったのである。

こうしてエクソンは、いまや大企業が新しいベンチャー・ビジネスに乗り出すという失敗につながる典型的な失敗の路線《パターン》に切り換え、親会社として「手を貸す」ことに決めた。そしてすみやかにビジネスを合理化し、当然のようにバラバラの事業部門を「論理的な」グループに統合して、「市場における相乗効果」を生みだそうとした。また財政的な「援助」もふんだんに与えた。

企業の本部からは財務担当の幹部社員が出向いて、傘下の小さい事業の会計帳簿の記載を指導した。だが、こうした合理化は、まだ個人事業的な色彩のあるベンチャー会社には時期尚早にすぎた。もともといた事業家は、さっさと〝船を降りてしまい〟、あとに残ったのは、急速に動く市場で立往生している動きの鈍い大会社の構造のみであった。

しかし、ほんのわずかに基軸からはずれる、という多角化の場合でも、異質なものを同化していくのがきわめて困難なことがわかる。たとえば、ゼネラル・エレクトリックは航空機エンジンを手がけて大成功をおさめたが、ウェスティングハウスは大失敗している。

ウェスティングハウスの失敗は、「タービンは所詮タービンだ」と信じたことにあった。同社は、航空機エンジンの仕事を、発電機の組織内で処理しようとしたのである。結果としてわかったのは、航空機のタービンの許容誤差や品質基準などが、発電機に使われるタービンのそれとは、根本的に違っているということだった。

GEのゲルハルト・ノイマンとジャック・パーカーは、そのことを認識していた。彼らは、GEに生まれたばかりの航空機エンジン部門を、従来から発電機を手がけていた組織の外に作り、地理的にも離れたマサチューセッツ州リンを本拠とした。そして、人材面でも、航空機タービンの設計と生産に伴う制約を熟知している専門の技術者を雇った。彼らはGEの期待をはるかに上まわるほどの成功をおさめ、ウェスティングハウスは一敗地にまみれたのである。

GEとウェスティングハウスのエピソードとよく似た話が、今日、電気機械からエレクトロニクスへの移行に伴って見受けられる。電気機械特有の思想、考え方などは、明らかに、エレクトロニクスのそれとは、ごく表面的なところを除けばまったく似ていないのである。そんなわけで、一九六五年の代表的な真空管メーカー（上位一〇社）のうち、わずか一〇年後の一九七五年に代表的な半導体のメーカーとして残ったのが一社もない、という悲惨な事態にぶつかるのである。

頭の切り換えができぬままにすっかり取り残された大会社のなかには、GEやRCA、シルバニアといった、かつて模範的な経営ぶりをうたわれたところも含まれている。電気機械業界のこの三つの大手のうちの二社、GEとRCAは、コンピュータを手がけようとして、同じような災厄に見舞われた。理論的には、ギャップはほんのひとまたぎで埋められるはずだった。だが、実際には、このほんのひとまたぎが、ビッグ・ビジネスにとってはつねに一大飛躍となるのである。

GEとウェスティングハウスにおける航空機タービン対発電機タービンのエピソードが、きわめて密接に関連した知的技術分野の問題であるとしたら、もっと分野的に近いのは、ナショナルとパンナムの合併である。これは考え方の飛躍にもなっていない！　まさしく同じ産業に属するのである。ただ、結果は予想を裏切るものだった。

国際旅客サービスの大手であるパンナムは、ナショナルの国内路線網とその潜在力を誤解していたに違いない。パンナムの構想は、ナショナルの国内網をフルに利用してパンナムの国際線用に集客し、また海外から運んできた客を〝みずからの〟ナショナル網につなげるはずであった。パンナムは結局、ナショナルの持っていたDC‐10を何機も買い取ったにすぎなかったが、それは合体した両社の路線網には、適当な機材ではなかった。こうしてパンナムは、「アメリカの歴史に重要な役割を果たした会社のひとつ」として博物館入りしかねないほど末期的危機に陥ったのである。

そこで重要な設問が出てくる。超優良企業は、どうやってこうした罠を避けるのか？　答は簡単である。超優良企業は、未知の海に両足を入れないのである。しかも、その海に片足のつま先を浸して、うまくいかなかったとき、実験をすみやかに打ち切ってしまう。概して有力な企業は、主として内部的な多角化をはかり、一時に抜き差しならないほどの動きを示さないのである。

超優良企業の行動は、じつは学者が昔から多角化について言っていることをよく勉強し、冷静に受けとめている（あるいはもともと本能的にそれを知っている）かのように見える。すでに述べたように、J&Jの創立者バート・ウッド・ジョンソンは、引退するにあたって、自分の後継者につぎのような重要な助言をしている。「どんなビジネスにせよ、どう運営していいかわからないものに手を出してはいけない」。また、P&Gの元社長、エド・ハーネスはこう言っている。「この会社はけっして基軸を離れなかった。われわれの目標は、コングロマリットではないのだ」

それでも、超優良企業はとてもヒトスジ縄では説明がつかない。スリーエムは五万種以上の製品を作り、毎年一〇〇種以上の実質的な新製品を出している。にもかかわらず、この会社の基本的なコーティングと接着の技術だけが、その全体に通じる共通の要素となっているのである。

スリーエムに一貫しているこの特質は、多くの面で他社のそうした傾向をはるかにしのいではいるが、それでもやはり、こうしたやり方が超優良企業の典型なのである。上層幹部は主として化学技術者からなり、彼らのほとんど全部が営業の経験を持ち、実際的な応用面の仕事にも従事している。この会社の本質的な信条――スリーエムのテクノロジーによって、産業のニッチにおける顧客の問題を解決する――は、こうしてトップ・マネジメントの構成の中にしっかりと組みこまれているのである。

スリーエムに見られる〝化学工学で味つけされた焦点のはっきりしている組織上の不文律〟に似たものは、多くの超優良企業にも見出される。ＨＰで身を立てるには、まず電気技術者でなければならないし、フルオアあるいはベクテルで成功するには機械技術者であることが必要だ。ボーイングで昇進するには航空技術者であること、プロクター＆ギャンブルではプロダクト・マネージャーとしての経験、そして、ＩＢＭでは営業経験がそれぞれ必要なのである。

こうした経験を持つ人のみがトップの候補者となる。いきおい、特定の技術的分野ないし特定の（営業などの）機能分野の出身者が、これらの代表的な会社の上層部には〝氾濫〟することになる。

もちろんこのことについては、功罪なかばする面もあるが、結果としては、つぎのような「集中力」を評価する物語が多い。

●**ボーイング**　『ウォール・ストリート・ジャーナル』紙はこう指摘している。
「評者によれば、ボーイングの強みは、民間旅客輸送の市場にほとんど全力をあげているところにあり、それによって収入の九〇パーセントをあげているという。『他の会社は軍の予算を追いかけるのに忙殺されている』と、幹部の一人は言う。『ボーイングでは航空会社が第一の顧客だ』」
●**フルオア**　会長のボブ・フルオアのコメント。
「あらゆる面ですべての人々を満足させるわけにはいかない」
●**ウォル・マート**　ウォル・マートの非凡な成長の記録は、徹底的に的を絞った戦略のたまものである。同社は一一州だけで営業をしている。もっともよく知っているところに集中することによって同社は、選んだ分野では、Kマートのような資金的により豊かでより多くの経験を積んでいる組織よりも優位に立っている。

●ディーア　ディーアの社長、ロバート・ハンソンは語る。

「われわれは自分たちの知っている顧客を大切にする」

『フォーブス』はこうつけ加えている。

「長年にわたってディーアは、最大のライバル、インターナショナル・ハーヴェスターに水をあけてきた。ハーヴェスターの努力は、トラックの分野と農業機械に二分されていた。それとは対照的にディーアは、自社のビジネスがなんであり、顧客が誰で、なにを望んでいるかを知っていた」

●アモコ　『ウォール・ストリート・ジャーナル』紙は、アモコの有効な戦略をその競争相手と対比させている。

「今年の大手石油会社のあいつぐ企業買収の背景にある考え方は、誰かが持っているものを買う方が、内部で開発するよりも安上がりだということだ。だが、スタンダード・オイル（インディアナ）では、われわれはそれを信じないし、それがわが社にふさわしいやり方だとは思わない」と、ジョン・スウェアリンゲン会長は語っている。

超優良企業では、成長のほとんどすべてが、内部的に、自前の努力で達成されてきた。小さな買収は、つぎに述べる簡単なルールに基づいて行なわれている。買収されるのは小企業で、買収する側の組織の性格を変えることなく容易に同化できるものばかりである。そして、規模が小さいので、それが失敗に終わっても、会社はさほど大きな財政上の損失をこうむることなく、それをすぐに手放し、あるいは清算できるのである。

いくつかの会社は実際に、買収によって成長を謳歌したが、それは「小さいことはいいことだ《スモール・イズ・ビューティフル》」の戦略によってであり、とくに、エマーソンとベアトリス・フーズがそうである。それぞれ四〇億ドル(九六〇〇億円)と一〇〇億ドル(二兆四〇〇〇億円)の大企業だが、どちらも主として二〇〇〇万ドル(四八億円)から五〇〇〇万ドル(一二〇億円)のビジネスを傘下に加えることによって伸びたのである。

明らかに両社は、よく引き合いにだされる。「五億ドル(一二〇〇億円)の企業を買収するのは、五〇〇〇万ドルのものを吸収合併するよりむずかしいわけではないから、一度の交渉で一〇回分の取り引きをまとめた方がいい」というふうには考えていない。エマーソンとベアトリスはつねに適切な買収候補がいないかどうかに目を配っており、少しずつ被買収会社を加えていく。買収の対象となる小さい会社が、本社の核をなすビジネスに新しい力(たとえば特殊な技術など)をもたらす場合には、形式的な手続きにかかわらず自然な交流によって、その力がおのずと本体部分に浸透していくようにする。

同様に、HPやスリーエムのような企業も、絶えず小さな買収のための活動をつづけていることがわかる。買収されるのは、通常、一〇〇万ドル(二億四〇〇〇万円)から一〇〇〇万ドル(二四億円)のビジネスである。これらの対象会社は、しばしば新しい技術の手がかりを得ようとするものであり、誰にでもその目的が理解されやすいものばかりである。また、規模が小さいので、早期に苦痛なく同化できる。あるときは、鍵となる技術者三人の雇用契約を手に入れるだけが目的である買収もある。

こうして、小さい買収工作がうまくいき、そのようにして獲得されたものをいくつも積み重ね、それを土台として、あらたに大きな戦略的推進力が生まれることもある。

これが、つまるところ超優良企業のやり方である。超優良企業は他のビジネスを買収するが、その買収による多角化は実験的な手続きによって行なわれる。つまり、小さな会社を買ったり新しいビジネスに乗り出したりするのだが、十分に管理できる規模で行なう……そして、明らかにリスクを小さくするのである。また、それがうまくいかなければ、いつでも手を引こうとするのである。

だから、超優良企業であっても、あまり規模の大きくない失敗の例はいくつも見つけられるはずだし、実際そういう例を目にするのである。いや、あまり小さくない失敗だってあるのだ！ こうした失敗例は、とりもなおさず、たとえ優秀な企業であっても、適当な範囲を超えた〝逸脱〟をすれば、大きな問題をかかえこむ、ということを雄弁に語るものである。

実際、超優良企業でさえ、かけ離れた分野に手を伸ばしてひどい困難にぶつかることもある。それらの企業に優れた業績をあげさせたのは、ビジネスの「かなり狭い面に能力を発揮させる文化」だからである。スリーエムのように、ほどよい規模の産業上のニッチ（上限が二四〇〇億円くらい）をうまく確保し、そこに浸透していった会社はほかにない。それでも、そのスリーエムにさえできないいくつかの領域というものがあるのである。

以下に示すのは、超優良企業のあまり感心できない〝逸脱〟のいくつかの実例である。

スリーエム　スリーエムがその技術力を消費者製品に応用しようとすると、決まってうまくいかなかった。アナリストが示唆するところによると、スリーエムの細分化（および個性的な産業中心の販売努力）が、幅広い営業活動の妨げとなり、消費者製品の市場の動きを特徴づける少数の製品に広宣努力を集中する枷《かせ》となっているということである。そのためにスリーエムは、消費者製品部門では、ある程度成功したものもあるが、概してたいした利益をあげていない。

もうひとつ、スリーエムは最近、「ＯＡ機器」の分野に進出するのにちょっとした困難をきたしている。この問題も、消費者製品の場合とほぼ同じで、「未来のオフィス」で使われる進んだ製品は、「システム化された製品」である。つまり、この場合もまた、スリーエムの各部門の持ついちじるしい自律性が、複雑なシステム製品の開発と営業努力にしばしば要求される部門間の密接な連携と両立しないのである。

ヒューレット・パッカード　まえに指摘したとおり、ＨＰは初期の小型電卓のマーケティングで困難にぶつかった。ＨＰの問題もスリーエムのそれとよく似ている。計器とエレクトロニクスのビジネスでは、ＨＰは産業用の顧客にどう接したらよいかを知っているが、それはあまり大きくないニッチの場合である。そして、九ドル九五セントの電卓を買う一般大衆顧客は、ＨＰの理解の範囲を超えている。同様に、ＨＰは電子腕時計で大失敗をした。この誤りは無理からぬものであった。

つまりＨＰは、エレクトロニクスを時計に利用したことは新機軸で、普通の消費者はこれをひじょうに珍しいものとして見るのではないか、と思っていた。ところが案に相違して、テキサス・インスツルメントの八ドル九五セントの腕時計のために惨敗を喫したのである（この産業では、いくつもの会社がつぎつぎとエレクトロニクス製品の大量販売を試みて困難にぶつかった。シリコンチップの大量販売に成功したナショナル・セミコンダクターも——やはり時計で——消費者に近づこうとして大失敗をした。またフェアチャイルドも同じ轍を踏んだ）。

テキサス・インスツルメント　まえに書いたとおり、ＴＩはシューベルトを奏でる目ざまし時計付電卓を考えつくことができなかったが、消費者指向の日本のエレクトロニクス技術者は、苦もなくそれをやってのけるのである。したがって、ＴＩは消費者向けのエレクトロニクスのビジネスで、全般的な苦境に立った。

もっとも一部のコンシューマー・エレクトロニクスのビジネスの中には、利益をあげているものもある。スピーク・アンド・スペルのような携帯辞書がそれである。しかし、これが利益をもたらしたのは、そのテクノロジーが依然として「目新しく」、他に先んじているからだと思われる。

半導体を使った言語回路が、時計や小型電卓を動かすチップのように広く普及するようになれば、TIはまたしても、シャープやカシオのような日本企業の挑戦にあって敗退するかもしれないのである。

プロクター&ギャンブル　ある評者が指摘するところによれば、P&Gは消費者製品事業が得意であるとは言っても、流行のあるものには弱い、と言う。P&Gはとりわけ品質を重視している。明らかに競争他社に比較して絶対の強みがあると思った場合以外には、新製品を出したり、古い製品を改良したりはしない。

だから、P&Gは自社の歯磨きに近年人気を博している細い緑色のストライプをなかなか入れなかった。さらに同社は、失敗を重ねているにもかかわらず、数千万ドルを費やして、プリングル・ポテト・チップをものにしようとしている。この場合にも、消費者の購買動機が意外に単純であるにもかかわらず、同社が（人の興味をひく新しい工夫よりも）品質にこだわりつづけているからである。

プリングル・チップはP&Gが長きにわたってあたためてきたアイデアだと、ある競争会社は指摘する。同じ大きさのチップが整然としてちょっと洒落た缶にはいっており、いかにもP&Gの品質好みに合致しているが、消費者の嗜好という観点からは、明らかに失敗なのである。

シアーズ　多年にわたってシアーズ・ローバックは、「妥当な価格で良い品物を」という旗じるしのもとで繁栄してきた。ところが、もっと高級なセグメントを狙ってひどい失敗をおかした。ビジネス・ライターのゴードン・ウェイルの結論はこうだ。

「マクドナルドがサーロイン・ステーキを売出し、ビッグ・マックを値上げして、普通のハンバーガーを扱わなくなったと想像してみたまえ。それが、シアーズの成長戦略だった。要するに、シアーズはふたつのことを一度にやろうとしたわけだ」

こうしたすべての例を見ると、一九六〇年代に熱心に追求されたような間口の広いコングロマリットの行き方が、当然疑わしくなるのではないかと思う。そして、いま、いかにも予想される反革命の気運が生まれつつあるように思うのである。たとえば、一九八一年末に『ウォール・ストリート・ジャーナル』紙は、こんな表題の記事を掲載した。

「コルゲートは一〇年まえに戻ろうと努力している。買収した企業の多くを捨て去り、伝統的な製品の強化をはかっている」

経営最高責任者としてキース・クレーンの前任者だったデヴィッド・フォスターは、コルゲートの傘下にスポーツ用品、食品、衣料品会社を加えて、業界の大手たるプロクター&ギャンブルの重圧をはねかえそうとしたが、うまくいかなかった。こうして盛大に買いあさったおかげで、コルゲートは多大の難問をかかえこんでしまったのである。そのために同社は、伝統的な路線によってあげた利益をはたいて、すでに収益性のピークを過ぎてしまった他のビジネスを手に入れるはめになったのである……

そこでクレーンは、きびしい経費削減を行なった。そして、フォスターが九億三五〇〇万ドル

（一二四四億円）を投じて買収したもののほとんどを手放した。この際、少なくとも九億六五〇〇万ドル（一一三一六億円）の損失を出して償却を行なったと報じられる。……彼はまた、経営の組織を改変し、広告予算を組み直し、あらためて生産性と収益性に重点をおいて本業の製品系列の強化をはかった……

かつてフォスターは言った。

「わが社の新しい方針のもっともエキサイティングかつ生産的な側面は、わが社の伝統的な製品系列とはっきり異なっている。新しい製品カテゴリーをさらにつけ加えるところにある。われわれの伝統的な（歯磨きのような）製品の市場は、一般に人口の成長に制約されるので、将来性はあまりない」

「いずれも見かけ倒しの買収だった」と、広告担当の幹部は語る。「ケンドル（医療器具会社）とリヴィアナ（米の生産会社）をのぞけば、あとはくずばかりだ」

さらに、コルゲートが新製品を売出そうとしておおむね失敗したのは、フォスターが社長の座についていたときだった。しばしば、会社は手っ取りばやく新しい商品を世に送り出そうとして、自社の製品を開発するのではなく、問屋のようなたんなる仲介的な役割を演じたにすぎない……

「こうした失敗をP&Gはけっしておかしはしない」と、コルゲートの元コンサルタントは語る。「この市場では、単純かつ機能的な製品を作るのが決め手なのだ。ところがコルゲートは、添加物だけで勝負しようとしたのだ」

めでたく本業に戻った、というハッピーエンドがあればまだしも、こうした失敗談はますますよく耳にするようになっている。会社はビジネスが不振になったと考えたとき、安易に別の分野へ手を出すことに決める。だが、自分がなにを買っているのかほんとうはよくわからない。つまり、いまピークにあるか、またはピークを過ぎた会社を買わされてしまうのである。しかも、買っておいて、手に入れたものが理解できない（つまり、見てくれだけで買収するのである）。

最後に、そしてもっとも致命的なことに、どうしようもなくなった買収した会社の経営に多大の努力と関心が注がれる結果、それでなくてもぐらついている本来のビジネスの活力が吸い上げられてしまう。新製品（古い製品の系列を拡げるか改良したもの）は、コルゲートの場合のように、やっつけ仕事か「手抜き」工事となる。そして、下降に向かう悪循環が始まるのである。

しかし、買収解消という結末が、少なくともより一般的な傾向となりつつある。一九八〇年末のある一日だけで、『ニューヨーク・タイムズ』は、リットン、テクストロン、GAFの三社もが、多角化事業の整理に乗り出した記事を掲載した。このようなニュースに接する機会は、今日もっと頻繁になっている。

たとえば、一九八一年の『ビジネス・ウィーク』誌のある号の記事で、ITTは一九七九年以来三三のビジネスから手を引いている、と指摘されている。一九八一年の『フォーチュン』誌のある号の記事では、コンソリデーテッド・フーズが、過去五年のあいだに五〇もの会社を売却したことについて論評が加えられている。

また、『ニューヨーク・タイムズ』の記事では、イギリスのGECが、いまや合併解消に努力を重ねていることについて報じている（同社の会長の言葉が引用されている。「タービンは遮断器《スイッチ・ギア》とつながっており、遮断器は変圧器とつながっていると言える。そして変圧器は制御装置《コントロール・ギア》とつながっており、制御装置は電灯とつながっていると言える。だから、なんでも取りこんできた。だが、電灯はタービンと直接つながってはいないのだ」)。

『フォーブス』はやはり一九八一年の記事で、一九七二年以来、モンサントの代表取締役のジョン・ハンリーは、売上げの八億ドル(一九二〇億円)以上の損失を償却して「基本に帰ろう」とした、と指摘している。同誌はさらに、リットンが子会社をつぎつぎと売却したのは、同社を「テクノロジーの本筋に戻す」ためだったと論証している。

こうした証拠は、おそらく買収熱を冷やす大きなうなりを示すものとは言えないだろう。ことに、レーガン政権のもとでの連邦取引委員会が、ほとんどどんなたぐいの合併でも認可するというはっきりした態度を示している状況を考えると、なおのことそう思われる。しかし、どんな形であれ「基本に戻る」という動きは、私たちが検討した超優良企業の研究によれば、実際〝朗報〟なのである。

第一一章

単純な組織、小さな本社

遺憾なことに、企業は大きくなるとともに複雑さを増す。そして、大会社のほとんどは、本質的な複雑さに対応するため、複雑なシステムと組織を考えだす。その結果、スタッフを増やしてその複雑さと取り組もうとするのだが、ここから誤りが始まるのである。

この解決策は、とにかく組織内の人間の本性とはうまく合致しない。組織の中で各単位が本当にまとまった働きをしようと思ったら、全体をかなり単純化しておく必要があるのだ。矛盾は明らかである。

一方、規模の大きさによって複雑さが増すのは理の当然であり、複雑なシステムや構造によってそれに対応するのは、まったく筋が通っている。その反面、組織を動かすには、現場で働かなくてはならない数万ないし数十万の人間に仕事を理解させることが必要であり、それには、すべてを単純化していかなければならないのである。

複雑さに対するこの種の間違った対応について、私たちがよく引き合いに出す典型例をあげるとしたら、それはマトリックス組織構造である。マトリックスというのは、まさに首肯するにたるアイデアである。

組織の任務が多様化し、あらゆる形態のうちでもっとも単純な機能別組織――財務、販売、製造という――から別の形に移行することを余儀なくされると、分権化に際して考慮しなくてはならないパラメータ、次元が多くなる。製品グループを中心に組織することもできるし、また、市場セグメントごとに組織することもできる。さらに、工業や営業所のある地域別に組織することも可能である。そのようにしても財務、販売、製造という機能はなくならないので、これらのすべてを考慮して、ひとつの形式的な組織構造をまとめあげようとすると、少なくとも四次元的なマトリックスが生まれることになる。しかし、四次元となれば、物理的に組織を動かしていくことはまず不可能である。

問題は、この世の中というのは、本当にそれくらい複雑だ、ということである。こうして、マトリックス組織に移行したいという衝動は、すべての大きな組織に内在することになる。このジレンマがさらに複雑なものとなるのは、他の有効な形を――たとえば、プロジェクトやタスクフォースのような一時的機構を――組織に加えようとする場合である。管理者はどうしたらいいのだろうか？

会社によっては、つぎのように決定するところもある。すなわち、マトリックスで考えられるすべての次元を考慮することはできないにせよ、少なくとも、そのうちのいくつかは利用できると考え、たとえば、製品事業部と設計、販売、製造等の機能部門に等しい権限を与えるような組織を正式に作ってしまうのである。しかし、これではひじょうに紛らわしいことがわかる。人々が誰になにを報告すべきなのか、はっきりしなくなるのである。

もっとも深刻な問題は、バランスという名のもとにすべての機能が他のすべての機能になんらかの形で相互に結びつけられてしまうという点である。この構造では、優先順位が明確にされないばかりか、自動的に優先順位が希薄になってしまうので、組織は麻痺してしまう。実際それは、現場の人間にこう言うに等しいのである。「すべてが重要だ。すべてを同じように重視せよ」。こうした命令を受ければ、誰だって麻痺してしまう。

超優良企業のほとんどすべては、正規のマトリックス構造を採用しているとはみずから考えていない。もちろん（マトリックス組織に関して数々の実証的根拠を与える新しいアイデアを提供してきた）ボーイングやベクテルのようなプロジェクトを主体とした会社では、プロジェクトと機能とをマトリックスで運営していくのが常であるが、こうした会社では、マトリックス経営という言葉に、まったく異なった意味を持たせている。

すなわち、こうした会社では、幹部社員は、ふたつの性格の異なった部門間を異動する。かなりの期間にわたってプロジェクト・チームの一員となり、そのチームに与えられた課題を遂行する責任を負う。またあるときは、ある機能、たとえば技術部門の一員になり、そこである程度の時間を過ごして、自分の属する技術部門が一流の技術水準を保てるようにするのである。プロジェクトに加わっている期間、自分にそのプロジェクトに対する責任があるかないかに関して、考え方のうえでの混乱は生じない。その期間については疑いなく全責任があるのだ。

ここではっきりさせておくが、いちはやくマトリックス形態を取り入れた組織――ボーイングやNASAのような――が「マトリックス」経営と呼んだ組織形態に、私たちが必要以上の心配をしているわけではない。このシステムを有効に活用する鍵は、他の超優良企業の構造を有効に働かせるものと同じなのである。ひとつの次元——つまり製品、地域、ないし機能——のうちのどれかひとつが明らかに優先するのである。

私たちが関心を持っているのは、この概念が風化していった過程であり、どのような状況で誰がなにに関して責任を持つか——ついでながら「このことはどの上司に報告したらよいのか、それとも全員に知らせるべきなのだろうか？」といった混乱——を調べ、この形態をとるかぎり、すべてをすっきりさせることがほとんど不可能になってしまった理由をつきとめることである。すべてを複雑にし、不明確なままにしておくことによって、スタッフに大きな権限が生じる。つまりスタッフが、たとえば製品部門と機能部門が衝突するマトリックスの交点における審判となるからである。

超優良企業はどのようにしてこれを回避しているのだろうか？　その答は、どのような形をとるにせよ、そのすべてに共通して、形態《フォーム》の基本的な単純さが認められるということである。ほとんどの超優良企業の根底に見出されるのは——たいていは製品部門を中心とした——かなり長期にわたる不変の形態であり、それが全員がよく理解するところの社内規範をもたらし、それをベースに日常業務の複雑さと取り組めるのである。価値観の明確さも、安定と単純さを支える基準の重要な一部となっている。

根底となる形態上の単純さ以上に、私たちの目につくのは、超優良企業が環境によって急速に変化する状況に対して、ともすれば機能の交差、すなわち「マトリックス的な状況」が発生しやすいにもかかわらず、これらの問題に対処するに際し、正式なマトリックス組織に移行することなく、きわめて柔軟なやり方をとる、ということである。

いちじるしく統一のとれた思想や規範を持っているので、それらの会社は小さい部門や小さい単位をよりよく活用することができ、より頻繁に、柔軟かつ流動的に組織を組み変えることができるのである。そして、タスクフォースとかプロジェクト・センターといった一時的な形態を、変革に際し、より効果的に使えるのである。

超優良企業は一見組織変更を頻繁に行なうように見えても、本筋にはめったに手をつけない（もちろん、ほかの手段も組織の流動性を保つのに役立てる。たとえば、人事政策によって社内の人間の身分を保障し、所属する特定の組織にあまり依存しないですむようにする）。

全体に共通してもっとも単純な形態を保っているのが、製品別事業部制だ。しかし、いくつかの会社は、古い機能的形態に近い状態を維持することによって、マトリックスを回避している。フリト・レイやコダックのような会社が、これに近いやり方をしている。そして、マクドナルドのような会社では、たんに自社の基本かつ自然な単位であるレストラン、店舗、ブティック、工場等を基本的な土台として、それを中心とした組織を作り上げている。

規模の大きさにもかかわらず単純な形態をとっている好例は、ジョンソン&ジョンソンである。この会社は、構造を単純化し、細分化して、それぞれを分権化させる行き方を極端なまでに押し進めている。すでに見たように、J&Jは五〇億ドル（一兆二〇〇〇億円）の企業で、それを平均して三〇〇〇万ドル（七二億円）をやや上まわる規模を持つ一五〇の独立した部門に分割している。各部門は「会社」と呼ばれ、それぞれが「取締役会長」に統轄されている。

これらの会社は、それぞれが多くても二〇社くらいからなる八つのグループにまとめられ、各グループに属する会社は、地域ないし製品の点で共通性を持つ。これらの〝分社〟は、自分で株を発行する、といったことはしていないので、本格的に独立しているわけではないが、「取締役会」は積極的に各分社が本社から望ましくない（そしてたいていは無用の）干渉をされないよう守っている。『ワートン・マガジン』誌の解説者はこうつけ加えている。「〔J&Jの〕本社スタッフは少人数であり、ゼネラル・エレクトリックのように、専門家が絶えず子会社を見てまわるというようなことはない」

J&Jの消費者向け事業は、全体の売上げと利益の約四〇パーセントを占める重要な事業であるが、その組織は簡単なものである。五五以上の消費者製品事業部門があって、それぞれが自己の責任において マーケティング、物流、調査を行なう。これは、一般消費者向けの市場を支配するには、大規模な活動が必要だとする伝統的な考え方に、真っ向からそむくものである。数を減らし、各部門の規模を大きくすることもできるが、そうする特別な根拠はない、と会長のジェームズ・バークは語る。彼の論点は、組織の分割を支持する他の多くの優良会社の主張と驚くほどよく似ている。

われわれはおりに触れて、統合することが経済的に有利かどうかを検討してきた。たとえば、消費者向け事業全体を取り上げて、その流通網を一本化してはどうかと考えるのだ。机上ではある程度の経費の節約にはなる。だが、われわれは、それによってよほど大幅に効率が高まるのでなければ手をつけるわけにはいかない、と思っている。なぜなら、ある事業の経営者は、その事業の全側面を管理できるから、自主的にうまく運営できる、と信じているからだ。

また、われわれは、規模の経済の追求によって高められると考えられている効率の大部分が、たいていは机上のものにすぎない、とも信じている。それはきわめてあてにならない。ひとたび大きなものを作ってしまうと、思ってもみなかったような非能率が生じてしまう。そして、担当者がそういう非能率的なものに気づいても、積極的に排除しようとはしない。大きすぎて手にあまるからだ。

こうした哲学から生まれる形態の単純さは、私たちが今日の調査を通じて遭遇した他の印象的な実例と一脈通ずるものがある。製品別事業部制を基本とした場合の組織を有効なものにするためのヒントとしては、つぎのようなことがあげられる。

(1) 各部門を完全に独立した形で保つこと。製品の開発、財務、人事を含めて、主要なすべての機能を各部門に持たせる。

(2) 異種のものがでてきたら、迷わずスピンオフし、独立させるとともに、独立を奨励すること。J&Jの一五〇の部門は、一〇年まえに八〇しかなかったのを増やしたものである(この点は、われわれにとって興味深いところである。多くの会社が、これとは反対に、大がかりで重層的な組織を作ることに専念してきたからである)。

(3) あるガイドラインを設置すること。これによって、新しい製品や製品系列を自動的に独立した部門とする目安ができる。たとえば、スリーエムでは二〇〇〇万ドル(四八億円)前後が基準になる。

(4) 人や製品、あるいは製品系列をも定期的に事業部間で移動させるが、その場合、たいていの会社で起こるような反目が生じないこと。

興味深いことに、単純な形態は、比較的小さな市場の穴(ニッチ)に浸透したり、みずから他社と競合しない独特の市場を創造することを得意としているJ&J、HP、エマーソン、デジタル、ダナ、スリーエムといった会社に限定されない。もちろんそうした会社では、小さな製品事業部制の持つ簡素さがもっとも生きてくることは間違いないが……。

どんな産業でも、また規模の経済がどうであろうと、私たちが対象としたほとんどすべての超優良企業は、ラインの下部まで権限を委譲することを重視し、現場における自律性をなるべく多くの人に与えることを尊重して、それを最大に高めようとしていた。そうしたことが可能になるのは、基本となる形態がかなり単純な場合に限るのである。それは形式的なマトリックス組織を用いたら、間違いなく実行できないのである。

興味深いことに、基本的な構造を単純にしておくことによって、実際に組織の柔軟性が助長されるのである。これはつまり、基本的な形態が単純明快なので、基礎をなす構造をこわすことなしに、誰しもが柔軟な応用動作をとることができるからであろう。

すでに見たように、超優良企業は、タスクフォースやプロジェクト・チームをはじめとする臨時的な仕かけを、最大限に活用して仕事を進める。超優良企業はまた、しじゅう組織変えをしているように見えるし、実際にそうしているのである。だが、組織変えのほとんどは、末端部で行なわれるのである。基本的な形態が大きく変わることはめったにない。

ボーイングは興味深いケースである。往々にしてプロジェクト組織は、形式的なマトリックスの先駆ないし典型的な例と考えられているが、それについては根拠がないわけではない。しかし現実には、ボーイングの各プロジェクト・マネージャーは、いちじるしい自主性を保っている。そして、ボーイングが誇っているのは、組織図の下の方にいる人材を重要なプロジェクトの責任者として登用し、より上位におり、当然給与も高い人々をその人の管理下に（すなわち、チーム・メンバーとして）配置することができる、という点である。

超優良企業の単純な構造形態には、たったひとつだけ重要な共通性が認められるようだ。すなわち、少数のスタッフであり、スタッフの数が少ないことである。すでに示したように、このふたつの特性には、強い相関関係がある。すなわち、組織形態が単純なので、少人数のスタッフで全体を動かすことができるのである。

実際、わが超優良企業のほとんどは、本社レベルでは比較的少数の人間しか擁していず、そこにいるスタッフの役割も、本社で書類をチェックする、ということよりは現場に出向いて問題の解決にあたることの方が多い。結果として、管理者の数も少なく、実際の仕事に携わる人の数が多くなる。その結果、私たちは荒っぽい表現ではあるが、「上限一〇〇人の法則」というものを作ったわけである。わずかな例外はあるが、企業の本社管理部門には、一〇〇人以上の人間が必要となることはめったにないようである。

●エマーソン・エレクトリックには、五万四〇〇〇人の従業員がいるが、本社は一〇〇人足らず。

●ダナでは三万五〇〇〇人を雇っているが、一九七〇年に約五〇〇人いた本社のスタッフを今日では一〇〇人前後に削減している。

●シュランバーガー（シュルンベルジェ）は六〇億ドル（一兆四四〇〇億円）の多角的に石油関連のサービスを提供している会社だが、その全世界にわたる事業を九〇人の本社スタッフによって運営している。

マクドナルドの人員も同じように少ないが、これはさきに触れたレイ・クロックの積年の信条、「企業管理については少ない方がよくできる」という考えに従ったものである。一〇億ドル（二四〇〇億円）のインテル社には、ほとんどスタッフがいない。すべてのスタッフの仕事は、一時的に、ラインの責任者に兼任という形で委ねられる。二〇億ドル（四八〇〇億円）のウォル・マートでは、創立者サム・ウォルトが空っぽの本社という行き方を信じる、と言明している。「重要なのは、店に出て耳をかたむけることだ」と。

そして、ハインツ傘下にあって成功をおさめている一〇億ドル企業オレ・アイダ社では、私たちが見たかぎりでは、もっとも賢明な戦略計画を練り上げているが、これは同社のコードリィ社長が一人でまとめたものである。それを助けたのは、わずかに社長秘書と本来の業務の合間に部課長がパートタイムで参画しているだけである。企画スタッフどころか、日常のスタッフもいないのである。

同じ特異なルールは、高い業績をあげているより小さないくつかの会社にもあてはまる。たとえば交換機のＲＯＬＭ社は、二億ドル（四八〇億円）の事業を本社にいる約一五人が切り盛りしている。四億ドル（九六〇億円）のアクメ・クリーブランドの社長の地位を引き継いだとき、チャールズ・エイムズはスタッフの数が多いことに驚いた。二、三カ月のうちに、彼は本社の人員を一二〇人から五〇人に減らしたのである。

これらの例は、数の点だけでも印象的である。しかし、同じように重要なのは、どのような人々がそうしたスタッフの仕事をすべきなのか、ということだろう。これに答えるためには本来、本社がどのような機能を持たなければならないか、ということを明らかにしなくてはならない。ここでも多くの超優良企業を見た場合、その答は、事実上どうしても本社が持たなくてはならない特定の機能はない、ということである。

普通は、本社あるいは特定のグループの責任事項となる製品開発でさえも、J&J、スリーエム、HPのような会社では、完全に各部門に任されている。ダナは自信を持って、購買、財務、人事といった機能を——工場のレベルにまで——分権している。

戦略立案はたしかに全社的な機能である。しかし、フルオアはその六〇億ドル（一兆四四〇〇億円）の事業を、わずか三人からなる会社企画部門で運営している。スリーエム、HP、J&Jは、本社レベルでは企画立案者を持っていない。超優良企業では、ほとんどすべての機能が徹底的に分権され、少なくとも部門レベル以下に委ねられているのである。

ベクテルは活発な研究開発部門を持っているが、特殊な研究の領域でも、ほとんどすべての者がいずれラインの仕事に携わることになっている。研究開発スタッフのほとんどが、ラインの仕事に携わっている人間の中から集められ、また終了後もとの場所に戻るのである。

IBMでは、三年交替で企画スタッフをつとめるという原則を固守している。スタッフの仕事に「万年計画管理スタッフ」が配属されることはほとんどなく、ラインの責任者がその任につくのである。しかも、交替制のため、本社のスタッフをつとめる者は、三年以内にまたラインの仕事に戻ることを承知している。これが、複雑な管理システムが生まれるのをうまく抑止する作用をしている。三六カ月後には自分がそれに拘束される、ということを知っていれば、誰でも柵の反対側にいる短いあいだに、厄介な官僚機構を作るはずがない。

デジタルとスリーエムも、ほぼ同じ原則に従っている。デジタルとスリーエムのスタッフは、少数の法律および財務の専門家をのぞいては、たいていラインから集められる――そして、またラインに戻されるのである。

どのような地位をスタッフが占めるか――つまり序列の数――と会社の業績にもやはりなんらかの相関があるのではないかと思われる。数十年まえから、アメリカ人は管理スパンという考えに捉われるようになった。そして、われわれは当然のように、五人から七人以上の人間を管理することはできない、と信じてしまっている。日本人は、そんなことはないと考えている。たとえば、ある銀行では、数百人の支店長が一人の営業本部長の采配に従っているのも珍しくない。

平たい組織は可能なのである。だが、日本とアメリカの企業の最大の相違は、実際問題として、中間管理階層の数という点にある。すでに見たように、トヨタでは社長から現場の作業長までの間に五つの階層があるのに対して、フォードではそれが一五段階になっているのである。

ここで、ユナイテッド航空の元会長、エド・カールソンの砂時計理論を取り上げることにしよう。たいていの組織の中間管理者は、本当のところ、「縮小・拡大」活動以外にはほとんどなんの役割も持っていない。つまり、上から伝えられるアイデアをせき止め、下から上がってくるアイデアを押えるというわけである。カールソンによれば、中間管理者はなんでも吸いとってしまうスポンジであり、実践的な経営は、中間にいる人間が少なくなればずっと効果をあげるというわけである。

多くの会社の中間管理者の数と階層は、驚くほど多い。フォードはこの二四カ月のあいだに、日本に対する競争力を高めようとして、中間管理職の二六パーセント以上を削減した。ドナルド・ピーターソン社長は、これはまだほんの手始めだと信じている。ビジネスマンが、なくてもやっていける部分がどこかを正直に言うようになったら、各階層の五〇パーセント前後から七五パーセントくらいまでを削減するというのが、当然の目標となるのである。

将来の「形態」

もっとも有効だと思われる組織の形態の特徴は、正確なところどんなものだろうか？ どの組織形態にも、それぞれ大きな長所と大きな短所がある。ここでそれをもう一度検討してみよう。

●機能別組織は、伝統的な消費者製品を作る会社によく見られるものだが、効率的であり、基本的なところではうまく働く。しかし、とりわけ創造的でも革新的でもなく、すみやかに適応せず、とくに大きな変化に対応し損ないがちである。

●事業部制は、スローンのGMが原型となっており、基本的なことを適切に処理でき、たいていは機能別組織よりも適応性に富んでいる。しかし、各部門は例外なく大きくなりすぎ、大きな部門は肥大化した機能別組織特有のあらゆる問題に悩まされる。さらに、事業部制は、中央集権でもなければ、完全な分権でもない、どっちつかずの状況が混在する場となってしまうことが多い。

●各方面からのさまざまな要請に対する――実際問題として事業部制のもたらす過度な複雑さに対する――マトリックス的な対応は、今日の現実から見ると、一見理想解のように見える。しかし、その反面、これはほぼ間違いなく革新的でなくなるが、それもごく短時日でそうなることが多い。とくに基本的なことを実行するのが困難となり（権限の帰属がいちじるしく曖昧）、決まって混乱を招くと同時に、たちまち官僚化し、非創造的になる。マトリックス組織の目指す長期的な方向は、たいてい明確ではない。

- 臨時組織の多様は、多面的な要請に対応し、あらたに恒久的な官僚的な機構を作ることがない。しかし、全部が一時的な問題を追求し、基本を無視すると（つまり、全部が一時的なプロジェクト・チームをめぐって限られた利益を追い求めるにつれ、本来備わっているべき機能別の力が弱められると）、これもまた無秩序なものとなりうる。
- 「伝道的な形態」というのは、ヘンリー・ミンツバーグの命名であり、マクドナルドに見られるようなものだが、これは組織以外の（たとえば価値観などの）手段によって安定をもたらす。理論どおりにいけば、これが一定の価値観の枠内で（その価値観が妥当であるとして）十分に試行錯誤を積んでいけば、なにもかもうまくいくことがある。しかし、価値観というドグマに基づいた組織であるだけに、これも機能別組織以上にきわめて偏狭かつ硬直したものとなることがある。

いままでに知ったことを考慮して、私たちはここに以上のすべての形態に代わるものとして、混成的な代案を提示し、「八〇年代の組織」となりうるものの特性を記述したい。それは、これまでに明らかにされた三つの主たる要請に応えるものである。すなわち、基本的なことを効率よく処理する、つねに革新的である、少なくとも大きな脅威に適切な対応ができる、の三項目で、これにより企業は、硬直化を回避することができる。

したがって、私たちの提唱する組織の「形態」は、「三つの柱」に支えられるものであり、個々の柱は前述の三つの基本的な要請の各々に対応するものである。基本的なことを効率よく処理する、と

図8 「80年代の組織」を構成する三本柱

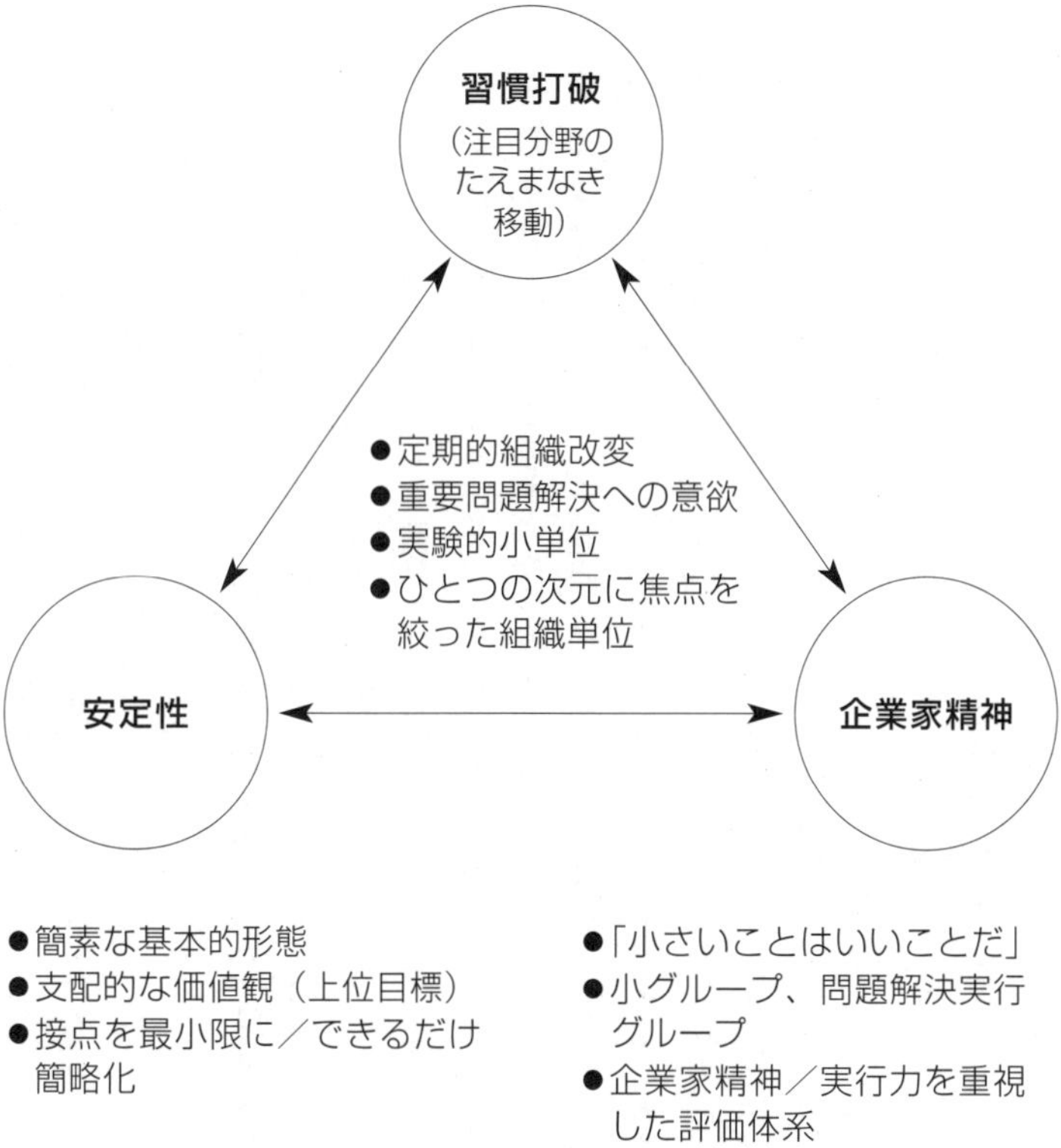

いうことに関しての柱は、「安定性」である。つねに革新的である、という要請に対しては、「企業家精神」の柱がある。そして、対応力に関しては、「習慣打破」の柱がある。

前ページの図では、安定性の柱は、首尾一貫した単純な基本的形態を作ることと、長つづきする広範かつ柔軟な価値観を培い、保持することによって支えられる。私たちの信ずるところでは、単純な形態としての基本は製品別部門制であり、細分化された単純な古い組織構造が、おそらく――いまも将来も――もっとも好ましい形態である。これは、私たちの製品の側面への肩入れとマトリックス組織に対する明らかな偏見を、おのずと示している。

これまで論じてきたことのすべて――製品とサービスをめぐる企業家精神、製品と品質への愛情、人を通じての事業と生産性の重視――から、私たちは当然、製品あるいは市場に偏向することになってしまう。それは単純であり、より明確かつ直接的、より具体的で正直なのである。

安定の柱の第二の特徴は、土台をなす価値体系であり、それは伝道的な「形態」をも包含する。組織の構造を主題にしながら価値観について語るのは奇異だと思われるかもしれないが、広義の組織機構というのは、結局、コミュニケーションのパターンであることを思い出してもらいたい。たとえば、ＩＢＭやＨＰ、あるいはダナの安定した形態について考えるとき、企業経営には、安定した価値体系が不可欠であり望ましいことを、われわれは認識するのである。

企業家精神の柱の核心は、「小さいことはいいことだ《スモール・イズ・ビューティフル》」である。小さいままでいるためには、絶えず新しい活動ないし拡大された活動を分離して、新しい部門を作ることである。この図式からすると、小さいことは不断に適応していくための必要条件だと考えられる。ときとして多少の効率が犠牲にされるが、効率上の利点はたいていの場合過大評価されているのである。

企業家精神のもうひとつの特徴は、評価体系《メジャーリング・システム》と少数精鋭スタッフの活用である。形態が単純で、広範な統合システムに依存していなければ、より簡単なシステムとより少ないスタッフで組織を運営していくことができる（中央集権化された大勢のスタッフは、主として大がかりに全体を整合させる運用に役立つ）。各部門はそれぞれの領域内に、必要とするスタッフの機能のほとんどすべて――たとえば購買、物流、人事、財務――を持つことになる。

第三の「習慣打破」の柱にはとりわけ、定期的に組織を手直しし、組織を改めることによって「一時的」な形で特別な重点目標と取り組もうとする意欲が含まれる。ゼネラル・モーターズの小型自動車開発プロジェクトがこの好例である。

定期的に組織を改めるというのは、つぎのことを意味する。

（1）定期的に新しい部門を「分離」して、古い部門の巨大化と官僚化を改善する意欲。
（2）製品ないし製品系列を部門から部門へと移し、特別な管理能力を最大限に生かし、市場の再編成に取り組もうとする意欲（スリーエムはとりわけこの面で優れており、ある製品がある部門から別の部門へ移されても、ほとんど縄張り争いが起こらない）。
（3）優れた人材を集めてプロジェクト・チームを作り、つねにそのような調整が一時的なものであるとの了解のもとに、組織上の重要な問題の解決にあたらせたり、組織としての重点目標と取り組ませようとする意欲。
（4）必要が生じたら、各部門を再編成し改造しようとする（ただし基本的な中心形態の一貫性は保つ）一般的な意欲。

こうした「習慣打破」のための構造上の仕かけは、まさしくマトリックス組織を作り出す元兇となった問題への解毒剤である。定期的な組織変えは、移り変わる圧力に対応し、大規模な常設統括組織を設けないで対処するひとつの方法である。統括機構は、理論上異なったあらゆる次元で生じるさまざまな問題を処理するためのものだが、分離と新設および製品と製品系列の入れ替えなどの手段も、移り変わる圧力に対応しながら土台をなす形態の一貫性を保っていくための、似たような手法なのである。

こうして、三つの柱は、第一にマトリックス組織につながった問題への、そしてさまざまな状況に対応していく過程でマトリックス構造に現われた病理への、「理論的」対応方法を示している。まとめて考えると、それはまた、多くの超優良企業の経営システムとぴったり符合しているのである。

第一二章

厳しさと緩やかさの両面を同時に持つ

私たちのあげる卓越した経営慣行の「八つの基本」の最後のもの、「厳しさと緩やかさの両面を同時に持つ」の要点は、いままでに述べたことの総まとめとなる。そこには、これまでに述べてきたことの多くが含まれ、また私たちにとってうれしい驚きだが、それらを統合していく過程で現われたものが含まれている。それは、本質的に、中央からの厳格な指令と個人の最大限の自主性の共存——私たちの言う「ケーキを食べてしまってもまだ眺めることができる」★こと——である。

★訳注——米語で、どちらか一方を選ばなくてはならないときの慣用句で、「ケーキを食べてしまったら、とっておくわけにはいかない」という表現をもじって、両方可能な場合もある、という意のしゃれ。

厳しさと緩やかさの原則による組織は、一方で厳格に管理しながら、同時に一般社員が自主性と企業家精神と革新の気運を発揮することを許容する（実際にそれを奨励する）。彼らは文字どおり「信条」

を通じて――私たちの同僚フィリップスとケネディによると、多くの経営者が疫病のように避けている〝価値体系〟を通じて――これをやる。また、アラバマの無類のフットボール・コーチ、ベアー・ブライアントが強調する「きわめて微細なこと」への適切な処置、細部に対する入念な目くばりをやるのである。

アメとムチ？　話題が価値体系や文化といったことになると、たいていのビジネスマンの目はどんよりする。しかし、私たちは目を輝かせる。そして、キャタピラーの元会長ビル・ブラッキーが、「世界中のどこへでも四八時間で部品を届ける」というキャタピラーの公約について語ったときのことを思い出す。ミネアポリスのセントポールでスリーエムのタイト・エルダーが、「理不尽なことをものともしないチャンピオンたち」がスリーエムで活躍していることについて語った、零下（華氏）六〇度という寒い日へと、私たちの心は引き戻される。

また、レニ・マクファーソンのスタンフォード大学での講義をまのあたりにするのである。彼は動画のように生き生きとしている。学生がダナで生産性の問題を解決した魔法の処方箋について、彼に尋ねる。彼は手のひらを向けて両腕を前に突き出し、こう答える。「とにかく押しの一手だ。私が考えられるあらゆる失敗をおかした。だが、ずっと押しつづけてきた」。読者は彼が冗談でそう言っていると思われるかも知れない。しかし、生産性の向上に魔法はない。彼は真剣なのである。

農民にピアノを売るという困難な仕事を終えて帰り、ニューヨークのペインテッド・ポストにある本社に出向く若き日のトム・ワトソン・シニアのことを考える。そして、その後彼がなにになり、なぜそうなったかに思いを馳せる。またJ・ウイラード・マリオット・シニアが、ワシントンDCで最初に開店した立ち食いのスタンドにいる姿を思い浮かべる。そして彼が、八二歳になったいまでも、彼の所有するすべてのホテルのロビーの清潔さになぜ気を配っているのか思い知るのである。彼の〝立ち食いスタンド〟は、いまや二〇億ドル（四八〇〇億円）になっているのだ。

さらに、エディ・カールソンが一九二九年にウェスタン・インターナショナル・ホテル系列のベンジャミン・フランクリン・ホテルで給仕として働いている姿を思い描き、その彼がいまや伝説的な存在となったことに目をみはるのである。

カールソンは価値観について語るとき、少しの恥らいも見せない。ワトソンもそうだ――彼は価値観こそが本当に重要なのだと語ったものである。彼らはそれぞれの価値観によって己の人生を生きた。それらの人々――マリオット、レイ・クロック、ビル・ヒューレット、デヴィッド・パッカード、リーヴァイ・ストラウス、ジェームズ・キャッシュ・ペニー、ロバート・ウッド・ジョンソンらは。

彼らは顧客を信じた。社員の自主性を認め、活動の余地を与えることを信じた。自由な対話の機会と品質を信じた。だが、彼らのすべてが厳格な規律励行者だった。彼らは大きな自由《ロープ》を認めたが、部下の中からそれで首をくくる者がでても、その成り行きを受け入れた。厳しさと緩やかさというのは、このロープに関することなのである。それでも、つまるところ、それは文化の問題となる。

ところで、文化はおよそ考えられるものの中で、「もっともソフトな」事柄である。だが、文化の主な分析者――文化人類学者や社会学者――の言うことを誰が信じるだろうか？　ビジネスマンは間違いなく信じない。それでも、企業における文化はおよそもっともハードなものでもあるのだ。あの格調の高い言葉、「ＩＢＭとはサービスのことだ」という教えに違反すれば、会社の身分保障契約がたとえどうなっていても、仕事場からほうりだされて、「職を失う」という実害があるのである。

デジタルは熱狂的だ（ソフト）。デジタルは無秩序である（ソフト）。「デジタルの人間は、自分が誰のために働いているか知らない」と、同僚の一人は言う。だが、彼らは品質のことは知っている。彼らの作る製品は、きちんと動く（ハード）。だから「ソフトは同時にハードなのである」

ルー・レアーによると、ＯＳＴ（ハード）がテキサス・インスツルメントで機能するのは、ＴＩの「革新的な文化」（ソフト）のためだという。スリーエムの会長ルー・レアーが説いて倦まないのは、ひどい失敗をしながら、ひきつづき何十年も努力して会社の副社長になった人々のことだ。彼は、スリーエムの文化の厳しさと緩やかさ、ソフトとハードという特性について語っているのである。

私たちは多くのソフトな特質、多くの緩やかな特質について語ってきた。社交的な、大学のキャンパスのような環境、柔軟な組織構造（新しい部門の分離、習慣打破のための時限立法、組織の頻繁な再編成）、自発的《ボランティア》な社員、熱烈なチャンピオン、個人の最大限の自主性、チーム制と事業部制、つねに行なわれる広範な実験、積極さを強調するフィードバック、強い社会的紐帯、等々について語ってきた。これらの特質のすべては、積極的なもの、いささか型破りな実践を試みることから生まれる〝興奮〟に焦点を合わせている。

しかし、それと同時に、いちじるしく厳格な——文化が原動力となり、文化的に管理される——特性が、超優良企業をきわだたせている。ほとんどが価値観をしっかりと共有している。実験そのものを含めて、行動の焦点はきわめて規則正しいコミュニケーションと迅速なフィードバックを強調している。何事も大きく基軸を逸脱しない。簡潔な書類事務（P&Gの一ページメモ）と現実性の重視が、きわめて厳しい管理を行なう際のもうひとつの（あまり露骨でない）方法である。

たった三つのことだけを守ればよいとなれば、かならずその全部を十分にチェックすることができるだろう。ひとつかふたつの支配的な専門分野は、それ自体で絶対的な厳しさの尺度となる。スリーエムの管理者グループの大多数が化学技術者からなり、フルオアでは機械技術者からなるという事実は、もうひとつの現実重視の現われであり、それはまた厳しい管理を可能にするひとつの知恵なのである。

興味深いことに、外部を重視すること、外への視点、顧客への関心が、あらゆることのうちでもっとも厳しい自己規範の特性のひとつである。超優良企業では、それはおそらくもっとも説得力のある自己訓練の手段でもある。顧客の言い分に本当に耳を傾け、その要求にきりきり舞いさせられなければならない環境におかれたとき、人々は己が間違いなく厳しい世界にいることを悟るだろう。

さらに、同僚からの無言の圧力もある。タッパーウェアの毎週行なわれる集会、ダナの年二回の特訓週間《ヘル・ウィークス》である。これは集団的な組織や無数の査定項目を通じての管理ではないが、すべてのうちでもっとも厳しいものである。マクファーソンが言ったように、ボスの目をごまかすのは容易だが、同僚はごまかせないのである。これらは表面的には矛盾しているように聞こえるが、実際にはまったく矛盾ではないことがわかる。

たとえば、品質対コスト、あるいは小さいこと対大きいこと（つまり有効性対効率性）のトレード・オフを考えてみよう。これが、超優良企業では、まったくトレード・オフになっていないことがわかるのである。めざましく業績を好転させたGMのある鋳造工場の管理者についての話がある。彼は工場の陰気な内壁を白く塗りかえ、自分は品質（および雑事と安全）の管理を重視しているが、そうすればおのずとコストは下がるだろう、と主張した。そして、こうも指摘したのである。「なぜなら、品質が高いものを作れば、何事も二度やらなくてもすむからね」

品質に勝るものはない。それこそ、超優良企業で使われるもっとも重要な言葉である。質の問題から革新性——すべての製品についてすべての顧客のためにベストをつくすこと——に焦点が合わせられる。こうして、それは生産性、内面からの精神の高揚、外部への関心、すべてに対して絶好の刺激剤となる。「最高のものを提供しよう」という衝動が、組織のほとんどすべての機能に影響を及ぼすのである。

同じようにして、有効性と効率の矛盾も氷解する。質の高い製品は職人によって作られ、一般に小規模な事業が手がけると言われている。これに反して、費用効率の高い生産活動には、規模の経済性が生かされる大きな施設が好都合だとされている。ただし、超優良企業には、このことがそのままあてはまらない。

超優良企業では、小さいことがほとんどすべての場合によいのである。小さい施設が結果としてもっとも効率的となる。そこで働くやる気を持ったきわめて生産的な労働者は、同僚と意思を通じあい（競争しあって）しばしば大きな施設をしのぐ生産性をあげる。そのことは、工場、プロジェクト・チーム、事業部——そして会社全体——にあてはまる。

こうしてわれわれは、このもっとも重要な領域に、本当は矛盾がないことを知るのである。小さいこと、品質、精神の高揚、自主性——そして効率——などは、いずれも同類項であることを知る。コストと効率は、長期的には、品質、サービス、革新性、利益配分、参加、熱意、そして顧客の必要にあわせる外部の問題解決の重視に自然に伴って発生してくる。収益がまず優先する。だが、全体が動きはじめれば、原価管理や有効な技術革新が十分に達成できる同時目標となる。

驚くべきことに、「命令や遂行対自主性」の矛盾も逆説となる。実際、この逆説はほとんどどこでも、認めることができる。たとえば、教室での授業から示唆されるのは、勉強の効果があがるのは、規律の行きとどいたクラスだということである。生徒が時間にまにあうように出席し、きちんと提出された宿題がきちんと採点されるクラスである。その反面、このクラスではおおむね教師による積極的なフィードバックが重視され、優れた作文は公表され、よくやったときはほめられ、悪かったときは叱られる。

同様に、マクドナルドを含めて超優良企業のほとんどどこを見ても、自主性が規律から生まれていることがわかる。規律（共有された価値観）がワク組みを提供する。それが人々に、本当になにが問題であるかを確実に予想できることから生まれる自信（たとえば実験してみることへの）を与えるのである。

こうして、規律、細部の事柄、命令の遂行などに関して価値観とルールが共有されることによって一定のワク組みが生まれ、その範囲の中で具体的な自主性が日常的に発揮される。スリーエムでいつも実験が盛大に行なわれるのは、こうした厳しさに取り囲まれているからである。すなわち、異例なほど緊密なコミュニケーションがあるので、何事も大きく基軸をはずれない、技術という共通分母から共有された価値観が生まれる、ほとんどすべての者が現場のセールスマンとしてスタートした会社のトップ・マネージメントが顧客の問題解決についての重要性を語ることが可能となるのである。

実際スリーエムは、私たちが見たうちでもっとも厳しい組織であり、私たちの意見では、ジェニーンのもとでのITTよりもずっと厳しい。ITTには、おびただしいルールと査定され記録される多くの項目があった。しかし、ここでの支配的なテーマは、競争精神――システムの裏をかき、力の限りをつくし、他のラインの管理者と力を合わせて、悪名高い本社管理部門の「遊軍」をだしぬくこと――であった。

あまりにも負担の大きい誤った規律は、自主性を殺してしまう。しかし、より厳格な規律、スリーエム、HP、J&J、マクドナルドのようないくつかの共通した価値観に基づく規律は、実際に適切な刺激となって、組織全体と組織を超えたところに、現実的な自主性と実験の意欲をかきたてるのである。

ここでは、「ルール」なるものの性格が重要である。超優良企業の「ルール」は、積極的な特徴を持つ。それは品質、サービス、イノヴェーション、実験などに関するものが多い。その焦点は、企業の建設と拡大に合わせて変化し、それ自身が制約となることはまれである。一方、たいていの会社は、管理し、制限し、束縛することに多大の意を用いる。ルールは肯定的な特性を強め、同時に否定的な特性を弱めることもできるのだ、ということにまだ気づいていない会社が多い。とくに前者の方がはるかに有効だということは多くの会社でほとんど理解されていない。

「外部対内部」という改善の目のつけどころに関する矛盾さえも、超優良企業では自然に解決されている。きわめてあっさりと、それらの会社は、内部と外部に同時に焦点を合わせる。

外部的には、それらの会社は本当にサービスと質の高いものを提供し、新しいやり方で問題の解決をはかって顧客の便宜をはかりたいと望んでいるのである。内部的には、たとえば品質管理が、ラインについて働く個々の人々の自発的な責任となっていて、品質管理部門だけの問題とはなっていないのである。サービスの基準については、同じく、実質的にみずから監視すべきもの、となっている。

組織は内部競争によって繁栄する。密接なコミュニケーション、家族的な感情、開放的な政策、形式ばらないこと、流動性と柔軟性、非政治的な経営資源（人、金、物）の移動、によって繁栄するのである。内部にしっかり焦点を合わせるということは、こういうことであり、焦点はあくまで人間なのである。

超優良企業が社員の能力を開発するのに使う技術は、最初に第三章で述べた厳しい矛盾を想起させる。すなわち、自身の安全に対する基本的な希求と、自己を主張したいとする希求との間の矛盾であり、精神分析医のアーネスト・ベッカーが「本質的な緊張」として描いたものである。だが、ここでも、超優良企業を対象として考えると、この逆説をみごとに処理していることがわかる。

自己の仕事に対して、金だけではなく、その意味づけをも与えることによって、会社は従業員に、任務だけでなく大きな満足感を与えるのである。すべての者が開拓者になり、実験者になり、指導者になる。会社は手引きとなる信条を与えて熱意をかきたて、もっとも優れたものに所属しているという感覚、一般に高く評価される質の高いものを作っているという感覚を培う。

このようにして、会社は――大前研一の言う「最前線の労働者」や、京セラの稲盛和夫社長の言う「五〇パーセントの人間」から――最良の部分を引き出すのである。これらの会社の「平均的な」労働者は、顧客の役に立ち、質の高い製品を作るうえで貢献し、アイデアを生みだし、新しいことをするよう当然期待されている。

要するに、一人一人が――テキサス・インスツルメントにおけるPIPチームの九〇〇〇人の指導者のように――優れた貢献をし、特徴を生かすよう期待されているのである。それと同時に、彼は偉大なるもの――キャタピラー、IBM、スリーエム、ディズニー・プロダクションなどの誇り高き組織――の一部でもあるのだ。

私たちのあげる最後の逆説は、長期と短期の「トレード・オフ」に関するものである。この場合にも、まったく矛盾のないことがわかる。超優良企業は、本当のところ、「長期的に考えて」いないし、これといった五カ年計画も持っていないのである。実際、超優良企業の公式計画は、往々にしてほとんど細部に触れていないことが特徴だし、さもなければ、計画がまるで存在しないのである（多くの会社に本社レベルでフルタイムの計画立案者がまったく不在ということを想起されたい）。

しかし、決まった価値観はある——それは、時代を超えて設定されている価値観である（品質、革新性、形式ばらないこと、顧客へのサービス、人間性尊重といったその普遍的内容を思い出されたい）。しかし、それが実現されるのは、ありふれた日常の些事に注目することによってである。毎分、毎時間、毎日が、支配的なテーマを支える行動の機会となるのである。

むすびとして、実際にあてはまるとも考えられるひとつの奇妙な矛盾をあげよう。私たちはそれを、非凡と平凡のルールと呼んでいる。

経営学修士のような肩書きを持っている今日の経営者の多くは、いささか非凡にすぎ、かえってためにならないのかもしれない。これら非凡なる人々は、前提となっている彼ら自身の使う「価値の方程式」からはじきだされる最新の結果に基づいて、しょっちゅう方向を変える。彼らは、多くの変数を持つモデルをやすやすと操り、複雑な報酬制度を考え出し、マトリックス組織をまとめあげる。彼らの作る二〇〇ページの戦略計画書や五〇〇ページの市場分析に関する文書は、製品開発に着手するための第一段階にすぎないのである。

これに反してわれらが「平凡な」友人たちは違っている。彼らはとにかく、なぜすべての製品が最高の品質を持ちえないのかわからない、と言う。ポテト・チップスのビジネスですら、なぜすべての顧客が親身なサービスを受けてはならないのかわからない。彼らはたった一本の瓶詰のビールの気がぬけると、個人として恥じ入ってしまう（ハイネケンの逸話を思い出されたい）。また、新しい製品をつねに生み出してはならない理由がわからないし、現場の労働者が二週間ごとになにかの提案をしないでいる理由がわからない。

いかにも単純な心を持った連中だ。あまりにも単純だと言えるかも知れない。たしかに、「単純」と言うと否定的な含みがある。しかし、超優良企業を率いる人々は、実際に、いささか単純なのである。彼らは自分で労働者がほんとうにできると心の中で信じるだけでは、納得しないらしい。すべての製品が最高の品質のものになるはずだ、と信じるだけでは納得しないらしい。

ミズーラとモンタナとマンハッタンを問わず、ほとんどすべての顧客に対して最高のサービスができるはずだ、と信じるだけでは納得しないらしい。ほとんどすべての労働者が定期的に提案をすることができるはずだ、と信じるだけでは納得しない。まさに単純である。だが、それだからこそ、すべての信条を実行に移し、多くの人々を刺激して驚くべき貢献をなさしめる。ここに「平凡」なる偉大な経営者の本当の鍵があるのかもしれない。

もちろん、人がなににについて単純なのか、ということが決定的に重要である。その焦点は外部に、サービスに、品質に、人々に、形式ばらないことに、私たちの指摘した価値観を表わす言葉に、おかれている。そして、こうしたことこそ、単純に取り組むに値する事柄——唯一の事柄——なのかもしれない。

ジェームズ・ブライアン・クインがインタビューしたあの経営者の言葉を思い出してみよう。彼は自分の部下がなにかについて「最高」になりたいと望むことが重要だ、と言った。彼にとってそれが実際になんであるかはあまり問題ではないのである。

だが、多くの人がそれを見抜けないでいる。つねにこうした経営上の変数については、妥協すべき現実的な誘惑がつきまとう。かつそうすべき、と信じるに足る正当で必然的で筋の通った「妥協すべき理由」が存在するのである。ただ、あの単純な人々――ワトソン、ヒューレット、パッカード、クロック、マーズ、オルセン、マクファーソン、マリオット、プロクター、ギャンブル、ジョンソンのような人々――だけが、そうしたことに惑わされないで単純なままでいる。そして、彼らの会社はつねにみごとな成功をおさめているのである。

超優良企業に国境はない

この本はいまアメリカで爆発的な売行きを示し、『タイム』や『ニューヨーク・タイムズ』のランキングのトップを占めている。一読して読者にはその理由がおわかりいただけると思う。ベストセラーの中には、たんにセンセーショナルなもの、興味をそそるだけのものもある。が、この本は明らかに違う。アメリカの七〇万人以上のビジネスマンがむさぼるようにこの本を読んだ理由はなにか？そして、有名新聞、雑誌の書評がことごとく最大の賛辞を贈っているのはなぜか？

アメリカの経営が過渡期にさしかかっていたことは誰しも感じていた。いや、衰退期にさえあるのではないか、と思っていた人も多くいた。七〇年代の前半に、相次いで厳しい自己批判もの、硬直した経営システムをあざけるような論文や記事がたくさんでた。こうした批判にもかかわらず、旧態然としたビジネス・スクールは全盛をきわめ、機械的な経営計画を〝戦略経営計画〟と呼んで現場離れが進行していった。

七〇年代の後半は、こうして日本や西独（のち日本のみ）との国際競争に相次いで敗れ、その敗北感から極東の地への旅行者たち（今様マルコポーロ）による日本経営礼賛ものが輩出した。これらの〝日本もの〟の大前提は、アメリカの経営スタイルを「間違ったもの」、日本の経営手法を摩訶不思議ではあるが「理にかなったもの」、という前提に基づいて書かれている。しかし、こうした本の著者たちは、学者であって実業の経験はまったくない。また〝日本もの〟の大家の中に、日本語が十分にでき、日本の文献が縦横に読める人もいない。しかも最大の誤謬は、ホンダと三菱ほども違う企業を、「日本の会社は……」という形で集合名詞化し、フォードやHPほども違う企業体を「そもそもアメリカの経営は……」と束ねたうえで、「日本」と比較検討するものだから、読みものとしてはおもしろくても、万人の批判に耐えうるものではない。

もちろん〝日本もの〟そのもののテーマが悪いのではなく、学者や著者の力量不足が当然問題なのである。しかし、なにがその原因ではあっても、八〇年を前後して日本ものブームは去り、その後遺症の方が逆にいくつか顕著になってきた。そのひとつが、今日の産業政策批判につながる〝日本の特殊性〟そのものへの攻撃である。つまりこれらの米学者たちは、あまりにも日本との対比において、アメリカのやり方を総論的にダメなもの、として位置づけてしまった。このために、自分たちの体制を変えるより日本を自分たちのやり方に近づけるような圧力をかけた方が手っ取りばやい、という発想となり、これから一連の対日圧力、行動が派生してきているのである。ボルドリッチによる日本「文化」諸悪の根源説などもこの範疇《はんちゅう》にはいる。

もうひとつは「アメリカに手心を」というコンセンサスで、かりに日本企業がそんなに強いのならそれは素直に認めよう。また、アメリカの企業がダメなことも認めよう。しかし、実力差の歴然とした競技者を同一コースで戦わせるのはフェアではない、という発想である。この流れに沿えば、数量規制や関税を多発して、基本的には同一フェアウェー（市場）でプレーはさせる。しかし、ハンディの審査だけは当事者に任せておけないのでお上《かみ》の重要任務になる、ということになる。そこで商務省やUSTRは「貿易省」に衣替えをし、ハーレーダビッドソン社には四九パーセントもの関税ハンディを献上する、ということになる。

さらに別の、より広い層の（ビジネスマンを含む）知識人は、「また日本か」という日本嫌忌症に陥っている。日本といえば、フジヤマ、ゲイシャであった戦後がなつかしいくらい、今日では日本と言えば、年功序列、終身雇用、QCサークル、JIT《ジャスト・イン・タイム》（トヨタのカンバン方式の米国での呼称）、社歌、提案箱、なのである。いま、アメリカで日本経営についての本をいくら書いても売れない。出版社が求めているのは、「日本企業の泣き所」「日本式経営の盲点」「内部告発：日本式経営——そのじつは地獄」などというジャンルの後遺症患者群向け処方箋であってまじめな企業経営論ではない。

さて、このような虚無感の漂うアメリカの経営者心理にあって、一般の経営者は、心の中でどこかこの一〇年来の学者や諸賢人からの見聞に自分自身でも納得のいかないなにかがあった。現実には日本企業にやられてしまった会社や業界ばかりではないし、ベンチャーキャピタルの分野やサンベルト地帯では、かなりアメリカ経営の一般論では説明のできないような明るい現象も見えている。他方（自分自身を見れば）、このままいけばアメリカの労使関係、対株主、対政府、対海外競争、急上昇する役員給与、その他すべての分野で、アメリカの大企業の大半が座礁してしまうようなベクトルを心の一隅に感じ不安感をつのらせていたことは疑いない。

ビジネス・スクールも、紋切型のコンサルタントも、救世主たりえないことはすでに七〇年代の経験から明らかであった。こうしてアメリカの大多数のビジネスマンは、そのなにかを求めて過飽和の状態になっていたのである。

そこにこの無邪気な本が飛びこんできた。この本はあまりにも無邪気なために読む方はガードがはずれ、サッと体の中に溶けこんでしまう。理論らしい理論もなく、分析らしい分析もない。にもかかわらず、著者らは、これが理論で、分析で、どこが悪い、数字を使って計算機を駆使したり、人間を無視した抽象論で理論構築をするから過去の経営学が全敗したのではないか、と逆襲する。また、あまりにも多くの足でかせいだ事例と、面談の引用が出てくるために、あたかも読者までもが自分でこうした調査を実施したかのような錯覚に陥り、読んでいるうちに自分で納得し、確認してしまう。つまり、著者とともに原体験をしてしまうのである。

この著者はしつこい（といってもピーターズの方）。同じことを何回も繰り返し引用し、「たとえば……」と言いはじめて一〇社も該当例を羅列する。しかし、これがまさにこの五年にもおよぶ調査を読者自身が行なっていればそうするであろう、また言及するであろう心象であり、行為なのである。だから私は、訳出にあたっては、この重複性の問題をあえて解決しなかった。この本はある意味でアメリカのもっとも新しい経営地図を頼りに列車に乗って、もっとも会いにくい人に会い、聞きにくいことを聞き、読者とともに各駅停車しながらアメリカの奥深く紀行していくような本である。

さて、ここでちょっとこの本の生まれてきた社内的背景について言及しておこう。

マッキンゼー社は、世界中で大企業を相手に組織や戦略の問題に深く関わってきている。アメリカにおいても『フォーチュン』上位五〇〇社中三〇〇社までが顧客で、まさにアメリカ経営の真髄を知りつくしている、と言っても過言ではない。また、日本や欧州でも、同じようにその国々の企業経営に深く関わっている。七〇年のなかばに、こうした多国籍的な視野が社内に蓄積されるにつれ、それとの対比から、アメリカ経営の持つ問題の深刻さに関して、改めて一同深く考えさせられるところが多くなった。大企業の指南役を自認するわれわれの立場をいっそう発展させるために、なにか個々の仕事を越えた大きな作業をしなくてはならないのではないかという社内的機運が熟してきた。

そこで、七六年に私とグラックが中心となって、戦略に関するプロジェクトを全社的に発足させた。そして、この経験をもとに翌七七年には組織のプロジェクトを発足させた。リーダーとしては、行動科学で学位をとった組織専門のピーターズと、日本でも銀行や証券会社の仕事をし、また経営一般によく〝マッキンゼー的考え方〟の身についているウォータマンの二人を組み合わせた。たまたま二人とも当社のサンフランシスコの事務所でパートナーをしていたというめぐりあわせもこの人選にはあった。この二人はあらゆる意味で対照的である。前者を陽とすれば後者は陰。大声に小声。発想途中のものをなんでも吐き出すピーターズに対し、よく考え、まとめてからでないと発言の機会を求めないウォータマン。言っているうちにだんだん自分で信じてきてしまう伝道者的なピーターズに対し、あくまで自然科学者らしく仮説・実証を繰り返すウォータマン。この二人はじつに好ペアであった。よくもまあ五年間もこのコンビがつづいたと思うくらいである。しかし、このコンビだからこそつづき、またものになった、と言うこともできる。

一方、戦略プロジェクトの方は、私が日本支社および全社の経営に専念することになったため、グラックが引き継ぎ、数々の成果をこれもまたあげている。この中でもやはり、従来のプロセス指向の強い戦略立案手法を、〝戦略的発想〟の誘発を目的とした柔構造に転換していった点は特筆さるべきと思う。日本では七〇年前半から『正・続企業参謀』などですでに戦略思考についての私の考えを発表していているが、アメリカでは七〇年代にはMISや経営計画のコンピュータによる高度化が中心で、なかなかこのような考え方に関心が向かいにくかった。マグロウ・ヒルから『正・続企業参謀』の英訳が出たのが八二年で、ずいぶんと遅れたのであるが、ある程度の反響と売行きを現在のところ示しているのは、逆にこの遅れがアメリカの経営戦略思考の回帰にマッチしたからかもしれない。

さて、こうして戦略立案が柔となり、組織がひと中心となってくるというマッキンゼーの二大プロジェクトの結論は、お互いにひじょうに都合がよいものであった。こうなれば、組織と戦略は不可分のものとなり、どちらが目的でどちらが手段かわからないくらい（あるいはその両者を駆使する企業のみ生き残る）緊密なものとなる。企業とは本来そういうものなのであるが、従来は、ともするとどちらか一方を固定して他方をいじるということが、平然と行なわれてきていた。われわれは日本における経験から、この両者を同時に対象として考えないかぎり、大きな改善や改革は不可能であるとの結論にかなりまえから達していた。

マッキンゼー社内はもとより、学会や専門化したコンサルタント連中は、このような全体《ホーリスティック》的なアプローチは手に負えないために、えてしてこれを分化して考察する手法のみを磨いていたように思う。しかし、洋の東西を問わず大経営者と言われる人の軌跡をたどれば明らかなように、こうした人々はつねにこの両者の設計をほぼ同時進行の形で行なっているのである。また、組織を戦略に従属させる場合でも、つねに激しい相互作用《フィードバック》を頭の中で行なっている。同時に扱えないという理由で、別々に扱ってよい、という理由にはならない。八二年から、マッキンゼー社内でもようやくこの考え方が主流となり、組織チームと戦略チームは合体して、今日ではグラックのもとに全体改善を進めるための各論にあたる分科会が一二できている。

この本は読みものとして書かれているが、マッキンゼー社は出版を業とするものではない。当然のことながら、前述の組織プロジェクトの目的は、本の形にまとめることではなかった。ピーターズとウォータマンには、調査員、研究員をかなり潤沢に与え、各事務所のコンサルタントもいっしょに加わって多くの手法開発を行なった。これがそもそもの目的なのであった。今日ではわれわれが組織の仕事をするときに使う「七つのS」のそれぞれの分野で、診断や改善策立案、移行実施の作業効率をあげるためのさまざまな手法が考案されている。

われわれの行なう仕事は、どのケースも異なっているので、答そのもののアンチョコを作ることはもちろんできない。マッキンゼーの伝統のひとつに、「すべてのスタディは注文服《テイラー・メイド》」というのがある。しかし、使う道具や測量のポイントには、共通な部分も多い。これが手法開発の目的であった。ところが、この本はハウツー書ではないので、こうしたマッキンゼー社内向けに作られたいろいろな道具の話はいっさい割愛してある。またわれわれの経験から、不用意に道具の話を公開すると乱用による誤りや犠牲が絶えないので、従来のマッキンゼーシリーズ『現代の経営戦略』『成熟期の成長戦略』『成熟期の差別化戦略』などで紹介したいくつかのやり方でとどめておきたい。ピーターズとウォータマンも言っているように、ものの考え方を徹底して伝達すれば、やり方は個々の人（会社）に任せた方がよい、ということにしておきたい。

最後に、本書の読み方についてひと言述べたい。私としては、これを〝米国における〟物語としてではなく、一般に企業経営の基本思想についてのきわめて実証的な、平易な読みものとして扱うことが正しい読み方だと思う。米国とか日本とか言って経営比較をしているうちは、まだ本物ではないのである。

どんな企業でも大勢の人が思っているように企業目的に申し合わせたように精魂こめて打ちこんでくれる、というのはたいへんなことである。二人でも意見があわない。一〇人ではまとめられない、という人間の集団を何百人、何万人と集めて共通目標に邁進させることは神技に近い。金を払えばすべて解決、というものでもない。コストに見あう成果がなければ当然競争には負けるし、優良企業としては残れない。まして長年にわたって好業績をあげる一兆円規模の巨大企業である超優良企業などというのは（あるいはそういう企業を作り、運営している人は）、なにを考え、どのようにしているのだろう。こういう疑問に答えるためのヒントが、たくさんこの本に出ている。それを学ぶべきだ、というのが私の意見である。

調査対象が日本をもカバーしていれば、おそらく松下幸之助さんも人に関する章では当然頻繁に登場しただろう。「プロダクト・チャンピオン」の章では、本田宗一郎さんの生の声が是非聞きたいところだ。そのほかにもこの本が日本をカバーしていたら私自身挿入してあげられる逸話が随所に数限りなくある。おそらく読者諸氏もそうであろう。すなわち、この本はピーターズとウォータマンの二人が旅し、考えることによって綴った散文なのであるが、その構成要素や事例は読者自身で挿入し、改訂しつづける必要があるのではないか。経営の本質に関する基本的な設問「大組織をいかに運営し、その活性を保ち、しかも利益をあげつづけることができるか?」に対し、何人も合意する最終的な答など持ち合わせの用意があるはずがない（あればその時点で競争相手と同格になり、さらに次元の高い挑戦がその日から始まるのだから）。

たまたま事例をアメリカに置いているとは言え、ここにその設問に対するマッキンゼー・アメリカ班の手になる第一次試作（案）がある、加筆修正し、またより深みのある洞察が日本の経営者によって加えられることによって、（洋の東西を問わない）企業経営の奥義書のようなものがこれから徐々にできあがっていく、そんな試みの第一歩としてこの本を捉えたらどうかと思う。無理に知識として吸収するのではなく、ものの考え方に対する提案として受けとめるのである。

日本の経営経験も、そうしたことを米国の超大企業と共通土壌で考えられる程度に大規模かつ国際的になり、また複雑化してきている。また、日本の優秀と言われている企業でさえも、いまの時点でこのような観点から自分自身の足元を見直していく必然性もある。戦後のいわゆる「日本経営」なるものを支えていた大前提のほとんどすべてが、行きつくところまできてしまっている。今後数年間で、日本の大企業が、アメリカ企業が七〇年代に陥ったのと同じ風土病にいっせいにかからないとは、誰にも断言できないであろう。

最後に、本書の日本における出版に際し、講談社の富田充氏に、また翻訳を手伝って下さった宮崎尊、高桑清明両氏に厚く御礼申し上げる。

昭和五八年五月

大前研一

注

本書は、1983年に講談社から『エクセレント・カンパニー —— 超優良企業の条件』という書名で発行されたものを復刊したものです。

著者経歴

トム・ピーターズ

Thomas J. Peters

ボルティモア生まれ。コーネル大学を経てスタンフォード大学に進み、MBA（経営学修士）ならびにPh.D.（博士）の学位を得る。コンサルタント会社であるマッキンゼー社に入社。現在、トム・ピーターズ・グループ代表。

ロバート・ウォータマン

Robert H. Waterman, Jr.

デンバー生まれ。コロラド・スクール・オブ・マインズを経て、スタンフォード大学でMBAの学位を得る。マッキンゼー社に入社。経営関係の執筆活動に携わるほか、スタンフォード・ビジネス・スクールなどの客員講師を経て、現在にいたる。

訳者経歴

大前研一

Kenichi Ohmae

福岡県生まれ。早稲田大学理工学部卒業後、東京工業大学大学院原子核工学科で修士号を、マサチューセッツ工科大学大学院原子力工学科で博士号を取得。㈱日立製作所原子力開発部技師を経て、1972年、マッキンゼー社入社。ディレクター、日本支社長、アジア・太平洋地区会長を務める。1992年、政策市民集団「平成維新の会」を設立し、代表に就任。1994年7月、マッキンゼー・アンド・カンパニー・インクを退職。同年、国民の間に議論の場を作るとともに、人材発掘・育成の場として「一新塾」を設立し、2002年9月まで塾長として就任。1996年には起業家養成のための学校「アタッカーズ・ビジネス・スクール」を開設、塾長に就任。現在は、経営コンサルタントとしても各国で活躍しながら、日本の疲弊した政治システムの改革と真の生活者主権の国家実現のために、新しい提案・コンセプトを提供しつづけている。経営や経済に関する多くの著書が、世界各地で読まれている。

● 英治出版からのお知らせ

本書に関するご意見・ご感想を E-mail（editor@eijipress.co.jp）で受け付けています。
また、英治出版ではメールマガジン、ブログ、ツイッターなどで新刊情報やイベント情報を配信しております。ぜひ一度、アクセスしてみてください。

メールマガジン：会員登録はホームページにて
ブログ：www.eijipress.co.jp/blog/
ツイッター ID：@eijipress
フェイスブック：www.facebook.com/eijipress

エクセレント・カンパニー

発行日　2003 年　7 月 30 日　第 1 版　第 1 刷
　　　　2012 年　6 月 20 日　第 1 版　第 8 刷

著者　トム・ピーターズ、ロバート・ウォータマン

訳者　大前研一（おおまえ・けんいち）

発行人　原田英治

発行　英治出版株式会社
〒 150-0022 東京都渋谷区恵比寿南 1-9-12 ピトレスクビル 4F
電話　03-5773-0193　　FAX　03-5773-0194
http://www.eijipress.co.jp/

スタッフ　原田涼子　高野達成　岩田大志　藤竹賢一郎
山下智也　杉崎真名　鈴木美穂　下田理
山本有子　千葉英樹　野口駿一

印刷・製本　中央精版印刷株式会社

装丁　倉田明典

校正　阿部由美子

図表作成　土屋和人

ISBN978-4-901234-33-7　C0034　Printed in Japan

IBMを世界的企業にした ワトソンJr.の言葉　*A Business and Its Beliefs*

トーマス・J・ワトソンJr.編　朝尾直太 訳

世界中のCEOの間で伝説となった経営哲学書、待望の復刊。父から受け継いだIBMを世界有数の企業に発展させたワトソンが、エクセレント・カンパニーを創るための企業信条・理念を語る。

定価：本体1,500円+税　ISBN978-4-901234-52-8

ジェフ・イメルト GEの変わりつづける経営　*Jeff Immelt and the New GE Way*

デビッド・マギー 著　関美和 訳

"20世紀最高の経営者"ジャック・ウェルチの後任として45歳で巨大企業GEのCEOとなったジェフリー・イメルト。未曾有の危機と逆風の中、驚異的な成長と変革を導く新時代ビジネス・リーダーの実像に迫る。

定価：本体1,800円+税　ISBN978-4-86276-063-0

U理論　*Theory U*

過去や偏見にとらわれず、本当に必要な「変化」を生み出す技術

C・オットー・シャーマー 著　中土井僚、由佐美加子 訳

未来から現実を創造せよ——ますます複雑さを増している今日の諸問題に対して、我々はどう向き合い、どこに解決の糸口を探るべきなのか? 人・組織・社会の「在り方」を鋭く深く問いかける、現代マネジメント界最先鋭の理論が待望の邦訳。

定価：本体3,500円+税　ISBN978-4-86276-043-2

オープンイノベーション　*Open Innovation*

組織を超えたネットワークが成長を加速する

ヘンリー・チェスブロウ他 著　PRTM 監訳　長尾高弘 訳

社内のみならず広く社外の人材・組織・ネットワークを活かして新たな知を創造する「オープンイノベーション」のモデルを第一線の経営学者らが論じた注目作。未来の知識創造企業のあり方が見えてくる。

定価：本体2,800円+税　ISBN978-4-86276-046-3

選ばれるプロフェッショナル　*Clients for Life*

クライアントが本当に求めていること

ジャグディシュ・N・シース他 著　羽物俊樹 訳

コンサルタント、弁護士、会計士、医師、フィナンシャルプランナー……いつも大事な相談をされ、信頼されつづけるための7つの極意とは? 付加価値で勝負できる、真のプロフェッショナルになるための道筋を示す。

定価：本体2,000円+税　ISBN978-4-86276-056-2